関西大学東西学術研究所研究叢刊 51
（文化交渉と言語接触研究・資料叢刊 6）

東アジア言語接触の研究

沈　国威　編著
内田慶市

関西大学出版部

序

　近年、文化交渉学の観点を採り入れて、東アジアの言語をめぐる興味深い研究が進捗しつつある。それらの研究活動の中でも、とりわけ大きな成果を上げているのが、関西大学東西学術研究所に設置された言語接触研究班の活動だといってよい。この班の研究を統括し、次々に研究を展開させているのが、まとめ役の内田慶市研究員と沈国威研究員である。両氏は東アジアでよく知られた研究者であり、関西大学のアジア学を牽引する教授として一翼を担っていることは周知のことであるが、その研究活動を振り返ってみると、その成果の大きさと深さには瞠目させられる。内田氏の権威に盲従しない研究姿勢と沈氏の鋭利な思考力、この二人の研究力は東西学術研究所の一つの特色でもある。

　さて、東アジアにおける言語接触は、古くから会話による情報交換と人間的な交流以外にも、文字による幅の広い文化的交流によって、社会に対して大きな役割を果たしてきた。その発展によって漢字文化圏とも呼ばれる東アジアの共同体的な枠組が形づくられた。また、近代社会における言語の位置は、さまざまな言語が相互に関連づけられた結果といえるであろう。中でも訳語の問題は、社会の中での言語の働きを考えたとき、いうまでもなく、きわめて重要だと思われる。

　こうした東アジアの言語をめぐって、この度、『東アジア言語接触の研究』が出版されたことを心から慶びたい。本書では先端的な研究を続けている国際的にも著名な荒川清秀氏、笹原宏之氏、李漢燮氏、陳力衛氏、朱京偉氏ほか計16名の気鋭の研究者が論考を寄稿した。ここでは言語に関わる多様な研究内容が展開されており、東アジアの言語に関する研究書として出色の内容となっている。

　東西学術研究所は、発足した当初から東西の文化、思想、言語の交流を重要課題に据えて研究を積み重ねてきた。とりわけ、2013年から活動を始めた言語接触研究班は、「日中語彙交流史研究」や「漢訳聖書研究」、そ

して「近代語彙・概念史研究」などのテーマによって東西学術研究所において繰り返し研究例会を開催してきた。本論文集は、そうした研究蓄積の集成である。多数の論考を編集し、一書を成すことに尽力された内田、沈両氏の精力的な活動並びに本書に寄稿していただいた才気あふれる執筆者各位に敬意を表したい。

            2015 年 12 月
            東西学術研究所
             所長　中 谷 伸 生

目　次

序 ——————————————————————————————— i

序説：言語接触研究の過去・現在・未来――文化交渉学の視点から
　　　　　　　　　　　　　　　　　　　　　　　——— 内田　慶市　1

近代漢字訳語の研究について：中国語からの視点
　　　　　　　　　　　　　　　　　　　　　　——— 沈　国威　19

ロプシャイト英華字典と英和対訳袖珍辞書
　　　　　　　　　　　　　　　　　　　　　　——— 荒川　清秀　53

意訳地名「牛津」「剣橋」の発生と消長
　　　　　　　　　　　　　　　　　　　　　　——— 田野村忠温　73

近代訳語「恋愛」の成立とその意味の普及
　　　　　　　　　　　　　　　　　　　　　　——— 清地ゆき子　139

七曜日における伝統から近代への軌跡
　　　　　　　　　　　　　　　　　　　　　　——— 徐　克偉　173

「難民」とフィルモア大統領国書の翻訳 ——————— 張　厚泉　201

近代韓国語における外来の新語新概念の導入について
　　―『漢城旬報』・『漢城周報』の場合―
　　　　　　　　　　　　　　　　　　　　　　——— 李　漢燮　219

「世界史地」と「国際法」知識及び近代東アジア
　　「地理想像」の生産、流通と変容：思考と展望
　　　　　　　　　　　　　　　　　　　　　　——— 潘　光哲　237

漢訳聖書における音訳語の継承と創造
　　――――――――――――――――――――― 朱　　　鳳 259

西洋料理と近代中国語
　――『造洋飯書』（1866）を例に――
　　――――――――――――――――――――― 塩山　正純 275

『唐話纂要』の不均質性
　――語彙の多様性についての再試論――
　　――――――――――――――――――――― 奥村佳代子 301

語構成パターンの日中対照とその記述方法
　　――――――――――――――――――――― 朱　京偉 321

日中二字法律用語の語構成特徴にみえる影響関係
　　――――――――――――――――――――― 鄭　　　艶 353

現代中国語にどれくらいの日本借用語があるのか
　　――――――――――――――――――――― 陳　力衛 371

国字（日本製漢字）と誤認されてきた唐代の漢字
　――佚存文字に関する考察――
　　――――――――――――――――――――― 笹原　宏之　一

あとがき ――――――――――――――――――― 399

序説：言語接触研究の過去・現在・未来
―― 文化交渉学の視点から

内田　慶市
（関西大学）

はじめに

　今回の論文集には 15 篇の論文が収められているが、その内容は、漢字や辞書に関わるもの、近代の訳語や概念史に関わるもの、近代漢語あるいは唐話に関するものなど各分野に跨がっており、大きくは「東アジアの言語接触の研究」という枠組みでくくることができるものである。
　現在私たちは「文化交渉学」という新しい学問体系の構築に取り組んでいる。もちろん、「文化交渉学とは如何なる学問体系か」という問いかけに対して私たちは未だ明確な回答は持ち合わせてはいないが、少なくとも次のような基本的認識は共有している。

　　従来の文化交流研究が、たとえば日中交流史という場合、二つの国家単位のナショナルな研究枠組が前提となっており、研究領域・分野においても、言語、思想、民族、宗教、文学、歴史など学問分野ごとの知見が個別叙述的に蓄積される一方で、文化交渉の全体像を把握する方法が欠如していたのに対し、私たちの提唱する「文化交渉学」では、国家や民族、更には個別学問分野という単位を超えて、東アジアという一定のまとまりを持つ文化複合体を想定し、その内部での文化生成、伝播、接触、変容に注目しつつ、トータルな文化交渉のあり方を複眼的で総合的な見地から解明しようとする新しい学問研究である。

これを別の言葉で表現すれば、跨文化、跨学科、跨領域、跨地域……つまり様々な「越境」をその基本的キーワードとして設定することも可能である。私たちがこの新しい学問体系の構築に向けて採用した方法論が「周縁からのアプローチ」である所以でもある。

そういった観点からすれば、本論文集はまさに「文化交渉学」の目指すものと一致するものである。

1　域外漢語研究

さて、「文化交渉学とは何か」は、拠って立つ専門領域・分野によって様々な回答があり得る。今後、議論を積み重ねて行く中で、具体的な実を伴った学問体系として確立させていく必要があるが、たとえば、言語に関連する研究として私が興味を持っているのは次のようなものがある。

  東アジア英学史研究（『華英通語』類の研究を含む）
  英華字典の系譜（英語に限らず他の言語も含めてよい）
  ピジンと欧化語法（言語接触の具体的な事象として）
  近代における文体論の変遷（同上）
  近代における訳語と概念史の研究（語彙交流史を超えて）
  翻訳論
  ……

ここでは、個別学問分野である中国言語学の立場からの「文化交渉学とは何か」に対する一つの回答例として「域外漢語研究の新しい可能性」について述べることとする。

先ず、私たちの言う「域外漢語研究」とは何かについて、少し基本的な了解が必要であるかも知れない。ここで言う「域外」とは「中国域外」ということであるが、必ずしも地域に限らない。たとえば、日本、琉球、朝鮮、ベトナム、欧米は明らかに「域外」と言えるが、日本に残されている中国から舶来された資料などは「域外」とは呼ばない。一方、中国国内に

残されている文献資料であっても、満州語資料、蒙古語資料、あるいは満蒙漢合壁資料などは「域外」と見なされる。
　取りあえず筆者は以下のようなものを「域外漢語資料」と考えている。

⑴　朝鮮資料……『老乞大』『朴通事』『華音啓蒙』『你呢貴姓』等
⑵　満漢・満蒙資料……いわゆる「合壁」資料で、『清文指要』『清文啓蒙』類
⑶　琉球官話資料……『白姓官話』『学官話』等
⑷　唐話資料……『唐話纂要』など唐通事の「課本」類、あるいは漂着船資料
⑸　日本人の手になる「課本」資料……『亜細亜言語集』『官話指南』等
⑹　ベトナム資料……明・清を中心とし、「字喃」や「漢越語」等

　ただし、『聖諭廣訓』など元は漢語だが、それに注釈を付け加えたのが欧米人であるような場合は「官話研究」においてどう取り扱うべきか、或いは、「周縁からのアプローチ」という立場に立てば、「中国語の周縁」という時、中国語内部の「中心」と「周縁」ということも当然考えられていい問題であり、その場合、いわゆる「雅言」と「方言」、「官話」と「郷談」、あるいは「普通話」と「方言」、更には「書面語」と「口頭語」や「古典語」と「現代語」といった関係で中国語をとらえる観点も浮かび上がってくる。
　従って、「域外」(「周縁」)とは何かについては、今後、更なる議論が必要となってくると考えている。
　ところで、日本においては、この域外資料の有効性についてはすでに1950年代から香坂順一、太田辰夫、魚返善雄、尾崎実などによって繰り返し主張されてきた。たとえば、太田辰夫は「清代の北京語」(1950)や「北京語の文法特點」(1964)、「『紅楼夢』新探」(1965)といった論考の中で、Mateerの『官話類編』や九江書会版『官話指南』の双行注や三行注などを駆使して北京語と南方語の特徴を明らかにしているし、香坂順一や尾崎実なども、『官話類篇』の書き込みや、Wadeの『語言自邇集』、Wieger

の『漢語漢文入門』等の欧文資料を利用して中国近世語の特徴を明らかにした。魚返善雄も早くから欧米人の中国語研究に注目し、欧米人が特に「官話」学習において必読書として挙げていた『聖諭廣訓』の翻刻なども行っている他、琉球官話等の域外資料についても言及している。

　一方、中国においてはかつて羅常培がトリゴーなどの初期宣教師の資料を用いて音韻学的に研究をした（1930）以外には、これまで欧文資料を扱うことは少なかった（周振鶴、游汝傑、銭乃栄など極めて少数）が、この数年来、北京外国語大学中国海外漢学センターを中心に急速に研究が進められており、最近は更に厦門大学中文系がこの分野で大きな成果を挙げてきている（李无未《日本汉语教科书汇刊（江戸明治編）》など）。ヨーロッパでも同様であり、今後は世界的規模でこれらの資料を使った研究が益々広がっていくと思われる。

2　新資料の発見に伴う「域外漢語研究」の新しい可能性

　近年来、「域外漢語研究」に関する新しい資料が陸続と発見されているが、その中で筆者が実際に目にしたもののうちから数点について選び、それらの資料の「域外漢語研究」における可能性、有効性について以下述べていく。（「最近目にした『西学東漸』と言語文化接触に関する書物」（『或問』、第 7 号、2004.3）および「新しく目にした東西言語接触研究に関する資料——2013 年欧州訪書記」（『東アジア文化交渉研究』第 7 号、2014.3）も参照のこと。）

2.1　歴史資料——雍正期イエズス会文書

　ヨーロッパの図書館では、漢籍を見る場合には、注意すべき点がある。それは、元々は線装本であっても洋装本に装幀し直したりするのはごく普通であるが、更には、1 冊に綴じられたものが、中身は 1 冊ではなくて、全く別のものを合訂したりすることもよくあるからだ。つまりは、実際に中身を手にとって丹念に見ていかなければ何が収められているか分からないこともあるということだ。カタログだけでは不十分ということになる。

たとえば、ローマ・カサナテンセ図書館の Mss.2273 の Menegon の目録（Eugenio MENEGON, 2000, The Biblioteca Casanatense（Rome）and Its China Materials.《中西文化交流史雜誌（中國天主教史研究）》XXII.）では単に「Guignes-Bremond, "Miscellanea Sinensia," [some Chinese documents and one ms. Catechism are included]」とあるだけだが、実はバセ（Joan Basset）『天主聖教要理』が収められている。

この『天主聖教要理』は別の手稿が Mss.2256（"Miscellanea di scritti vari, lat, ital, franc., uno in cinese" early 18th century [probably from Guignes; one ms. Chinese catechism included]）の中に収められている。

次のイエズス会文書も同じ Mss.22456 に綴じられていたものである。

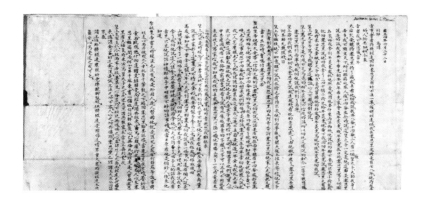

これはポルトガル宣教師モラン（中国名を穆經遠, 1681-1726）の雍正帝の兄弟である允禟（塞思黒＝豚と呼ばれる、康熙帝の第九子）との関係等の供述書であり、当時の雍正帝のキリスト教への迫害や兄弟への弾圧がうかがい知れる貴重な文書である。翻刻は次の通り。

雍正四年六月二十二日
刑部為請旨事，會看得穆經遠附和塞思黒朋奸不法一案，據穆經遠供，我在塞思黒處行走有七八年，他待我甚好，人所共知，如今奉旨審我，不敢隱瞞，當年太后欠安，聽得塞思黒得了病，我去看他，向我說，我

與八爺，十四爺，三人有一個做皇太子，大約我身上居多，我不願坐天下，所以粧病成廢人，後十四爺出兵時，說，這皇太子一定是他，這都是塞思黑說過的話。我原與年羹堯相與，在年羹堯家會過年羹堯，後年年羹堯在口外，塞思黑寫了何圖名字，叫我拿到年羹堯處，托他照看。我問他要什麼西洋物件，他說，別的都不要，就只愛小荷包，我就向塞思黑說，他叫我拿了三四十個小荷包，給年羹堯，他留下我，因向年羹堯說，塞思黑大有福氣，將來必定要做皇太子的。原是我替揚他的好處，要年羹堯為他的，後年羹堯向我說，皇上把九貝子罵了，我聽見這話，心上不服，因對她說，皇上罵九貝子是作用，不足為憑的，怕年羹堯不信我的話，所以想他這樣說的。如今一字不敢隱瞞，塞思黑將到西寧時，我向他說，我們到了西寧，皇上若叫我們出口，如何受。塞思黑說，越遠越好，看他的意思，遠了，由他做什麼了，塞思黑原與阿其那允禵，很好，自皇上登極後，他不如意，雖不說，我在傍也看得出來。他到西寧後，有驟夫張五往來寄信，他兒子五阿哥到西寧同來，塞思黑想我抱怨，塞思黑的五阿哥告訴塞思黑說，他家人太監，把允禵當日出兵時，曾囑咐塞思黑，若聖祖皇帝但有欠安，帶一信給允禵的話，塞思黑也想我說，這話是有的，在西寧聽有十四爺處，抄出塞思黑的帖子，他向我說，我同十四爺往來的帖子，我原叫他看了就燒，不知道他竟把帖子留下不燒，也為這事抱怨十四爺。我如今想來他們的帖子不是好話，塞思黑在西寧常向他跟隨人說，把我一人怎麼樣，也巴了，把我跟隨的都累在這裡，我心過不去，若是他過一年安日，我死也甘心，底下人聽這話，都感激他，我也說他是好人，造出字來，寫信，叫兒子他不願帶累他們，邀買人心，中什麼用，我有一本格物窮理書，他看了，說，有些像俄羅素的字樣，這字可以添改，不想他後來添改了，寫家信，我不知道。我住的去處，與塞思黑只隔一墻，他將墻上開了一窗，時常着老公叫我，後我病了，他自己從這窗到我住處，是實，他時常抱怨，我勸他求皇上，說不是時候，等三年孝滿，就可求得的話，我實不知道他為什麼緣故，在西寧同我商量說，京中家抄了，這裡定不得也要抄，我要將銀子拿二三千，放在你處，向你取用，怕萬歲爺知道，不曾拿這銀，上年冬天我到塞思黑那裡去，向那人說，我弟兄沒有爭天下理，此後再說，我要拿

了，我向他說，這人該拿，交與楚仲就是，他說，若拿他，就大吃虧了，帖子上的話我沒有看見，只見他說話神情，那帖子中命有不好的話事情，我當日原看他是個好人，後來他知道聖祖皇帝賓天，時眼淚也沒有，我是外國人，逢人贊揚他，就是該死之處，有何辯處等語，查穆經遠，以西洋微賤之人，幸托身于攀轂之下，媚附塞思黑，助甚狂悖，當塞思黑在京時，養奸誘黨，曲庇魍魎，什物遺贈，交結朋黨，而經遠潜與往來，密為心腹。廣行交邀，煽惑忍心，至塞思黑有大福氣，將來必為皇太子之言，及塞思黑諸惡敗露，本當立正典刑，蒙我皇上至聖至仁，令往西寧居住，冀其洗心悔罪，乃不但絕無愧懼之心，益肆怨尤之惡，而經遠之穴墻往來，構謀愈密，奸逆愈深，是誠王法之所不容，忍心之所公憤，除塞思黑已經諸王大臣公同議罪，奏請王法，外穆經遠應照奸党律擬斬監候，但穆經遠党附悖逆，情罪重大，應將穆經遠立決梟示，以為党逆之戒可也。

これを見れば分かるが、こなれた口語体の文章で書かれており、単なる歴史文書としてでなく、当時（雍正 4 = 1726 年）の口語を反映した漢語資料としても貴重なものであり、口語資料としてすでに注目されている『聖喻廣訓』に匹敵するものであると考えられる。

また、関連する資料はこの他にカサナテンセ図書館では 4 種見ているが、いずれにもラテン語での簡単な説明が付されている。この雍正 4 年のものには "Sentence Contre le P［ere］Mourão"（Mourão 牧師の審判）とあるが、他のものも同じ筆跡であり、1720 年の文書にははっきりと「Carolus（康和子）」の署名がある

康和子（1673-1755, ラテン語では Carolus Horatii de Castorano、イタリア語で Carlo Orazi da Castorano、フランス語では Charles Horace de Castorano となる）は、フランシスコ会の宣教師で、『意漢字典（Dictionarium latino-italico-sinicum）』を編纂している。その写本は 4 部あり、2 部を中国に（すでに消失）、残りの 2 部はローマに持ち帰り現在バチカン図書館に収められているが、その字典の筆跡とこの文書との筆跡はほぼ同じであり、これらのカサナテンセに残されたイエズス会文書は彼がローマ

に送ったものであることがうかがい知れる。また、彼が中国に居たのは1700年か-1733年の間であり（1734年にローマに戻る）、この文書はまさに1726-1733年以前に書かれたものであろう。

　実は、こうした文書はカサナテンセ図書館のみならず、ヨーロッパの図書館（たとえばパリ外国宣教会図書館など）に複数部残されている。（呉旻、韓琦、編『歐洲所藏雍正乾隆期天主教文獻匯編』上海人民出版社、2008, 参照。）

　宣教師の文書がこのように複数部中国からローマに送られた理由については、恐らくは以下のようである。

　　為確保信息傳到歐洲、有些耶穌會士甚至把相同的信件經幾個不同渠道寄出。於是、在近兩個世紀時間裡、耶穌會士發自中國的大量信件源源不斷地傳到了歐洲。這些書簡出自身在中國且對其己有切身體驗者之手、其內容大多是寫信者本人所聞或親身經歷之事、自然就具備了"現場報道"的性質。它們給西方帶去了中國的形象和信息、因此被反覆轉抄、廣為流傳、成了當時歐洲人了解中國的重要窗口。(『耶穌會士中國書簡集：中國回憶錄１』序)

　まさに「ライブ」感覚で情報が届けられたわけであり、その意味からも格好の「生きた口語資料」ということができるだろう。

　歴史学の資料がこうして言語資料としても有効であることは、すでに琉球官話資料などからも明らかであるが、次のようなものも今後その中に加えられていいはずである。

　　關於雍正六年的暹羅國的漢語通事
　　問　這五個人是那一國的人、叫甚麼名字、那一月日在那裏地方、開船要往何處、到那地方被風打破的。
　　……
　　供　嗅嚨嗎林兩個是西洋莫來由人、又伊哥安迪密喀兒三個是西洋彌尼喇人、自彌尼喇開船要往猲喇吧、去約有十天遭風打破、如今又有一月

多了。飄到這裏不曉得甚麼地方。
問 你船上共有多少人口、船主水手叫甚麼名字、如今都在那裏呢。
供 船上共有三十五人、船主叫做壚吟礁、死了三十個、只存小番水手五人、死的姓名不記得了。
……
問 船上有甚麼貨物沒有呢。
供 只有黃藤海參是船主的、別貨都沒有、船破總漂棄無存。
有客人沒有呢。
供 沒有客人。（王竹敏「泰國漂流船的資料」『或問』19, 2010）

2.2 漢訳聖書

漢訳聖書の分野でも大きな発見があった。一つはバセ（Jean Basset, 白日昇）の漢訳聖書稿本が4種全て揃ったこと、一つは「幻の聖書」であった賀清泰（ポアロ、P. Le Poirot）の『古新聖經』の発見である。

バセの聖書は、大英図書館所蔵の『四史攸編』と、そのモリソンによる手書き稿本が香港大学に所蔵されていることは以前から知られていたが、ここに来て、別の稿本がカサナテンセ図書館とケンブリッジ図書館で相次いで発見された。この4種の違いは、『四史攸編』、モリソン手書き、ケンブリッジ所蔵版のそれは、「Diatesseron」つまり「Harmony of the Gospels」（総合福音書）であって、たとえば、第一章は「ルカの冒頭部分」─「ヨハネの冒頭部分」─「ルカ第一章」─「マタイ第一章」から成るという具合で、いわゆる「シャッフル」本であるが、カサナテンセ所蔵本だけはモリソンの『神天聖書』と同様に新約聖書の順序通りに翻訳されているという点である。これらの編集の違いが何故生じたか、あるいはどちらが先でどちらが後かという点については筆者も以前に私見を述べたことがあるが、まだ完全には解明されてはいない問題である（拙稿2010「馬禮遜參照的漢譯聖書─新發現的白日昇譯新約聖經稿本」『自上帝說漢語以來─《和合本》聖經九十年』謝品然、曾慶豹合編、CABSA 研道社, 等參照）。

ポアロの『古新聖經』については、かつて徐宗澤1958（『明清間耶穌會士譯著提要』）などが、その存在（徐家匯藏書樓と北堂の2カ所）や具体

的な中身については触れていたが、実際には誰も見てはいなかった。それがようやく徐家匯で発見されたのである。すでに、影印本（鐘鳴旦、杜鼎克、王仁芳編『徐家匯明清天主教文献續編』第 28 冊–第 34 冊、台北利氏學社、2013）と排印本（李奭學等主編『古新聖經殘稿』全 9 冊、中華書局、2014）も出版され、今後の漢訳聖書研究に大きく寄与するはずである。

このポアロの『古新聖経』にはもう一つ満漢合璧版も存在する。これは、サンクト・ペテルブルクの東方文献研究所に所蔵されているものであるが、以前に金東昭 2001 で紹介されたことがある。ただし、金 2001 の記述は Volkova の滿文手寫本文献目録（*Opisanie man'chzhurskikh rukopiseĭ Instituta narodov Azii AN SSSR*, 1965）に拠っており、実際とは異なる部分もある。従って、案外、金氏自身は現物を見ていないのかも知れない。

体裁は本文全 101 葉、各半葉 10 行（満語 5 行、漢語 5 行）で、「如達國眾王經尾増的總綱・卷壹下・第 13 篇（＝歴代志上・第 13 章）」から「如達國眾王經尾増的總綱・卷壹下・第 29 篇」までを収めている。筆跡からは、漢字本とほぼ同じ手になるものと判断される。

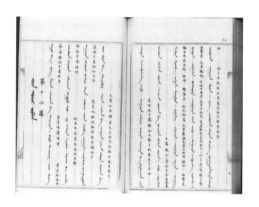

この満漢合璧版の中国語には『清文指要』等の満漢合璧課本に見られるようないわゆる「翻訳臭」というものが余り感じられない。これは、つまり満州語と漢語のどちらか先に成立したかという問題にも関わってくることで、今後の課題となる。

序説：言語接触研究の過去・現在・未来　11

（東洋文庫所蔵）

　なお、ポアロの『古新聖経』には以下のように満州語版もある。
　ところで、この『古新聖経』の言語であるが、基本的には口語体で書かれている（李奭學などは「北京官話」で書かれているというが、検証が必要である）。
　漢訳聖書の文体（漢訳聖書のみならず、「近代漢語の文体」と言った方がより正確かも知れない）には３種ある。１つは白話体（「口語体」とも。ただし、「白話」と「口語」が同じものかどうかにも議論がある）、１つは文言体（「文理」体とも）、そして１つは白話文言混交体（「半文半白」体、「折衷」体、「浅文理」体とも）である。
　たとえば、モリソンは『神天聖書』の翻訳に際して、最初は『聖諭廣訓』をモデルにした「白話」体を考えていたが、最終的には『三国演義』を典型とする「雅」を残した「文言白話混交体」を採用した。
　これに対してポアロは以下のように明確に「口語体」を主張している。

　　看書有兩樣人，一樣是誠心愛求道理，並不管話俗不俗，說法順不順，
　　只要明白出道理來足足殼了，也對他的意思；這樣的人，可不是賢人麼，
　　所該貴重的，他們也貴重本來要緊的是道理，話雖是文彩光輝，若無道

理，算甚呢，一口空嘘氣而已。

　還有一樣人，看書單為解悶，倘或是讀書的人，單留心話的意思，深奧不深奧，文法合規矩不合，講的事情，或是從來沒有見過的，或是奇怪的，或是多有熱鬧的，一見沒有，或書上沒有修飾，就厭煩了，拋下書，無心看了。論這樣人，一定要不服我翻的聖經，但這不服的人原不圖取神益，而悅耳目；若是這樣，一定顯出他們不很明白懂得來歷。怎麼說呢？

　聖經不是人自己本意作的書，是天主親自說，聖人記載的。天主若要用奇妙的文法，既然他無所不知，一定能做絕美文法的書，但他不肯。因他的意思是為人寡學道理，行道理的事，所以特用俗語說了一件事，又重說，要高明的或愚蒙的都能容易懂得，也深深記得當緊的道理，天主貴重的，不過是人的靈魂，聰明愚蒙，天主不分別，為幾個懂文法的人，不忍耽擱了萬萬愚蒙的人不能懂文深的書，他們靈魂，也不能得受便益；既然天主的聖意是這樣；翻譯聖經的人，敢背他的旨意麼？翻譯的書，合對本文，全由不得人，或添或減，或改說法，恐怕有錯處，定不得有人說，為欽敬天主的言語，也為合讀書人的心意，也不高，也不低，用用中等的說法，翻譯使不得麼？有何妨礙呢？（『古新聖經』再序）

　上述の近代漢語の3種の文体については、特にVaro（萬濟國）以降多くの西洋人によって指摘されてきているが、その実態がどういうものかについては現在まで納得いく結論は出ていない。その弁別の鑑定語にしても、わずかにヤホントフ（雅洪托夫「七至十三世紀的漢語書面語和口語」『漢語史論集』北京大学出版社、1986）を持つだけであるが、いずれにせよ漢訳聖書は近代文体論研究の有用な資料と言うことができる。

2.3　北京官話資料

　鱒澤彰夫氏の旧蔵者約10,000冊が関西大学アジア文化研究センターに寄贈された。その内容は近代日本の中国語学書が中心で、特に、明治期以降の中国語教科書類は相当な数に上り、これまで関西大学東西学術研究所でも購入していたものと合わせれば、恐らく世界一の中国語教科書コレク

ションとなるはずである。もちろん、ウェードの『語言自邇集』の初版から 3 版までを含め、西洋人の中国語学書も数多く収集されている。

　ここでは、その中の『北京官話全編』について少し述べておきたい。

　これは筆者もこれまで見たことのない北京官話のテキストであるが、初稿本（全 7 冊）、定稿本（全 378 章、全 6 冊）、それに総訳（『北京官話全編総譯』全 8 冊）からなる。

　表紙には「前総領事深澤暹著　北京官話全編」とあるが、この深澤暹の略歴は以下の通りである。

　　明治 9（1876）年 4 月 28 日
　　　旧肥前藩五島藩士深澤立三（旧名祐人）の次男として東京麻布鳥居坂の旧藩邸内で生まれる。
　　　海軍を志し「攻玉社二松学舎」に学ぶも近眼のために志を転じ三橋信方の横浜英語学校に学ぶ。父のすすめで志を支那に馳せ、英語学校卒業（明治 26 ＝ 1892 年 7 月）後、当時横浜南京町に隠棲していた田島藏之助に就いて支那語を学ぶ。
　　次いで清韓語学校が創立されるや之に入って更に支那語を修め、1 年で卒業。
　　明治 27（1894）年 5 月
　　　外務省留学生試験に合格するも、人員に制限あり、船津辰一郎一名だけが採用。
　　明治 29（1896）年 5 月　再受験でようやく採用され、北京留学を命じらる。
　　明治 31（1898）年 11 月　外務書記生に任ぜられ上海総領事館勤務
　　明治 32（1899）年 12 月　杭州在勤
　　明治 33（1900）年 6 月　再び上海領事館へ（日清通商条約改定の交渉事務）
　　明治 37（1904）年 2 月　墨西哥公使館在勤
　　明治 38（1905）年 3 月　桑港領事館に移る
　　明治 40（1907）年 7 月　漢口在勤するも、高橋総領事と意見を異に

し離任帰朝

明治 41（1908）年 11 月　奉天在勤

大正元（1912）年 10 月　杭州領事事務代理

大正 3（1914）年 6 月　杭州領事館副領事（長沙在勤）

大正 5（1916）年　吉林在勤

大正 7（1918）年 2 月　牛荘へ、発令 4 日で汕頭へ

大正 8（1919）年 5 月　公使館三等書記官として北京公使館在勤

大正 10（1921）年 6 月　再び領事として南京へ

大正 12（1923）年 1 月　吉林領事館へ

大正 14（1925）年 3 月　同上総領事に栄転し勇退

昭和 3（1928）年-11（1936）年

奉天領事館嘱託（昭和 7 年 12 月から昭和 8 年 1 月まで吉田茂大使の満州中国旅行に随行）

昭和 11（1936）年 12 月　辞して帰京

昭和 19（1944）年 10 月 22 日没

（『續對支回顧録』下巻「列傳深澤暹」1942、「深澤暹関係文書目録」解題、2006 参照）

　著書に『邦譯西廂記』（1934 年、東京秋豊園）があり、上記の「列傳」によれば、『元朝歴史物語』『明朝歴史物語』『清朝歴史物語』等は近く上梓の予定であるとあるが、実際には未刊行である。その原稿も今回寄贈された。

　この『北京官話全編』の言語を見ると、以下のように、いわゆる太田辰夫氏の北京語の文法特点の 7 つを全てクリアーしており、まさに北京官話の資料として『語言自邇集』に匹敵する極めて価値の高いものを私たちは手にしたことになる。今後本格的な研究が待たれるところである。

"給"

給你請安。（2）

我給您再倒一碗茶。（3）

"来着"
　都上那兒逛来着？（63）
　您昨兒竟在家裡、作甚麼来着？（134）
"呢"（沒有"哩"）
　你還提他們世兄呢。（3）
　那兒的話呢。（6）
"別"
　你可別多心。（6）
　你別送。（46）
"很"
　他的口音很不好。（4）
　價錢很便宜。（5）
"多了"
　近來都是比先好多了。（7）
　比我這件強多了。（50）
"咱们"
　那麼偺們明兒見。（22）

　鱒澤文庫には、この他にも伊沢修二の伊沢文字を利用した日本語発音矯正教材、日本語教材や軍隊中国語ならぬ「軍隊韓国語」の教材（『日韓會話提要』）、ベトナムで出版された字喃による『金雲翹扨』（保大 6 年＝1931）など枚挙に暇ない。たとえば、次のガリ版刷りの「支那語雑録」の「支那語ノ種類」などは、支那語つまり中国語とは「漢民族の言語」＝「漢語」であるという極めて正しい認識の上に、さらに、官話とは何か、北京官話と南京官話（南京だけに限定せず、広い意味での南方語）の分類、そして非官話系の方言についても述べている。
　また、読音統一会や標準語の策定についても論じている他、上海語における外来語やピジン英語にも言及するなど「中国語語学概論」として現在でも十分使用に耐える高い水準のものとなっている。

支那語ノ種類（一）
単ニ支那語ト云フ時ハ其意義頗ル漠然タルモノニシテ僅カニ「漢人種間ニ行ハルル言語」トフノ意ニ過ギザルノミ、故ニ之ヲ種々ニ分類シテ考察スルコト必要ナリ

官話トフ意味ハ場ニ依リ諸種ノ異レル観念ヲ表スモノトス、土語ニ対シテ官話トフ時ハ各地何レモ官話アリ、例ヘバ福建ニハ福建ノ官話アリ、広東ニハ広東ノ官話アリト云フガ如シ、然レドモ最モ普通ニ用ヰラルル官話ノ意義ハ「語音ノ声音語句ノ構成等比較的一貫セル文法ニ則レル高級的ノ支那語」トフニアリテ此ノ意義ニ従ヘバ支那語ハ官話ト非官話トニ大別スルコトヲ得ベシ

即チ官話トハ
一、北京官話ノ系統ヲ引ケル　黄河流域ノ六省、淮河流域ノ江蘇安徽ノ北部ニ行ハルル言語
二、南京官話ノ系統ヲ引ケル湖北、四川、雲南、貴州、広西、湖南及南京杭州ニ行ハルル言語
ヲ云ヒ（四川地方ハ成都官話ノ一系統ヲ成スト論ズルモノアリ）、非官話語トハ（地方語、方言）
一、福建語（厦門語、汕頭語、福州語）
二、広東語（本地語、客家語）
三、浙江語　江蘇ノ一部、浙江ニ行ハル
等ヲ云フ
……

支那語ノ種類（二）
……
南京ト杭州トガ江蘇浙江ニアルニ拘ラズ浙江語ノ系統ニ属セズシテ南京官話ヲ流行スルハ曾テ国都ノ地タリシニ因ルト解セラル
……
先年教育部読音統一会ニ於テ標準語採用ノ議起ルヤ一般ニ北京語ヲ基礎トスルコトニ一致セシト雖モ間々支那語ノ標準語トシテ北京語ハ不

完全ナリト主張スル者アリ、章太炎氏ノ如キハ其ノ一人ニシテ氏ノ説ハ湖北附近ノ官話ヲ以テ支那語ノ正流トナスニアリ、而シテ其ノ理由トスル所ハ金元以来北方ニハ朔虜侵入シテ中原ノ音ハ江漢ニ移リ去レリト云フニアリ、此ノ説ハ全ク根拠ナキ説ニハ非ザルガ如シ。
……

支那語ノ種類（三）
上海語
上海ハ開港前僅カニ荒煙蔓草ノ一漁村ノミ故ニ純粋ノ上海語ナルモノハ僅ニ旧県城西南一帯ノ土着人ニ依リテ保存セラルルノミニシテ普通ニ上海語ト称セラルルモノハ大抵蘇州語ト寧波語トノ混合ニ成レルモノナリ
……
上海ハ外国トノ交通最モ頻繁ナル関係上外国語ヲ混入スルコト少ナカラズ、即チ外国語ヲ音訳スルコト概ネ上海ヨリ出ズ、例ヘバ密司脱（ミスター）引擎（エンジン）馬達（モーター）徳律風（テレホン）如キナルヤ准支那語トシテ支那人間ニ使用セラル
上海ハ英語支那語折衷ニ成レル一種特別ノ英語行ハル、之ヲ Pidgin English（Business English、転化）ト称ス、即チ商用語ナリ。上海ニテハ支那人之ヲ洋泾浜語トモ云フ、支那人ハ之ヲ英語ト考へ、外国人ハ之ヲ支那語ト考へ使用スルモ其実綴字、発音、文法全ク特殊ナルモノ也……

なお、現在「鱒澤文庫目録」を作成中で完成後は公開する予定となっている

3　小　結

　以上、文化交渉学と言語接触研究、とくに新しく発見された資料に基づく個別分野としての中国言語学研究の可能性について述べてきたが、我々

が目指す「文化交渉学」において扱うべき課題は山積している。

　また、一方で、最近は「周縁」とか「脱領域」「越境」という言葉がごくごく当たり前に使用されてきている。それはもちろん結構なのであるが、しかしながら、この場合にも「初めに周縁ありき」ではないことに留意しなければならない。あくまでも確固としたとした「中心」があっての「周縁」であり、それがない「学際」や「脱領域」「越境」は「根無し草」であることを忘れてはならないだろう。今後とも色んな分野との「協同」が求められるが、拠って立つ場所、帰する所がない学問は「空虚」である。自戒の意味も込め、このことを最後に述べて、小結とする。

近代漢字訳語の研究について：
中国語からの視点

沈　　国威
(関西大学)

要旨：漢字文化圏の諸国語には、近代以降の漢字新語、つまり「新漢語」が多数存在している。新漢語のほとんどが訳語であり、或いは訳語として機能するものである。本稿は、翻訳が可能かという問題を訳語のレベルで考え直した上で、近代訳語についてその発生のメカニズムを考察するものである。本稿は、まず原語と訳語の対応関係と意味移転の即時性という観点から、訳語を翻訳語と借用語に二分し、その下位類に「移訳語、作字語、直訳語、意訳語」、「借音語、借形語」があるとし、それぞれの創出方法と特徴について詳細な考察を加えた。さらに仏典翻訳における「同義連文」という並列構造による訳語の創出法が、近代訳語の産出にも応用されたことを指摘している。本稿の考察により、近代の漢字訳語は、概念表出という動機付けだけではなく、文体からくる韻律上の要請にも応えなければならないことが明らかになった。二字訳語の大量創出が、やがて言文一致という文体の変革を引き起こしていく。

キーワード：新漢語　語彙交流　翻訳語　借用語　二字語化

1　近代の翻訳と訳語

　異なる言語の接触は、翻訳を生み出す。翻訳の初期形態は口移しであろう[1]。異なる民族の雑居地域、越境貿易の市が最も原始的な翻訳の場と思われる。翻訳は、コミュニケーションの媒介であり、また言語の変異を引き起こす刺激物でもある。文字の発生と使用により、翻訳を時間と空間の束縛から解き放ち、異なる言語の接触が文献にその痕跡を残した。歴史上中国語に大きな影響を及ぼした大規模な翻訳活動が三回あった。一回目は、東漢から宋まで延々と千年以上続いた仏典翻訳である。仏典翻訳は、規模にせよ時間の長さにせよ空前絶後のものであった。仏典は、書籍の形で存在し、書面語として記録されてはいるが、『翻訳名義集自序』に「夫翻譯者，謂翻梵天之語転成漢地之言。音雖似別，義則大同。（翻訳とはサンスクリット語を中国の言葉に変えることである。発音は異なるが、意味はほぼ同じである）」とあるように[2]、音声が強く意識された要素であった。これは、殆どの場合、仏典翻訳が、「外国人口述、中国人筆録」という形で行われていたためである。この翻訳法は、経文の中に多くの口語的要素を残したのである。

　二回目は、16 世紀末来華したイエズス会士らによる翻訳活動である。航海術の進歩及び印刷術の発明と運用により「西学東漸」という知識の大移動が実現した。現地文化を尊重する「文化適応政策」を実践しているイエズス会士の多くは、当時の世界学術界においても名高い学者であり、宗教書以外にも幅広く世俗書、例えば西洋の天文学、地理学、数学、医学、論理学などの書物を翻訳し、中国の知識界に紹介した。しかし 18 世紀初頭の雍正帝の禁教政策により状況は一変し、イエズス会士による洋書翻訳は終焉を迎えざるを得なかった。

　1807 年、プロテスタント宣教師モリソン（R. Morrison, 馬礼遜、1782〜 1834）が広州に上陸した。厳しい禁教政策の下で、一般民衆に対する

---

[1] 本稿では日本語にあるような「通訳」と「翻訳」の区別をしないが、書物の翻訳が議論の中心である。
[2] 羅新璋編『翻訳論集』、北京：商務印書館、1984 年、第 51 頁。

宣教はできず、書物による「文書伝道」を余儀なくされた。彼らは先輩のイエズス会士と同じく、宗教書の他に世俗書も大量に著述、翻訳した。これにより三回目の翻訳ブームが巻き起こされた。19世紀末、「外国人口述，中国人筆録」という伝統的な翻訳法と決別した厳復は、『天演論』を世に送り、中国社会に大きな衝撃を与えた。中国人自身による近代的知識の吸収を目的とする翻訳の幕開けである[3]。

　アジアの近代は、東西文明がぶつかり、融合していく時代であった。西洋の近代文明を表す新概念が、列強の貿易と軍事的拡張に伴い、怒濤のように東洋に押し寄せてきた。東洋の国々は、国家、民族の存続と発展のために、これらの新概念を受け入れざるを得なかった。その際、書物の翻訳が主な方法である。歴史的、そして言語上の原因により、漢字による訳語、ひいては漢文までが、漢字文化圏各国が西洋文明を受け入れる時の唯一の選択であった。漢字語形式の訳語が大量に作られた所以である。新しい訳語は、20世紀初頭の中国では、「新名詞」「文明詞」と呼ばれたが、日本の近代語研究では、漢字で構成された新語という意味の「新漢語」が用いられている。本稿では、これらの名称を「訳語」或いは「近代訳語」に統一する[4]。16世紀末まで遡れる「近代訳語」は、西洋文明の担い手と伝え手であり、時には西洋文明そのものであった。また「新漢語」という名称は、新しい漢字語が、中国語、日本語、ひいては韓国語、ベトナム語といった個別言語の枠組みを超えて、漢字文化圏での概念を共有する媒介物であったことを端的に表している。

　ところで、テクスト化された翻訳は、訳語、文の形式（文型）と文章のスタイル（文体）という3つの要素からなる。そのうち、訳語は最も重要

---

[3] 19世紀以降の翻訳は、前後して宣教師と中国の知識人という二つの翻訳主体がある。ただし訳出された内容は、西洋近代の新知識が中心であるため、1つの連続した事件とみることができる。なお、20世紀の最初の10年は、日本語翻訳期であり、その後に欧文翻訳期が訪れた。前者には重訳、転訳が多かったが、後者のために訳語の面で準備作業をしていたと言えよう。

[4] 「訳語」は日常語彙を含む「新語」の下位概念である。いうまでもなく近代語彙の研究は、抽象語彙を中心とした訳語に限定せず、生活、文化、宗教などの分野の語彙研究と補い合いながら進めるべきである。内田慶市『ヨーロッパ発〜日本経由〜中国行き—「西学東漸」もう一つのみちすじ』、『浙江と日本』、関西大学出版部、1997年、117〜195頁。

で、基本的な存在である。

　厳復は、「今夫名詞者，訳事之権輿也，而亦為之帰宿。言之必有物也，術之必有涂也，非是且靡所托始焉，故曰権輿。識之必有兆也，指之其必有櫱也，否則随以亡焉，故曰帰宿。」と指摘している[5]。「名詞」は即ち翻訳に用いられる「訳語」のことである。訳語は、異言語の概念を伝えるもので、翻訳行為の前提である。翻訳者にとって、訳語がなければ翻訳もあり得ない。故に始まりというわけである。訳語はまたその言語社会に受け入れられる必要がある。そのため、訳語の意味は明白で、広く理解されなければならない。訳語が分からなければ、翻訳も理解できない。一般読者にとって訳語が究極の拠り所という所以である。厳復のこの指摘は、20世紀初頭、中国の翻訳における訳語が抱えている諸問題を端的に言い当てている。

　このように19世紀末新しい翻訳ブームを迎えようとする中国の言語社会に強く求められた訳語の整備には、おおよそ次のような問題が含まれる。

1. 中国語と外国語の間で概念上の個々対応の関係を語のレベルにおいて確立させること。
2. リストの形で概念上対応関係をなす訳語を言語社会に提示すること。

　第2点は、即ち外国語辞書の編纂問題である。翻訳には辞書が必須である[6]。イエズス会士は16世紀末中国に渡来した当初から、辞書編纂のために多くの準備作業をしたが、刊行には至らなかった[7]。一方、モリソンの最も大きな貢献は、極めて困難な状況下で3パート6冊からなる『字典』（1815

---

[5] 厳復「普通百科新大詞典序」、王栻主編『厳復集』、北京：中華書局、1986年、第2冊、277頁。
[6] 杉田玄白は、「誠に檣舵なき船の大海に乗出せしか如く、茫洋として寄へきかたなく、ただあきれにあきれて居るたるまでなり」（『蘭学事始』講談社学術文庫109頁）と蘭学初期の辞書なき翻訳の難しさを振り返った。
[7] マシーニ「早期の宣教師による言語政策：17世紀までの外国人の漢語学習における概況――音声、語彙、文法」、内田慶市・沈国威編『19世紀中国語の諸相』（日本：雄松堂，2007年、17～30頁）；姚小平「早期的漢外字典」、『当代語言学』（第9巻、2007年、第2期、97～116頁）参照。

〜1823）を出版したことである。モリソンは、中国語と英語の間に言葉の架け橋を造ろうとした先駆者であり、その後、1世紀にわたり、宣教師らの辞書は例外なくモリソン辞書の影響下にあった。

『英華萃林韻府』（1872）を出版した宣教師、ドリトール（J. Doolittle, 廬公明、1824〜1880）は、その第二巻に来華したほかの宣教師が作成した術語集を20種類以上収録した。上海江南製造局翻訳館で技術書の翻訳を担当したフライヤー（J. Fryer, 傅蘭雅、1839〜1928）も数種類の術語集を編集した。二人は、訳語を整理し、中国社会に提供しようとほかの宣教師らに呼びかけたが、効果は上がらなかった[8]。

厳復が、1895年に『天演論』の翻訳を始めた時、利用できる外国語辞書は皆無に近い状態であった。厳復は次のように述懐した。

　　30年前を振り返ってみれば、自分が初めて英語を勉強した時、学校当局からもらった辞書は広州で出版された一種類だけで、収録された訳語は千語くらいしかなく、意味も詳しくない。しばらくすると『五車韻府』などが出回ったが、殆ど西洋人が中国語を勉強するために教会が編纂したものであった[9]。

外国語辞書不在の状況は、『英華大辞典』（1908）まで改善されなかった。19世紀の英華辞書について、筆者編著の『近代英華華英辞典解題』（2011）

---

[8] 王樹槐1969「清末翻訳名詞的統一問題」、『近代史研究所集刊』第1期、47〜82頁；王揚宗1991「清末益智書会統一科技術語工作述評」、『中国科技史料』第12巻第2期、9〜19頁を参照。

[9] 厳復「尚憶三十年以徃、不佞初学英文時、堂館所頒、独有広州一種、寥落数百千言、而義不備具、浸假而有五車韻府等書、則大抵教会所編輯、取便西人之学中国文字者耳。」「商務印書館華英音韻字典集成序」、1902年。この序文は、『厳復集』に収録されていない。沈国威編著『近代英華華英辞典解題』（大阪：関西大学出版部、2011年、188頁）参照。厳復は1866年14歳で福建船政学堂に入ったが、学堂の法国人教師 Prosper Marie Giguel（中国名：日意格、1835〜1886）が学生のために Mechanical and Nautical Terms in French, Chinese and English を編輯し、機械、製造関係の術語を1962語収録した。この術語集は、後にドリトール（廬公明）の『英華萃林韻府』に収録された。沈国威編著『近代英華華英辞典解題』（170頁）参照。『五車韻府』はモリソンの辞書シリーズ『字典』の第二部の名称で、19世紀60年代以降、上海などで石印の簡略版が出回った。

及びその他の拙文を参照されたい。本稿では、第一点、つまり訳語の創出に集中して考えていきたい。

「訳語」とは何か。筆者はかつて「外国語を自言語に取り入れ、単語の形で実現するもの。」と定義した[10]。この定義は、外国語の意味（概念）を自言語において語の形で表現しているか否かに重きが置かれている。一方、「訳語」を英語は equivalent と言い、意味の等価性が重要視されているように思われる。理想的な訳語（equivalent）は、異なる言語間にある概念の等価物であるべきという考え方に基づく用語と言えよう。しかし、そもそも訳語は可能なのだろうか。或いは他の言語を翻訳するための訳語なるものが自言語に最初から用意されているのかと問い直してみたい。

異言語間の語と語の等価的対応関係が本当にあり得るのか。語とは、自然界を言語によって範疇化した結果であり、事物に対する命名である。サピア・ウォーフ仮説に従えば、異なる言語を話す人は、異なる見方で自然を切り分け、それを概念に纏め上げ、認識する。ある言語社会では、その社会で最も必要であると判断された概念にしか語を用意しない。つまり語彙化する。また人間は自然界を反映する概念を受け身的に命名するだけではなく、架空の概念も作り出し、語彙化していく。同じ人類でも地域、民族、言語社会によって、語彙化する概念項目が必然的に異なるのである[11]。たとえ同じく語彙化が実現された概念項目であっても、異なる言語であれば、「語」は完全に等価的にはならない。それは、異なる言語の間で概念的意味（辞書的意味）が同じであっても、周辺的意味も同じである保証はないからである。いわゆる周辺的意味とは、連想、評価、文体、感情、色彩といった付属的意味のことである。周辺的意味は当該言語社会が規定している意味であり、強烈な文化的個性を持つ。また形成された語が無秩序に存在しているのではなく、体系的に関連づけられている。言語が違えば、語彙体系の構造も違う。異なる語彙体系に属する語は、その意味用法も語彙体系からの制約を受けなければならない。いわゆる体系とは、ほかでもなく語と語の関係、つまり近義、反義、上位下位等の集合である。例えば

---

[10] 『日本語大事典』（朝倉書店 2014）、項目「訳語」、沈国威執筆。
[11] 例えば「兄弟姉妹」は中国語では単純語だが、英語では二次複合単位で表現する。

中国語のある単語 A は、その所属している体系において他の語と関連づけられ、A をノードとするネットワークを形成する。外国語の単語 B は、同じく B をノードとするネットワークを形成する。訳語として、A＝B があり得るにしても、2 つのネットワークが重なるわけではない。

原語と訳語の複雑な関係は外国語辞書を見ても分かる。外国語の辞書では、見出し語に対して、1）一対一に訳語を示す；2）1 つの見出し語に複数の訳語を示し、対応させる；3）訳語ではなく、連語、フレーズによって説明するという 3 パターンの方法があるが、1）はむしろ稀なケースである。つまり一対一の訳語は、言語の自然な状態では実在しないのである。いわゆる「自然な状態」とは、他の言語と接触し、それに合わせ、自己修正をしようとする前の状態を指す。しかし、サピア・ウォーフ仮説が発表される前はもちろんのこと、実はその後も、訳語が存在しうると広く一般に信奉されていた。

厳復は、「西洋の概念を翻訳する際、最も大きな困難は、その概念が、そもそも中国にないことだ。或いはあるかも知れないが、翻訳者にはそれが分からない」と述べている[12]。自言語にない概念なら、当然のことながら、その概念を表す語なぞも存在しない。厳復は、「天演論・訳例言」の中で「西洋の新しい学説が次から次へと中国に伝わり、夥しい数の術語が使用されている。その訳語を中国語に求めようとも見つからず、無理に当てようとしても結局意味のずれが大きすぎる。このような場合、翻訳者（厳復）が原語の意味を斟酌し、その意味に沿って訳語を決めるほかなかった」と述べている[13]。厳復が言う「訳語を決める（定名）」は、既成語から訳語となり得るものを選定していくというより、新たに訳語を創作すると理解した方が事実に近いだろう。

既成の言語成分の中に等価物が存在しない、或いは見つからない場合、

---

[12] 厳復「大抵取訳西学名義，最患其理想本為中国所無，或有之而為訳者所未経見。」「尊疑先生覆簡」、『新民叢報』、1902 年、第 12 期。『厳復集』第 3 冊、518 頁。ここの「理想」は即ち idea で、いまは「概念」という訳語があてられている。
[13] 厳復「新理踵出，名目紛繁，索之中文，渺不可得，即有牽合，終嫌参差，訳者遇此，独如自具衡量，即義定名。」『天演論』、ハックスリー著、厳復訳、北京：商務印書館、1981 年、xii。

別途訳語を準備しなければならないと厳復は指摘している。しかし、訳語は創作できるものなのか。外国の概念のために創られた新しい語は、その概念を正確に伝えられるものなのか。現代言語学の基本原則としては、言語には優劣がなく、高度な文明社会で用いられている言語にせよ、未開社会の言語にせよ、その言語社会が必要とするいかなる概念をも表現することができる。概念の表出において、言語間に優劣はない。問題は、語として実現可能かである。「翻訳の可能性」とは、語彙化されていない概念や「語」では対訳できない概念でも、連語、フレーズ、文のレベルでは訳出することが可能だということである。しかし翻訳文では、概念の基本単位はあくまでも「語」であって、それより上位のものでも下位のものでもない。厳復の「訳語は翻訳の始まりだ（権輿）」という主張は、このような意味において理解すべきである。

　訳語の成立には、また翻訳者の表現姿勢、言語知識と言語社会の反応が深く関わっている。蘭学者は新しい訳語を創作するより、漢籍の既成語を用いることを翻訳の最も理想的な状態と考えていた。中国でも20世紀初頭、新語、特に日本からの訳語に強い拒絶反応が示された[14]。しかし厳復は自分が新語を造ることを避けるどころか、頗る自慢としている。彼は次のように宣言している。「他は物競、天択、儲能、効実などの訳語はいずれも私が始めたものである。1つの訳語を作るには長時間の思索が必要である」と[15]。来華宣教師らの実践、特に外国語辞書の編纂史を見れば、訳語の創出は、2つのステップが踏まれていた。まず原語の意味を連語、フレーズ或いは文で説明、解釈する。そして連語やフレーズを徐々に語に凝縮させていく。モリソンの『字典』が、『康熙字典』と『五車韻府』の翻訳から着手したことはよく知られている。これは概念の等価物を探し求める作業である。但しモリソンの『字典』には、訳語より、連語やフレーズが遙かに多い。これは語というレベルで厳密に対応しきれないところへの補足説

---

[14] 沈国威『近代中日詞彙交流研究――漢字新詞的創制、容受與共享』、北京：中華書局、2010年、「二新詞創造篇」61〜184頁
[15] 厳復「他如物競，天択，儲能，効実諸名，皆由我始。一名之立，旬月踟蹰。我罪我知，是存明哲。」「天演論・訳例言」。

明か、中国語に存在しない概念を説明、解釈する部分である。同辞書では新しく訳語を創作するのはむしろ稀なケースである[16]。

　厳復が言及したもう１つのことは、訳語となり得るものをいかに見つけるかである。彼自身もその未だ発見していない訳語の発見に努力を惜しまなかった。この訳語の探索に厳復は２つの異なる態度を示している。一般的な概念を表す訳語について、厳復は「その概念を表す語があり、人々がそれを理解できればことが足りる」と言い、また「見つけた訳語は最初完璧でなくても構わない。訳者はそれで概念を伝え、読者がそれを理解できれば十分である」とも言っている。原語と訳語のギャップを意識しながら、コアの意味から逸れた周辺的意味の捨象もやむを得ず、翻訳文に本質的な悪影響を与えないと考えているようである。一方、重要な概念に対して、「それを翻訳する際、源流まで遡らなければならない。まず西洋の語の最も古い意味から考え、また広くありとあらゆる派生義を考察する。その後、中国の書物を点検する。近似しているものを見つけられれば、訳語を得ることができる。しかもその対応関係は非常に緊密なものになる」と指摘している[17]。厳復にしてみれば、人々は異なる言語を話すが、１つの意味世界の「原風景」を共有している、或いはかつて共有していた。重要な概念は古くから人類の共通概念であり、人種、言語が分化した後、異なる形になったが、訳者はそれを見つけ出さなければならないのである[18]。

2　翻訳語と借用語

　われわれの言語が外来の新概念を受け入れ、それを表す訳語を確立させるには、おおよそ２つの方法がある。即ち「借」と「訳」である。これに

---

[16] 初期の翻訳と辞書では、文や説明的なフレーズが訳語より多いが、徐々に訳語に凝縮していく。『英和対訳袖珍辞書』（1862）では漢字訳語がまだ一般的でなかったため、和語によるフレーズが多い。
[17] 厳復「但求名之可言而人有以喩足矣。」「若既已得之，則自有法想。在己能達，在人能喩，足矣，不能避不通之譏也。」「蓋翻艱大名義，常須沿流討源，取西字最古太初之義而思之，又当広捜一切引伸之意，而後回観中文，考其相類，則往往有得，且一合而不易離。」「與梁啓超書三」、『厳復集』第３冊、518～519頁。
[18] 厳復「用漢以前字法、句法，則為達易；用近世利俗文字，則求達難。」「天演論・訳例言」。

より、借用語と翻訳語が生まれる。以下それぞれについて考えてみよう。

1914 年、言語学者の胡以魯は[19]、雑誌『庸言』に「論訳名」と題する論文を発表した[20]。胡氏は、論文の冒頭で、次のように指摘している。

> 中国周辺の異民族の言葉を伝えることを、訳という。訳という以上、その意味に従わなければならない。もしその発音を踏襲するならば借用語となる。「音訳」とは自己矛盾しているタームである[21]。

胡以魯は「訳」と「借」の 2 つの概念を打ち出し、訳語を「翻訳語」と「借用語」に区別した。訳と借にはどのような違いがあり、それぞれの方法で作られた翻訳語と借用語はどう違うのか。胡氏の「訳という以上、その意味に従わなければならない」と「音訳とは自己矛盾しているタームである」という言説をどのように理解すべきか[22]。

借用語は、翻訳語に対立する概念である。いわゆる「借」は、つまり外国語の形式を借りることである。現代言語理論によれば、言語の「形式」（form）は第一義的に音声を指す。胡氏の借用語は、外国語の発音をそのまま取り入れる外来語のことで、つまり今日の音訳語である。しかし言語

---

[19] 胡以魯（1888 ～ 1917）は、字は仰曽、浙江寧波定海の人である。先ず日本大学で法律政治を専攻し、法律学士の学位を取得し、その後東京大学博士科に入り、言語学を勉学し、文学学士の学位を得た。日本留学中に、中国の国語学者の章炳麟にも師事した。胡以魯は帰国後、浙江高等学校教務長などの教育行政の職を歴任した後、1914 年北京大学で教職に就き、言語学を担当するが、1917 年逝去した。胡以魯の『国語学草創』（1913）は中国で最初に一般言語学の理論的枠組みで中国語を記述分析しようとした著作と評価されている。

[20] 「論譯名」『庸言』1914 年、第 25、26 合刊号、1 ～ 20 頁。同誌は、梁啓超が主宰する雑誌である。本稿は台湾文海出版社の復刻版を使用した。なお「論譯名」は『国語学草創』の 1923 年再版本の巻末にも付されている。この論文について、潘文国他著『漢語的構詞法研究』（台北：学生書局，1993 年、353 ～ 361 頁）；陳福康『中国訳学理論史稿修訂本』（上海外語教育出版社、2000 年、182 ～ 190 頁）等で言及されている。沈国威「訳詞與借詞──重読胡以魯「論譯名」」（『或問』第 9 期、2005 年、103 ～ 112 頁）、海暁芳『文法草創期中国人的漢語研究』（北京：商務印書館、2014）も参照されたい。

[21] 胡以魯「傳四裔之語者曰訳。故称訳必従其義。若襲用其音。則為借用語。音訳両字不可通也。」「論訳名」。

[22] 厳復も「所有翻訳名義，応分訳，不訳両種：訳者謂訳其義，不訳者則但傳其音；……」と指摘している。「京師大学堂訳書局章程」、『厳復集』第 1 冊、128 頁。

は文字によって記録され、特に大航海時代以降の翻訳活動は、書物と切っても切れない関係にあるので、文字面の借用も免れない。筆者は、借によってできた語をさらに「借音語」と「借形語」に細分する。借音語（即ち音訳語）は、音転写によってソース言語の発音を直接自言語に取り入れる。書記体系が同じか近い場合、ソース言語の語をその書写形式と一緒に取り入れるが、書記体系が異なる言語間では、借用先の文字によって音転写される[23]。書記体系が同じか近い場合、借形語が発生しやすい。またそれ故に借用が行われたという意識が弱い。ヨーロッパの各言語間で書物を通じて行われた語彙の交流は、借音というよりむしろ借形であると筆者は考えている。

　漢字文化圏では、異なる言語間の語彙交流は、漢字によって実現された。漢字語彙が、中国の典籍を媒介として日韓越の言語へと移動したのは「借形」と言って差し支えがないであろう。注意すべきは、漢字は象形文字（表意文字、語素文字とも）と言われるが、しかし歴史上漢字語彙の周辺言語への移動には常に漢籍の学習が伴われる。その過程において発音の模倣と伝習が行われた。このような模倣によって中国語の音韻体系と厳密な対応関係を持つ音韻体系が日本語、韓国語、ベトナム語において形成された。近代以降、中国語に流入した日本語の語彙がどのような位置づけかについては、後述するものとする。

　翻訳語とは、「訳者迻也（訳とは移すことなり）」というように、自言語にある意味のある言語成分を用い、ソース言語の概念を移入することである。その方法は２つある。１つは既成語を用いて「移訳」し、いま１つは新語を造り、対訳させる。

　では、借用語と翻訳語は、どう違うのか。「借」によって形成された語は、借音語にせよ、借形語にせよ、語の成立は意味の移転と同時に行われるものではない。われわれが最初に「沙発（ソファ）、迪斯科（ディスコ）」や

---

[23] 後述するように前者の例に英語、フランス語、ドイツ語の間や漢字文化圏の語彙交流があり、後者の例には英語と中国語の間で発生するものがある。現代中国語の中にOK，DVD，CD，PCなどのアルファベット表記の新語、流行語があるが、英語からの借形語と見ることもできる。

「手続、取締」に遭遇した時、訳語の語形が、ソース言語での意味を伝える保証はない。これは借用語の大きな特徴である。

　借用語は、いかに意味の移転を実現させるのか。一般的に2つの方法が考えられる。1つは実物指示、つまり実物を指し示し、これはCDだという方法である。もう1つは解釈である。例えば初めて「克隆（クローン）」を使う書物では括弧付きの「即ち生物複製」と注釈が加えられる。明治初期、日本の翻訳書によく見られるフリガナ（ルビ）はこのような役割を果たすものである。19世紀以降の中国の訳書にも、例えば梁啓超は割り注を積極的に使用し、厳復も、難解な字や古語で翻訳する時に割り注をよく利用した。

　借用語は、他にも幾つかの特徴がある。まず音転写で外国語の発音をそのまま借用するので、時間と労力が省かれる。また借用語が成立した時には、意義が賦与されていないので、言ってみれば「空」の容器であり、旧い語彙体系からの付着物がなく、語の意味は言語社会のメンバーが共同で充填することになり、理論的には最大限にソース言語の意味に近づくことができる。借用語（音訳語）を擁護する人はむしろ音訳語のこの意味上の特徴を重要視しているのである。但し借用語の最大の弱点もここにある。意味の普及と定着は、長い時間を必要とする。受容の過程で、意味の異化も避けられない。

　「翻訳語」の、その最大の特徴は、「語」として成立すると同時に、ソース言語の意味の移転がかりそめにも実現することである。即ち訳語に初めて遭遇した読者でもそれを自言語の語として受け入れ、理解しようとする。しかしソース言語の概念を語の形で正確に自言語に伝えることは並々ならぬ努力が必要である。厳復は、「一名之立，旬月踟蹰」と言っている。しかもこのような作業は、そもそも不可能と考えられている。語にはそれぞれの言語において歴史的、文化的付着物があり、言外の連想がある。これらは明確な形で訳語に表すことが難しい内容である。また自言語の既成語で外来の概念を移転させる時、余剰的な付着物がついてくるため、過不足なく意味を移転させる障害となる。ソース言語に対する理解が深いほど、訳の不完全さに対する不満が深刻になる。厳復が格好の例である。彼は、「自

由」を避け、「自繇」を使って freedom を訳そうと試みるが、難解な字を訳語に使うとして広く非難される。しかし厳復にしてみれば、これは復古傾向というより、既成語に附着した余剰なもの（意味と用法上の）を取り除く努力にほかならない。

このように翻訳語と借用語の最大の区別は、前者は積極的な造語と意味賦与のプロセスがあり、後者にはそれがない。翻訳語は、新語訳語の創設という造語論の概念であり、借用語は、言語接触と語彙交流の概念である。異なる次元に属しているが、外来の概念を導入し、新語を増やす面では両者の役割は同じではある[24]。

胡以魯は初めて「訳」と「借」の違いを明確に区別した。胡氏は「訳」のみがソース言語の意味を移し伝えることができ、「借」、つまり直接外国語の発音を使うことは意味の移転が実現できないと指摘している。「訳」のこの定義に基づけば、「音訳」という語は、矛盾した概念を内包することになり、「通じない」表現ではあるが、世の中の人は「音訳」を「意訳」と対立させ、議論しているので、取りあえず「音訳」を使うことにするという。

20世紀初頭、新語訳語を語るとき、日本語から入って来た語は暗黙裏の対象であった。それでは、日本語からの語は、いったい翻訳語なのか、それとも借用語なのか。胡以魯は次のように述べている。

　　借用語は、そもそもソース言語の字形（文字）を借用する必要はない。文字の形は自言語のものではあるが、（複合）語が自言語になかったものであればみな借用語と見なさなければならない。その発音を借りたのではなくてもだ。日本人が漢字を集め作った語で、中国語の知識をもって理解できないものはその字形、発音が中国語そのものであっても、借用語になる[25]。

---

[24] 言うまでもなく、中国語の音訳語にも適当な音転写形式（漢字選択）という問題がある。
[25] 胡以魯「借用語固不必借其字形。字形雖為国字而語非已有者皆為借用語。且不必借其音也。外国人所湊集之国字揆諸国語不可通者其形其音雖国語其実仍借用語也。」「論訳名」。

中国語に入った日本語の語は、中国語話者は、漢字の元々の発音で読めばよい。つまり日本風に発音する必要なぞない（不必借其音也）。しかし日本人が新しく作った語は、漢字の形をとっており、漢字の発音をするが、中国語の知識では意味が分からない。このような文字列は、積極的に意味の移転を実現させようとしなかったので、中国人にとって意味を成さないものであり、借語と見なすべきである。実は、胡以魯はここで２種類の状況が念頭にあったようである。１つは日本語の中にある漢字音訳語である。例えば「曹達、倶楽部」などである。もう１つは、中国語の知識では理解できない文字列のことである。例えば、「取締、手続」などである。この２種類の語は、漢字の形を持ち、漢字の元の発音をしていても、借用語と見るべきである。但しこれらの語は日本語から借用した言葉の中でむしろ特殊な部分である。新語、訳語は、中国人にとって理解可能と考えられる。論文の後半では、胡以魯は基本的に日本語からの言葉を訳語と見ていたのである。

　胡以魯の論文は当時行われていた訳語に関する討論の中の一篇として発表されたもので、一部の議論は章士釗氏に対して行ったものである。胡氏の論文が発表された後、章士釗は、返答の論文を発表したが[26]、造語と概念形成、意味の搬入などの角度から胡以魯の論文を理解しようとせず、議論はかみ合わなかった。胡以魯はその後すぐ逝去したので、自分の訳語創作理論についてさらに説明する機会はなかった。後に胡以魯の主張に深く理解を示したのは、孫常叙であった。孫は、自分の著作の中で胡以魯のこの「論訳名」には触れなかったが、章を設け、翻訳語と借用語を取り上げ、その特徴について意見を述べた。孫は、

　　　外来語の中には直接他の民族の言語から借用した語がある。基本的にそのまま使用するので、借用語と呼ぶ。一部の語は中国語による翻訳、つまり中国語の造語成分と造語法によって外国語の語を中国語の

---

[26] 秋桐（章士釗）「訳名」、『甲寅』第１巻第１号，1914年，13～15頁。陳福康『中国訳学理論史稿修訂本』（172～182頁）を併せて参照されたい。

新語、訳語に作り直したものであり、このような語は翻訳語と呼ぶ[27]。

孫常叙はさらに次のように指摘している。

　　翻訳語と借用語は異なる。借用語は基本的に外国語の形式（発音）を保っているが、翻訳語はそうではない。翻訳語はすでに外国語の形式（発音）を捨て、自言語の造語成分と外国語が表そうとする意味内容を結びつけ、純粋な中国語の内容と形式の統一関係を打ち立てた。言い換えれば借語は、別の言語の語を直接、基本的にもとのまま持ち込んで使用するものである。対して訳語は、外来の概念だけを汲み取り、自言語の造語成分と造語法で新たに新語を創作するものである。前者は、他人から借りるが、後者は、自ら作る[28]。
　　「音訳」というタームは適当ではない。というのは、借用は漢字を音節単位として外国語の発音、基本的に外国語の音節を記録するものである（省略したり追加したりする場合もあるが）。言い換えれば、中国語的に発音された外国語の単語であり、同じ意味の中国語に移転させることはなかった。それ自身は、翻訳の性質を持たないため、「訳」とは言えない。漢字は、借用語の中で発音記号として使用されている。（強調は、原著者による。引用者[29]）

と主張している。

---

[27] 孫常叙「在外来語詞彙里，有些詞是直接从別的民族語言借来的，基本上照様使用，這是借詞；有些詞是経過漢語的翻訳，用漢語的造詞材料和方法，把它改造成我們民族語言―漢語的新詞，這様的是訳詞。」『漢語詞彙』、吉林人民出版社、1956年、307頁。
[28] 孫常叙「這種詞（訳詞）和借詞不同：借詞基本上是保存外国語原有的語音形式；訳詞就不這様，它已経抛棄了外語詞的原有語音形式，用我們自己的造詞材料和方法跟外国語詞所概括的内容另構成一个純漢語的内容和形式的統一関係。換句話説：借詞是把別種語言的詞直接地基本上照様搬来使用的；訳詞只是汲取外来的新概念，用我們自己的造詞材料和方法，重新創造的新詞。前者是借用別人的，後者是我們自己創造的。」『漢語詞彙』、315頁。
[29] 孫常叙「"音訳"的名字并不十分妥当，因為這種借詞是用漢字的音節来対照記音的，基本上是原詞的音節（有省略或増加个別音節的）；換句話節，是漢語語音化了的外国語詞。并没有把它翻転成和它相当的漢語詞，本身并没有翻訳的性質，不能叫做"訳"。漢字在這種借詞里是当作記音符号来用的。」『漢語詞彙』、309頁。

その後、王力は『漢語史稿』の中で、

> 借語と訳語はいずれも他の言語の影響を受けてできたもので、新しい概念を表す新語である。他の言語の語の発音と意味をそのまま持ち込むものを、われわれは借語と呼び、一般的に音訳語という。中国語の造語法で、他の言語の語が表す意味を中国語に持ち込む時、そのような語を翻訳語と言い、一般的に意訳語という[30]。

但し王力の借用語（音訳語）は他の言語の語の発音と意味をそのまま持ち込むという主張は、実は一種の結果論である。すでに述べたように、借用語は成立当初、それ自身、意味を担っていなかった。少なくとも多くの一般的受け手（読者など）にとって無意味であった。この点に関して、孫常叙は、明確に指摘している。借語は、意味のないものから徐々に成長するが、マスメディアが非常に発達している今日でも長い期間が必要である。

同じく「借」ではあるが、借音と借形は、どう異なるのだろうか。借音語、即ち音訳語は、単純に外国語の発音を転写するだけなので、意味を表す機能を持たない（ここでは音訳意訳を兼ねた語を除外しておく。表音文字を使う言語の間の借語も基本的に同じであるが、アルファベットの場合、音と形は一体化している。一方、日本語、韓国語は音節単位の転写が必要）。しかし漢字による借形語は、それとは違う。まず、漢字は強い表意機能を持つ記号体系である。字義は、最大限に字音から切り離され、字形と堅く結びつく。この性質によって、漢字は個別言語の違いを超え、周辺の言語によって共有されうる。第二に、中日を例にすれば、19世紀中葉まで、漢字（語）は、中国から日本への単方向の移動であった。この事実は、日本人にとっての「規範意識」と中国人にとっての「正統観念」を形成させた。多くの研究者は意識的に、或いは無意識に日本の新漢語と中国の新語

---

[30] 王力「借詞和訳詞都是受別的語言的影響而産生的新詞；它們所表示的是一些新的概念。当我們把別的語言中的詞連音帯義都接受過来的時候，就把這種詞叫做借詞，也就是一般所謂音訳；当我們利用漢語原来的構詞方式把別的語言中的詞所代表的概念介紹到漢語中来的時候，就把這種詞叫做訳詞，也就是一般所謂意訳。」『漢語史稿』、507頁。

は相違が存在せず、日本語からの新漢語は無条件に意味の転移が実現可能であると考えている。例えば、『五四以来漢語書面語语言的変遷和発展』は、「（日本語からの語は）１つ共通した特徴がある。それはつまり造語法は中国語と同じである。語の意味もたいてい漢字から推測することができる。このような語は中国語の中の新造語と変わらない」と指摘している[31]。史有為は、「字形と字義はしっかり結びついているので、借形と借義が当然同時に行われた」と述べている[32]。しかし、日中両言語における新語創作には、どんな相違があるのか、互いの理解可能性がどのようなものかといった問題について研究者は必ずしも突っ込んだ考察を行っていない[33]。に

---

[31]「来自日語借詞」有一个共同的特点，就是構詞和漢語相同，意義多半可以従漢字上求得解釈。這様的詞無異于漢語中自造的詞。」首都師範大学編『五四以来漢語書面語語言的変遷和発展』、78 頁。

[32] 史有為「由于字形和字義仍然緊密結合在一起，借形的同時当然也就是借義。」『漢語外来詞』、18 頁。後述するように、マシーニ氏も日中借形詞は、意味と字形の関係は直接的である」と指摘している。*The Formation of Modern Chinese Lexicon and its Evolution toward a National Language: The period from 1840 to 1898,* F. Masini, 1993 ：pp.128 ～ 129。中国語訳『現代漢語詞彙的形成──十九世紀漢語外来詞研究』、黄河清訳、漢語大辞典出版社、1997 年、153 ～ 154 頁。

[33] この問題について、孫常叙氏の見方が代表的なものと言えよう。孫は隋唐の時代から中国の文化が大量に日本に入り、日本語は、ほぼ全面的に中国語の語彙とその書記記号──漢字を借用した。これにより、日本語は造語成分、造語法の面において中国語のそれとは一致している。言い換えれば、日本では、中国語の素材と方法で造語が行われ、造られた語も中国人には違和感がないということである。（孫常叙『漢語詞彙』、311 頁）

孫常叙と『五四以来漢語書面語語言的変遷和発展』が指摘したとおり、ここでは造語法と用字法の２つの次元の異なる問題がある。中国語の造語法は、以下の６パターンがある。即ち、主語述語構造、述語目的語構造、連体修飾構造、連用修飾構造、動詞補語構造、並列構造である。語構成分析としては、中国語と日本語にこの６パターンの複合語はいずれも存在するが、語形成の観点からすれば、生産性において日中の間に大きな違いを見せている。動詞補語構造、並列構造は日本語ではいずれも生産性の弱いパターンであるが、連体修飾構造の中の、動詞的造語成分による連体修飾構造では日本語の生産性が高い。例えば「触角、担架、定義、動産、動機、動態、動議、読物、領土、繃帯、玩具、吸盤」などはいずれも日本製の新語である。沈国威「[V＋N] 構造の二字漢語名詞について─動詞語基による装定の問題を中心に、言語交渉の観点から」（『国語学』第 160 期、1991 年、左 134 ～ 124 頁）。また「好転、暗転」などの和製漢語も中国語の動詞補語構造に合致しない。しかし、造語法より用字法はもっと規則的なルールを見つけにくい問題である。漢字が日本に伝来してから（漢字圏の他の国と地域も同じである）長い年月を経た。その間、漢字の意味と用法は独自の発展と変化を遂げた。例えば、「出」は、近代以降の中国語では、出発点となる目的語しか従えない。「出国、出家、出境」などである。しかし日本語では終点を表わす目的語と一緒に使える。例えば「出席、出場」などである。

もかかわらず、漢字語がどこから来ようが、誰が製作者であろうが、その造語法や合成語の意味づけがどんなものであろうが、漢字の使用者は、理解できるはず、或いは、漢字の知識を利用して、理解可能なものでなければならないと考えがちである[34]。つまり、導入者・受容者とも漢字の借形語は、意味の移転が同時に実現可能であると考えているのである。漢字借形語が、このような言語を跨いで意味伝達の可能性を持つことは否めない。これはまた漢訳洋書の訳語と日本書の訳語が漢字文化圏に広く伝播した理由でもある。しかし、合成語の構成要素でもある漢字は、多くの場合、字義と語義が、単純な足し算関係にない。しかも漢字は、異言語において長期にわたる使用の中で意味、用法の変容が発生した。漢字借形語では、正確な意味から逸れて、読者をミスリードをすることがよくある。特に借用された当初である。中国では日本留学が始まる20世紀初頭、『和文奇字解』といった名前の小冊子が多く出版された（辞書などの付録という場合もある）。日本の漢字の奇抜な意味用法について説明する用語集である。いわゆる奇抜さとは、中国語の意味用法と全く異なることを指す。借用語は、このような字形から来るマイナス要因を克服しなければならない[35]。

3　翻訳語の種別と創作法

　歴史的に見れば、漢字訳語の創作法には、主に作字法と合成法がある。仏典の翻訳は千年以上続いた宏大な文化事業であり、数多くの訳語が作られ、後の中国語、ないし日本語に大きな影響を与えた。しかし当時の翻訳者の関心事は、固有名詞を含む借用語（音訳語）にあり、作字法と合成語に触れた言説は皆無であった。一方、日本の『解体新書』の翻訳者は、巻頭の凡例に「訳有三等、一曰翻訳、二曰義訳、三曰直訳」と述べ、初めて

---

[34] 借形語が意味を獲得する上での、漢字の独特の役割については、史有為『漢語外来詞』（16〜19頁）、曹煒『現代漢語詞彙研究』（97〜99頁）の中にも指摘があるので、参照されたい。指摘すべきは、日本の明治以降の漢字語の意味は、その透明性（字面から合成語の意味が理解できるかどうか）が江戸期の漢字語より遙かに高い。
[35] 沈国威「関于和文奇字解類資料」、『或問』第14号、117〜128頁；沈国威「梁啓超與日語——以和文漢読法為説」、『現代中国』、第11輯、2008年、76〜90頁。

翻訳語創作法を詳細に取り上げた。以下、訳語の創作法について簡単に説明しておく。

作字法　即ち新たに字を作成し、訳語とする方法である。これは漢字文化圏以外には存在しない方法である。漢字の歴史は、徐々に増殖する歴史である。新しく語が必要なときは新しい字が作られる。東漢の『説文解字』には、1万足らずしか漢字が収録されていなかったが、清代の『康熙字典』では字数が4万を超えた。但し、中国でも日本でも無学な人ほど作字に情熱を燃やしている向きがある。黄遵憲は訳語の問題を解決するには、「誠莫如造新字（新しい字を作成するほかない）」と主張する一方、「中国学士視此為古聖古賢専断独行之事（中国の知識人は漢字を作成することは古代の聖人、賢人の独断専行のこと）」であり、「坐之非聖無法之罪（聖人、真理を侮辱する罪）」を恐れて、実践しようとする人はないと嘆いている[36]。中国では化学元素名や解剖学術語を訳出する際、作字法が盛んに用いられたが、日本では蘭学者は「腺、膵、膣」など少数の新字しか作らなかった[37]。

合成法　即ち自言語に既存の言語成分で新しい語を合成していくことである[38]。ソース言語と目標言語の関係により、さらに直訳、意訳、混合訳に分けることができる。直訳法は、また形態素翻訳法、或いは逐字翻訳法ともいう。即ちソース言語の語をまず形態素に分解し、目標言語でそれに対応する形態素を見つけ、原語の語構成を模倣して新しい語を構築していく。王力はこれを「摹借 calque」と呼び、次のように指摘している。

---

[36] 高鳳謙も次のように指摘している。「十三経字数不過五千余。至許氏説文即九千余。流衍以及本朝之康熙字典。竟増至四万余。然則説文字典所采新字為経傳所未見者。遽謂之非先王之法。言得乎。」（十三経の字数は、5千余りしかなく、許慎氏の『説文解字』になれば、9千余に増えたが、本朝の『康熙字典』に至っては、何と4万以上になった。『説文解字』や『康熙字典』に採録された新字は、十三経に見られないからといって、先代の法を軽んじると言えるだろうか）」。「論保存国粋」、『教育雑誌』第7期，1910年，79～80頁）。新字を作成することでは、訳語の問題を解決できないという討論は、沈国威「西方新概念的容受與造新字為訳詞：以日本蘭学家與来華傳教士為例」、『浙江大学学報（人文社科版）』2010年第1期，121～134頁を参照。
[37] 同じく作字だが、中国は形声法を好み、日本は会意法を好むという傾向がある。
[38] 接辞による派生と語素による複合に分けられるが、ここでは深く立ち入らない。

「摹借」は、外国語の中にある語、或いは連語を、同様の構成法で自言語の中に持ち込むことである。このような語は、普通2つの部分からなり、摹借するとき、まず構成部分ごとに訳出し、そして語に合成していくのである[39]。

　借の要素があるから、訳語の創作において、幾分実現しやすい面もある。同時に借があるからソース言語の意味様式が直接目標言語に入る。このような異質な思考様式は、混乱をもたらすと同時に、斬新な修辞手法を伝えることもできる。「植民、盲腸、十二指腸」などは、いずれも蘭学の訳語にある摹借のよい例である。この場合、語の融合性（或いは分解可能性）、造語者の言語能力が、新語形成に大きな影響を及ぼす。

　意訳の場合、訳者はソース言語の語を十分理解した上で、自言語の中で概念的に最も近い語を見つけなければならない。仏典翻訳では、訳語の内部構造に触れる議論は非常に少ない。なお外人口述、中人筆録の翻訳法が一般的な中国の場合、筆録者は外国語が分からないので、語句による説明が行われ、訳語に凝縮していく過程が想像され、現場命名式の訳語が多い。

　合成法による訳語には、「理據」、つまり命名の理由と根拠がある。直訳語には、外部理據が存在するが、意訳は、訳者の捉え方が反映される。

　前述した種々の「訳」と「借」の方法は、中国と日本の訳者にとって異なる内容と重みがあることに注意すべきである。江戸時代の蘭学者らは、中国の古典語でオランダ語を訳出することこそ、正しい道であり、新語の創造は、杜撰の譏りを免れないと考えていた。新造字は、なおさら天地を驚かす聖人の所作で、凡人がしてはいけない。音訳語でさえ、中国語の音韻体系に従って行わなければならない。一方、来華宣教師らは、ラテン語を含む外国語、専門の知識が豊富であるが、中国の知識人による筆録が必須なので、砕いて意味を説明し、意訳語が多く産出された[40]。同時に彼ら

---

[39] 王力「"摹借"是把外語中的一个詞（或一个成語），用同様的構成方式搬到自己的語言里来。這種詞往往有両个以上的構成部分，摹借的時候就按照這些構成部分進行意訳，然後拼湊成詞。」『漢語史稿』、517頁。
[40] 「訳」と「借」の間に位置するケースとして、漢籍、或いは仏典の難解語を訳語として使うことである。既成語を使って、外国語の語を訳出することは、まさしく「訳」であ

は漢字の体系性に魅了され、六書の知識で新造字に挑戦した。この方法は、最終的に行き詰まった。

　本節を終える前に、筆者が考えている訳語の種類と制作法を下記の図に纏めてみよう[41]。

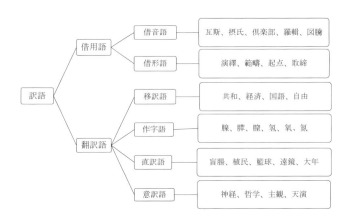

4　翻訳語の意味と語形

　すべに述べたように漢字訳語の作成は、合成法が中心である。複数の造

るが、その既成語の持つ意味が完全に無視され、語形だけ借り、新しく外国語の意味を充填する。この意味から言えばまた借形語になる。蘭学者や明治初期の翻訳者たちはこのような方法で、例えば、「共和、現象」を作成した。日本では、このような由緒のある語は、訳語で権威性を増すことができるが、中国語の読者にとっては、新旧意味の衝突（同形衝突）が容認できないこともある。

[41]「瓦斯、摂氏」は、蘭学者の音訳語で、「倶楽部」は明治の新語である。「羅輯、図騰」は厳復の音訳語である。「演繹、範疇」は、明治の翻訳者が中国の典籍から意味と無関係に借用したもの、「起点、取締」は、中国人が日本語から借用したものである。「共和」以下は中国の古典語で英語を訳した例になる。「腺、膵、膣、」は蘭学者の作字で、「氫、氧、氮」は、来華宣教師の作字である。「盲腸、植民」は蘭学者による直訳語で、「遠鏡」はイエズス会士湯若望の『遠鏡説』に初出があり、tele scope の摹借と考えることができる（谷口知子「"望遠鏡"の語誌について」、『或問』第 1 期、2000 年、53 ～ 74 頁参照）。「大年」は、厳復が great year を訳出した語である。中国では摹借の例は、イエズス会士らの翻訳書に稀にしかない。これは翻訳に関わった中国の知識人に外国語の知識がなく、摹借法を利用できないからである。また言語のタイプから言えば、ラテン語、イタリア語は、英語より摹借語が作りやすい。

語成分を 1 つの語に合成して行くには、成分の選択や配列など表現すべき意味に基づく操作が必要である。言い換えれば、意味と語形の間に「理據（理由と根拠）」的なつながりが存在しなければならない。しかしかなりの部分の訳語の場合、意味上の理由は、複合語発生の唯一の動機付けではない。訳語がある構造形式を採用することは意図する意味とは必ずしも関係がない。仏典翻訳研究者の朱慶之氏は、「これまでの仏教の外来語に関する考察では、意味だけを対象としており、語形に言及することは稀である」と問題提起をしている[42]。しかし中国語にとって、語形は非常に重要な問題である。以下、朱慶之の研究成果に基づき、仏教訳語からの示唆を見てみよう[43]。

　朱慶之は、二字語化は、中古中国語の語彙が進化する象徴的な出来事であり、具体的な現象は以下の点に表れている：第一、新しい概念は主に二字形式（binom）で表現する。第二、元々一字で表す旧い概念も二字語の形式を獲得したと指摘している。中国語の二字語化発生の要因としては、それまでの一字語を中心とした語彙体系では、もはや言語使用者の知力、知識水準の向上に対応できなくなり、新語鋳造という手段によって、語彙を増やさなければならないことや、言語社会の生産性や文化の発展によって発生した新しい概念を表現する必要があることなどが挙げられているが[44]、朱慶之は、上記の要因によって引き起こされた変化はいずれも漸進的で、緩慢なものであり、相当長い時間を要する過程であるはずだが、実際には、仏典における二字語の増加は非常に急激なものであった。その背後には必ずほかの原因があるに違いないと考えている。朱慶之はさらに、仏典にみる急激な二字語化現象は、すべて口語的特徴と見るべきではなく、その直接の要因は、むしろ仏典の 4 字リズム（四字格）と偈頌(げじゅ)といった文

---

[42] 朱慶之「過去在探討仏教的外来詞時，僅触及詞意，鮮少論及詞形。」「論仏教対古代漢語詞彙発展演変的影響下」、『普門学報』、2003 年、16 期、3 頁。

[43] 本節での討論は、主に朱慶之氏の以下の研究成果に基づく。『仏典與中古漢語詞彙研究』、台湾文津出版社、1992 年；「仏教混合漢語初論」、収朱慶之編『仏教漢語研究』、北京：商務印書館、2009、原刊『語言学論叢』、第 24 輯、商務印書館、2001、1 ～ 32 頁；「論仏教対古代漢語詞彙発展演変的影響上・下」、『普門学報』、2003、第 15 期、1 ～ 41 頁、16 期、1 ～ 35 頁。

[44] 朱慶之『仏典與中古漢語詞彙研究』、124 ～ 125 頁。

体から来るものであると指摘している[45]。仏典のこのような独特な文体が、大量の二字語形式を必要とするのに対し、中国語の中にある既成の二字語は、全くその要望に応えることができない。特に訳者の個人言語（idiolect）の語彙体系に十分な二字語の選択に供することができなければ、新しく創作しなければならない[46]。その際、最もよく用いられていた造語法は、並列構造であった。朱慶之は、顔治茂（1984）の『賢愚経』に対する調査結果を引用し、3899個の二字語の中で並列構造の語は2291個に達し、58.8％を占めていると指摘している。仏典の中にある並列構造の二字複合語の多くは、同義、或いは類義の造語成分によって構成されている。朱慶之は、このような造語法を、「同義連文」と呼んでいる。従って「皆各、皆共、皆倶、皆普、皆悉、都皆、悉皆、率皆」などは、一字の「皆」と同義である。つまり多くの二字語の発生は、厳格に言えば意味からの要請ではない。例えば、「即」と「即便」、「皆」と「皆悉」、「都」と「都共」などの二字形式と一字形式は基本的に同義である。この意味からではなく、韻律上からの要請を満たすため、翻訳者は一字語を二字語に拡張しなければならない。朱慶之は仏典における語彙の使用は散文よりもさらに厳しくその的確性が求められると強調した[47]。

　朱慶之は、多くの中国語固有の一字語は、訳者が臨時的にある種の規則的な方法で、例えば「同義連文」によって、二字語化したと指摘している。しかし訳者の個人語彙ではふさわしい同義の造語成分が見つからない場合も多々ある。その場合、実際の意味と無関係に一部の造語成分が音節拡張に用いられた。「行、取、切、毒、復、為、自」などは、仏典において、主に音節拡張の役割を担う造語成分である。このような成分を、朱慶之は「自由造語成分」と呼んでいる。いわゆる自由とは、このような造語成分が、相当広い範囲内で一字語と自由に結合し、二字語を構成するものを言う。注意すべきは、実際の運用では、自由造語成分は、最初は、主に「同義連

---

[45] 朱慶之『仏典與中古漢語詞彙研究』、131頁；「仏教混合漢語初論」、19頁；「論仏教対古代漢語詞彙発展演変的影響下」、2頁。
[46] 朱慶之『仏典與中古漢語詞彙研究』、31頁。
[47] 朱慶之「論仏教対古代漢語詞彙発展演変的影響下」、1頁。

文」の補佐的な存在であった。言い換えれば自由造語成分を便宜的に用い、一字語を二字語に拡張させるということである。しかしこれは自由造語成分が重要ではないということではない。むしろその反対で、すべての一字語は、それと対応する同義の語素を簡単に見つけ、二字語に拡張できるわけではないから、自由造語成分は欠かせない存在である。特に一部の機能辞や副詞は意味的に比較的抽象で、また単純であるため、同義の語素が限られ、自由造語成分に頼らざるを得ない[48]。自由造語成分は、言語の自己完結性（self-compensation）の原則を反映している[49]。

　このように翻訳者による一時的な造語が行われたが、二字語化は、中国語の韻律上の構造と密接な関係があり、「同義連文」という方法、或いは「自由造語成分」の助けを受け、実現したのである[50]。

　朱慶之が指摘しているように、語彙について言えば、魏晋南北朝の時代に、仏典翻訳は、二字語を産出する巨大な工場であった。仏典翻訳という宏大な文化プロジェクトにより、中国語の語彙二字化が大いに推し進められた[51]。翻訳者は、ソース言語と自言語の両方の造語法の影響を無意識のうちに受け、大量の二字語を作り上げただけではなく、「同義連文」と「自由造語成分」による二字語産出の新方法も確立させた[52]。この方法では、同義の成分や自由造語成分により一字語が二字語に拡張され、二字動詞を含む大量の二字語が創出された。

　朱慶之の研究により、仏典訳語のかなりの部分は意味上の動機付けがなく、文体リズムを含む中国語の韻律上の要請に応えるべく、発生したことが判明した。また近代の翻訳、ないしその後の言文一致という白話文運動において、翻訳文は仏典の「偈頌形態」という文体から解き放たれても、この種の韻律上の要請は、依然として強く存在している。この点について以下の考察で明らかにしたいと思う。

　日本の蘭訳書は基本的に漢文で訳出されている。日本語の漢字語は、二

---

[48] 朱慶之『仏典與中古漢語詞彙研究』、138頁では、「実語素」と呼んでいる。
[49] 朱慶之『仏典與中古漢語詞彙研究』、132頁。
[50] 朱慶之「仏教混合漢語初論」、15頁。
[51] 朱慶之「論仏教対古代漢語詞彙発展演変的影響下」、3頁。
[52] 朱慶之「仏教混合漢語初論」、19～20頁。

字語が中心で、訳語も接辞の場合を除けば、基本的に二字語である。

　一方、中国の近代翻訳には仏典や蘭学の翻訳と同じような問題がなかったのか。大規模な科学技術書の翻訳が19世紀中期から清政府の要望に基づき、西洋宣教師によって始められた。上海江南製造局で翻訳に従事していたフライヤーは、1880年、これまでの翻訳活動を総括して、学術用語の創作を論じる長篇の論文を発表した[53]。フライヤーが打ち出した訳語創作の原則の1つには、「用数字解釈其物，即以此解釈為新名，而字数以少為妙（数文字からなる文字列でそのものを説明し、その説明をもって新しい術語に仕上げる。字数は、少ない方が良い）」というのがある。字数の最も少ない複合語は、二字語である。フライヤーは新しい漢字を作り出す方法により化学元素の命名を試み、今日の中国の化学元素命名法の基礎を築いた。しかし彼は普通の術語は化学の元素名と違って、複合語の形を採らなければならないことを鋭敏に感じ取っていたのである[54]。

　中国人による訳語創造を見てみよう。『天演論』の翻訳により一躍有名になった厳復は、1902年に『原富』を刊行した。『原富』が出版されるや梁啓超はすぐ『新民叢報』誌上で取り上げた。梁は書評で、厳復訳の文体と訳語に言及した。梁は厳復の文体は「太過淵雅（あまりにも難解である）」と批評する一方、「至其審定各種名詞，按諸古義，達諸今理，往往精当不易，后有続訳斯学之書者，皆不可不遵而用之也（厳氏が定めた各種の術語は、古典中国語に準拠する一方、今日の学術にも合致し、非常に正確である。今後、（未完訳の）スミ氏の本を続けて翻訳しようとする者は、これに従わなければならないだろう）」と厳復の訳語に最大級の賛辞を贈った[55]。ただし梁啓超は唯一厳復の「計学」に異議を呈した。その理由の1つに「計学」の「計」は一字であり、実際の使用に種々の不便が生じるだろうということである。梁啓超は、日本の「経済問題、経済世界、経済革命」などの表現はいずれも「計問題、計世界、計革命」と翻訳することができない

---

[53] 英語バージョンは North China Herald, 1880.1.29 日付に掲載、中国語訳は、『格致彙編』1880年春季号から連載している。
[54] 沈国威『近代中日詞彙交流研究——漢字新詞的創制、容受與共享』、134～136頁；沈国威「西方新概念的容受與造新字為訳詞：以日本蘭学家與来華伝教士為例」参照。
[55] 梁啓超「紹介新著・原富」、『新民叢報』1902年、第1号1頁。

と指摘している[56]。梁氏は、訳語の字数問題に関して、厳復に書簡を送り、質しているところと言っている。梁の質疑に厳復は後ほどの返信で「中国九流，有以一字称家，有以二字称家（春秋時代の九つの学派は一字の名前の学派もあれば、二字の学派もあり）」、特に不便さがあるとは思わない。訳語は、「単字双字（一字二字）」に拘泥する必要などなく、具体的な事情に合わせなければならない。例えば Economics は名詞の場合もあれば、形容詞の場合もある。一律に「計学」と訳さなければならないわけではない。これは「化学」は「物質」とも、「幾何」は「形学」とも訳すことができるのと同じ理屈である[57]。「計学」も異なる状況下では「財政、食貨、国計」と訳すことも可能で、正しく意味さえ伝えることができれば良く、従って、Economic Laws は、「計学公例」と、Economic Problems は「食貨問題」と、Economic Revolution は「貨殖変革」とそれぞれ訳しても構わないと梁啓超に反論した[58]。

　「計学」に限って言えば、造語成分の「学」は接辞的なもので（中国語では「新接辞」と呼ぶ）、複合語の意味に曖昧さをもたらす。例えば「計学改革」は、計学という学問に対する改革なのか、それとも計学が表す社会事象に対する改革なのかは一義的には決まらない（比較「経済改革」vs.「経済学改革」）。なお、ここにさらに深いレベルの問題が孕んでいる。つまり中国語の語は、一定の伸縮性を持つ必要があり、例えば「経」と「経済」が同じ概念を表さなければならない。そうして初めて複合語やより長

---

[56] 梁啓超「且単一名詞．不便於用。如日本所謂経済問題経済世界経済革命等語。若易以計問題計世界計革命等。便覚不副」、『新民叢報』第 8 号、1902 年「問答」、2 頁。

[57] 実は、中国語は未だに名詞を形容詞に変える形式上の手段を持っていない。この問題に関して、ここでは深入りをしない。

[58] 厳復「来教謂仏経名義多用二字，甚有理解。以鄙意言之，則単字双字，各有所宜。譬如 Economics 一宗，其見于行文者，或為名物，或為区別。自当随地斟酌，不必株守計学二字也。此如化学有時可謂物質，幾何有時可翻形学，則計学有時自可称財政，可言貨殖，可言国計，但求名之可言而人有以喩足矣。中国九流，有以一字称家，有以二字称家，未聞行文者遂以此窘也。EconomicLaws 何不可称計学公例？Economic problems 何不可云食貨問題？即若 Econcmic Revolution 亦何不可言貨殖変革乎？故窃以謂非所思，在臨訳之剪裁已耳。」『新民叢報』第 1 号、1902 年 2 月 8 日、113 〜 115 頁。厳復の翻訳文体に関する議論は、沈国威「従『天演論』到『原富』：以厳復呉汝綸的信札為素材的考察」（『翻訳史研究』、2013 年、190 〜 207 頁）を参照されたい。『厳復集』第 3 冊、518 頁。厳復返信の要旨は『新民叢報』第 12 期（1902 年，壬寅三月）に掲載されている。

い単位を形成したり、長い単位を圧縮したりするときに自由に対応することができる。例えば「経済改革」→「経改」のようにである。また同時に梁啓超が指摘しているように、中国語は、「計問題、経世界、計革命」といった三字形式を受け入れられない。厳復は、「計学」で構成した四字語の曖昧さを解消するために、「食貨問題、貨殖変革」を提案したが、「経＝経済」における意味の一致性は、形式的に保証されるもので（いずれも「経」を使用[59]）、「計、財政、食貨、国計」などは形式上の近似性がないため、記憶に負担をかけるだけでなく、1つの概念に複数の名称、1つの名称に複数の訳語という非生産的な結果をもたらすことになり、極力避けなければならないことである。厳復の「計学」の対抗馬として激しい論争を引き起こしたのが、日本でeconomy；economicsの訳語としてすでに定着した「経済（学）」である。「経済」は中国の古典語ではあったが、日本で新しい意味を獲得した言葉である。厳復は日本からの二字術語に批判的な態度を取っていることで知られる。厳復は次のように述べている。

> 「憲法」という文字列は中国の古典になかったものである。我が国の訓詁学では孔子の「憲章文武」について、学者は「憲章」は「法を守る」に近いと解釈している。これにより「憲」は即ち「法」であることが分かる。二字を並べて使うことは回りくどい表現になる。今日の新名詞では日本から仕入れたものによくこのような欠点がある[60]。

程なくして黄遵憲も訳語の問題について発言した。黄遵憲は2つの問題を取りあげた。つまり訳語の創製と文章（翻訳文が中心）形式の改革である[61]。黄氏は、訳語創製について「造新字、假借、附会、諡語、還音、両合」

---

[59] このような韻律上の調整について、筆者はとりあえず「形態変化」と呼ばないことにする。王麗娟「従"大批判"與"很大批判"的対立看単双音動詞的句法功能」、『中国語学』、260号、2013年、40～53頁。
[60] 厳復「按憲法二字連用，古所無有。以吾国訓詁言仲尼憲章文武，注家云憲章者近守其法。可知憲即是法，二字連用，于辞為贅。今日新名詞，由日本稗販而来者，毎多此病。」『厳復集』第2冊、238頁。
[61] 文体について、黄遵憲はいくつかの技術的な提案しかしなかったが、例えば改行、括弧を使用、ナンバーリング、図表，注釈を加える等である。ただし同時に厳復の「文界

等の方法を提案した。黄遵憲は訳語の問題を解決するには「誠莫如造新字（新しく漢字を作り、訳語とするのが最善の方法である）」と指摘しているが、しかしこれは「中国学士視此為古聖古賢専断独行之事（中国の読書人はこれ［文字創作］を古の聖賢にのみ許されることと見なし）」であり、「坐之非聖無法之罪（古の聖賢に無礼を働く罪）」を恐れ、挑戦しようとする人がいない。「附会、還音、両合」は、音訳語についての議論である。少し詳しく説明すれば、「附会」は、意味はないが、発音の近い字を選び、「而附会之」、新しい意味を与える方法であり、「還音」は、「凡訳意則遺詞，訳表則失里（意訳するのに適当な言葉がなく、字面を訳せば中身を失う）」という原語に対し、音訳の形を選択することであり、「両合」は、2つの漢字の連読で外国語の発音に近づける方法である。しかしその中の「譅語」は注目に値する方法である。いわゆる「譅語」は、即ち複合語を作ることである。黄遵憲が提示した下記の例はいずれも仏典翻訳より採用した語である。黄氏は次のように述べている。

　　一字で理解できれば一字を使い、一字では理解できなければ二字を使う。つまり譅語を使わざるを得ない。佛典において道徳を論じる時の「慈悲」、学問を論じる時の「因明」、事柄を叙述する時の「唐捐」などは、元々一緒に並べて使う文字ではなかった。しかし長い間使用したので、無理に付き合わせたものであることを忘れた[62]。

「単喩、兼喩」は荀子に由来した言葉である。つまり黄遵憲は複合語の誕生は必ず意味上の動機付けがなければならず、「兼」（二字）でなければ

無革命」という主張に対し、はっきりと文体も改革しなければならないと主張し、「如四十二章経，旧体也。自鳩摩羅什輩出，而行矣。本朝之文書，元明以後之演義，皆旧体所無也。而人人遵用之而楽観之。文字一道，至于人人遵用之楽観之足矣。(「佛説四十二章経」は旧い文体である。鳩摩羅什が現れた後、その文体が一般に流行した。本朝の文書や元明以降の演義体は、いずれも旧い文章の体裁になかったものだが、いまは誰もが喜んで使っている。文章というものは、みんながルールに従って書き、喜んで使えばよい）」と指摘している。『厳復集』第5冊、1571～1573頁。
[62] 黄遵憲「単足以喩則単，単不足以喩則兼，故不得不用譅語。佛経中論徳如慈悲，論学如因明，述事如唐捐，本系不相比附之字，今則沿習而用之，忘為強湊矣。」

「喩」(理解) できない時に限るべきだと考えている。この観点からすれば仏典の中にある一部の文字列は「喩」と関係がないので、「強湊」と言わざるを得ない[63]。しかし呉稚暉は日本製の新語訳語が「強湊」であるとは考えていない。

　　日本語の単語は元々仮名を使用している。動詞、形容詞はほとんど漢語を使用しない。漢語を使用するのは二字語のみである。例えば「提挈」、「経験」、「繁華」、「簡単」などである(二字動詞、形容詞は、中国人はすでに慣れていたので、ただ冗長表現と見なしていただけである。実は場合によっては二字でなければ意味を伝えることができない。名詞が単音節だけではだめなのと同じく、動詞、形容詞も単音節だけではいけないのである[64])。

呉稚暉は日本語の中の二字語はすべて「掉文」(文才を見せびらかす。厳復の言う「于辞為贅」)ではない。「有時非双用不能達意」なためである。呉氏はまた中国語の名詞は一音節(一字)だけに限定することができず[65]、同様に動詞、形容詞も一音節に限定することができない。ただし呉氏は、名詞と用言(動詞、形容詞)とが互いに韻律面から来る制約で縛り合うかどうかについて言明していない[66]。

---

[63] いわゆる「強湊(無理矢理付き合わせる)」は、中国語の並列構造の複合語を指す。並列構造は、2つの意味の同じ(近い)、或いは反対の造語成分によって構成された複合語である。語の意味の「精密性」に語の形成理由を求める論者が多いが、実は並列構造では2つの構成要素がすべて語の意味に貢献するものではない。つまりこのような語が作られたのは、意味上の要請によるものではなく、中国語の韻律制限、品詞転換(並列構造の語は高い名詞性を有している)、及びその他の理由によるものである。並列構造は、現代中国語語彙体系において最も顕著な特徴の1つで、高い生産性を持っている。

[64] 燃(呉稚暉)「和訓之字, 本用假名。動状各詞, 大都不用漢文。用漢文者, 惟双迭之詞, 有如「提挈」、「経験」、「繁華」、「簡単」之類耳(双迭之動状詞, 漢人習焉不察, 僅目之為掉文而已。其実有時非双用不能達意。即此可見名詞固不能専用単息拉勃矣。而動状等詞, 亦未嘗能止用単息拉勃也)」『書『神州日報』『東学西漸』篇後』、『新世紀』1909年、第101～103期, 收『辛亥革命前十年間時論選集』第3巻、三聯書店、473頁。

[65] 厳復も中国の字書は、「雖017其書釈義定声、類属単行独字、而吾国名物習語、又不可以独字之名尽也、則于是有『佩文韻府』以済其窮」とある。『英華大辞典』(商務印書館、1908年) 序文。

[66] 現在では、両者間は韻律によって制限し合っていることが判明した。つまり二字の学

ほぼ同時に王国維も日本と中国の訳語の創出においての大きな相違点は、「日本人多用双字、其不能通者、則更用四字以表之、中国則習用単字、精密不精密之分、全在于此（日本人は二字語を多用し、それでも意味が通じないものは四字語で表現するが、中国は一般的に一字語を用いる。精密か否かの区別はほかでもなくここにある）」と指摘している[67]。従って訳語の「精密さ」は、「則固創造者之所不能逮（もとより中国の厳復らが及ばない）」であり、「創造之語之難解、其與日本已定之語相去又幾何哉（厳復らが作った訳語の難解さは、日本で定着した訳語との間に大きな差がある）」とある[68]。こうなれば二字語化は、「精密さ」を追求した結果となり、「喩」か「不喩」かの問題ではなくなったのである[69]。
　胡以魯は、論文「論訳名」の中で、次のように指摘している[70]。

　　　外国語の一語に、中国語でそれに相当する一字の語がなければ、数文字を集めて訳出するのがよい。中国語にない概念を漢字一字で付会させるのは、非常に難しい上、十分に意味を伝えられない。中国語には多音節化する傾向があり、科学の文章では、一字の術語は不便である。
　　　例えば、Economyを「理財」と訳すのは、財政に意味が偏ったことを否定できないが、「計学」の「計」は単独で使用する場合、不便で、

術用語に対して、二字の動詞、形容詞が必要とされる。馮勝利『漢語書面用語初編』、北京語言大学出版社、2006年。

[67] 王国維が言っている中国の訳語は、実は厳復の訳語を指している。

[68] 王国維「論新学語之輸入」、『教育世界』第96号、1905年4月。収『王国維遺書』巻5『静安文集』、上海古籍書店1983年版、葉97上～100下。句読点は筆者による。

[69] 筆者は、「喩」が概念理解上の問題で、「精密」は、語の区別性の問題と考えている。いわゆる「区別性」は、1つの語を他の語と区別させ得ることである。「精密」は、往々にして概念に対する精密描写（例えば王国維）と理解される。しかし、近代以降活発化した二字動詞、形容詞の多くは、同義語群において概念描写の精密さに貢献していない。例えば、「改良、改善、改進、改革；細小、微小、渺小」など。この問題について筆者は別稿を用意している。

[70] 胡以魯「彼方一詞，而此無相当之詞者，則并集数字以訳之。此土故無之術名性以一詞相傅会，不惟勢有所難，為用亦必不給。況国語発展有多節之傾向。科学句度以一詞為術語亦竃跋不便乎。例如［愛康諾米］（Economy）訳為理財，固偏于財政之一部。計学之計字，独用亦病跛畸。不若生計便也。」「論訳名」。沈国威「訳詞與借詞：重読胡以魯"論訳名"」、『或問』第9期、2005年、103～112頁。

「生計」のほうがよい。

つまり胡氏は、一字形式の学術用語について、否定的な見方を持っていたのである。胡氏は、論文の最後に荀子の「参而成文，名之麗也」という言葉を引用し、「无其名者骈集数字以成之」と主張した。つまり正確な一字の訳語がない場合、数文字を集め、複合語を作るべしということである。胡以魯はまた「国語発展有多節之傾向（中国語には多音節化する傾向がある）」ことについても論じ[71]、これは中国語二字化現象に関する討論の濫觴である[72]。

胡以魯は『国語学草創』の最後に、「新事物之名称及表彰新思想之語詞，勉用複合語詞為之，不須作新字。外語亦勉用義訳，［惟無義之名如人名地名或新発明物之以専名名者自取音］日人義訳語詞于漢文可通用者用之，否則改之。」（新事物の名称や新思想を表す術語は、努めて複合語をもってあて、新しい字を作成するには及ばない。外国語を取り入れる時もできるだけ意訳を用いる。［但し意味のない人名地名、或いは新しく発明されたものの固有名詞などはその発音を採用する］日本人が意訳した語は、中国語で通用するものはそれを使うが、通用しないものは改める）と指摘している[73]。

5　終わりに

言語の近代的特徴の１つは、語彙体系が、他の言語の語との間に対訳関係が確立されることだと思う。これは時代の要請でもある。しかし、本稿で見てきた通り、「語」のレベルにおいて概念の等価物が存在しないとすれば、実際に行われている翻訳は果たして真の翻訳になり得るのか。もし「語」に拘泥しなければ語より上位の単位、例えば連語、フレーズ、文でもよければ、概念の等価的伝達は可能である。但し、翻訳において注釈の

---

[71] 胡以魯『国文法草創』、1913 年。
[72] 沈国威「双音節化與漢語的近代演進：胡以魯"漢語後天発展論"的啓示」、『或問』24 号、2014 年、139 ～ 154 頁。
[73] 胡以魯『国語学草創』、124 頁。［　］の中は割り注である。

類が補助的な役割を果たせるとしても訳語が翻訳文の基本的単位である事実は変わらない。語より大きい単位が語として凝縮していくことは可能であるが、その実現には長い道のりがある。

　厳復は 1906 年当時の中国語と表現したい内容の間にあるギャップを痛感し、「いま諸君と科学の話をするのに、中国語を使うことは、正に職人が中国の旧式の道具を使い、時計を作るようなものである。その難しさは本人しか分からない。これも、(中国語を) 修正改良しながら使うよりほかはない」と述べている[74]。訳語も同じである。種々の不備はあるが、実際の使用において徐々に意味用法が調整され、ソース言語の意味用法に近づくことがある。このような調整は指示対象の入れ替えや意味の特化の形で実現していくことが一般的である。例えば、「上帝」という既成語をGOD の訳語に当てることは当初、大きな論争を引き起こしたが、最終的にメドハースト（W. H. Medhurst, 麦都思、1796 ～ 1857）が予想した通り、中国人は、この語でキリスト教の唯一神を表すことに落ち着いた[75]。

　語が、自然界を範疇化した結果であれば、環境に応じて再範疇化（いわゆる「格義」）も可能なはずである。これは、日本における漢字、漢文の受容史を見れば頷けるであろう。王力は、「近代以降、語彙体系の国際化が進み、新語訳語は国際的に共通した定義を獲得した。殆どの哲学用語、学術用語、文化用語は、概念の外延と内包が世界各言語では一致している。これにより多くの誤解と曲解が回避でき、全世界の人々とのコミュニケーションが障害なく行えるのである」と指摘している[76]。楽観すぎる面もあるが、文化等の交流により、語の周辺的意味も異言語に受け入れられるであろう。言語は絶えず変化し、訳語を含む語彙体系の調整と再編がこれからも続くに違いない。

　人類がこれまで以上に分かり合う必要がある昨今、近代西洋新概念を受

---

[74] 厳復「今者不佞與諸公談説科学，而用本国文言，正似製鐘錶人，而用中国旧之刀鋸錘鑿，製者之苦，惟个中人方能了然。然只能対付用之，一面修整改良，一面敬謹使用，無他術也。」、「政治講義」『厳復集』第 5 冊、1247 頁。
[75] 松浦章、内田慶市、沈国威編著『遐邇貫珍――附解題、索引』、大阪：関西大学出版部、2004 年、100 頁；中国語版上海辞書出版社，2005 年。
[76] 王力『漢語史稿』、528 頁。

容する漢字文化圏の試行錯誤を振り返って見るというのも無駄な作業ではないであろう。

参考文献：

マシーニ 1993『現代漢語詞彙的形成——十九世紀漢語外来詞研究』、黄河清訳、漢語大辞典出版社、1997 年

沈国威 1994『近代日中語彙交流史：新漢語の形成と受容』、東京：笠間書院

沈国威 1995『新爾雅とその語彙』、東京：白帝社

荒川清秀 1997『近代日中学術用語の形成と伝播——地理学用語を中心に』白帝社

内田慶市・沈国威編 2007『19 世紀中国語の諸相』、日本：雄松堂

沈国威編著 2011『近代英華華英辞典解題』、大阪：関西大学出版部

ハックスリー著『天演論』、厳復訳、北京：商務印書館、1981 年

胡以魯 1913『国語学草創』、商務印書館、1923 年再版本

潘文国ほか著 1993『漢語的構詞法研究』、台北：学生書局

陳福康 2000『中国訳学理論史稿修訂本』、上海外語教育出版社

海暁芳 2014『文法草創期中国人的漢語研究』、北京：商務印書館

孫常叙 1956『漢語詞彙』、長春：吉林人民出版社

王力 1958『漢語史稿』、北京：中華書局

首都師範大学編 1959『五四以来漢語書面語語言的変遷和発展』、北京：商務印書館

史有為 2000『漢語外来詞』、北京：商務印書館

曹煒 2004『現代漢語詞彙研究』、北京大学出版社

朱慶之 1992『仏典與中古漢語詞彙研究』、台北：文津出版社

朱慶之編 2009『仏教漢語研究』、北京：商務印書館

沈国威 2010『近代中日詞彙交流研究——漢字新詞的創制、容受與共享』、北京：中華書局

馮勝利 2006『漢語書面用語初編』、北京語言大学出版社

松浦章、内田慶市、沈国威編著 2004『遐邇貫珍——附解題、索引』、大阪：関西大学出版部；中国語版上海辞書出版社、2005 年

王栻主編『厳復集』第 1～5 冊、北京：中華書局、1986 年

杉田玄白『蘭学事始』、東京：講談社学術文庫、2000 年

『日本語大事典』、東京：朝倉書店、2014 年

ロプシャイト英華字典と英和対訳袖珍辞書

荒川　清秀

（愛知大学）

要旨：ロプシャイトの研究家であった那須雅之は、1996年に開かれた第3回近代中国語研究会で、ロプシャイトがペリーに伴って来日し、通訳の堀達之助にメドハーストの漢英・英漢辞書を贈っただけでなく、数年後に再来日し、堀の『英和対訳袖珍辞書』を購入、これを自らの英華字典の編集に利用したという説を出し、これまでロプシャイトの字典に頼ってきた近代語研究は抜本的再考を免れないとまで言い切った。ロプシャイトと堀の接触、そしてロプシャイトが堀の辞書を利用したことは確かな事実であるが、堀からロプシャイトへの影響は抜本的再考をしなければならないほどのものであったか。本稿はこれを検証する。

キーワード：ロプシャイト英華字典、堀達之助、英和対訳袖珍辞書、訳語の交流、ペリーの通訳

はじめに

　日本語と中国語にはおびただしい数の同形漢字語（日中同形語）が存在する。その多くは近代以前に中国語から流入したものであるが、近代語については、日清戦争後（1895）に中国人留学生や亡命知識人らによって日本語から中国語へ移入されたと考えられてきた。しかし、日本の開国は1854年であるのに対し、中国がアヘン戦争によってその門戸を押し開かれたのは1842年のことであるし、それ以前にも西洋の波は何度か中国へ押し寄せていた。かれらは多くの西洋近代の概念を中国人協力者とともに中国語に訳した。たとえば「熱帯」はかつて中国人もこれを日本製漢語と考えたことがあったし、「病院」などは江戸の蘭学者の造語と考えられたことがあった。しかし、これらは17世紀以降に来華したイエズス会の宣教師が訳したものであった。こうした訳語はそれを載せた書物とともに江戸日本に渡り日本人によって使用されたあと、日清戦争後に再び中国へ渡り、その多くは近代中国語となっていった。

　ドイツ人宣教医ロプシャイト（1822-1893）の英華字典は1866年から1869年にかけ香港で4分冊で出版され、日本にもたらされ近代日本語の訳語に大きな影響を与えたと考えられてきた[1]。現に日本には約80部が存在する。それはまたモリソン以後の英華字典の集大成とも言われ、のちの中国での訳語にも大きな影響を与えたと考えられてきた。しかし、はたしてそうだろうか。かつてわたしは、本字典にあればその語は中国起源と認められると考えてきた。しかし、それはロプシャイト字典とそれに4年先行する1862年に出た堀達之助の『英和対訳袖珍辞書』（以下『袖珍』と）に「半島」という語があることによって再検討を迫られることになった。つまり、日清戦争以前にも日本語から中国語への語の流入があったのではないかということである。

---

[1] 詳しくは森岡1967を参照。

1　ロプシャイトはペリーについてきたか

　1996年12月15日、愛知大学で開かれた第3回近代中国語研究会でのことである。それまでロプシャイトの英華字典と堀達之助の『英和対訳袖珍辞書』に関心を持ってきた筆者と故那須雅之は、期せずして両辞書に「半島」という語があることを発見した。考えられることは、ロプシャイトが堀の辞書から「半島」を採用したか、自らつくったかである。ドイツ語で「半島」は Halbinsel（半分の島）という。そこで筆者は、この語構造からの直訳（calque）によってロプシャイトは「半島」をつくったと考えた。それに対し那須はロプシャイトがペリーについて日本にやってきて堀と知り合い、堀にメドハーストの英漢、漢英辞書を送っただけでなく、その後再度来日し堀の辞書を購入、それを自分の辞書の編纂に利用したのではないかと考えた。那須は英学史の遠藤智夫の研究を踏まえ、静岡県立図書館葵文庫に所蔵される漢英辞書にあるサインがロプシャイトのものであることを確認し、函館市立図書館にある英漢字典もまた堀が所蔵していたものであるということを突き止めた。那須はその後ロプシャイトがその晩年を過ごしたというアメリカ、ペンシルバニアにまで飛び、そこのレーハイ大学に所蔵される『英和対訳袖珍辞書』がロプシャイトの手沢本であることも確認した[2]。これによって、ロプシャイトが堀の辞書を所有していたことは動かしがたいものになった。那須はその研究会の席で、「ロプシャイトの〈英華字典〉の訳語を近代日本語における訳語成立の資料として扱った研究論文はおそらく抜本的再考を免れない」（第3回近代中国語研究会レジメ）とまで言い切ったのである。

　那須の発表は衝撃的なものであったが、筆者はロプシャイトがペリーについてきたということや、またこれまでの研究が「抜本的再考を免れない」のかについては大きな疑問をもった。それから20年の歳月が流れた。本稿はこの那須の20年来の「呪縛」を解こうとするものである。

　実はロプシャイトがペリーについてきたというのは那須の誤解であった。

---

[2] 堀孝彦・遠藤智夫 1999: 112-114 頁。

那須は、この研究会に先立ち「ロプシャイト小伝」を書き、そこでは以下のように述べていた。

> 1854年1月、ロプシャイトは中国語と<u>ドイツ語</u>の通訳官として、<u>ウイリアムズ、羅森</u>等とともに、ペリー艦隊に同行し、江戸へ向かった。ペリー艦隊の江戸への入港は54年2月11日であり、<u>ロプシャイトが日本にやってきたのはこの日である</u>。…ロプシャイトが約半年にわたり、日本に滞在したことは確かな事実である。(那須1995 下線荒川。以下同じ)

ペリーが浦賀沖に初めて姿を見せたのは1853年7月8日（嘉永6年6月8日）。ここでペリーはアメリカ大統領からの国書を渡したあと、1854年2月にその返事を受け取りにやってきた。この二度目の訪日で、ペリーは英語と中国語の通訳としてウイリアムズ、オランダ語と英語の通訳にポートマン、さらに条約文作成に羅森という中国人を連れてきた。しかし、ロプシャイトはその中に含まれていなかった。筆者は荒川1997：69で、ロプシャイトが訪日するのは、ペリーが結んだ条約の批准書を取り交わしにやってきたアダムズ中佐の通訳としてであることを指摘した。それを踏まえてであろう、那須は月刊『しにか』に連載した「ロプシャイト略伝」では以下のように修正した。

> 1854年12月、ロプシャイトは中国語と<u>ドイツ語</u>の通訳官として、<u>ウイリアムズ</u>等とともに、アダムス中佐率いる<u>ペリー艦隊</u>（第三次日本遠征）に随行し、江戸へと向かった。翌1855年2月、ロプシャイトはアメリカ側通訳として伊豆下田長楽寺で幕府側通詞堀達之助とともに日米和親条約が正確に翻訳されているかどうかを確かめあい、<u>日米和親条約締結にウイリアムズと共に立ち会った</u>。この時条約案文翻訳をめぐって頻繁に接触していた堀達之助にMedhurst's Chinese and English DictionaryとMedhurst's English and Chinese Dictionaryを贈呈した。(那須1998)

しかし、このときアダムズについてきたのはロプシャイトだけで、ウイリアムズは随行していない。また条約文の確認にロプシャイトは堀とともに立ち会ったが、条約締結に立ち会ったわけでもない。さらにアダムズはポーハタン号一隻でやってきたのであり、とても「ペリー艦隊」と呼べるようなものではなかった。これは那須が、これまで歴史に埋もれていたロプシャイトの功績を顕彰することに夢中になり、歴史的事実を細かく検証することを怠ったためである[3]。

以下に『大日本古文書　幕末外国関係文書之九』からアダムズの来航と帰帆の記事をあげる。

> 1855年1月26日（安政元年12月9日）亜墨利加蒸気船（ポーハタン号―荒川）一艘入津
> 1855年2月22日（安政二年正月6日）亜墨利加蒸気船退帆
> （『大日本古文書　幕末外国関係文書之九』61頁）

ロプシャイトが通訳としてきたのは、「ロップシャイトハ漢蘭亜語共ニ通シ居候間…」（『同』375頁）とあるように、中国語、オランダ語、英語に通じていたからである。しかも、滞在は1ヶ月弱。『大日本古文書』の記述からすれば、アダムズは1日も早く批准書を交換して帰国したかったようである。筆者がここでこのように書くのは、ロプシャイトがペリーについてきたという那須の説が流布していることを訂正するためである[4]。もっとも、ロプシャイトと堀の接触は事実であり、以下の記述もそのことを踏まえた上でのものである。

---

[3] ペリーの報告書『ペルリ提督日本遠征記』でも、補章にアダムズ中佐が、和親条約の批准書の交換に来日したことを書き添えるだけで、その時の通訳がだれであったかについてはまったく言及していない。
[4] 宮田和子2010：104頁では那須の記述をそのまま写している。しかし、107頁では堀・遠藤1999を受けて、批准の交換に来たと述べている。両者の記述は矛盾している。照山直子2014は那須の研究に大きく依拠しながらも、ロプシャイトはアダムズ中佐についてきたとだけ述べる。

2 「半島」

　那須と筆者が同時に気づいた「半島」という語についてまず検討してみよう。

　「半島」については、佐藤亨（1983）：248が、土浦の地理学者山村才助『訂正増訳釆覧異言』（1802）にあることを指摘していた[5]。

　　　和蘭語に法児弗・厄乙蘭土（ハルフ・エイランド）ト云コレ半島ト
　　　云ル義ニシテ三面海ニ臨ミ一面大陸ニ連ル地ヲ称スルノ言ナリ（巻2
　　　-12ウ）

『袖珍』以前では、以下のような蘭学資料にも「半島」がある。

　　　青地林宗『輿地誌』（1827）小関三英『新撰地誌』渡辺崋山『新釈輿
　　　地図説』（1836）

「半島」は江戸時代の蘭日辞書では以下のように継承された[6]。

　　　ヅーフハルマ（1833）→和蘭字彙（1855～8）→袖珍[7]

　一方、ロプシャイトに先行する英華辞書ではモリソン（1815-23）、ウイリアムズ（1844）の辞書にはなく、メドハースト（1855）の辞書にあるのは以下の通りである。字句の違いこそあれ、ロプシャイトがメドハーストの訳語を受けついでいることがわかる。

---

[5] 山村才助は大槻玄沢門下の俊英である。
[6] 従来、袖珍はその6割から7割をPicardの蘭英辞書と『和蘭字彙』を使うことによってできたと考えられてきたが、櫻井2013aはそれ以外の蘭英辞書も利用したこと、それ以前の蘭学の伝統の訳語を採用したことを指摘している。
[7] 長崎に伝わる『アンゲリア興学小筌』（1811）『アンゲリア語林大成』（1814）にも「半島」が出ている。この指摘は関西大学の徐克偉氏による。江戸蘭学の訳語が伝わったものか。

メドハースト　peninsula　連地之島　有頸之洲　水流未周之嶼
ロプシャイト　peninsula　連洲之地　連洲之島　半島　水不周之島

このうち、「半島」だけが急に挿入されたかのようである。ロプシャイト以前の漢訳洋書ではどうかというと、それまではせいぜい「土股」「隅」が使われているだけである。

『遐邇貫珍』（1855）続地理撮要論　土股　華文未有釈名、故余取其形似而名之、
『地理全誌』（1855）地理名称　隅者地大半環於水也
『増訂華英通語』（1860）土股[8]

「股」はマタではなくモモのこと。「土股」とは人のモモのようなものをイメージすればよい。『遐邇貫珍』の注記では、当時の中国では〈半島〉に当たる訳語がなく、その形から命名したと言っている。中国での訳語はこのように形象的なものが目立つ[9]。したがって、ロプシャイトの「半島」は『袖珍』から採ったとしか考えられない。

3　ロプシャイトと堀に共通の漢語

さて、今回筆者は堀の辞書から考察の対象となりそうな訳語を選び出し、ロプシャイトの字書、メドハースト（1847）の辞書と対照してみた。（巻末表）その結果、堀とロプシャイトに共通の語として検出されたのは以下の14語である。

雪崩　軽気球　海峡　結晶　電気　直路　昼夜平分線　平和　半島
理学　散文　軟膏　養気　新聞紙

---

[8] 福沢は「土股」に「ハンジマ」とふりがなを打っている。
[9] たとえば、「酸素」にあたる「養気」は「人を養う気」であるとか、「電池」が「電気を貯めておく池」であるとか、「海峡」が「海腰」、「地峡」が「土腰」のようにである。

これではとても「抜本的再考」は迫れまい。ましてや、このあとに述べるように、こうした語の継承、定着も必ずしもロプシャイト字典によるものとは言えないからである。

　上でも触れたが、堀はその辞書の編纂にロプシャイトから贈与された英漢・漢英辞書を使った。このことをつとに指摘したのは呉美慧（1988）で、訳語の範囲を広げたのは遠藤智夫（2009）であったが、どちらも標本調査に終わっていた。これを全面的に行ったのは櫻井2013bである。しかし、櫻井の調査によっても、継承された語は『袖珍』の訳語の1％ぐらいに過ぎない[10]。

　ところで、この20年、筆者がなにもしてこなかったわけではない。荒川（1998a）では地理学用語を中心に堀とロプシャイトに共通な語として、「半島」のほかに「昼夜平分線、雪崩」を指摘した。また、木村秀次（2013）：118～は「結晶」を検討すべきものとしてあげている。このうち、「雪崩」については日本での出所が不明なので、まず「昼夜平分線」と「結晶」について検討してみたい。

［1］昼夜平分線

　この語は、蘭日辞典の中では、以下のようになっている。

　　江戸ハルマ（1796）　天腰　＞　訳鍵（1810）　天腰
　　ヅーフハルマ（1816）昼夜等分線　＞　和蘭字彙（1858）昼夜等分線
　　＞　増補改正訳鍵（1864）天腰。昼夜等分線

ここまでは「天腰　昼夜等分線」であったが、袖珍では「昼夜平分線」が採用された。櫻井豪人2013aによれば、これは袖珍（初稿）では「昼夜等

---

[10] 櫻井が全調査を行ったのは、氏が『袖珍』の訳語の来源の大きな部分である『和蘭字彙』の訳語をデータベース化していたことと、『袖珍』の訳語がPicardの蘭英辞書だけによらないという調査結果を得ていたからである。

分線」であったものが、最終稿では「昼夜平分線」[11]に修正された結果だと言う。櫻井は、この修正には、前野良沢（「平分」）、司馬江漢（「平分線」）などの使用がかかわっていたのではないかと述べているが、筆者は、良沢や江漢はリッチ図の赤道線の解説、

　　此中間線為昼夜平線乃平分天下之中

から「平分」という語を知ったのではないかと考えている[12]。
　なお、江戸時代、日本にもたらされた世界図のうち、マッテオ・リッチ『坤輿万国全図』（1602）、アレニ『職方外紀』（1623）の〈赤道〉は「昼夜平線」と呼ばれたし、ロプシャイトに先行する以下の辞書や、『地理備考』（1847）、『地理全志』（1853-4）、『博物新編』（1855）、『地球説略』（1856）、『智環啓蒙塾課初歩』（1856）、『大美聯邦志略』（1862）等の漢訳洋書にも「昼夜平分線」は現れない。今辞書のみを挙げる。

　　モリソン（1815-23）　equator　赤道　中帯
　　ウイリアムズ（1844）　　　　　赤道　中線
　　メドハースト（1847）　　　　　赤道　地球中帯
　　ロプシャイト（1866-69）　　　 昼夜平分線　中線　中帯

［２］結晶
　木村秀次（2013）：118〜によれば、「結晶」は蘭学者による訳語であろうとして、以下のような例を挙げる[13]。

　　結晶せしめ（厚生新編　巻61　1811-39）

---

[11] これは高崎の書肆南雲書店が発見した袖珍の初版の草稿と再版の草稿の比較の結果わかったことである。
[12] 良沢、江漢が使用する五帯の名称は、良沢「熱帯　正帯　冷帯」、江漢「熱帯　温帯（正帯）冷帯」で、リッチの『坤輿万国全図』、アレニの『職方外紀』の影響を受けている。
[13] なお、櫻井2013a：22では「結晶」は『和蘭字彙』には見られない語の一つとされている。

結晶塩（遠西医方名物考　巻23　1822-25）
　　　結晶する（窮理通　巻3　1836）舎密開宗　内巻3（1837-47）
　　　水の結晶にほかならざるなり（理学提要　巻2　水　1852）[14]

『袖珍』以下の「結晶」使用はこうした蘭学の伝統を踏まえたものである。

　　　英和対訳袖珍辞書　　crystallize　結晶スル、結晶サスル
　　　　　　　　　　　　　crystallization　　結晶物

そして、「結晶」はロブシャイトに採用された[15]。

　　　ロブシャイト　　　　Crystallize　　結晶　　　to form Crystal　結晶
　　　　　　　　　　　　　Crystallization　　結晶者

　ここで注意したいのは、堀もロブシャイトも「結晶」を「晶ヲ結ブ」というフレーズとして理解していたことである。しかし、江戸蘭学の書の中には、これを名詞として扱うものもあるし、『附音挿図英和字彙』（明治6　1873）も「結晶」を名詞として理解している。

　　　crystallize　結晶スル　結晶サスル　　crystallization　結晶、結晶体

このうち、後者では、「結晶」を名詞としてしまった。こういう構造の無理解による語の受容としては「化石」がある。「化石」は本来「石ニ化ス」というフレーズであったが、江戸時代の日本人に名詞として理解された。しかし、「化シタ石」とはどんな石か[16]。

---

[14] 原文は漢文。「亦不外于水結晶也、其結晶也形端正先為一針」
[15] メドハースト辞典には「水晶、結氷」としかない。
[16] 「化石」がなぜフレーズであるかについては、荒川1998b を参照。

[3] 海峡、目的、吸入

　1996年の第三回近代中国語研究会で、那須が『袖珍』からロプシャイトへ伝わった語としてあげているものに、「半島」のほか「海峡、目的、吸入」がある。

　このうち、「海峡」はもともとアレニの『職方外紀』（1623）で使われていたもので、本書は鎖国日本へも伝わり、刊本は出なかったが、多くの写本がつくられた。「海峡」は蘭学書では、

　　訂正増訳采覧異言（1802）／アンゲリア興学小筌（1811）／アンゲリア語林大成（1814）／地学示蒙（？）／輿地志略（1826）／地学正宗（1856）

等多数に見える。一方、漢訳洋書でも、

　　地理備考（1847）／地理全志（1854）／地球説略（1856）／六合叢談（1857）

に見える。もっとも、メドハーストは、

　　channel（a narrow sea）　窄海　　strait of the sea　　峡海

のような語しかあげていない。メドハーストはこうした書物を見ていなかったのか。ロプシャイトは、

　　narrow　海峡　窄海

と、メドハーストの訳語「窄海」を引き継ぎつつ「海峡」を最初にもってきている。これは堀からとった可能性が高いが、ロプシャイトは『地理全志』を自分の地理書『地理新誌』（1855）を編む際参考にしたと述べているほどで、こうした漢訳洋書からの可能性もある。継承関係から言えば堀

の影響が強いが、二人の関係がなくても「海峡」は中国で継承されていく条件はあったのである。

　那須は「目的」について、ロプシャイトの multocular「多目的」と堀の「aim＝目的」を対比させていた。同じ語の訳語を比べず、違った語同士を対比させていたのであるから、本来その場でこの不自然さを疑うべきであったが、筆者は最近までそれを確認するのを怠っていた。この multocular「多目的」だけを見れば納得してしまいそうだが、mult がマルチ＝「多」なら、ocular とはなにか。ロプシャイト英華字典には、たしかに「目的」という文字列が出てくるが、この「目的」の「的」は中国語を勉強すればすぐに出てくる構造助詞「〜の」の「的」で、「目的」は単に「目の」という意味だったのである[17]。

　また、ロプシャイトの absorb「吸入」を『袖珍』で引いても「吸イ込ム」しか出てこない。これも那須の誤解か[18]。

［4］電気

　「電気」も、

　　メドハースト（1847）electricity 琥珀磨玻璃発火之法
　　ロプシャイト（1866）electricity 電気

のようにメドハーストにはなく、堀→ロプシャイトかと思わせる語である。しかし、この語の場合は八耳（1992）が指摘するように、日本に最初に「電気」をもたらしたのはマッゴワンの『博物通書』（1851）である。川本幸民は『気海観瀾広義』（1851）では「越歴的里エレキテル」を使いながらも、「支那人近日電気ト訳ス」と注記し、『遠西奇器述』（1859）では、完全に「電

---

[17]「目的」については佐藤辰二 1995 という詳細な論文がある。（櫻井豪人氏からの教示）佐藤によれば、『袖珍』には「目的」を訳語とする英語が 16 もあるという。なお、「目的」は『増補改正訳鍵』にもある。
[18] なお、『和蘭字彙』でも「吸ヒ込ム」だが、『訳鍵』『増補改正訳鍵』には「吸入」がある。

気」に切り替えた[19]。
　一方、蘭学系辞書では、

　　江戸ハルマ（1796）×　　訳鍵・増補改正訳鍵　エレキエル
　　ヅーフハルマ（1833）×　和蘭字彙×　→　袖珍（1862）電気

のように、『袖珍』で初めて「電気」が現れる。これは『博物通書』（1851）の伝来が『江戸ハルマ』や『ヅーフハルマ』の成立よりかなり後になるからである。
　一方、中国の漢訳洋書での「電気」の使用は、

　　博物通書（1851）→　地理全志（1854）博物新編（1855）六合叢談
　　（1857）

のようになっていて、この場合ロプシャイトが掘の辞書から採らなくても「電気」は中国で継承されたことがわかる。もっとも、現代中国では「電気」の「気」を取って「電」だけで使うのではあるが[20]。

4　ロプシャイトが拒否した語、ずれがあるもの

　ロプシャイトは、先行漢訳洋書の訳語をそのまま採用した場合もあれば、拒否した場合もある。その一つに『漢英字典』（1871）の序文で次のようにはっきり述べている「化学」がある。ロプシャイトによれば、「化学」という訳語は中世の錬金術を連想するからよくないということで、彼自身は採用しなかった[21]。しかし、結果的には「化学」が日中ともに最後まで残った。「貿易風」もそうで、trade wind は『博物新編』では「恒信風」と訳され、日本の蘭学では「一定ノ風」のように訳されている。「貿易風」

---
[19] 「電気」の伝来、継承についての詳しい考証は八耳 1992 を参照。
[20] 荒川 2014 を参照。
[21] 荒川 1998a を参照。

は原語 trade の意味拡張後に対応する訳語で、ロプシャイトはこれを採用せず「熱帯常風」と訳したのである[22]。これに類するものをいくつか見ておこう。

[5]「空気」

「空気」はアリストレス世界観の東洋伝播とともに考案された訳語で、前野良沢の『管蠡秘言』（1777）に、「空気　空」と見える[23]。もっとも、この訳語はすぐに一般化したのではなく、当初は「大気、濛気」が優勢で、「空気」が優勢になるのは幕末に「空気」を収める漢訳洋書が入ってくる時期と重なる。相互作用が働いたのである。今、『袖珍』（1862）までの蘭学書を挙げよう。

　　厚生新編 1811-46　気　大気　濛気　空気
　　坤輿図識補（1846-7）空気　…世人之ヲ空気トナヅグ
　　砲術語選（1849）空気
　　泰西三才正蒙（1850）空気
　　気海観瀾広義（1851）空気
　　海上砲術全書（1854）空気

辞書では、

　　ハルマ和解（1796）空気　→　訳鍵　気　空　風…
　　ヅーフハルマ（1833）／和蘭字彙　気　空　香　　袖珍　空気

となっていて、良沢の弟子たちが編んだハルマ和解に「空気」があるもののそれ以後に継承されなかった。『袖珍』はむしろここで挙げた蘭学書の訳語を継承したと考えられる。

---

[22]「貿易風」については荒川 1997、第 6 章を参照。
[23] 良沢の「空気」使用については杉本 1994：解題 3 頁に指摘がある。また、「空気」の語誌については荒川 2005 に詳しい。

一方、中国近代での〈空気〉は「天空之気」の略称から来るもので、したがって「空気」があれば「天気」も可能性としてあった。現に『智環啓蒙塾課初歩』は「天気」とする。

　　航海金針（1853）天空之気
　　地理全志（1854）天空之気　天空気　空気
　　智環啓蒙塾課初歩（1856）天気
　　六合叢談（1857）空気
　　談天（1859）空気
　　メドハースト（1847）air 気　雰　気　風気　天空之気
　　atmosphere　天空之気
　　ロプシャイト（1866-9）
　　air 天空之元気　atmosphere 地球周囲之気、天気

　メドハーストには「天空之気」があり、それまでの漢訳洋書、とりわけ『地理全志』では「空気」が使われているにもかかわらず、ロプシャイトはこれを採らず、レッグ『智環啓蒙塾課初歩』の「天気」の方を採用した。ロプシャイトが堀の辞書で「空気」の存在を知ってもそれを採らない理由があったのである。

　[6]　健康　health
　「健康」は health から英蘭辞書で gezondheid を引いても出てこない語であるが、荒川（2000）で指摘したように、江戸の主要な蘭日辞書にはすべて使われている。これは、櫻井（2011）が問題にするように、Picard 以外の英蘭辞書、たとえば Bomhoff や Holtrop 辞書を引いても welvarend などから「健康」に行き当たることができる[24]。あるいは、緒方洪庵『病学通論』（1849）の「健康」論からも「健康」ということばを知ることはできた。ところが、ロプシャイトは「康健」は使っていても「健康」には

---
[24] Picard 再版（1857）で health を引いて得られる gezondheid や heil からは「健康」は得られない。

拒否反応を示した。これは当時、中国においても「健康」ということばが見慣れない語であったからであろう[25]。

5 ロプシャイトの訳語のその後——「半島」

　最初に述べたように、ロプシャイトの字書はそれまでの英華字典の集大成的なものではあるが、その訳語がその後にどう引き継がれていったかについても、一つ一つ調べておく必要がある。ここでは、ロプシャイト以後の主な辞書での〈半島〉の訳語の流れをみておこう。

　　英華萃林韻府（1872）　Ⅰ部　なし　　Ⅱ部　土股
　　新爾雅（1903）　　　　半島
　　華英音韻字典集成（1902）半島　土股
　　梁啓超「亜洲地理大勢論」[26]（1902）半島
　　Technical Terms（1904）土股
　　英華大辞典（1908）　　半島　土股
　　Recueil de Nouvelles Expressions Chinoises（新名詞彙録）（上海 1912）半島
　　官話（1916）　　　　　土股　半島
　　総合英漢大辞典（1927）半島
　　E. Morgan: New Terms（上海　1932）
　　増訂総合英漢大辞典（1948）半島

　このうち、「半島」を採用しているのは、日本語の影響、日本の英和辞書の影響を受けたものばかりである。「半島」は、20世紀初頭の中国においては新語で、ここで挙げた、1910年から30年代に中国で出た、外国人

---

[25] A. H. Mateer 1915: New Terms for New Ideas には「康健」は息子が父親に言及するような場合に限られていたが、「健康」はそのような限定がないと述べている。
[26] 本書は志賀重昂の『地理学』の翻案と言われる。梁啓超は「半島」に「三面環海一面連陸者謂之半島」と注をつけている。

編になる新語集にも採録されている。沈国威（1996）や陳力衛（2013）が言うように、近代訳語が中国語において定着するには、日本語や日本の英和辞典の影響を経なければならなかったのである。また、劉建輝（2003）によれば、「半島」が中国で使われるようになる契機は、日露戦争（1904）で「遼東半島」が日本に割譲され（1905年）、のちに三国干渉で清にもどされたころからだと言う。

6　おわりに

那須の研究はたしかにロプシャイトの生涯をかなり明らかにし、堀とロプシャイトの接触という、これまで埋もれていた日中訳語交流史の一側面に光を当てた。しかし、堀からロプシャイトへ渡った語はそれほど多くなかったし、そうした語はたとえ堀とロプシャイトの接触がなくても、のちに伝わる可能性があったのである。

【ロプシャイト・堀・メドハースト訳語対照表】（掘→ロプシャイトへの流入語を中心に）

　△は類似語ないし問題になる語　×は該当する英語や訳語がないこと

英語		英和対訳袖珍辞書	Lobscheid	Medhurst
air	△	空気	天空之元気	天空之元気
atmosphere	△	天空ノ気	地球周囲之気　天気	天空之気
avalanche	○	雪崩	雪崩	×
balloon	○	軽気球	軽気球	風球
channel	○	海峡	海峡　海腰	×
counterpoison	△	解毒剤	解毒之物	×
dropsy	△	水腫病	水腫	×
cristallize	○	結晶スル	結晶	水晶　結氷
electricity	○	電気	電気	×
enfilade	○	直路	直路	×
equinoctical	○	昼夜平分線	昼夜平分線	×

gazette	○	新聞紙	新聞紙　報	一報
grammar		文学　文典	文法書	読書作文法
grammartical	△	文法ノ	文法的	×
hale	△	健康ナル	康健	康健
longitude	○	経度	経度	経
narrow	○	地峡　海峡	海峡　窄海	
newspaper	○	新聞紙	新聞紙	新聞篇
oxgen	△	酸素	養気	
parallel		平行線	平行之線	平行線
peace	○	平和	平和	
peninsula	○	半島	半島	
philosophy	○	理学	理学	
prose	○	散文	散文	文
salve	○	軟膏	軟膏　膏薬	膏薬
unicorn	△	一角獣	一角之獣	犀牛
vital air	○	養気	養生之気　養気	

『日本国語大辞典第二版』での、以上の語の初出
「軽気球」(『慶応再版英和対訳袖珍辞書』1867)、「直路」(1430 頃、1603『日葡辞書』)「新聞紙」(『官板バタビヤ新聞』1861)「平行線」(小学読本 1973)「平和」(英政如何 1868)「理学」(百学連環 1870)「散文」(百学連環 1870)「軟膏」(七新薬 1862)「一角獣」(史記　和漢三才図会「一角」1712)

参考文献

荒川清秀 1997『近代日中学術用語の形成と伝播』白帝社
荒川清秀 1998a「ロプシャイト英華字典の訳語の来源をめぐって」『文明 21』創刊号
荒川清秀 1998b「ことばの行方を追う」『しにか』5 月号
荒川清秀 2000「『健康』の語源をめぐって」『文学・語学』第 166 号
荒川清秀 2005「『空気』語源考」『香坂順一先生追悼記念論文集』光生館
荒川清秀 2014「"電気"が"電"になるまで」『東方』404 号
遠藤智夫 2009『『英和対訳袖珍辞書』と近代語の成立』港の人
木村秀次 2013『近代文明と漢語』おうふう
呉美慧 1988「『英和対訳袖珍辞書』の訳語に関する一考察—メドハーストの『英華字典』との関係」『国語学　研究と資料』12

沈国威 1996『近代日中語彙交流史』笠間書院
櫻井豪人 2011「『英和対訳袖珍辞書』初版草稿の諸相と蘭書の利用」『日本語の研究』第 7 巻 3 号
櫻井豪人 2013a「『和蘭字彙』電子テキスト化による『英和対訳袖珍辞書』初版の訳語の研究」『日本語の研究』第 9 巻 3 号
櫻井豪人 2013b「『和蘭字彙』に見られない『英和対訳袖珍辞書』初版の訳語」『近代語研究』第十七集
佐藤亨 1983『近世語彙の研究』桜楓社
杉本つとむ編 1994『前野蘭化集　洋学篇』早稲田大学出版部
陳力衛 2013「英華辞典と英和辞典との相互影響」『Juncyure03』名古屋大学
照山直子 2014『ヴィルヘルム・ロブシャイト』鳳書房
那須雅之 1995「W.LOBSCHEID 小伝」愛知大学『文学論叢』第 109 輯
那須雅之 1998「ロブシャイト略伝（上）（中）（下）」『しにか』10 〜 12 月号
堀孝彦・遠藤智夫 1999『『英和対訳袖珍辞書』の遍歴』辞游社
森岡健二 1967『近代語の成立　語彙編』明治書院
宮田和子 2010『英華辞典の総合的研究―19 世紀を中心として』白帝社。
八耳俊文「漢訳西学書『博物通書』と「電気」の定着」『青山學院女子短期大學紀要』第 46 輯（1992 年）
劉建輝 2003「近代植民地と文化―遼東半島の場合」『東アジアと「半島空間」―山東半島と遼東半島』思文閣出版。

〔付記〕
　本稿は岩波書店『文学』2015 年 9・10 月号に掲載されたものの転載である。

意訳地名「牛津」「剣橋」の発生と消長

田野村　忠温
（大阪大学）

要旨：英国の大学町 Oxford を表す意訳地名「牛津」は 1870 年代に同大学の初代中国語教授ジェームズ・レッグによって考案され、それを好んで用いた南条文雄ほかの英国留学生によって日本に伝えられた。20 世紀に入るとその使用は学術界から一般社会に拡大したが、第 2 次世界大戦後の漢字使用制限により消滅した。

「牛津」は日清戦争後の日本留学、日本書翻訳出版の盛行の中で日本から中国に伝わり―それ以前にも英国人宣教師などによる英国からの直接の伝播があったが規模は限定的であった―、中国語における Oxford の唯一の標準表記として定着した。

Cambridge を表す部分意訳地名「剣橋」は初出が「牛津」より 20 年遅れるが、その後は日中各語において「牛津」と共通の歴史をたどった。

キーワード：「牛津」、「剣橋」、意訳地名、近代日中語彙交流

はじめに

　中国で出版されている Oxford 大学出版局の辞書・書籍の書名には図1に見るように「牛津」の2字が冠せられている。中国語に通じていない筆者は北京の書店で初めてそうした辞書を目にしたとき新奇の感覚にとらわれたが、しかし、これが Oxford の翻訳であるらしいことはすぐに分かるので、さすがに漢字の国は発想が違うと感心したものである。これが Cambridge 大学であれば「剣橋」という表示になる。こちらは「橋」だけが翻訳で、「剣」は Cam の部分—ケム川（the River Cam）の名—の発音を写している。中国語における外来固有名詞の翻訳は地名にとどまらず、例えば Superman は「超人」、Volkswagen は「大衆汽車」（中国語の「汽車」は自動車）、Apple Computer は「蘋果電脳」（「蘋果」はリンゴ）、Microsoft は「微軟」と訳される。本稿では日本語、中国語とも原則として現代日本の漢字字体で表記する。

　しかし、考えてみれば、日本語にも「太平洋」や「真珠湾」のような翻訳による地名がある。「牛津」と「剣橋」もかつては日本でも使われていたらしい。図2は1917（大正6）年2月5日の『東京朝日新聞』に掲載された丸善の洋書広告である。

　「牛津」「剣橋」という翻訳による地名はいつどこで誰によって作られたのか。この問題に関しては、中国語を専門とする荒川清秀、千葉謙悟の各氏による論考がある。本稿はそれらを読んだことをきっかけとして、筆者なりに両地名の使用状況を各種の資料によってあらためて調査し、その発生

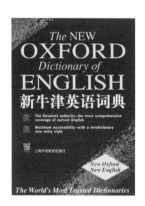

図1　中国の英語辞典

図2　日本の新聞広告

意訳地名「牛津」「剣橋」の発生と消長　75

と消長を探ってみようとするものである。

　問題の性質上、考察は調査によって見出せた限りの用例と得られた限りの情報に基づいて事実を推定するという方法で進めざるを得ない。しかし、ここでは筆者の考える「牛津」「剣橋」の歴史をあえて少々確定的な形で述べることにする。それは一貫したストーリーを描いてみたいからであり、また、慎重な言い回しの多用により記述がくどくなるのを避けるためでもあるが、明確な記述とすることには誤りの認定とそれに基づく訂正が容易になるという利点もある。本来必要な「調査の限りでは〜」とか「〜という可能性がある」といった表現が随所に省かれているものと理解されたい。

　なお、「牛津」「剣橋」という表記の普及が遅く、音訳に用いられる漢字にも違いのあった英国外の地名としての Oxford、Cambridge は考察の対象から外す。また、用例の年は、執筆された年の分かる場合は執筆年、分からない場合は刊行年に基づいて示す。

1　先行研究と予備的考察

　筆者の調査に基づく議論に入る前に、「牛津」「剣橋」に関する荒川、千葉各氏ほかの見解を簡単にまとめ、その問題点を確認するとともに、意訳の用語・概念に関する予備的な考察を行う。

1.1　従来の説

　荒川（2000b）は、「牛津」「剣橋」その他の「意訳地名」の問題を正面から取り上げ、用例の観察に基づいて論じた最初の論考である。荒川によれば、日本と中国いずれの資料においても20世紀の初頭まで「牛津」「剣橋」の使用は見られず、中国資料ではもっぱら「阿斯仏」「阿哥斯仏爾」、「堪比日」「岡比黎日」といった「音訳地名」、日本資料では片仮名表記か中国式の音訳地名が使われていた。そして、「牛津」「剣橋」の用例は、早くは中国資料では1904年、日本資料では1915年に見られるとされる。荒川は、これらの意訳地名の考案に際しては複合的な表現を要素ごとに直訳してその訳語を作り出す翻訳借用（loan translation, calque）の伝統をふまえた

西洋人宣教師の関与があった可能性を指摘し、しかし、同様の慣習は日本の蘭学にもあったので日本人による考案の可能性も否定できないとしている。

　千葉（2003, 2006, 2010）は、「牛津」の初出が19世紀末にさかのぼり、『万国公報』1893年2月号に掲載された翻訳記事に用例が見出されることを報告している。そして、日清戦争（1894〜1895年）以前は中国から日本への留学が少ないことから「牛津」の表記が日本から中国に伝わったとは考えにくいとし、また、中国人が西洋人宣教師の文章を筆記・修正する役割を担っていたことを述べ、結論として「牛津」は中国人の考案によるものである可能性が高いと論じている。

　荒川、千葉各氏の論考以外に「牛津」「剣橋」の起源に言及した研究は多くない。筆者の目に止まったものとしては、「牛津」「剣橋」を日本人の考案によるものとする古田他（1965）がある。ここでは明治初年における漢語の流行について述べる中で、"漢学者たちが、外来文物の摂取にはたした役割を重視しなければならない"とし、「牛津」「剣橋」という翻訳を"江戸の習慣を明治になって踏襲した"もの、"なんでもかんでも、ただ漢字で書かなければがまんをしなかった、いまからは想像しがたいような風潮"の中で行われたものとして位置付けている。また、樺島（1985）は、日本人が古代に「橋」という漢字にハシの訓を与えたのと同じように近代にはブリッジの読みを与え、それが「剣橋」という表記を可能にしたという趣旨のことを述べている。ほかに、研究書ではないが、外山（2003）は、"漢学の素養、学識をもった英学者たち"が「牛津」「剣橋」を含む各種の2字漢語を翻訳によって作り出したと述べている。しかし、いずれの日本人考案説にも根拠は示されておらず、結論的に言えばそれぞれの著者が想像を断定しているに過ぎない。

1.2　問題点

　荒川、千葉各氏の論述を読んで不安ないし不満を覚えることがいくつかあった。ここでその主な3点について述べる。

　第1は、少数の用例に基づいて語の由来を論じることの危うさである。

千葉の場合、中国資料に見出されたわずか1例の用例に依拠して論が組み立てられている。日本資料は調べられてもいない。

　第2に、従来の研究では関心がもっぱら「牛津」「剣橋」の初出の局面に集中している。しかし、語の歴史において用例の初出はその一局面に過ぎない。しかも、圧倒的大多数の語において、その発生と初出は一致しない。それらの意訳地名の歴史のより深い理解を得るには、その発生から伝播、普及、衰退に至る過程全体の解明を試みる必要がある。

　第3は、「牛津」「剣橋」という地名の特性に関わることである。OxfordとCambridgeは地名とは言っても、言わば汎用性の高い海洋や山河、国や大都市などの名前と異なり、英国の大学の所在地の名前に過ぎない。「牛津」「剣橋」は果たして一般的な地名と同列に扱えるのか。踏み込んで言えば、それらの意訳地名創出の背景には、考案者の当の大学に対する深い関わり、特別の思い入れがあるのではないか。ちなみに、Oxfordにならえば Stanford は「石津」と訳すことができるが、実際には翻訳されず、中国語でも「斯坦福徳」ないし「斯坦福」と音訳される。

　古田他（1965）の、「牛津」や「剣橋」の表記は何もかも漢字で書かなければ気がすまないという明治初年の風潮の中で生み出されたという見方は、かりにそこに真実の要素が含まれるとしても、両意訳地名発生の有効な説明にはならない。漢字使用の流行という単純な視点では、意訳名を与えられた大学が英国の2大学に限られるという事実に解釈を与えることができないからである。しかも、そもそも単に漢字で書くことが目的であるのなら、それは既存の音訳表記によってすでに達成されており、新たに意訳地名を案出するまでもなかった。また、樺島（1985）の漢字の読みの観点からの説明は、Cambridge が「剣橋」と書かれケンブリッジと読まれるという事実をただ言い換えただけのものである。複合語を構成する単漢字への外来語音の読みの付与という類例の乏しい現象を一般性の高い訓の現象になぞらえてみたところで、「剣橋」に関する理解が深まることはない。

1.3　意訳地名の下位類

以上のことを念頭に置いて本題に進む前に、本稿での論述の前提として、意訳の用語・概念に関して若干の考察を述べる。

「牛津」「剣橋」のような語を荒川は意訳地名、千葉は翻訳借用地名と呼ぶ。本稿では荒川の用語に従う。これは、「意訳」のほうが簡潔で、かつ、「阿斯仏」「堪比日」などの音訳との対比を明瞭に表せることによる。ただし、「意訳」と「翻訳借用」は等価ではなく、すぐ下で見る通りその指す範囲も異なる。

意訳地名は2つの観点からさらに下位区分することができる。

第1に、外来語の音訳対意訳という二分法は中国における伝統的な見方であるが、日本語における意訳地名を考える際には中国語では問題とならない点に関してさらに下位区分が必要である。例えば「真珠湾」は漢字音によってシンジュワンと読まれるが、「牛津」はそのように書かれても通常ギュウシンと読まれるわけではなく、発音はオックスフォードという外来語音のままである。つまり、「真珠湾」においては―そして中国語の「牛津」でも―表記と発音の両面に関して翻訳・変換が行われているのに対し、「牛津」の翻訳は日本語ではもっぱら表記の面にとどまる。
（「牛津」にニウチンのルビ）

日本語の「牛津」のようなものを本稿では半面意訳地名、縮めて「半意訳地名」と呼ぶ。荒川は「剣橋」のような音訳と意訳の組合せを半意訳と形容するが、ここではそうしたものは「部分意訳」と呼ぶことにする。

第2に、「意訳」には2通りの意味がある。すなわち、「意訳」は「直訳」の対概念でもある。と言うよりも、一般の日本語においては「意訳」はそもそもそうした意味しか持たない。音訳と対を成す広義の意訳を意訳$_1$、そのうちで直訳と対を成すものを意訳$_2$と表記するとすれば、意訳$_1$地名の多くは直訳的であるが―この直訳的な意訳$_1$が翻訳借用に相当する―、まれに意訳$_2$的と考え得るものもある。例えば、ロンドン中心部東寄りのCity（of London）を内田正雄編訳『輿地誌略』（1871）は読者の便のためと断って「東坊」という訳語によって表記し、シテーの読みを与えている。これは意訳$_2$的な（半）意訳$_1$地名と考えることができる。もっとも、このような例は多くはない。意訳$_2$的な意訳$_1$地名と見得るもので普及し

意訳地名「牛津」「剣橋」の発生と消長　79

た地名としては、San Francisco を表す中国語の「金山」があり、現在では「旧金山」の形で音訳地名「三藩市」や部分意訳地名「聖弗朗西斯科」と並んで広く用いられている。[1]

外来地名は細かく見ていけばさらに多様であるが、本稿の目的にとっては意訳に関する以上の確認で十分である。

2　「牛津」

これより筆者の調査と分析に基づく意訳地名「牛津」と「剣橋」の歴史の記述に入る。[2] 以下で見る通り、両地名は発生・普及の時期に明確なずれがあり、同列に論じることができない。この3節では主として日本資料—本稿では日本人、中国人を書き手とする資料をそれぞれ日本資料、中国資料と呼ぶ—に見出される用例に基づいて「牛津」の発生と消長の様相を考察する。「剣橋」については次の4節で検討する。中国資料における「牛津」と「剣橋」の使用状況は日本資料の検討の後に取り上げる。

2.1　「牛津」以前

明治初年の日本資料に現れる地名 Oxford はその大半が片仮名表記か中国式の音訳地名のいずれかである。ほかに平仮名で書かれたものや英語綴りによる表記が見られることもあるが稀である。

意訳地名以前のこの時期の状況に関する詳しい記述は省く。片仮名表記について最低限のことを記せば、「オックスフォード」以外にも「オクス

---

[1] 意訳₂的な意訳₁語は、羅（1950）の「描写詞」、潘（1989）の「吸収外来概念還使用旧詞翻新的辦法」による翻訳語、楊（2007）の「根拠外語詞的意義採取"重新命名"的方法構造的新詞」などの概念に一致ないし近似する。直訳的な意訳₁語は本文で述べた通り翻訳借用に相当し、羅（1950）では「借訳詞」、王（1958）では「摹借詞」、近年の中国語の外来語研究ではしばしば「仿訳詞」と呼ばれている。
[2] 「牛津」は一般に意訳地名と見なされ、ここでもその慣例に従うが、実はその見方には不正確な面がある。Ackermann（1814）によれば、Oxford の第1音節は実のところ牛を表す ox ではなく、語形の似た固有名詞に由来している—すなわち、Oxford は民間語源によって生まれた語形に過ぎない—可能性が高い。とすれば、「牛津」は真正な意味での意訳地名ではなく、単に"意訳のつもりで作られた地名"、"意訳地名もどきの地名"であることになる。

ホルド」「オキスフォルド」「オキシホール」といったさまざまな表記が見られる。複数の要素からの択一を ｜ ｜、要素の省略可能を（ ）で示すことにすれば、大多数の片仮名表記は次のパターンに集約することができる。小仮名は大書されることもある。

｜オ／ヲ／ア｜（ッ）｜クス／キシ／キス｜｜フォ／ホ｜ール／ード／ルド｜

　中国式の音訳地名は基本的に中国で刊行された地理書の類の表記を引き写したものである。これについても「阿斯福」「阿斯仏」「疴哥斯仏爾」など複数の表記が見られる。ヂヨン・マレイ著・丹羽純一郎訳『英国竜動新繁昌記』（1878）—「竜動」はロンドンの古い音訳表記—には「乙屈保土」「乙屈保」という表記が見られるが、これは中国語からの借用ではなく訳者の考案によるものであろう。[3]

2.2 「牛津」の発生　ジェームズ・レッグ——1875 ～ 1877 （明治 8 ～ 10）年ごろ

　さて、「牛津」という意訳地名が生まれた場所は、日本でもなければ中国でもない。「牛津」は英国の地において考案された。考案者は英国人、Oxford 大学の中国学教授ジェームズ・レッグ（James Legge、1815 ～ 1897）である。

　レッグはロンドン伝道会（The London Missionary Society）がマレーシアのマラッカに開設した英華学院（The Anglo-Chinese College）—アヘン戦争後の 1843 年には香港に移転—の第 7 代校長を 1840 年から 1858 年にかけて務めた宣教師（中国名は理雅各[4]）で、帰国後は Oxford 大学に 1876 年に新設された中国学講座の初代教授に任ぜられた人物である。レッグは香港在任時より四書五経を始めとする中国の古典多数を英訳して出

---

[3]　同書にはほかにも「伊勢屈」（Essex）、「千登保留」（Saint Paul）、「鄭水街」（Thames Street）など日本語における漢字の読みに基づく表記が多数見られる（「鄭」は実際にはさんずいの付いた字形で記されている）。

[4]　「雅各」は「ジェームズ」のヘブライ語起源に近い語形「ヤコブ」の音訳である。

版している。

　「牛津」の考案者がレッグであることは、南条文雄—詳しくは次の 2.3 で述べる—がその師マックス・ミュラーに関わる回想を述べた文章の中で「因みにオクスフォルドと云地名を牛津と義訳したのはレッグ博士でありた」と述べていることから知られる（南条（1901））。これが「牛津」の起源に関わる唯一の証言・証拠であるが、その信頼性は高い。英国人が意訳地名「牛津」を考案しても、漢字を使わない英国の社会でそれが普及することはあり得ない。「牛津」がその後日中両国の社会に普及したのは、2.3 以下で見るように、ひとえに南条の存在にかかっているのである。「牛津」は結果的に考案と普及に関してレッグと南条による分業が行われたことになる。

　レッグが「牛津」を考案した時期は 1875〜1877（明治 8〜10）年ないしその前後であったと推定される。この期間の上限（1875 年）は、レッグは 1876 年に Oxford 大学に教授の職を与えられることを早くから予期してはいなかった—同大学には中国研究の講座がなかったし、レッグの宗派に関わる理由もあった—こと（Girardot（2002））、下限（1877 年）は、2.3 で見る通り 1878 年 3 月の資料に「牛津」の初出例が見出されることに基づく。レッグはミュラーらの高い評価を得て Oxford 大学の教授に任ぜられる前年の 1875 年には同大学からフェローの身分を与えられている。「牛津」の考案は、レッグの Oxford 大学との関わりが深まり始めたときから教授として着任した直後にかけての約 3 年の期間のうちになされたものと思われる。[5]

　「牛津」考案の具体的な場所はロンドンか Oxford のいずれかであった可能性が高い。考案の時期がレッグの Oxford への転居（1876 年）より早

---

[5] 上海で西洋人宣教師の翻訳出版に協力し、太平天国の乱（1851〜1864 年）の時期には香港に逃れてレッグの古典翻訳に助力した王韜（1828〜1897）は、1867 年から 1870 年にかけて一時帰国したレッグの招きにより英国を訪問し、1868 年にはレッグの案内で Oxford 大学を訪れて中英両国の交流に関する講演を中国語で行った。王韜は『漫遊随録』中のそのことを述べた箇所において Oxford を「哈斯仏」と記している。この音訳地名の使用は、当時レッグがまだ「牛津」という意訳地名を考案していなかった—慎重に表現すれば、少なくともそれを常用していなかった—ことを証明する。

かったとすればロンドンで──レッグは1873年の帰国以後郷里のスコットランドに住んでいたが、Oxford大学への着任の可能性が生じたのを受けて1875年にロンドンに移っている（Girardot（2002））──、Oxford転居後であったとすればOxfordで考案されたと考えるのが自然である。

2.3　第1期　南条文雄・笠原研寿の個人領域での使用
──1878 〜 1888（明治 11 〜 21）年

　南条文雄（1849 〜 1927、字碩果）は、1876（明治9）年にサンスクリット仏典研究の振興を図る東本願寺によって笠原研寿（1852 〜 1883、同僧墨）とともに英国に派遣された僧侶である。英語の知識もなく英国に渡った2人はまずロンドンで英語を学んだ後、1879年にOxfordに移り、Oxford大学の著名な言語学者・東洋学者フリードリヒ・マックス・ミュラー（Friedrich Max Müller、1823 〜 1900）からサンスクリット語、サンスクリット仏典に関して個人教授を受ける。笠原は肺結核を発病して1882年に帰国し、翌年に31歳の生涯を閉じる。南条は7年半の英国滞在の後帰国し、東京帝国大学初代梵語学嘱託講師、真宗大谷大学（現大谷大学）学長などを歴任する。

　「牛津」の初出例は、南条と笠原が渡英3年目、Oxfordに移る前年の1878（明治11）年にロンドンから日本の知人に書き送った書簡に見出される。この書簡は、笠原の没後南条の編集によって刊行された『僧墨遺稿』（1885）に「寄郷友書」の1通として収められている。『僧墨遺稿』では書簡の差出人名の部分が省かれているが、文面から連名の書簡であったことが分かる。原文は句点をほとんど含まないが、見やすさのために適宜句点を補って示す。[6]

　　擬私共モ今暫クセバソロヽヽ「サンスクリット」語学ヲ始メ度候得共好師ニ乏シ。字引モ文典モアレドモ皆不十分ナリ。倫敦大学校ニハ「サンスクリット」学科ハアレドモ学ブ者今ノ処テハナシ。牛 津（オクスフヲルド）大学校

---

[6] 以後の挙例においても必要に応じて句読点を中心とする形式上の微調整を施す。

ニハ比較言語学博士マクス、ムユーラル氏モ居リ学ブ者モアル由。独逸国ニハ「サンスクリット」語文学ハ英国ヨリハ開ケ居ル由ナリ。マクス、ムユーラル氏モ独逸人ナリ。

(南条・笠原書簡、1878 年 3 月 6 日)

「牛津」に添えられた振り仮名は『僧墨遺稿』への収録に際して加えられたものである可能性が高い。[7]

この 1878 年の時点では南条はまだレッグに会っていない。Legge (1893) および南条 (1901) の記述を総合すれば、南条がミュラーの紹介によってレッグを初めて訪問したのは 1881 年ごろのことである。したがって、南条は意訳地名「牛津」をレッグから直接に教えられたわけではなく、サンスクリット語学習開始に向けた活動を行う中で[8]第三者を通じて知ったことになる。

初出例に次ぐ用例は、翌 1879 年、南条が 2 月下旬に笠原より一足先に Oxford に移ったその直後に日本に書き送られ、同じく『僧墨遺稿』に収められた書簡に現れる。これも文面から考えて連名の書簡である。

本月上旬文雄ハ牛津(オクスフヲルド)ニ到リマクス、ムユーラル氏ニ面会シ梵語伝習ノ事ヲ依頼セシニ、同氏モ仏教僧徒ノ「サンスクリット」ヲ学バントスルハ至当ノコトナレバ何分ニモカノ及ブ丈ハ世話致スベシ、三年間勉強セバ随分ノ梵学者ニ仕立テ、見セルト日本公使ニモ話セ[9]ト云ヒ居ラレタリ。　　　　　　(南条・笠原書簡、1879 年 2 月下旬)

当地留学生ノ演説ハ追々盛ニ相成リ二月ヨリハ文雄同会ノ書記ニ撰バ

---

[7] 大谷大学の博物館および図書館に所蔵されている南条、笠原の書簡 10 通余りを同大学のご好意により閲覧させていただいた。それらの書簡の限りでは、後年出版物に収められた書簡に見られる振り仮名はほとんど使われていない。1878 年の書簡は未見である。

[8] 南条と笠原は、「ロンドンに着いた早々から誰に遇つてもこの事【=渡英の目的がサンスクリット語の学習であること】を話して、適当な先生の紹介を頼んでゐた」(南条 (1927))。

[9] ミュラーが「日本公使にも話せ」と言ったのは、南条と笠原のサンスクリット語学習の希望がミュラーに伝えられる過程に駐英公使上野景範(かげのり)の仲介があったことを背景としている (南条 (1924, 1927) など)。

レタレドモ其次会ニ於テ之ヲ辞セリ。此ハ牛津ニ移レル故ナリ。

(同上)

　この時期の南条らの書簡にはときに Oxford の音訳地名や片仮名表記も現れる。読み手や文脈などに応じて表記が使い分けられたという可能性もあるが、限られた用例に基づいて確たることは言えない。
　「牛津」は南条が Oxford 在住中に詠んだ漢詩中にも見出される。

四歳在牛津。児童笑語親。甘為異邦客。猶記故郷春。境僻既忘世。身全能慣貧。兄書獲吾意。未肯説酸辛。
（南条文雄「次北方心泉寄懐詩韻」（1883）、『航西詩稿』（1893）所収）
憶母一朝先我帰。舟車万里似鵬飛。送君十月牛津上。寒雨霏々打客衣。
　　　（南条文雄「送黒崎某帰日本」（1883）、『航西詩稿』（1893）所収）

　以上の例を含む初期の用例はすべて書簡ないし漢詩という個人的な文脈で書かれたものであった。南条と笠原以外の書き手による用例としては、菅了法(すがりょうほう)が 1883 年に笠原の死を悼んで詠んだ漢詩（『僧墨遺稿』（1885）所収）が調査において確認できた唯一のものである。菅は 1882 年に東本願寺より英国に派遣され、同年に帰国した笠原と入れ替わる形で南条と同居していた人物である（南条（1924, 1927））。
　不特定多数の、しかも、全世界の読者の目に触れることになる出版物に意訳地名「牛津」が初めて出現するのは 1883（明治 16）年のことである。同年 4 月に南条がミュラーとレッグの助力のもとに Oxford 大学出版局（クラレンドンプレス）から刊行した漢訳仏典の目録 Bunyiu Nanjio[10] *A Catalogue of the Chinese Translation of the Buddhist Tripiṭaka: The*

---

[10] この Bunyiu Nanjio という一見奇妙なローマ字表記は、南条の渡英時にロンドン在住の日本人が注文して作ってくれた名刺に印刷されていたもので、南条は以後その表記を使い続けた（南条（1927））。南条は名刺を見てその表記にショックを覚えたかのように述懐しているが、この表記はむしろ英国人に名前の発音を最も正確に伝えるために積極的に選ばれたものであったと思われる。実際、ミュラーが Müller（1881）その他で用いている日本語のローマ字表記も全体的にこれに非常に近い。

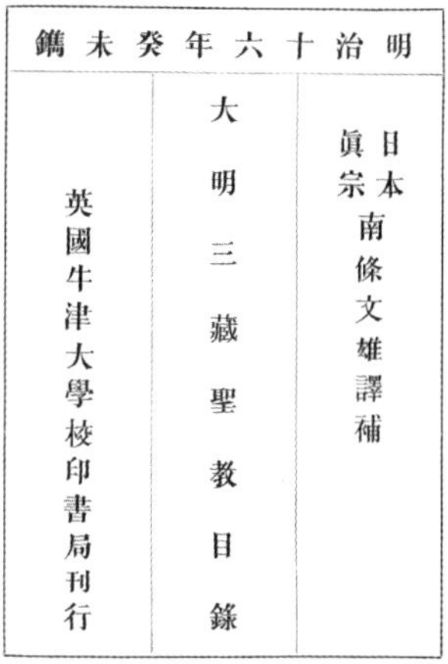
明治十六年癸未鐫

日本眞宗 南條文雄譯補

大明三藏聖教目錄

英國牛津大學校印書局刊行

図3 「牛津」の出版初出

Sacred Canon of the Buddhists in China and Japan（『大明三蔵聖教目録』）—明代に刊行された『大明三蔵聖教目録』に基づき、各仏典についてサンスクリット原典の名を復元し、訳者名、翻訳年、内容の解説などを英語で記したもの—の英文扉の前に置かれた日本語（漢文）扉（図3）に「英国牛津大学校印書局刊行」という表示の形でそれは現れる。[11] この日本語扉の挿入は、日々学習・研究に専心し、渡英後わずか数年にして同目録を完成させた南条に対するミュラーの祝意の表現であったろう。[12] 南条は翌年帰国直前にこれに基づいてOxford大学より名誉学位を授けられている。この目録は 'Nanjio's Catalogue'、「南条カタログ」の名で今も広く知られ、利用されている。[13]

同年5月には南条はミュラーとの共著においてサンスクリット仏典の注釈・翻訳書F. Max Müller and Bunyiu Nanjio *Sukhâvatî-vyûha: Description of Sukhâvatî, the Land of Bliss*（『仏説無量寿経梵文』）を出版する。ここでは日本語扉に「英国牛津格老廉敦印書局刊行」との表示がある。「格老廉敦」はクラレンドンの音訳である。

[11] この書籍の刊行に関してミュラーの強力な支援があったことは自明であるが、南条（1901, 1924, 1927）などにその旨が繰り返し述べられている。また、1883年2月22日の *The Times* 紙に掲載された 'University intelligence' の記事— Müller（1884）所収の南条の自伝（'A short account of the life of Bunyiu Nanjio, by himself（1849-1884）'）中に引用された *Saturday Review* 紙の記事もほぼ同内容—から、漢字の活字の手配に関してレッグの協力があったことが知られる。

[12] ミュラーは1883年9月25日の *The Times* 紙に寄稿した笠原追悼文で、笠原と南条は当初来英の目的すら満足に説明できず、その後の進歩も遅々としていたので望みは持てないと思うこともあったが、2人は不屈の努力によって成功を収めたと述べている。

[13] 現在国内外の各所の図書館に所蔵されている同目録は書誌情報に1883年の刊行と記されていても実際にはその大半が南条没後の1929年に日本で刊行された影印本である。しかし、影印本では日本語扉が1883年の初刊本にもあったかどうか確実なことが分からない。本稿の調査においては1883年に英国で出版された原刊本に基づいて日本語扉の存在を確認した。

1886年にはレッグが『高僧法顕伝』（別名『仏国記』）の翻訳書 James Legge（tr.）*A Record of Buddhistic Kingdoms, Being an Account by the Chinese Monk Fâ-Hien of his Travels in India and Ceylon（A.D. 399-414) in Search of the Buddhist Books of Discipline* をやはり Oxford 大学出版局から刊行する。その巻末に帰国後の南条がレッグに送付・提供した漢文テキスト『沙門法顕自記遊天竺事』が付載され、その扉に「英国牛津大学校印書局刊著」（ママ）との表示がある。これが「牛津」の考案者自身の著作物における用例として確認することのできた唯一のものである。[14]

　もっとも、これらは英文書で、しかも、専門性が高いということもあり、追加的に挿入された日本語扉や付録の扉における出版社名の表示が「牛津」という意訳地名を広める直接的な役割を果たすことはあまりなかったと思われる。

　日本国内の出版物における「牛津」の初出は翌1884（明治17）年、南条の帰国から約4か月後のことである。『令知会雑誌』第6号、第7号に掲載された南条の漢詩のうち3首に用例が見出される。『令知会雑誌』は浄土真宗本願寺派、真宗大谷派の僧侶らの結成した組織「令知会」の機関誌である。

　それらの漢詩はいずれも南条が同年に米国を経由して帰国する際に太平洋上で詠まれたものである。ここには2首の各一節を示す。詩題中の「亜児碧」（アラビック）は船名である。

　　　竜城風雪牛津雨。夙夜孜々伴図籍。良師好友到処多。時月相逢亦求益。
　　　（南条文雄「亜児碧行」（アラビック）（1884）、『令知会雑誌』第6号（1884）所収）
　　　不若作書誘童蒙。梵漢和文称合璧。笠子与我同此志。竜城牛津読梵冊。
　　　　　　　　　　　　　　（南条文雄「三畳亜児碧行之韻」（1884）、
　　　　　　　　　　　　　　　『令知会雑誌』第7号（1884）所収）

---

[14] レッグによる「牛津」の使用例を挙げる場所がほかにないのでここに記したが、この書籍は日本資料ではなく英国資料である。なお、レッグの書き残した文書や書簡を調査すれば「牛津」の初出が1878年3月の南条・笠原の書簡以前にさかのぼる可能性がある。

国内出版物における初出であるにもかかわらず、「牛津」の読みが示されていないのは少なくとも現代の目で見れば意外なことである。[15]

同 1884 年の『令知会雑誌』第 8 号、第 9 号に載った南条の論文・記事では「牛津」が日本語の文脈に現れる。第 9 号の例に至って初めて振り仮名が加えられている。

明治十三年ノ冬亡友笠原研寿子余ト同ク英国牛津ニ在リ仏涅槃年代考一篇ヲ草シ
　　　　　（南条文雄「仏涅槃年代考第二」『令知会雑誌』第 8 号（1884））
十三年九月余倫敦ニ在リ日々印度省書籍館ニ行キ其所有タル本邦黄檗版ノ大蔵経[16]ヲ閲読シ増補英訳大明三蔵聖教目録ヲ草セシヲ去年二月牛津大学校印書局ニ於テ刊行セシコトアリ。　　　　　（同上）
今年一月尽日余英ノ牛津ニ在リテ之ヲ英語ニ訳シ博士マクスムユーラル氏ニ示セシニ同氏ハ之ヲ一雑誌ニ投ゼシコトアリ。　（同上）
金剛経ノ梵本（中略）我明治十四年牛津府(オクスフオルド)ニ於テ刊行ス。
　　　　　（南条文雄「欧洲梵語学略史」『令知会雑誌』第 9 号（1884））

この後の出版物に現れる「牛津」の例をいくつか示す。以後、用例中の【　】内は筆者による補足である。

明治十四年六月博士馬格師摩勒【= Max Müller】氏笠原と余とを携へて牛津を去り
（エフ・マクス・ミユーラル「笠原研寿」『教学論集』第 5 編（1884）、
　　　　　　　　　　　　　　　　　　　　　　　　南条文雄付記）

---

[15] これは漢詩の文脈であるために振り仮名が省かれたということではない。詩題では「亜児碧(アラビツク)」と振り仮名が添えられているし、『令知会雑誌』第 8 号（1884）に掲載された漢詩では本文にサンフランシスコの sea lion（アシカ）を表す「海中獅子(アシカ)」という表現が振り仮名付きの形で出て来る。
[16] 日本政府が岩倉具視の提言に基づいて 1875（明治 8）年に英国に寄贈し、ロンドンのインド省（The India Office）図書館に収蔵された 2,000 巻を超す黄檗版大蔵経を指す（Beal (1876))。南条はそれを調査して南条カタログを作成した。

明治十二年二月の末に同府【＝ロンドン】を去り西北六十英里に在る牛津(おくすふおるど)府に到り専ら梵語文学を学習す。

(南条文雄『問対雑記』(1886))

英国牛津大学校ニ属スル「クラレンドン」印書局ハ其新刊ノ梵本ヲ余ニ送致セリ。

(南条文雄「新書籍英清ヨリ来ル」『令知会雑誌』第 23 号 (1886))

此ノ書ハ著者自ラ本文ノ始ニ述ルカ如ク英国牛津ノ梵学博士マクス、ムユーラル氏（中略）カフランシス、バルハム【= Francis Barham】氏ノ駁論ニ対ヘテ新聞紙ニ投載シタル者ニシテ

(馬格師摩勒著・南条文雄閲・加藤正廓訳『涅槃義』(1886))

明治十四年八月英国牛津ニ在テ書ス。

(笠原研寿「達摩波陀ノ事」『教学論集』第 33 編 (1886)、論文表題への添え書き[17])

Nanjio (1883) 以後の南条の著作に Oxford は安定的に「牛津」の形で現れる。研究書や『令知会雑誌』『教学論集』を中心とする関係の雑誌に掲載された論文・記事のほか、紀行文『印度紀行』(1887)、漢詩文集『航西詩稿』(1893)、そして、南条の没後に編集刊行された『碩果詩草』(1937)、『南条先生遺芳』(1942) に収められた書簡や漢詩文などに多数の用例が見出される。もっとも、ときに例外はあり、例えば南条が早稲田大学の前身である東京専門学校で「仏教史節要」と題して行った講義の筆記録（刊行年不明）と『令知会雑誌』第 18 号 (1885)、同第 26 号 (1886) に掲載された記事に片仮名表記、『教学論集』第 8 編 (1884) と『東洋哲学』第 5 編第 3 号 (1898) に掲載された記事に音訳地名「阿斯弗」「阿斯仏」が現れる。口頭語の文体で記された講義録「仏教史節要」における片仮名表記は筆記者によるものである可能性が高いが、その他の場合における異表

---

[17] この添え書きは笠原の遺稿を雑誌に収載するに際して別の人間、おそらく南条が書き加えたものである。「明治十四年」すなわち 1881 年に書かれた笠原の遺稿では Oxford は片仮名で「オクスフオルド」と記されている。

記の選択の理由は不明である。[18]

「牛津」への振り仮名の付加の問題にはすでに2度触れたが、個々の用例におけるルビの有無に説明を与えることは困難である。「牛津」が同一の文章に複数回出て来るとき最初の箇所でルビが添えられやすいことは言うまでもないが、ルビの有無は多分に偶然の要素に支配されていると見られる。また、「牛津」の初出例を含む書簡のところで述べたように、ルビはそもそも少なからぬ場合において書籍・雑誌の編集の段階で加えられたものと思われる。こうした事情は後の時期の用例についても共通である。

1887（明治20）年までの「牛津」の用例はほとんどもっぱら南条文雄と笠原研寿の著作物に現れる。調査で確認できた例外としては、菅の漢詩とレッグによる英文書の付録の扉のほかには、『令知会雑誌』に掲載された記事3件があるだけである。1888年に刊行された荻原善太郎『日本博士全伝』の「文学博士南条文雄君小伝」にも「牛津」が出て来るが、南条の提供した情報に基づいて執筆されたものと思われる。「牛津」の初出例の確認された1878（明治11）年から1888（明治21）年までの11年間を日本における意訳地名「牛津」使用の第1期とする。第1期を二分するとすれば、出版物に用例の現れる1883（明治16）年が後半の開始年ということになる。

2.4　第2期　学術界全般への使用拡大——
1889〜1899（明治22〜32）年

続く第2期においては、「牛津」の使用が南条と笠原からほかの学術の世界に広がる。それは当然、Oxford大学に学んでいた人間、あるいは、少なくとも英国、欧州の学問に深い関心を寄せていた人間を通じてのことだったであろう。

第2期の一般学術出版物における「牛津」の初出例は『法学協会雑誌』

---

[18] 本文に述べた事実の限りでは、音訳地名は『令知会雑誌』以外の雑誌にのみ現れ、したがって、雑誌の種類によって表記が使い分けられたかのようにも見える。しかし、『教学論集』や『東洋哲学』でも別の号の記事には「牛津」が使われており、雑誌の種類と表記の使い分けのあいだに単純な相関は認められない。

に見られる。

　　在英会員植村学士牛津に遊ばれたる節該論文一部を見出され
　　（「牛津大学懸賞論文」『法学協会雑誌』第65号（1889））

　その後の用例には以下のようなものがある。最初の例は、一般学術出版物とは言っても、内容は南条に関わるものである。

　　此書ハ南条文雄氏ガ英国牛津大学校印書局ニ於テ得ラレタル[19]モノナルヲ明治十八年始メテ本邦ニテ刊行シタルモノナリ。
　　（「教育家秘蔵品蒐集会陳列品説明」『教育時論』第187号付録（1890））
　　千八百九十一年五月牛津に於て　エ、ヴィ、ダイシー
　　　　　　　　　　（深井英五訳『英米仏比較憲法論』（1893）[20]、英訳の序）
　　其一部分は、既に昨年十一月牛津のクラレンドン商社より出版し、猶続々出版せられつゝありといふ。
　　　　　（「欧州近世歴史地図の出版」『史学雑誌』第8編第6号（1897））
　　牛津大学のグレンフエル、ハントの二氏、（中略）昔オクシュリンヒヨスと呼べる旧址に、古物探掘を試みて、紀元一世紀乃至三世紀の古写本数多を発見したるなかに
　　　　　　　　　（「基督の訓誡」『帝国文学』第3巻第9号（1897））
　　ジョウエット（ママ）が入り来れる時の牛津は一の大学（ユニバーシチー）と云ふよりも、寧ろカレッヂの集れる市町とも云ふべく、各々其特異の光彩を放ちて
　　（安知生「牛津の哲人、ジョウエット」『世界之日本』第26号（1898））
　　法王クレメント五世は欧州の四大学、巴里、ボローギヤ、サラマンカ、牛津に希伯来【＝ヘブライ】、亜刺比亜語の二講座を置きて
　　　　（金沢庄三郎「言語学小史」『国学院雑誌』第4巻第10号（1898））

---

[19] 南条がOxford大学出版局で（「此書」に収められた梵文阿弥陀経を）"得た"というのは誤りで、実際には"刊行した"ということである。
[20] この書籍は、エミール・ブーミーによる仏文書をエー・ヴィ・ダイシーが英訳し、それを深井英五が日本語に重訳したものである。

Oxford 大学と関係していても、学問には直接関係しない文脈での次のような用例も散見される。『国民之友』第 62 号の刊行は 1889 年 9 月で、上掲の『法学協会雑誌』の例よりもわずかに遅い。[21]

> 英国の大将ウオルスリー子爵は（中略）牛津大学生徒に向て（中略）演説をなせしや乍ち大なる輿論の非難を其の一身に来せり。
> 　　　　　　　　　　　（「武人の政談」『国民之友』第 62 号（1889））
> 米国エール及ハヴアート両大学生大西洋を越えて英国賢橋及牛津大学生と体育の技を闘はす。
> 　　　　　　　　　　　（「かきよせ（十七）」『教育時論』第 521 号（1899））

こうした使用が、続く第 3 期における「牛津」の一般社会への浸透につながっていく。2 番目の例に含まれる「賢橋」は「剣橋」の異表記で、これについては後にあらためて取り上げる。

2.5　第 3 期　一般社会への浸透
　　　——1900 ～ 1945（明治 33 ～昭和 20）年

新聞における「牛津」の初期の使用例は 1900（明治 33）年 10 月 29 日に逝去したミュラーの訃報、追悼記事に見出される。文面を引用するほどの意味もないので記事名ほかを示すにとどめる。

> 高楠順次郎「マクス、ミユラー博士の一生」『読売新聞』1900 年 11 月 10 日
> 「明治三十三年紀（第十）宗教篇」『東京朝日新聞』1901 年 1 月 10 日

高楠順次郎は南条の帰国後英国に渡って Oxford 大学の正規の課程で学ぶとともにミュラーの個人指導を受け、帰国後東京帝国大学梵語学教授などを務めた人物である。

---

[21] 『法学協会雑誌』第 65 号は刊行月が不詳であるが、号数と刊行年の対応から考えておそらく 1889 年の 7 月ないしその前後の刊行と見られる。

この後1904（明治37）年ごろから、Oxford、Cambridge両大学間の競艇を始めとする各種スポーツ競技の報道において、従前は片仮名で表記されていたOxfordとCambridgeが「牛津」「剣橋」と表記されるようになる。次がその初出例である。当初しばしば加えられていた振り仮名も次第に使われなくなっていく。

　　　牛津大学と剣橋大学の端艇選手競漕は三艇身の距離にて剣橋の勝利
　　　に帰せり。　　　　　　　　　　　（『東京朝日新聞』1904年3月28日）
　　　（オックスフォルド　ケンブリッヂだいがく　　ボート　　　　　　　　　　　ケンブリッヂ）

　新聞における意訳地名使用の動機の一つは紙面の節約であろう。字数の制約の厳しいタイトルでは漢字表記を使い、本文では片仮名表記を使っている記事は多い。
　「牛津」と「剣橋」の表記は、新聞における使用開始とともに一般社会に浸透する。学術出版やスポーツ報道以外にも、桜井彦一郎『欧洲見物』（1909）、黒板勝美『西遊二年欧米文明記』（1911）などの一般的な旅行記を含む多種多様の文脈で「牛津」「剣橋」が使われるようになった。
　20世紀の前半が、日本における「牛津」および詳しくは4節で見る「剣橋」の使用の最盛期であった。使用が非常に広範で、特定の例を示す意味もないので、追加の挙例は省く。
　ヱチ・キ・エヂアトン著・永井柳太郎訳『英国殖民発展史』（1909）はOxford大学教授H. E. Egertonの著書を早稲田大学卒業後Oxford大学に留学した永井が現地で翻訳したものである。永井の書いた訳書の序や本文においては「牛津」という意訳地名が使われているのに対し、早稲田大学教授有賀長雄の寄せた巻頭の序文では片仮名表記が使われている。この対比は、「牛津」がまず英国で広まり、その後日本に伝わったことを物語っている。
　なお、1905年12月3日の『読売新聞』に「乙津」という部分意訳地名が現れるが、調査の限りでは孤例である。部分意訳地名は通常汎用的な要素—普通名詞や形容詞—の意訳と固有名詞の音訳の組合せによって構成されるが、「津」がほかの地名の意訳に使われることはなく、その意味で「乙

津」は部分意訳地名として異例である。「乙津」は、「牛津」をもとにして、それを一般的な部分意訳地名風に改変したものであろう。また、1900年のある資料に「牛城」という表記の話が出てくるが（後述）、当時のほかの資料中には用例を見出せなかった。いずれにせよ、これは実際に使われていたとしても「牛津城」の短縮形であろうから、「牛城」は「牛津」の異形として数えられるべきものではない。

2.6　意訳地名の衰退──第2次世界大戦後

1946（昭和21）年に文部省の発表した「当用漢字表」において「使用上の注意」の1項として次の原則が定められた。

> 外国（中華民国を除く）の地名・人名は、かな書きにする。ただし、「米国」「英米」等の用例は、従来の慣習に従つてもさしつかえない。

これを受けて意訳地名「牛津」「剣橋」は日本社会から急速に姿を消していく。

現在でもまれに意訳地名「牛津」は使われている。しかし、その使用はOxfordへの愛着や懐旧を背景とした文脈に限られていると見られる。「牛津」を書名に含む最新の書籍は瀧口流石（りゅうせき）『句集　牛津（オックスフォード）の戯言（ざれごと）』（2010）であるが、奥付によれば著者はOxford大学留学後英国に居住し、大学教師、美術評論家、投資銀行家、画家、世界俳句クラブ会長などとして活動した人物である。[22]

2.7　片仮名表記から意訳地名への交替ほか

意訳地名「牛津」の発生と社会への普及、そして、衰退について時代を通して見てきたが、Oxfordの片仮名表記（ないしアルファベット表記）

---

[22] 『牛津の戯言』には、英国を主題とした句としては次のようなものが収められている。
　　絵筆とるテームズ河や涼新た
　　不惑年オックスフォードの夏寒し
　　裏表紙の見返しにはテームズ川とウェストミンスター宮殿を描いたスケッチが印刷されている。

から意訳地名「牛津」への交替の局面などを観察できる3種類の資料がある。

2.7.1　島村抱月の留学日記

島村抱月『渡英滞英日記』は、1902（明治 35）年から 1904 年にかけて Oxford 大学に学んだ島村の留学日記である。調査は筑摩書房刊『明治文学全集』43（1967）所収の日記による。

『渡英滞英日記』において、1903 年 4 月 22 日までの日記では Oxford はそのままアルファベットで表記されているが、同 25 日以後は「牛津」という意訳地名のほか、「着津」「来津」「帰津」という語がしばしば用いられるようになる。ただ、日記に当初現れるのは「牛津」ではなく「着津」や「来津」ばかりで、「牛津」の出現は半年後のことである。次に示す例における平仮名と片仮名の使い分けは原文の通りである。

　　四月廿五日（中略）午前好本君来ル。昨夜着津トノ事也。
　　　　　　　　　　　　　　　　　　　　　　　（1903 年 4 月 25 日）
　　夕方 Dante 講義ヨリノ帰路豊崎君ヲ訪ヒ、田中君来津セバ同道案内シ呉レ玉ヘト頼ム。　　　　　　　　　　　　（1903 年 5 月 8 日）
　　九時五十分 Paddington 発にて十一時八分牛津着。
　　　　　　　　　　　　　　　　　　　　　　　（1903 年 10 月 10 日）

もし島村が渡英前から「倫敦」などと同じく「牛津」という表記法を従うべきものとして知っていたのであれば始めからそのように書いたであろうから、このこともやはり「牛津」という意訳地名はまず英国在住の日本人のあいだで広まり、その後日本に伝播した―島村の出発時（1902 年）には日本ではまだ広く知られていなかった―ことを示唆している。

1903 年の 4 月 22 日から 25 日にかけて、ないし、その少し前に島村が「牛津」という表記を知った経緯は日記には記されていない。しかし、4 月 23 日の日記に次の記述があり、島村は同日この豊崎という、上に挙げた 5 月 8 日の「来津」の例にも出て来た人物から知識を得た可能性が高い。

今日午後豊崎君来ル。政友会ノ破裂ガ納マレリナドノ噂ヲ聞ク。
(1903年4月23日)

　前年（1902年）の日記によれば、豊崎は島村よりも先に渡英しており、同年5月22日には渡英後間もない島村は豊崎を訪ねてOxford大学の話を聞いている。この豊崎は、『社会主義批評』（1906）、『ルーター電報翻訳法』（1907）、『仏蘭西の銀行及金融』（1916）などの著作のある豊崎善之助（初期の出版での表記は「善之介」）を指すと見られる。

　「着津」「来津」「帰津」という表現の使用は『渡英滞英日記』以外の資料には確認できていない。同類の表現としては、南条（1927）冒頭の高楠順次郎による序文に「在津」という表現が出て来る。いずれもOxford大学に留学していた人間の生活感覚に基づく表現だったということであろう。

2.7.2　長沢亀之助の数学辞典

　長沢亀之助（1861〜1927）の著した多数の数学辞典を見ると、早い時期に出版されたものでは、「英国」「倫敦」などを例外として西洋の人名・地名はアルファベットで表記されているが、1908（明治42）年9月刊の『問題解法三角法辞典』ではOxfordについては「牛津」の表記が採用され、翌1909年刊の『解法適用算術辞典』ではCambridgeも「剣橋」と表記されている。

『解法適用数学辞書』（1905）　　　　Oxford、Cambridge
『問題解法代数学辞典』（1907）　　　Oxford、Cambridge
『問題解法続幾何学辞典』（1908.4）　Oxford、Cambridge
『問題解法三角法辞典』（1908.9）　　牛津、Cambridge
『解法適用算術辞典』（1909）　　　　牛津、剣橋

　2.5で見たように、1904年には新聞のスポーツ記事でも「牛津」「剣橋」が使われ始める。1908〜1909年ごろに至って長沢ないし編集者が数学辞

典においても Oxford、Cambridge を「牛津」「剣橋」と表記するのがふさわしいと判断したということであろう。

2.7.3 新聞における使用状況の推移

新聞での「牛津」の使用状況について『朝日新聞記事データベース 聞蔵Ⅱビジュアル』の検索機能を用いて簡易な調査を行ってみた。読売新聞と毎日新聞についても同様の調査を試みたが、紙面画像からのキーワード抽出が最も充実しているのが朝日新聞であった。

1895～1950（明治28～昭和25）年の範囲における「牛津」「オックスフォード」を含む年間の記事数を図4に示す。両様の表記を含む記事は「牛津」「オックスフォード」それぞれの統計に含めている。

この統計から、意訳地名「牛津」が20世紀前半の新聞で使われ、一般の日本人多数の目に触れる機会が少なくなかったことが分かる。また、同時に、「牛津」が普及したこの時期においても、依然として片仮名表記のほうが支配的であったことも知られる。

ただし、図4の統計には不正確な点がある。それは、紙面からのキーワード抽出に不統一があり、特に「牛津」を含む記事が「牛津」ではなく「オックスフォード」でキーワード化されていることがあることによる。例えば、2.5に挙げた1901年の「明治三十三年紀」の記事や1904年の「端艇選手競漕」の記事における「牛津」の使用が図4には反映されていない。しかし、約200件の記事について検索結果と記事文面を照らし合わせて確認したところによれば、キーワード抽出の不統一に関して図4を修正したとしても、「牛津」の黒い部分の面積が多少増えるだけである。キーワード抽出に関しては、不統一のほかに抽出漏れの可能性もあり得る。[23]

---

[23] さらに別の問題として、片仮名表記の「オックスフォード」の用例には人名であるものもある。筆者の見落としがなければ朝日新聞の記事では人名は「牛津」と書かれていないので、比較の対象に含めることには問題があることになる。しかし、確認した約200件の記事のうち「オックスフォード」が人名を表すものはわずかに2件であった。したがって、人名としての「オックスフォード」の使用例の存在も図4を見るうえで事実上の影響はない。

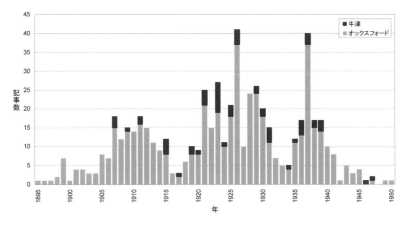

図4 朝日新聞における「オックスフォード」「牛津」の使用状況

3 「剣橋」

次に、日本資料における「剣橋」の使用状況を見る。

3.1 「剣橋」以前

Oxford と同じく Cambridge についても、当初は片仮名表記と中国式の音訳地名が用いられていた。片仮名表記には「ケンブリッジ」のほか「ケムブリチ」「カンブレツヂ」「カーンブリッチ」のようなものがあり、その大半は次のパターンに該当する。

|ケ／カ／キャ|（ー）|ン／ム|ブ|リ／レ|（ッ）|ジ／ヂ／チ|

音訳表記は「堪比日」の使用が多く、ほかに「岡比黎日」「堅不列痴」などがある。

3.2 「剣橋」の使用開始

「牛津」と「剣橋」の起源も普及の過程も知らない現代の目で見れば、

両者が並行的な歴史を有するかのように感じられるのも無理のないことである。しかし、実のところ、意訳地名「牛津」の発生・普及と部分意訳地名「剣橋」のそれとのあいだには大きな時間差があった。

　まず、「牛津」の初出が 1878（明治 11）年であったのに対し、「剣橋」の初出はそれより 20 年も遅い 1898（明治 31）年である。この年は南条の帰国（1884 年）の 14 年後であり、「牛津」使用の時期区分で言えば第 2 期の終盤に当たる。次がその初出例である。

　　剣橋同窓会とは英国ケムブリッヂ大学校卒業の人々の組織したる会にして　　　　　　　　　（「雑報」『東洋学芸雑誌』第 200 号（1898））

これに次ぐ「剣橋」の用例を 2 例示せば次の通りである。

　　千八百六十七年剣橋大学の美術講師となり、千八百七十二年に至りて、牛津大学の教授に任せられぬ。(ママ)
　　　　　　　　　　　　　（「ラスキン逝く」『帝国文学』第 6 巻第 3（1900））
　　一日に挙行せられたる英国二大学の競争に於て剣橋は牛津に対し二十艇身の捷を得たるの報。
　　　　　　　　　　　　　（「時事日記」『東京経済雑誌』第 1024 号（1900））

　南条の著作物における早い用例は次の 2 つである。いずれも内容は笠原の追憶である。

　　剣橋(ケンブリッヂュ)大学にて馬博士【= Max Müller】の講義ありし時には相携へ往て之を聞き
（南条文雄「恩師馬格師摩勒先生に関する話」『精神界』第 3 号（1901））
　　十月之交朔風寒。巨舟一夜対晴瀾。横行大陸身己疲。帰到牛津未曽安。剣橋学堂奇籍足。明日拉我試借観。
　　　　　　　　　　　　　（南条文雄「懐旧三十韻詩稿」（1901）、
　　　　　　　　　　　　　『精神界』第 2 巻第 1 号（1902）所収）

用例発見に関わる偶然の要素に左右される初出年が異なるだけではない。2つの意訳地名の使用開始と普及の時間差を反映して、Oxford を「牛津」としつつ Cambridge は片仮名で表記した例が多く見られる。その数例を示せば次の通りである。

　　英国牛津大学校（中略）英国ケンブリヂユ大学校
　　　（南条文雄「新書籍英清ヨリ来ル」『令知会雑誌』第 23 号（1886））
　　同国牛津ケンブリッジの両大学は　　（『教育公報』第 227 号（1899））
　　生徒卒業後はケンブリッチ又は牛津大学に入学する者多し。
　　　　　　　　　　　　　　　　（小西重直『現今教育の研究』（1912））
　　英国牛津大学で（中略）ケムブリチ大学で
　　　　　　　　　　　　　　　　（『芸文』第 5 巻第 2 号（1914））

　同様に、島村抱月は「牛津」を使い始めた後も、Cambridge は最後まで片仮名かアルファベットで表記している。2.7.2 で見た長沢亀之助『問題解法三角法辞典』（1908）においても「牛津」と「Cambridge」の組合せであった。
　もっとも、逆の組合せの例がないわけではなく、調査では 3 件の資料に見出された。その第 1 は「剣橋同窓会」に関する『東洋学芸雑誌』の記事（上掲）においてであり、次が第 2 の例である。

　　剣橋でもオクスフォードでも、其体育遊戯の盛んな事は予想の外で
　　　　　　　　（「剣橋学生々活」『教育時論』第 769 号（1906））

　この記事は Cambridge 大学への留学生が一時帰国時に行った学事報告の内容を聴衆の一人が紹介したものである。両例のように Cambridge 大学に密着した文脈では表記の種類の逆転が起きやすかったということであろう。第 3 の例は長谷川乙彦『戦後に於ける教育思想及方法の革新』（1920）で、同書は基本的には「牛津」「剣橋」と表記するが、一部に「オックスフォルド」という片仮名表記が出て来る。

南条は帰国2年後の1886年に書かれ『航西詩稿』(1893)に収められた漢文では「剣舞里地」という音訳地名を用いている。

　　此時文雄実在英国剣舞里地校読楞伽経梵文。
　　　　　　　　　　　　（南条文雄漢文（1886）、『航西詩稿』（1893）所収）

　片仮名の使えない漢文の文脈で漢字表記が選ばれるのは当然のことであるが、音訳地名の使用は当時「剣橋」という意訳地名がまだ作られていなかったか、少なくとも、南条がそれを知らなかったことを示している。その数年後に南条自身によって書かれた加藤宜利編『南条文学博士小伝』（1891）にも「剣舞里地」および「剣府大学」という表現が見出される。
　もっとも、南条と笠原はより早い段階ではCambridgeの意訳地名を用いている。これについては次の3.3で見る。

3.3 「剣橋」定着までの曲折

　Oxfordの翻訳には、2.5の最後で見た「乙津」を唯一の例外として、当初から「牛津」という表記が一定して使われていた。これに対し、Cambridgeについては「剣橋」という表記の定着に至るまでには、「剣」の部分を異にする複数の表記が試みられている。
　まず、最も早い時期に現れる表記は「曲橋」である。

　　弟等以十月二十日回倫敦、留一日。二十二日帰牛津、得新居、居数日。
　　到<u>曲橋</u>、滞在八日。　　　　（南条・笠原楊文会宛て書簡（1881）、
　　　　　　　　　　　　　　　　　　　　『教学論集』第20編（1885）所収）
　　御序もあらば<u>曲橋</u>にて一寸御写取被下は至極幸ひなり。
　　　　　　　　　　　　　　　　（笠原研寿南条文雄宛て書簡（1882）、
　　　　　　　　　　　　　　　　　　　　　『教学論集』第5編（1884）所収）
　　到るの日先づ<u>曲橋</u>大学校書籍館所蔵の倶舎註を借得て笠原の失ひし所を写し得たり。
　　（エフ・マクス・ミユーラル「笠原研寿」『教学論集』第5編（1884）、

南条文雄付記）
曲橋牛津の大学を初めとして　　　　　（近角常観『信仰問題』（1904））

　最初の例は、南条と笠原が渡欧中の楊文会（後出）に宛てた書簡の冒頭部分である。第2の例は、病重く帰国した笠原が、Cambridge 大学で書写した仏典の1枚を紛失したことに気付いて Oxford にいる南条に書き送った依頼の書簡の一節である。
　その後、「賢橋」「建橋」「犬橋」という表記が現れる。

英国賢橋及牛津大学生　　　　　（『教育時論』第 521 号（1899））
英国の賢橋に居た物理学者　　　（『薬学雑誌』第 328 号（1909））
後に建橋大学に転ぜりと云ふ。（島文次郎『英国戯曲略史』（1903））
おくすふぉーど（牛津）、けんぶりじ（犬橋）
　　　　　　　　　　　　　　　（神戸弥作『外国地理』（1905））

　「賢」「建」「犬」は Cam の音を写したものであろうが、「曲」の使用は一見不審である。しかし、英語の辞書によれば cam という廃語があり、'crooked, bent'（ねじれた、曲がった）という意味を表す。「曲橋」の考案者—ほぼ疑いの余地なく南条または笠原—は Oxford 大学とともに英国を代表する Cambridge 大学に対して「牛津」と釣り合いの取れる意訳地名を与えようとして辞書に頼って翻訳したのだが、Cam が川の名であることを知らなかったために結果的に誤訳になってしまったということであろう。[24]「曲橋」は、部分意訳の「剣橋」「賢橋」「建橋」「犬橋」と異なり、そして、「牛津」と同じく、その全体が英語地名の意訳である。

3.4　「剣橋」の考案者と考案時期
　3.2 と 3.3 で見たように、「剣橋」は「牛津」より初出と普及が遅く、し

---

[24] 『教学論集』第5編所載のミュラーによる笠原追悼文と訳者南条による付記は部分的な改稿を経て『僧墨遺稿』に収められているが、それが南条（1921）に再録された段階では「曲橋」がすべて「剣橋」に訂正されている。

かも、表記が安定するまでの時期には異なる表記も用いられていた。

「剣橋」の考案者や考案時期に関して確かなことは分からない。はっきりしているのは、「剣橋」は「牛津」よりも発生がかなり遅かったこと、そして、「牛津」の場合とは異なり、南条らが英国で「剣橋」を知り―あるいは考案し―、その後日本に伝えられたわけではないということである。

南条と笠原が留学中から意訳地名「曲橋」を使っていた（3.3）こと、そして、南条が帰国後「剣舞里地」「剣府（大学）」という音訳地名を使っている（3.2）ことからすれば、「曲橋」「剣橋」ともに南条によって考案されたと見るのが自然な解釈の1つである。南条はテムズ川を「黛眉江」と表記して詩作したことを知人に告げて称賛されたという話を後年書いている（南条（1927））。また、笠原を追憶して詠んだ「懐旧三十韻詩稿」（『精神界』第2巻第1号（1902）所収）ではOxfordのKing's RoadとLogic Streetを表す意訳地名「王路」「論理街」を使っている。[25] 英国の地名の漢字表記を考案・使用することに南条は積極的であった。

しかし、「曲橋」を南条による考案と見ることには無理がないが、「剣橋」については南条を考案者とする見方にとって不利な材料が2つある。1つは考案時期の問題である。南条はOxfordとCambridgeを加藤宜利編『南条文学博士小伝』（1891）では「牛津」「剣舞里地」と記し（3.2）、『仏教史林』第25号（1896）に掲載された「印度古代地理 尼波羅国」では「牛津」「ケンブリヂュ」と書いている。他方、1898年には「剣橋」の初出例が見られる（3.2）。もし「剣橋」の考案者が南条だったとすれば、「剣橋」は1896（明治29）年から1898年にかけてのわずか2～3年のあいだに作られ、かつ、社会にそれなりに普及したことになる。もう1つの不利な材料は動機の問題である。サンスクリット仏典書写のためにCambridge大学の図書館を訪れることのあった留学期間と異なり、帰国後の南条にとってCambridge大学との関わりは稀薄になっていたはずである。

そのように考えれば、「剣橋」はむしろ、初出例（3.2）の内容―「剣橋同窓会」の消息―が示唆するように、Cambridge大学との関わりの深か

---

[25] ただし、「王路」「論理街」が南条自身の考案によるものかどうかは不明である。

った日本人によって考案されたと見るほうが自然であることになる。とは言え、南条がCambridge同窓会の関係者の依頼を受けて—あるいは、関係者とのこの話題に関するやり取りの中で—「剣橋」を考案したという可能性も考えられ、その場合は南条考案説にとっての不利な材料として挙げた2点はいずれも問題ではなくなる。

　残念ながら真相は分からない。調査で得られた情報の限りでは、「剣橋」の考案者は南条もしくはCambridge同窓会関係者のいずれかであったという推定にとどめざるを得ない。

　「剣橋」発生の地は、考案者が南条だったとすれば、「牛津」とは異なり日本国内であったことになる。考案者がCambridge大学に留学した日本人だったとすれば、英国か日本のいずれかであったことになる。

　なお、陳（1990）は「剣橋」における「剣」の字を用いた音訳は広東語の発音—広東語辞典によればgim3—によるとする。しかし、それは単に音訳が中国語音によって行われたという想定に基づいてなされた推測であろう。筆者の理解が正しければ、「剣」字選択の根拠は日本語の漢字音ケンである。

4　「牛津」「剣橋」をめぐる付随的事情

　ここでは、意訳地名「牛津」「剣橋」に関わる付随的な事情、問題3点について述べる。

4.1　意訳地名に対する当初の否定的評価

　「牛津」「剣橋」という地名は、南条を始めとする英国の大学や学問に関わりや関心を持っていた人間は別であろうが、一般には当初逸脱的なもの、奇異なもの、表記の混乱を招くものとして否定的に受け止められがちであった。

　次の例は外国地名の表記統一の必要と方策を論じた記事の一節で、著者は日本語における地名表記の現状を嘆いている。ここに出て来る「牛城」にはすでに2.5の最後で少し触れた。

甚しきは訓と音とを混じ、或は音と意義とを混用する者あり。例へばニージーランドを新西蘭、ケンブリッヂを剣橋、オックスホードを牛城、トランスヴアールを虎伏波、ウラジオストックを浦塩斯徳と為すか如し。其他奇異なる表音字枚挙に違(ママ)あらず。
　　　　（万峰居士「東亜の大聯鎖」『憲政党党報』第 4 巻第 42 号（1900））

　ここで「新西蘭」という表記を日本人による音義混成と見ているのは著者の事実誤認であり、実際には中国語からの借用である。例えば、『東西洋考毎月統記伝』戊戌 7 月（1838）、徐継畬『瀛環志略』（1848）、慕維廉[26]編訳『地理全志』（1853）に使用が見られる。また、当時の中国資料では類似の「新塞蘭地」「新希蘭徳」などの表記も用いられている。
　同様の意見は新聞に掲載されたエッセイや投書にも見出される。

釜山浦、小松山(せうしやうざん)等の読み間違へも可笑しいが欧米の地名を漢字で訳するのも我儕(われら)に言はすと小松山と五十歩百歩の様に思はれる。ヲックス、フォルドを牛津、ケンブリッジを剣摺などは全然鶩然(まるでぬえぜん)たる翻訳（？）だ。
　　　　　　　　　　（『読売新聞』1902 年 6 月 24 日、「茶ばなし」）
西洋の地名或は人名を書くのに漢字と片仮名とが両方使用されるが漢字の方は実に不便だ。欧羅巴をユーロープ又はオエローパと読ませるのは未だしも、牛津(ぎうしん)のオックスフオールドは意味から来たのかは知れないが大抵の地図や歴史に堂々と書かれてあるから恐入る。
　　　　　　　　　　（『読売新聞』1902 年 11 月 9 日、「ハガキ集」）

　第 1 の引用にある「剣摺」はほかに使用例を見ず、「橋」と「摺」の字形の類似による誤植である可能性が高い。
　また、第 2 の引用の言うように"大抵の地図や歴史に堂々と書かれてある"ことは調査で確認できなかったが、すでに 3.3 に挙げた次の 1 例は確かにあった。

---

[26]「慕維廉」は英国人宣教師ウィリアム・ミュアヘッド（William Muirhead、1822～1900）の中国名。

意訳地名「牛津」「剣橋」の発生と消長 　105

おくすふぉーど（牛津）、けんぶりじ（犬橋）
（神戸弥作『外国地理』(1905)）

　上に引用した「牛津」「剣橋」に関する批判はいずれも 19 世紀と 20 世紀にまたがる短期間に書かれたものであり、執筆の背後には新奇な表記に対する反発の要素があったものと思われる。しかし、1904 年には「牛津」「剣橋」は新聞でのスポーツの報道にも使われ始める。意訳地名の社会への浸透に伴い、人々はそれに見慣れ、非難の動機を失っていったことであろう。その後は次のようなむしろ好意的な受け止め方はあっても、批判的な意見はもはや見出せなかった。

　　過日の貴紙二面に剣橋と書きケンブリッヂと傍訓のあつたのは真に日英同盟代表的の文字だらう。田狸【＝読売新聞記者の筆名】さん斯う云ふやうな字を知つて居るなら二ツ三ツ教へ給へ。（信州蔵六居士）【田狸による回答は省略】　（『読売新聞』1907 年 6 月 28 日、「滑稽問答」）

4.2　両面的な意訳地名としての「牛津」「剣橋」

　本稿ではここまで「牛津」と「剣橋」（の「橋」の部分）を 1.3 で定めた意味での半意訳地名として扱ってきた。つまり、表記上は意訳しても、発音は外来語音であるとして話を進めてきた。
　しかし、資料の示すところによれば、事実は必ずしもその通りではなかった。次の例に見るように、「牛津」にギュウツ、「剣橋」にケンキョウといった読みが振り仮名の形で示されていることがまれにある。

　　賭の割合は剣橋（けんきやう）五に対する牛津（ぎうつ）の一なり。
　　　　　　　　　　　　　　　　　　　（『読売新聞』1907 年 3 月 18 日）
　　第九十二回剣橋（けん）、牛津両大学対抗ボートレースは多数選手を戦線に送つたので開催を危まれて居たが　（『東京朝日新聞』1940 年 3 月 4 日）

　後者の例では「剣橋」の読みが部分的にしか示されていないが、ケンブ

リッジという読みがこのように示されることは考えられないので、書き手の意図はやはりケンキョウかケンバシであろう。こうした「牛津」や「剣橋」ないし「劍橋」は半意訳地名ではなく、「真珠湾」や中国語の「牛津」と同様の完全な——すなわち、表記と発音の両面における翻訳・変換を経た——意訳地名である。[27]

しかし、振り仮名のない用例については書き手がどのような読みを意図していたか、読み手がどのように読んでいたかを今知る由もない。したがって、「牛津」「剣橋」が両面的な意訳地名として用いられることもあったという事実の指摘にとどめざるを得ない。

4.3 「牛剣」「剣牛」——「牛津」「剣橋」の複合

意訳地名「牛津」「剣橋」の使用が広がる中で、1907年ごろから、両大学を表す「牛剣」「剣牛」という表現も作られ、しばしば「牛剣両大学」「剣牛競漕」のような複合語の形で用いられた。使用の文脈は多くは各種スポーツ競技の報道であるが、長谷川乙彦『戦後に於ける教育思想及方法の革新』（1920）にも「牛剣両大学」という表現が現れる。

「牛剣」と「剣牛」は現代の感覚ではギュウケン、ケンギュウと読まれていたもののように感じられるが、実際の読みがどうであったかは詳らかでない。「牛剣」「剣牛」はほとんどの用例において読みが示されていないが、例外的に振り仮名の添えられたものを時間順に示せば「牛剣競漕」「英国牛剣両大学」「剣牛対校ボートレース」（『東京朝日新聞』1915年4月6日、1920年6月6日、1937年3月25日）である。

調査の限りでは、当初は「牛剣」「剣牛」両様の表記が使われていたが、後に「剣牛」が支配的になったという印象がある。Cambridge大学への留学経験を持つ日本人の同窓組織にOxford大学留学経験者を加えて1906年に作られた合同の同窓組織がThe Cambridge & Oxford Societyと命名され（Koike（1995））、「剣牛会」と訳されたことが影響を与えた可能

---

[27] 4.1に挙げた3番目の例に含まれる「牛津」も同様に両面的な意訳地名である。ただし、これは文脈から考えて、書き手による作為的な読みである可能性がある。

性がある。

　ちなみに、『慶応義塾学報』第192号（1913）の大学野球の記事には「慶斯」という表現が出て来る。「斯」はStanfordの音訳である「斯坦福（徳）」（1.2）の第1字である。ほかに「慶ス」や「ス大学」などの表記も使われている。同第195号（1913）に出て来る「慶華」の「華」はWashingtonの音訳「華盛頓」の第1字である。

5　中国語における「牛津」「剣橋」

　引き続き、中国語での「牛津」「剣橋」の使用状況について、資料の調査に基づいて筆者の理解するところを述べる。

5.1　「牛津」「剣橋」以前

　中国資料中に見出されるOxford、Cambridgeの音訳地名は、日本資料中のそれに比べて表記がはるかに多様である。日本資料でよく見られる表記のほかにも、Oxfordについては「敖斯仏」「鄂斯福」「悪士弗」「阿司仏徳」「阿克司弗」「奥克司芬」「坳克司付爾」「唖克司福特」「奥克司火爾特」、Cambridgeについては「琴布列」「堪貝支」「康比治」「千白雷池」「甘比利支」「堪卜立址」「坎勃列治」「監布烈住」「克摩布利基」などの表記があり、多種多様の発音と文字が選ばれている。

　そのことは、中国人は聞き取った英語の発音を自身の感覚と判断に基づいて音訳表記し、日本人はその主なものを借用するという関係にあったことを考えれば当然のことと言える。しかし、実際はそれだけのことではなかった。上記の多様な表記のうち字数の多い「奥克司火爾特」や「克摩布利基」はおそらく日本語の片仮名表記を逐字的に中国語に移したものであり、そうした事情が中国資料における音訳表記の多様性を増す一因となっている。[28]

---

[28]「奥克司火爾特」は字数が多いだけでなく、Oxfordのfoの部分の音訳に/h/の子音を用いている点でもほかの音訳表記と異なる。日本語では今もplatformを「（プラット）ホーム」、interphoneを「インターホン」と呼ぶのが一般的である。また、20世紀後半

5.2 「牛津」の早期の例——19世紀終盤

筆者の確認し得た、中国資料—中国人を書き手とする資料—における意訳地名「牛津」の初出例は楊文会（1837～1911、字仁山）が南条と笠原に宛てた書簡に現れる。

> 弟在滬上【＝上海】与松本上人_{白華}談次、得悉真宗高士有西遊者、秉払于英。頃至倫敦、晤末松氏_{謙澄}、詢知二公退居学地<u>牛津</u>精習梵文。惜離都稍遠、不獲造訪瞻仰高風、欽佩靡已。
>
> （楊文会南条文雄・笠原研寿宛て書簡（1880））

楊文会は清朝末期の仏教復興に尽力した人物で、仏教書刊行のために1866年に南京に金陵刻経処を創設した。この書簡は中国公使の随員として渡仏した楊がロンドンを訪れたときに、英国での仏教受容やサンスクリット仏典などに関する質問を Oxford にいる南条と笠原に書き送ったものである。楊は「牛津」という意訳地名を引用に出て来る末松謙澄[29]を通じて知ったのであろう。3.3に挙げた南条・笠原の「曲橋」を含む書簡は、上の書簡を発端とする交流の一部であった。

この書簡は『令知会雑誌』第9号（1884）に掲載された南条の記事「学窓雑録」に「楊仁山来書　明治十三年四月廿六日」として収められている。その日付はおそらく書簡の到着日であり、とすれば引用に際して省かれた書簡の日付はその数日前の4月20日過ぎであることになる。[30] このことから、中国資料における「牛津」の初出年は明治13年すなわち1880（光緒6）

には fan や film を「フ・ァン」「フ・ィルム」と発音する人がまだ少なからずいた。近代の一般的な日本人にとって Oxford の日本名の発音は現代の「フォ」の代わりに「ホ」ないし「フォ」の音—細かい話を省いて割り切って音声記号で記せば［ho］ないし［huo］—を含んでいたものと思われる。「火」はそのような発音、表記を漢字に移したものであろう。また、Cambridge の Cam は中国語の音訳表記において多くの場合漢字1字で表される。「克摩布利基」の「克摩」の2字は「ケム」という仮名表記の文字単位での転写であった可能性がある。

[29] 明治・大正期の官僚・政治家（1855～1920）。1878年に外交官として渡英し、Cambridge 大学で学ぶ。

[30] 書簡往復の時系列から、書簡は送付後2～3日程度で相手に届いていたものと見られる。

年ということになる。この年は日本における「牛津」使用の時期区分で言えば第 1 期の前半に含まれる。ただし、書簡の小字で示した部分―縦書きの「学窓雑録」では行内右寄せ―は南条が引用に際して添えた補足説明である可能性がある。[31] その場合は、すぐ下に掲げる 1885 年の書簡における用例が中国資料における「牛津」の初出例になる。

翌 1881 年には楊は希望がかなってロンドンの末松の住居で南条と面会し、その後おそらく 1882 年には Oxford に南条を訪ねた（南条（1884, 1885, 1927））。その後 2 人は生涯を通じて書簡や仏典・書籍の交換による交流を続けた（陳（1999, 2002, 2003））。

楊と南条のあいだで交わされた書簡には「牛津」が繰り返し現れる。次の例は両者がそれぞれに帰国した後の 1885 年に楊が南条に宛てた書簡の一節である。この書簡は『令知会雑誌』第 24 号（1886）所載の南条の記事「新書籍英清ヨリ来ル（接前）」[32] に収められている。

敝友沈君 仲礼[33] 閱英文新報[34]、見足下在牛津闡揚梵学一段、併及弟名。聞之不勝慶幸、喜得附于高賢之末。

（楊文会南条文雄宛て書簡（1885））

出版物における「牛津」の早い時期の出現としては、千葉が 1893（光緒 19）年の次の用例を指摘している。同年は日本の「牛津」使用の第 2

---

[31] 楊自身の編集による『等不等観雑録』巻七に収められた当該の書簡には小字の部分がない。同一の書簡でも南条側の資料と楊側の資料とでは文面に多少の不一致があり―表現の省略は楊側資料に多い―、書簡現物における小字部分の状態は不明である。なお、『等不等観雑録』の確認は『楊仁山居士遺著』（金陵刻経処、1919 年）所収の版によった。
[32] 記事の表題は実際には誤植により「新書籍英仏ヨリ来ル（接前）」と印刷されている。目次では正しく「英清」と印刷されている。
[33] 沈敦和。仲礼は字。社会活動家、慈善家。生没年は資料によって一定しないが、19 世紀後半に生まれ、1920 年代に没している。留学経験を持ち、1902 年から 1906 年にかけては後出の山西大学堂の督弁を務めた。名著や教材数十種の翻訳を行っている。
[34] この「英文新報」が何のいつの号を指すかは不明である。南条は 1884 年 3 月に Oxford を発って帰国しており、遅くともそのころの新聞であったはずである。ところが、楊が 1885 年 9 月にこの書簡を書いたのはその 1 年半も後のことである。時間の隔たりが大きいが、楊は書簡で南条に英国からの帰国時にインド各地を訪れたかと尋ねてもいることなどから、相互の連絡がしばらく途絶えていたものと見られる。

期に含まれる。

英之牛津書院[35]有主講之馬君耆宿也。
（李提摩太[36]口訳・老竹筆述[37]「西国近事」『万国公報』第49次（1893））

『万国公報』は米国人宣教師ヤング・ジョン・アレン（Young John Allen、1836〜1907、中国名林楽知[38]）が上海で刊行した雑誌であり、「西国近事」は西洋の各種のニュースを西洋人が口頭で訳し、それを筆記役の中国人が文章化するという方法で作られた連載記事である。上の引用は、「大英国」の見出しのもとに掲載された「銀価余議」の条の冒頭である。原文を求めて調べてみたところ、当該の条は1892年12月28日の The Times 紙に掲載されたミュラーの 'The silver question' と題された投書の不正確な抄訳であった。上に示した箇所を含む開始部分は「西国近事」への採録に際して加えられた補足説明で、文中の「馬君」はミュラーを指す。ちなみに、南条も「馬博士」「馬翁」「馬氏」などの表現を使っている。

しかし、日本人に宛てた楊文会の書簡はもちろん、『万国公報』に掲載された特定の記事での「牛津」の使用が中国社会における「牛津」の一般化に直接寄与した形跡はない。それらの用例と20世紀初頭における中国での「牛津」の普及開始とのあいだに10年以上もの時間的な隔たりがあ

---

[35] 千葉の挙げる用例とそれに基づく議論では「牛津大書院」と記されているが、実際には「牛津書院」である。
[36] 「李提摩太」は英国人宣教師ティモシー・リチャード（Timothy Richard、1845〜1919）の中国名。
[37] 記事では「江東老竹筆述」と表示されており、千葉は「江東老竹」を筆記者の名としている。しかし、「江東」は地名で名は「老竹」であろう。人名や組織名に地名を冠した表示は近代中国の文献に広く見られる。リチャードは「西国近事」の口頭訳を『万国公報』の第46次（1892）から第58次（1893）まで連続して担当しており、当初は筆記者名の表示が「袁竹一」であったのが第49次から「老竹」に変わっている。袁竹一は胡適らとともに上海の竜門書院に学び（欧陽編（1998）所収の「鈍夫年譜 胡伝」）、卒業後は同書院で教鞭を執っていた（沈（1987））人物で、リチャード以外の宣教師の翻訳の筆記も担当している。また、袁竹一、老竹とも『中西教会報』にキリスト教に関する署名記事を執筆している。袁竹一と老竹は同一人物で、「老竹」は筆名であったものと推定される。
[38] 当初の中国名は林約翰。「約翰」は「ジョン（ヨハン）」の音訳である。アレンは後に中国社会に同化すべく西洋臭を感じさせない名に改めた（欧陽・姚（2012））。

るのである。語の歴史を理解するには、その発生や初出を確認するだけでなく、社会における普及の過程を確かめる必要がある。

上の『万国公報』の記事で「牛津」が用いられた経緯については後に明らかにする。

日本では 20 世紀初頭には「牛津」と「剣橋」が書籍、雑誌、新聞で広く使われるようになったのと対照的に、中国でのそれらの普及は遅れた。康有為は、程道徳校訂『康有為牛津剣橋大学遊記手稿』（2004）として出版された 1904 年の英国両大学訪問記に「悪士弗」「監布烈住」「監布烈入」「監布列住」「監布力住」などと記し、1913 年の「中華民国憲法草案」でも「悪士弗」「検布烈住」と表記している。中国における西洋の地名・人名の表記の統一を目指す宣教師たちによって刊行された外来名表記案集である Devello Z. Sheffield *Western Biographical and Geographical Names in Chinese*（1900）[39] においても Oxford、Cambridge は「阿司仏徳」「堪卑支」とされている。[40] これらの特定の事例に限らず、楊文会の書簡複数通と『万国公報』第 49 次の記事に見られる「牛津」の用例を例外として、20 世紀初頭までの中国資料において Oxford、Cambridge は調査の限りもっぱら音訳表記されている。

5.3 「牛津」「剣橋」の普及開始——20 世紀初頭

日清戦争の後、20 世紀に入ると「牛津」「剣橋」使用の普及の兆しが見えてくる。日本ではすでに「牛津」使用の第 3 期に達し、一般社会への浸透が始まった時期である。

荒川は、1904 年に刊行された坂本健一著・新学会社編訳『外国地名人名辞典』に「牛津」が現れることを指摘している。

筆者の確認することのできた 20 世紀の中国資料における「牛津」の最も早い用例は、『遊学訳編』と『浙江潮』のともに 1903（光緒 29）年に

---

[39] 副題を含む完全な書名は長いので文献のところに示す。同書成立の背景については王（1969）に詳しい。なお、同書は定義上中国資料ではない。
[40] ただし、外来名の表記の統一を目指す Sheffield（1900）では音訳地名が意識的に選ばれた可能性がある。表記統一と音訳地名の関係については後述する（6.2）。

刊行された号の記事に現れる。

> 英国之政治家雖中夜猶立于国会之議席討論議案侃々而談一国之利害。人皆曰<u>牛津</u>及克摩布利基大学所培養。
> 　　　　　　　　　　　（「国民教育論（続前）」『遊学訳編』第6冊（1903））
> 昔法之軍人学校以普法戰紀為教科書。英之<u>牛津</u>大学食堂及休息室中遍懸偉人照相。日之小学校施以元寇油絵図。此所謂感情的教育也。
> 　　　　　　　　　　　（霖蒼「鉄血主義之教育」『浙江潮』第10期（1903））

『遊学訳編』と『浙江潮』はそれぞれ湖南、浙江出身の日本留学生の同郷会が東京で刊行した機関誌である（秦（2011））。『遊学訳編』の例においては、3.2で見た日本資料における事例と同様に、Oxfordだけが意訳され、Cambridgeは音訳されている。『遊学訳編』は翻訳主体の雑誌で、「国民教育論」については原文の出典を『国民新聞』と表示している。しかし、1890年から1895年にかけて刊行された『国民新聞』のいずれの号にも該当する記事は見当たらず―1895年8月6日の号に同題の記事があるが内容が異なる―、実際のところはこの記事は浮田和民『国民教育論』（1903）という書籍の冒頭部分の翻訳であった。日本語の原文においては、Oxford、Cambridgeともに片仮名で表記されている。それらの地名を中国語に移す際、前者については日本の学術界ですでに普及の進んでいた「牛津」を用いたが、後者については普及の遅かった「剣橋」を訳者も知らず、音訳表記に頼らざるを得なかったということであろう。[41]

沈（1994）によれば、日本語から中国語への突発的かつ大規模な語彙の流入は日清戦争後に始まった。意訳地名「牛津」は―そしてまた「剣橋」も―まさにその流れに乗って中国に伝播したことになる。

翌1904年には2つの資料に「牛津」の用例が見出される。その1つは荒川の挙げる『外国地名人名辞典』である。[42] Oxford以外の2つの項目に

---

[41] 『遊学訳編』の翻訳記事には訳者名の表示がない。もし訳者が日本人だったとすれば、これは本稿の定義による中国資料ではないことになる。
[42] 本辞典の内容の確認に際してはハイデルベルク大学のHeidelberg Encyclopedia

意訳地名「牛津」「剣橋」の発生と消長　113

おける用例を示す。

　　Cambridge（地）岡比黎日（中略）与牛津共為英国大学之粋。
　　　　　　　（坂本健一著・新学会社編訳『外国地名人名辞典』(1904)）
　　Smith（人）斯密（中略）亜丹斯密者蘇格蘭之著名経済学家。学于格
　　刺斯哥、牛津、壱丁堡諸大学。　　　　　　　　　　　　　　（同上）

　この辞典は1903年に日本で出版された阪本健一[43]編の同名の辞典を基礎とし、内容に加除修正を施して―外国の範囲は日本と中国とで異なるので、そのまま訳したのでは中国の『外国地名人名辞典』にならない―中国語に翻訳したものである。ただし、この例でも日本の原本ではOxfordは片仮名で表記されており、「牛津」の表記は訳者の選択・判断によるものである。鄒（2012）の調査によれば、辞典の翻訳を担当した范均之と鄔烈倫はともに日本への留学経験を持つ中国人である。Cambridgeは第1の例に見る通り「岡比黎日」と音訳されている。
　同年のもう1つの資料は、『万国公報』に掲載された英国史に関する記事である。そこに見られる用例4件のうち2件を示す。

　　額西克司【= Essex】亦囲王於牛津。
　　（馬林訳・李玉書述「続英国自由興盛記」『万国公報』第188冊（1904））
　　鬱柏特【= Rupert】王敗後従者尽失。幾於単騎奔回牛津時、王已出
　　囲与其侄冒利反囲額西克司軍於西南。　　　　　　　　　　　（同上）

　この記事は1904年から1905年にかけて『万国公報』に掲載された連載記事の1回である。この連載記事はJohn Richard Green（葛耳雲）の著書 *A Short History of the English People* の一部をカナダ人医師 W. E.

Database に収められた電子資源を利用させていただいた。
[43] 同人の姓の表記は書籍によって一定せず、「坂本」「阪本」両様の表記が見られる。本辞典の日本で出た原本では内部的な不統一があり、表紙と奥付では「阪本」、本文の開始ページでは「坂本」と表示されている。

Macklin（馬林）が口頭で訳し、李玉書が筆記したものである（張・曹(2011)）。初版の刊行が1874年である原著には複数の異なる版があるが、『万国公報』の記事と部分的に対照して確かめたところによれば当時最新であった1902年版が用いられたものと見られる。この連載は大幅な増補を経て1907年に『英民史記』と題した上中下3巻から成る訳書として出版されており、そこには「牛津」やOxford大学を表す「牛津書院」「牛津大書院」が多数回—上巻だけでも少なくとも計28回—出て来る。

　　培根熱支【= Roger Bacon】到処覓書、潜心探討学問広博。後遂復帰英国、為牛津大書院之師。
　　　　　　　　（葛耳雲著・馬林訳・李玉書述『英民史記』上巻（1907））

　1905（光緒31）年には「剣橋」の使用が見出される。次に示す第1の用例が、調査で確認できた中国資料における「剣橋」の初出である。文中の「倭克斯仏脱」はOxfordの音訳である。

　　英国諸大学自古以羅甸語及希臘語為必修課目。後以研究此等古典不甚緊要、屢思廃之、然迄今未改。曩者倭克斯仏脱大学亦曾倡廃止希臘語之説、卒不果行。今剣橋大学復倡此談。然於畢業生会、以為然者僅一千人、不以為然者則有千五百人之衆。其議遂又中輟。
　　　　　　　　（「剣橋大学於希臘語問題」『大陸』第3年第7号（1905））
　　取旧有之剣橋、牛津両大学特添経済学科、以応国人之需求。
　　（楊志洵「欧美各国商業大学略述」『商務官報』丁未年第23期（1907））

5.4　「牛津」「剣橋」の使用拡大——1910年代中盤以後

　辛亥革命（1911～1912年）前後になると、「牛津」と「剣橋」の用例が徐々に増えてくる。

　1910年代半ばまでに刊行された書籍、雑誌に確認することのできた用例の一部を次に示す。最初の用例の出典である『新世紀』は、日英仏3国に留学した呉敬恒（1865～1953）らが孫文の革命思想の影響のもとにパ

リで刊行した雑誌である。第2、第4の用例の出典である『東方雑誌』は刊行地こそ上海であるが、『遊学訳編』『浙江潮』と同じく、その内容には一見して日本の顕著な影響が認められる。実際、1904年刊の創刊号には日本の雑誌『太陽』と英米両国の雑誌 Review of Review の体裁にならうとの編集方針が示され、冒頭の口絵は明治天皇の肖像に始まり、ロシア皇帝・皇后と続く。[44]

一千九百六年侯波徳【＝ Herbert】教授在牛津大学演述斯賓塞爾【＝ Spencer】氏之学説。
（呉敬恒「続暗殺進歩」『新世紀』第 105 号（1909）[45]）
羅【＝羅斯福、Roosevelt】氏之演説尚有二処、一在英倫牛津大学、一在徳国柏林大学。（蔣夢麟「美国前総統羅斯福氏遊非欧両洲演説辞」
『東方雑誌』第 7 年第 8 期（1910））
考英蘭【＝ England】牛津大学肄業其間者年費英金五百。（中略）即倫敦大学較牛津剣橋為省、亦須英金百五十之数。
（霧豹「比京賽会之教育出品」『教育雑誌』第 2 年第 10 期（1910））
中国政府特派伍連徳君為防疫会之首領。伍君為英国剣橋大学堂医学博士。（李広誠「撲滅中国北方之瘟疫」『東方雑誌』第 8 巻第 8 号（1911））
大中各学校規律亦皆易以維持。所起之困難与英国牛津及岡比黎日大学同科。　　　　（勃拉斯著・孟昭常訳『平民政治』下巻（1912）[46]）
中古時寛厚仁慈之思想以大学校為無費而教無謝而宿之地者已漸衰於牛津及剣橋両大学。　　　　　　　　　　　　　　　（同上）

---

[44] 『東方雑誌』が日本と深い関係を有していたことは寇（2009）が編集、執筆、印刷を含む多数の観点から仔細に検証している。寇によれば、日清両国の提携を旨とした『東方雑誌』は、1904年から1948年の45年間にわたって刊行され多数の著名人の寄稿した"近代中国史上最大の総合雑誌"であり、その"同時代における影響力は疑うべくもない"。
[45] 実際の誌面では著者名は「夷」と表示され、記事表題は誤植により「続暗殺歩進」と印刷されている。本記事は同年の『新世紀』前号に掲載された「暗殺進歩」という記事の続編である。羅家倫・黄季陸主編『呉稚暉先生全集 巻七 国是与党務』（中国国民党中央委員会党史史料編纂委員会、1969年）―「稚暉」は呉敬恒の字―も用いて確認のうえ本文での著者名、表題の表記を調整した。
[46] 『平民政治』の原本は Viscount James Bryce *The American Commonwealth*（1888）である。

牛津剣橋者英国最古且最有名之両大学也。
(楊超「欧美教育之進歩及其趨向」『甲寅雑誌』第 1 巻第 4 号 (1914)[47])
在印度各地之大学校、専門学校及英国之岡比黎日牛津両大学卒業者日漸増多。
　　　(范石渠「近世民族主義之争闘」『大中華』第 1 巻第 3 期 (1915))
弟現仍寓客舎中補習諸科。下学期思肄業於哈仏【= Harvard】大学。此校在美之根伯利支【= 米国 Cambridge】部。卓卓有名亦如英之牛津大学也。　　　(脩然「苦情小説 双鴛塚」『民権素』第 8 集 (1915))
英国有新旧両種之大学。此両者教育主義雖殊而其皆為大学制度則同。旧式大学之代表者為牛津大学及剣橋大学。
(章錫琛「欧美大学之過去与現在」『東方雑誌』第 13 巻第 4 号 (1916))

『平民政治』の最初の例と『大中華』の例においては、Oxford だけが意訳され、Cambridge は音訳されている。『平民政治』の第 2 の例は最初の例から少し進んだ箇所に現れるものであるが、ここでは「剣橋」も用いられている。

次の例は、Oxford 大学出版局が 1910 年ごろに刊行した読み物シリーズの翻訳『海族志』『牛津大学実業叢書』における発行者名や著者名の表示の一部である。

発行者 英国牛津図書公司
(鄧根原著・潘慎文編・陸詠笙訳『海族志 巻一 貝属』(1916)[48] 奥付)
英国牛津大学柯克原著
(柯克原著・潘慎文編・陸詠笙訳『牛津大学実業叢書 第六巻 革履廠』(1916)[49] 本文)

---

[47] この記事には「牛津」「剣橋」だけでなく「牛剣両大学」という表現も出て来る。調査の限りでは、本記事—およびそれを再録した『東方雑誌』第 12 巻第 1 号 (1915) の同題の記事—を例外として、近代の中国資料に「牛剣」「剣牛」という複合表現 (4.3) の使用は見られない。『甲寅雑誌』は章士釗によって東京で創刊された。
[48] 『海族志』の原シリーズは Francis Martin Duncan and Lucy Theresa Bell Duncan *The Wonders of the Sea*、編者の潘慎文は米国人宣教師 Alvin Pierson Parker である。
[49] 『牛津大学実業叢書』の原シリーズは Arthur Owens Cooke *The Oxford Industrial Readers* である。

図5 『海族志』　　図6 『牛津大学実業叢書』

　南条やミュラーが1883年に、レッグが1886年にOxford大学出版局から出した書籍（2.3）でも「牛津」が使われていたが、それは英文書に付加された日本語扉ないし付録の扉という副次的な位置付けの文脈における使用であった。中国でのこれらの翻訳書の出版により、「牛津」の表記がその正統性に関してOxford大学出版局による公式の保証を与えられた形になった。[50]

　筆者の見るところでは、1910年代の中盤が中国における「牛津」「剣橋」の本格的な普及の開始期である。日本での「牛津」使用の第3期が1900年からであったのと比べると15年ほど遅いことになる。

　1920年前後になると、用例をさらに見出しやすくなる。1920年代までの「牛津」「剣橋」の用例をいくつか示す。

　　我於是到剣橋大学蔵中国書籍的地方、把各種志書都翻閲一過後来只見
　　江蘇某県志書内載有一条

---
[50] もっとも、「牛津」の表記の使用は英国のOxford大学出版局ではなく、翻訳書を刊行した上海の広学会の判断によるものであろう。広学会はキリスト教の普及を主目的とした出版組織で、当時ティモシー・リチャード（注36）が代表を務めていた（後述）。

(陶履恭「社会調査(一)導言」『新青年』第4巻第3号(1918)[51])
考英国学制者第一念所触必為劍橋与牛津両大学。此何以故両大学為英国最古之大学、且為英国学術思想政治之源泉也。
(君励「記劍橋大学並及英国学風」『教育公報』第6年第9期(1919))
請再看英国牛津劍橋両大学、誰不知道他們素来是財政独立、不受国家的干渉。
(種因「今後中国教育的希望」『教育雑誌』第12巻第2号(1920))
金剛経(経名)(中略)一八八一年、馬克斯摩拉【= Max Müller】氏更由日本牛津紀要亜利安編第一(日本高貴寺所蔵之梵本出版)、訳為英語、収於東方聖書第四十九巻。[52] (丁福保編『仏学大辞典』(1921))
劍橋牛津両大学之科目不過語学、歴史、数学、哲学、博物等一般学科。凡各人之職業上所必需之特殊知識従不教授。
(周成編『教育行政講義』(1922)[53])
Milton, John (1608-74)〔弥耳敦〕英国詩人。生在倫敦。一六二五年以来、学於劍橋(Cambridge)大学、以俊秀聞。在劍橋大学肄学時、試為耶蘇降誕之歌(Ode on the Nativity)、寄奈丁格爾(To the Nightingale)等詩。 (唐敬杲編『新文化辞書』(1923))
英国牛津与劍橋両大学年有賽船之挙。本月五日在倫敦比賽。
(「牛津劍橋之賽船」『教育与人生』第26期(1924))
在他二十一歳之前、因勇敢的宣布他的無神論、而被牛津大学所斥退。
(鄭振鐸「文学大綱 第27章 19世紀的英国詩歌」
『小説月報』第17巻第5号(1926))
最近英国的医学会、律師会、工程学会還有幾種職業的組織都已通過承認牛津大字典為它們各会裏的標準字典。
(葉公超「牛津字典的貢献」『新月月刊』第1巻第7号(1928))

---

[51] 『新青年』第4巻第3号には1917年、民国8年と記されているが、これは7と8が入れ替わって印刷されたもので、正しくは1918年、民国7年である。
[52] 『仏学大辞典』のこの解説はかなり混乱している。「牛津」に関わる箇所だけ訂正すれば、「日本牛津紀要亜利安編第一」は正しくは"英国オックスフォード大学出版局刊行の叢書 Anecdota Oxoniensia の Aryan Series の第1巻"である。
[53] 確認は1925年に刊行された版による。

拠去年紐約時報的倫敦通訊説：牛津英文字典経一千三百人的合作、七十年時間、終於成功了。
　　　　　（哲「牛津大字典之成功」『東方雑誌』第 26 巻第 1 号（1929））

　1930 年代の用例も少数例示せば次の通りである。最初の例は、楊文会が南京に開設した仏教学校に学び、1923 年には「世界仏教連合会」を設立し、日本の仏教界とも交流のあった僧侶太虚（1890 〜 1947）の欧米訪問記の一節である。

　　英国由牛津剣橋倫敦教授等聯合所開之講演会則在東方文字学校。
　　　　　　　　　　（釈満智・釈墨禅編『太虚大師寰遊記』（1930））
　　牛津大学出版部発行的「簡明牛津字典」久已成了学英文者不可少的工具。現在新出版的「牛津英文学伴侶」、我們看来、又少不了成為学英国文学者名符其実的、不可分離的「伴侶」。
（「一部英文学的参考書」『国立武漢大学文哲季刊』第 4 巻第 1 号（1934））
　　牛津和剣橋誰也知道是英国最古的和最有学術権威的両間大学。無論説到学校地点、一切芸術建築物、学風和制度、以及各種歴史上的背境都完全与世界上有名的大学不同。
　　　　　　　（余世鵬「牛津剣橋学風」『安大季刊』第 1 巻第 1 期（1936））

　こうして意訳地名「牛津」「剣橋」の使用は拡大し、第 2 次世界大戦後には日本でそれらがほとんど使われなくなった（2.6）のと対照的に、中国では「牛津」「剣橋」が Oxford、Cambridge の唯一の標準的な表記として定着した。大陸で刊行された中国地名委員会編『外国地名訳名手冊』（商務印書館、1993 年）と台湾で刊行された国立編訳館編訂『外国地名訳名』（台湾商務印書館、1997 年）はいずれも Oxford、Cambridge の項目に「牛津」「剣橋」の訳名を示すだけで、かつて中国で広く使われていた音訳地名の記載はない。その 2 冊以外にも第 2 次世界大戦後現在に至るまでに刊行された外国地名訳名辞典約 10 種類によって確認したが—最も早いものは『漢俄英対照常用外国地名参考資料』（地図出版社、1959 年）、

最新のものは張力主編『世界人名地名訳名注解手冊』（旅遊教育出版社、2009年）—、すべて同様である。

日本では「牛津」「剣橋」使用の最盛期においても片仮名表記が広く使われ、それらの意訳地名がOxford、Cambridgeの唯一の表記になることも代表的な表記になることもなかったのに対し、中国では「牛津」「剣橋」の定着によって従前の音訳地名は一掃された。その点においても日中の状況は異なりを見せている。

5.5　Oxford、Cambridgeの音訳地名の消滅時期

中国においてOxford、Cambridgeの音訳地名が消滅したのは大まかに言えば20世紀の半ばであろう。その正確な時期は不詳であるが、地名辞典などの観察から分かる限りのことを述べる。

すぐ上で述べたように（5.4）、第2次世界大戦後に刊行された外国地名訳名辞典は例外なく「牛津」「剣橋」の意訳地名だけを示している。

Oxford、Cambridgeの音訳地名の消滅の過程に関して示唆を与える地名辞典は何崧齢他編『標準漢訳外国人名地名表』（商務印書館）—以後『標準人名地名表』と略記する—である。同書は、Oxfordについては、1924年に出た初版では「牛津、鄂斯福、（奥克斯福）」とするが、1934年に出た改訂版（何炳松他改編）ではただ「牛津」とする。序文によれば、同書は外国地名の表記の不統一、混乱を解消すべく一貫した訳名の規範を示すことを目的として編纂された。そのような同書が初版の段階から個別的たらざるを得ない意訳地名を第一の訳名として示したという事実は、その使用がもはや抗しがたいまでに拡大していたことを意味する。そして、改訂版においては音訳地名の提示を断念する。「牛津」は1910年代から1920年代にかけて普及が進み、1930年前後には音訳地名がほとんど使われなくなっていたということであろう。Cambridgeについては、『標準人名地名表』の初版は「岡布里治、剣橋、（岡比黎日）」、改訂版は「開姆布利治（剣橋）」とする。これはOxfordの場合に比べて改訂の処置が異なり—意訳の「剣橋」の優先度を下げている—、改訂前後の関係も解釈しにくいが、改訂版の「開姆布利治（剣橋）」という記述に見る優先順位は編者たちの

考える理想を示すに過ぎず、「開姆布利治」という表記が現実に普及することはなかった。周（1937）は『標準人名地名表』の改訂版を評して、一般に通用している訳名まで変える必要はなく、「剣橋」を「開姆布利治」に改めたりするのは実用上きわめて不便だと批判している。『標準人名地名表』はほかにも例えばIcelandについて初版で「挨斯蘭、（氷洲）」、改訂版で「愛斯蘭徳、（挨斯蘭）（氷洲）」と音訳地名の標準化を図ったが、現実には「氷島」という意訳地名が定着した。

図7 『明簡牛津辞典』

中国でも1920年代のうちにはOxfordの英語辞典が輸入・販売され始めた。図7は中国で販売された1929年刊の*The Concise Oxford Dictionary of Current English*改訂版の見返しに押印された『明簡牛津字典』のスタンプである。[54] Oxford大学出版局の書籍の翻訳が「牛津図書公司」発行の表示を与えられて刊行されたことは5.4で見たが、西洋の学問を摂取し、広める立場にもあった中国人が利用する英語辞典（英英辞典）の中国語名に「牛津」が用いられたことは社会へのその普及をいっそう促進したことであろう。『標準人名地名表』の編者たちも、日々見慣れた意訳地名の「牛津」は無理なく受け入れられる心理状態にあったものと想像される。同書における上述のOxfordとCambridgeの扱いの差はそのことの反映であったかも知れない。

以上のように、1930年前後までにOxford、Cambridgeの表記の主役は音訳から意訳に取って代わられた。音訳表記が完全に消滅した時期と過程は未詳であるが、それを明らかにするには本稿の調査が対象としなかった20世紀中期の資料の調査が必要となる。

5.6 「牛津」「剣橋」の異表記

日本資料ではCambridgeが「剣橋」ではなく「曲橋」「賢橋」「建橋」「犬

---

[54] 本稿の開始部分に掲げた日本の新聞広告（図2）は1911年原刊の同辞典初版の広告であった。

橋」と表記されることがあった（3.3）のと同様に、中国資料においても幾通りかの異なる表記が見られる。

まず、「江橋」「岡橋」「康橋」という表記がある。

岡布理智 江橋 根伯利支 Cambridge（中略）英国岡布理智府之首都。（中略）其有名大学尚七世紀創設。
（黄摩西編『普通百科新大詞典』（1911））

奈端 牛董 牛頓 Sir Isaac Newton（中略）英国之数学家、物理学家。入江橋大学研究数学。（中略）一六八八年以後代表江橋大学而列於議員。
（同上）

英国岡橋大学聖約翰学校正門 St. John's College Gateway, Cambridge
岡橋大学三一学校膳堂 Dining Hall, Trinity College, Cambridge
（「挿画 英国岡橋大学各院撮影八幀」『進歩』第4巻第6号（1913）、
写真の見出し）

不知道這位偵探穿的是不康橋大学的広袖制服！
（胡適「建設的文学革命論」『新青年』第4巻第4号（1918））

康橋的霊性全在一条河上。康河、我敢説、是全世界再秀麗的一条水。河的名字是葛蘭大（Granta）、也有叫康河（River Com）（ママ）的、許有上下流的区別、我不甚清楚。
（徐志摩「我所知道的康橋」『晨報副刊』第1425号（1926））

華茲華士（William Wordsworth, 1770-1850）是一個律師的児子、受教育於康橋大学（Cambridge）。
（鄭振鐸「文学大綱」『小説月報』第17巻第5号（1926））

牛津与康橋、誰都知道這是世界著名的英国両大学区。就是在国内、因為一些留学生的介紹、大家也早印入了這両個名詞。
（N.T.「牛津・康橋」『新光』第9期（1934）））

「江」がCambridgeのCamの音訳に使われた例はほかの資料には見出せなかったが、「岡」は徐継畬『瀛環志略』（1848）で「岡比黎日」、黎庶昌『西洋雑志』（1900）で「岡布利直」という音訳地名に使われている。

上掲の最初の例にも「岡布理智」という表記が出て来る。「康」は『万国公報』第 179 冊（1903）に「康比治」、『英民史記』（1907）（5.3）に「康伯支」の形で出て来る。荒川によれば、山上万次郎著・谷鐘秀訳『最新統合外国地理』（1907）には「康歩履吉」という表記の例がある。

「江橋」「岡橋」「康橋」という部分意訳地名の発生の経緯は明らかではない。「剣橋」の「剣」が Cam の音訳として適切でないと感じた中国人がそれを「江」「岡」「康」で置き換えてできたものであったかも知れない。しかし、「固有名詞＋普通名詞」の形をした複合地名の前半を音訳し、後半を意訳することは一般的であるので、「江橋」「岡橋」「康橋」もむしろその手法によって「剣橋」とは無関係に作られた可能性も十分に考えられる。現に、荒川の指摘によれば、1847 年に刊行された魏源『海国図志』60 巻本（および 1852 年刊の同書 100 巻本）には「干橋」という部分意訳地名が現れる。[55]

ほかに、「圜橋」という表記も見られる。

> 到了康熙時候、英吉利国又出了一個大人物。其人姓牛【＝ New】名敦【＝ ton】。（中略）他的母舅知道這個小孩将来必成大器、就勧他母親把他送入一個相近的圜橋府大学堂。（呉敬恒『上下古今談』(1915)）
> 季緒遊学英国圜橋大学畢業、現充北京工科大学兼工業専門学校教員。
> （王頌蔚『写礼廎遺著』(1915) 序文）

「圜橋」の「圜」―標準語音は yuan2, huan2―は音訳とは考えがたく、川の名 Cam の意訳でもあり得ない。この「圜」はおそらく「円」、具体的には、半円アーチの建築様式を表すものであろう。すなわち、「圜橋」

---

[55] 荒川は「干橋」とし、実際『海国図志』60 巻本の表記は「干橋」に見えるが、1876 年に刊行された 100 巻本の重刻版の表記は「千橋」に見える。これは重刻版の誤刻ではないかと思われるが、確実なことは分からない。『海国図志』の当該の記述の基礎となっている『万国地理全図集』は原本の参照が困難であるが、王錫祺編『小方壺齋輿地叢鈔 再補編』（著易堂、1897 年）に収められた版における表記は「干橋」である。

もし「江橋」「岡橋」「康橋」が別の表記の改作であったとすれば、それらは「干橋」ないし「千橋」ではなく「剣橋」に基づいていると考えるのが自然であろう。「干橋」「千橋」と「江橋」「岡橋」「康橋」は出現時期が数十年も隔たっている。

の考案者はCambridge大学の中を流れるケム川にかかった半円アーチ橋、もしくは、同大学の建物に多数見られる半円アーチ—に着目し、「圜橋」と意訳—1.3の用語によれば意訳$_2$—したのではないかと筆者は想像する。[56]「圜橋」の用例はほかに『政府公報』第434号（1917）、同第848号（1918）などにも見られる。

　「江橋」「岡橋」「康橋」「圜橋」のうちで最も普及したのは「康橋」で、相対的に用例が多く、かつ、使用期間も長い。「康橋」は詩人徐志摩（1897～1931）の代表的な作品の1つ「再別康橋」（1926）（『新月月刊』第1巻第10号（1928）所載）に詠まれたことから今も中国で広く知られている。しかし、いずれの異表記も最終的に定着することはなく、「剣橋」の普及に伴って消滅した。

　「剣橋」の異表記のほかに、『全地五大洲女俗通考』はOxfordの音訳地名「奥斯福」への注として、それを意訳すれば「牛渡」になると説明している。原文における注の体裁は割り注である。

　　英国大学院中最大最古者有二所、一為奥斯福 地名即訳牛渡 大学院、創設於第九周時（中略）一為岡比立治 地名即訳岡橋 大学院、創設於第十周時。
　　（林楽知編訳・任保羅筆述『全地五大洲女俗通考』第7集下巻（1903））

　この例は、5.3に掲げた『遊学訳編』『浙江潮』に見出される「牛津」の用例と同年のものである。「牛渡」も「岡橋」も日本資料に見られる意訳地名には一致しないが、これらの2つの地名に対して特に訳名が示されたのは「牛津」「剣橋」を意識してのことであったと思われる。同書ではほかにもウラジオストックが「浦塩斯徳」と表記され、日本語の地名表記の影響が認められる。

---

[56]「圜橋」は北京国子監—国子監は隋から清にかけての中国各王朝の都に設けられた最高学府—を象徴的に示す表現でもある。ただし、北京国子監の「圜橋」は一般に半円アーチ橋を表すものとは説明されず、関連の有無は筆者には判断が付かない。

6 中国語の「牛津」「剣橋」をめぐる補足的考察

最後に、中国語における「牛津」「剣橋」に関わる補足的な考察3件について述べる。

6.1 『万国公報』第49次における「牛津」出現の背景

これまでの考察の限りにおいては、1893年の『万国公報』第49次の記事における「牛津」の用例（5.2）だけが、本稿で復元してきた日中の「牛津」の歴史の中で孤絶した形になっている。しかし、「牛津」を直接含まない資料にまで観察の範囲を広げることにより、その用例も実はレッグや南条につながっていることが明らかになる。

推定に基づく結論を先に述べれば、当該の翻訳記事における「牛津」は、原文の口訳者である英国人宣教師ティモシー・リチャード（李提摩太）が仏教に関心を寄せ、関連の書籍を多数購入して学習し、ついには仏教関係の著作を複数出版するに至る過程において意訳地名「牛津」を知り、それが記事の筆記役の老竹に伝えられて訳文に取り込まれたものであった。

リチャードの回想録（Richard (1916)）によれば、リチャードは中国人教化のための自身の学習の目的で1880年から1884年にかけて多額の資金を投じて大量の書籍を購入している。その中には仏教関係のものも多く、Oxford大学出版局から刊行されたMüller and Nanjio (1883)（2.3）も含まれていた。また、漢訳仏典一式（大蔵経）も購入していることから考えて、回想録に言及はないものの、漢訳仏典の解題付き目録であるNanjio (1883) すなわち南条カタログ（2.3）を購入していることも確実である。

リチャードの仏教関係の著作の1つであるRichard (tr.) (1907) は、大乗仏教の教義の解説書『大乗起信論』を英訳したものである。この翻訳を楊文会（5.2）が支援したことは同書の扉における"Assisted by Mr. Yang Wên Hwui"との表示から知られるが、この英訳が行われるに至った経緯が序文に詳しく述べられている。

それによれば、リチャードは1884年南京に楊を尋ね、楊が『大乗起信論』を読んで仏教信者になったことを聞く。そして、楊の見計らいによって購

入した10冊余りの仏教書が届いたときには、リチャードは深夜まで『大乗起信論』を読みふけった。そこに含まれるキリスト教的な要素に共感を覚え、興味をかき立てられたからである。ちなみに、こうした話からも、リチャードの中国語の読解や漢字に関する能力・知識が非常に高かったことが分かる。また、南条関係の資料には記述がないが、楊はミュラーにも会って話を聞いている[57]ことも序文から知られる。

　序文にはさらに、リチャードがその後エジンバラの書店で、楊の出した複数の新刊書——金陵刻経処から刊行した仏教書であろう——を見ていたときのことが述べられている。そのときにたまたま目を通した東洋学者サミュエル・ビール（Samuel Beal、1825～1889）の仏教に関する著作の一節において、『大乗起信論』が翻訳の望まれる書物として言及されていたことが、リチャードが同書の翻訳を決意する直接の契機となった。[58]

　その後リチャードは1891年に上海に移り、楊に再会して翻訳への協力を要請した。楊の協力を得て翻訳が一通り完了したのは1894年のことである。1893年の『万国公報』第49次に掲載された翻訳記事はまさにこの時期に書かれたものであった。

　以上のように、リチャードは仏教に深い関心を抱いて学習を重ね、仏教関係の書籍を複数執筆・出版した。リチャードは「牛津」という意訳地名を、Oxford大学出版局から刊行された南条、ミュラー、レッグの著書を通して知り、また、『大乗起信論』翻訳時における楊文会との交流の中で互いに使用した——日本語と異なり中国語においては「牛津」の意訳は音声言語にも反映される——ものと推定される。このように理解することにより、『万国公報』第49次の記事における用例もレッグを源流とする「牛津」の歴史に有機的に組み込まれることになる。[59] そして、英国で作られた意訳

---

[57] これは楊が南条をOxfordに訪ねたときのことであろう（5.2）。
[58] リチャードが書店で見たビールの著作はおそらくBeal（1884）であると見られる。同書にはキリスト教が仏教に影響を与えた可能性を論じた箇所があり、そこに『大乗起信論』の話が出て来る。ただし、ビールは同書に『大乗起信論』の内容がまだきちんと吟味されていないとは書いているが、翻訳が望まれるということは書いていない。
[59] 意訳地名「牛津」を記事筆記役の中国人が考案したとする千葉の解釈はそれ自体としても無理がある。筆記者がわずか数行の短い記事、しかもその前置き的な補足説明のためにわざわざ音訳の慣習を避けて新しく意訳地名を作り出す動機がそもそも考えがたく、

地名「牛津」の中国への伝播の過程を今一度総体として顧みれば、20世紀に入って形成された日本経由の本流たる経路とは別に、楊やリチャードの事例によって確かめ得る英国からの"直輸入"の細い経路が19世紀から存在したと言うことができる。

なお、リチャードが1891年に上海に移ったのは、上海の出版組織「同文書会」（The Society for the Diffusion of Christian and General Knowledge for the Chinese、略称 S.D.K.）の設立者であり総幹事であった英国人宣教師アレクサンダー・ウィリアムソン（Alexander Williamson、1829〜1890）が前年に死去し、その後任を務めるよう要請を受けたことによる（Richard（1916））。同文書会は翌1892年「広学会」（The Christian Literature Society for China、略称 C.L.S.）と改称した。[60] 両会は中国におけるキリスト教および一般知識の普及を目的とした組織であり、同文書会は『万国公報』を刊行し、そして、広学会は1916年には Oxford 大学出版局の『海族志』『牛津大学実業叢書』を刊行している（5.4）。後者の2つの翻訳シリーズにおける「牛津図書公司」「牛津大学」の表示もおそらくリチャードの判断によるものであった。[61]

6.2　Oxford、Cambridge の表記転換の逆行性

中国語における外国の地名の表記を一貫したものとするには、音声と文

また、筆記者の個人的創作による、読者に通じるはずもない意訳地名を記事に用いるということも考えがたい。

[60] それぞれの会は英国にあった同じ英語名の組織に基づいて設立されており、両国にまたがる組織の変遷と時間関係はやや複雑である。本文では英国との関係を省いて簡略に述べた。

[61] これまで『万国公報』『海族志』『牛津大学実業叢書』を中国資料として扱ってきたが、それらにおける意訳地名「牛津」の使用の背景に英国人宣教師の関与があったとすれば、それらの出版物は純粋な中国資料とは見なせないことになる。

なお、リチャードは義和団の乱（1900年）の賠償金を用いて1902年に中国、西洋両様式の教育を行う山西大学堂（現山西大学の前身）を創設した際、西洋式教育を担当する部門「西学専斎」の教育主任に英国人宣教師モア・ダンカン（Moir Duncan、1861〜1906、中国名敦崇礼）を任命した（Richard（1916））。ダンカンはレッグのもとで学んだ Oxford 大学の卒業生である（Soothill（1924））。『海族志』『牛津大学実業叢書』の出版はレッグとダンカンの没後のことであるが、リチャードとレッグのあいだにはダンカンを介したつながりもできていた。

字の対応に関して統一を図ることのできる音訳地名によるしかない。そうした観点から19世紀以来西洋人宣教師そして中国人自身によって表記の統一に向けた努力が重ねられ―すでに5.2で言及したSheffield（1900）が表記統一の初期の試みの一例である―、その成果として「新堡（Newcastle）」「風索耳（Windsor）」「緑威（Greenwich）」「安得堤（Amsterdam）」「寛街（Broadway）」「白山（Mont Blanc）」「人島（The Isle of Man）」といった（部分）意訳地名は「紐卡斯爾」「温莎」「格林尼治」「阿姆斯特丹」「百老匯」「蒙布朗」のような音訳地名や「馬恩島」のような部分意訳地名に取って代わられ、社会から消えていった。

　近代の相当の期間にわたる音訳表記の慣行を廃して意訳地名の標準的使用へと転換したOxfordとCambridgeの中国名はそうした地名表記法の趨向に逆行する異例の存在である。そして、その逆行を可能にしたのは中国の西学導入に決定的な役割を果たした日本語からの強い影響にほかならず、それにOxford大学出版局の書籍の刊行や辞書の輸入販売の際に用いられた表示が相乗的に作用したものと考えられる。

　念のために付言すれば、音訳優先の考えによって中国語の意訳地名が減少の一途をたどったわけではない。事実として、現代中国語で用いられている意訳地名は少なくない。中には「太平洋（The Pacific Ocean）」「地中海（The Mediterranean Sea）」「紅海（The Red Sea）」「中東（Middle East）」などのように古くから日本語でも使われているものもあるが、大多数は「氷島（Iceland）」「中途島（Midway Island）」「復活節島（Easter Island）」「長島（Long Island）」「藍山（The Blue Mountains）」「少女峰（Die Jungfrau）」「死谷（Death Valley）」「塩湖城（Salt Lake City）」「黒山（Montenegro）」などのように日本語では一般に使われないものである。近代以来、国際的な交流や情報流通の増大の中で外国地名は大幅に増加し、その一部が意訳された結果として今では意訳地名の絶対数は近代よりも増えているものと見られる。

6.3　意訳地名導入時における原語の発音の扱い

　中国語における意訳地名「牛津」「剣橋」の導入をめぐっては、日本人

の感覚で見ると少々奇妙に感じられる事実がある。それは、中国資料では、それらの意訳地名がまだ普及していない時期にあっても、導入時にその原語における読みが示されることがほとんどなかったということである。

例外はまれにあり、5.4、5.6に挙げた一部の例では「牛津（Oxford）」「剣橋（Cambridge）」のような書き方がなされている。また、『時務報』第13〜46冊（1896〜1897）[62]と『実学報』第3〜13冊（1897）は当該号の全記事中に現れる外来名とその原語の対照表（「中西文合璧表」「中西合璧表」）を掲げ、張伯爾原刊・山西大学堂訳書院訳『世界名人伝略』（1908）[63]は当該ページの欄外に原語を示している。しかし、それらは情報の正確な伝達を意図する、意識の高い書き手による著作や翻訳に限られていた。日本語では「牛津」「剣橋」の意訳地名導入時には一般的な出版物においてもしばしば振り仮名によって原語との対応が明らかにされたが、中国資料にはそのような配慮が例外的にしか見られないのである。その結果として、中国の読者には意訳地名の原語の読みが分からなかったことになる。

日中における意訳地名「牛津」「剣橋」の性質の差（1.3）を考えれば、そのこと自体は自然な結末であるとも言える。すなわち、日本語ではそれらの地名は半意訳であり、表記は「牛津」でも発音は基本的に外来語音である。原語に即して読むことを前提としている以上、確実に読まれるためには読みを示さないわけにはいかない。他方、中国語ではOxfordを発音の面でも変換してしまうので、そもそも原語での発音は問題にならない。日本人（あるいは中国人）が「地中海」という意訳地名を覚えるのに原語の知識を必要としないのと同じことである。

とは言え、中国の読者には従前使われていた音訳地名と「牛津」「剣橋」との関係が分からなかったはずであることもまた事実である。その意味で

---

[62] 『時務報』第15冊（1896）の「中西文合璧表」には「奥格司福 Oxford」の記載がある。
[63] 原刊書はDavid Patrick and Francis Hindes Groome（eds.）*Chambers's Biographical Dictionary: The Great of All Times and Nations*（1897）。『世界名人伝略』ではOxfordとCambridgeは「奥斯福」「坎勃列治」「坎勃治」と音訳表記されている。山西大学堂訳書院は山西大学堂で使う教科書の出版を目的としてリチャードが上海に設立した組織である。『世界名人伝略』の翻訳は同訳書院の代表を務める英国人宣教師ジョン・ダロック（John Darroch、中国名竇楽安）の統轄のもと、黄鼎、張在新、郭鳳翰らによって行われた（夏（2007））。

原語の発音を無視して意訳地名を用いることの配慮不足はやはり否定できないわけであるが、その事実こそ知識ある一部の人間を悩ませていた外来地名の表記の不統一と混乱の問題の一端だったということであろう。

7　おわりに

　以上、日中英の各種資料の調査に基づいて意訳地名「牛津」「剣橋」の発生とその後の消長を探ってみた。

　意訳地名はそのほとんどすべてが中国で作られた。その中には日本語に借用されたものもあれば中国語でのみ使われているものものある（6.2）。例外的に日本人が作ったと容易に推定できる意訳地名で普及したものはPearl Harbor を表す「真珠港」「真珠湾」と Hollywood を表す「聖林」くらいで、いずれも中国資料にはあまり現れない。[64]「牛津」と「剣橋」の両

---

[64] 中国語では一般に Pearl Harbor は意訳地名「珍珠港」、Hollywood は音訳地名「好莱塢」によって表される。「珍珠港」はおそらく日本語の「真珠港」に基づく翻訳借用であろう。
　「聖林」が樹木の種類の名である holly を形容詞の holy と取り違えた誤訳の産物であることについてはつとに指摘がある。「真珠湾」についても、原（2006）はそれが港を表す harbor を「湾」とした誤訳だと主張する。しかし、それは harbor の一般的な訳語にとらわれた皮相な解釈であろう。日本は19世紀から Pearl Harbor をアジアと米国の中間に位置し軍港に適した湾状の地形を持つ場所として注視・警戒しており―近代の書籍・雑誌・新聞にその話題は繰り返し現れる―、単なる1つの港という受け止め方ではなかった。「真珠湾」はそうした認識を背景とした翻訳―もし直訳と見なせないとすれば意訳$_2$（1.3）―であり、「港」とすべきところを不注意によって「湾」にしてしまったということではないと思われる。新聞の同一ページで記事の見出しに「真珠軍港」、本文に「真珠湾」を使った事例もある。
　以下、「真珠港」「真珠湾」と「聖林」の発生と消長に関して粗い調査に基づいて推定するところを簡単に述べる。
　Pearl Harbor は「真珠河港」「真珠江港」という形で日本に伝えられ、それが「真珠港」に短縮されるとともに、「真珠湾」という語も作られた。「真珠河港」と「真珠江港」は早くはそれぞれ1887（明治20）年3月16日の『読売新聞』、1896（明治29年）年1月26日の『東京朝日新聞』の記事に現れる。「真珠河港」の初出例は次の通りである。

　　布哇国のホノル、ヽを離る、事凡そ二十里程の処に一列の岩礁を以て囲みたる天然の江湾ありてこれを真珠河港と称せり。（「米布新条約」『読売新聞』1887年3月16日）

注目すべきことに、ここですでに「真珠河港」と訳しつつ湾として説明している。Pearl Harbor は日本人の意識において当初から港でもあり湾でもあった。
　「真珠港」と「真珠湾」の初出例はそれぞれ1897（明治30年）年6月28日の『読売新聞』、1901（明治34）年12月15日の『東京朝日新聞』の記事に見られる。（原（2006）は「真珠湾」の発生について、開戦当日（1941（昭和16）年12月8日）の新聞報道に

地名は従来その起源が明らかでなかったが、本稿での調査の結果、前者は1875〜1877（明治8〜10）年ごろに英国人ジェームズ・レッグが考案したものであることが判明し、後者については1898（明治31）年までの数年間におそらく南条文雄もしくはCambridge大学に留学した日本人が考案したとの推定を得た。

各意訳地名発生後の消長の様相は本文に詳しく述べた通りで、それを短くまとめることもむずかしい。19世紀から20世紀初頭にかけての「牛津」「剣橋」の使用状況を年表の形に整理して後ろに掲げておく。

近代における日本、中国、西洋の関わりの状況・展開を考えれば、両国間における両意訳地名の普及の時間差や影響のあり方に関して本稿で述べた推測を事実が大きく外れる可能性は低いと思われる。しかし、それは調査不足ゆえの楽観に過ぎないかも知れない。「牛津」「剣橋」の歴史に関して本稿で描いたストーリーが新たな証拠の発見によって大きく書き換えられることを期待したい。

稿を閉じるに当たり、これまであえて触れずにきた1つの問題を検討しておく。それは、「牛津」と「剣橋」の発生源がそれぞれ単一だとする、本稿でも従ってきた従来の暗黙の前提が正しいという保証は実はないという問題である。

まず「牛津」について言えば、荒川（2000b）によれば、19世紀に刊行された複数の英華辞典がfordに「津」の訳語を与えていた。とすれば、異なる人間がOxfordを訳して「牛津」という同じ結果を得た、すなわち、「牛津」の発生源が複数あったとしても不思議ではない。とは言え、

おいてホワイトハウスの発表に含まれるPearl Harborを記者が誤訳したのが起源だと述べているが、断片的な観察に基づく臆断に過ぎない。）「真珠港」と「真珠湾」は一時は拮抗していたが、最終的に「真珠湾」が優位に立った。そして、終戦後に定められた"外国の地名は仮名書きにする"という原則（2.6）に妨げられることなく、「真珠湾」の意訳地名はそのまま日本語に定着した。なお、中国資料にも「真珠港」は多少、「真珠湾」はわずかに出現する。

「聖林」の早い使用例は1923（大正12）年2月23日の『東京朝日新聞』の「映画界活動噂ばなし」というコラム記事に見られる。「聖林」は戦後は上述の原則によって片仮名表記に取って代わられたが、現代の出版物にも散発的に現れる。中国資料における使用はわずかである。

Oxford を意訳する動機や意図を実際に多数の人間が持ったかと言うと、それは定かではない。本稿で見てきた「牛津」の発生と普及の様相からすれば、現にそれが単一の起源に由来し、そこから日中両国に使用が拡大したと理解するのが自然である。

「剣橋」は「牛津」とはまた事情が異なる。Cambridge の bridge は平易な普通名詞であるので、Cambridge を「〜橋」と訳す考えは Oxford の意訳と異なり人々の念頭に上りやすい。実際、「〜」の部分を異にする意訳なり部分意訳なりが複数の時と場において独立に行われた可能性は十分にある（3.3、5.6）。しかし、「剣橋」という特定の表記に限って言えば、やはり起源は単一と見るのが自然である。Cam の音訳を「剣」の字によらなければならない理由はなく、しかも、「剣」は外来名の音訳に一般に使われる漢字でもないからである。

文　献

荒川清秀（2000a）「『聖林』は『ハリウッド』、では『牛津』『剣橋』は？」『月刊しにか』第 11 巻第 6 号（大修館書店）

荒川清秀（2000b）「外国地名の意訳―『剣橋』『牛津』『聖林』『桑港』―」『文明 21』第 5 号（愛知大学国際コミュニケーション学会）

王樹槐（1969）「清末繙訳名詞的統一問題」『中央研究院近代史研究所集刊』第 1 期

王力（1958）『漢語史稿』（科学出版社）

欧陽哲生編（1998）『胡適文集 1』（北京大学出版社）

欧陽躍峰・姚彦琳（2012）「近代教会報刊的在華伝播―以《万国公報》為考察的中心―」『安徽師範大学学報（人文社会科学版）』第 40 巻第 3 期

夏暁虹（2007）「従"尚友録"到"名人伝略"―晩清世界人名辞典研究―」陳平原・米列娜編『近代中国的百科辞書』（北京大学出版社）

樺島忠夫（1985）「文字の教育と政策―それを考えるための方法について―」林四郎編『応用言語学講座 第 3 巻 社会言語学の探求』（明治書院）

寇振鋒（2009）「中国の『東方雑誌』と日本の『太陽』」『メディアと社会』第 1 号（名古屋大学大学院国際言語文化研究科）

周駿章（1937）「評標準漢訳外国人名地名表」『国聞週報』第 14 巻第 18 期（国聞週報社）

沈国威（1994）『近代日中語彙交流史―新漢語の生成と受容―』（笠間書院）
沈智（1987）「袁希濤与上海愛群女校」『人物』1987年第2期（総第42期）（北京市郵政局）
秦嵐（2011）「清末時期留日青年所創主要報刊及其影響」修剛編『外来詞彙対中国語言文化的影響』（天津人民出版社）
鄒振環（2012）「創辦初期的新学会社与《外国地名人名辞典》的編訳」『東方翻訳』2012年第4期（総第18期）（東方翻訳雑誌社）
千葉謙悟（2003）「地名の翻訳借用表記創造の主体をめぐって―オクスフォード『牛津』を中心に―」『東洋学報』第85巻第1号（東洋文庫）
千葉謙悟（2006）『清末中国語と東西言語文化交流―外来語・欧米漢学・交流の現場―』早稲田大学博士論文
千葉謙悟（2010）『中国語における東西言語文化交流―近代翻訳語の創造と伝播―』（三省堂）
張振明・曹文娟（2011）「《英民史記》的訳述及其在晩清中国的意義」『斉魯学刊』2011年第2期（総第221期）（曲阜師範大学）
陳継東（1999）『楊文会研究―清末における中国仏教の復古と綜合―』東京大学博士論文
陳継東（2002）「近代仏教の夜明け―清末・明治仏教界の交流―」『思想』No.943（岩波書店）
陳継東（2003）『清末仏教の研究―楊文会を中心として―』（山喜房仏書林）
陳振藩（1990）「外国専名漢訳初探」『広東民族学院学報（社会科学版）』1990年第2期（総第19期）
外山滋比古（2003）『わが子に伝える「絶対語感」』（飛鳥新社）
南条文雄（1884）「学窓雑録 接前」『令知会雑誌』第10号（令知会）
南条文雄（1885）「寄楊仁山書第二」『教学論集』第20編（無外書房）
南条文雄（1901）「恩師馬格師摩勒先生に関する話」『精神界』第3号（精神界発行所）
南条文雄（1906）『感想録』（井洌堂）
南条文雄（1921）「忘れ得ぬ人々」『合掌』第2巻第4号（合掌社）
南条文雄（1924）『南条文雄自叙伝』（沈石山房）
南条文雄（1927）『懐旧録』（大雄閣）
原徳三（2006）「『真珠湾』はない」『文芸春秋』第84巻第12号
潘允中（1989）『漢語詞彙史概要』（上海古籍出版社）
古田東朔・亀井孝・松島栄一・頼惟勤・柴田武・梅谷文夫・渡辺実・山田俊雄

(1965)『日本語の歴史6 新しい国語への歩み』(平凡社)
楊錫彭(2007)『漢語外来詞研究』(上海人民出版社)
羅常培(1950)『語言与文化』(国立北京大学)
Rudolph Ackermann (1814) *A History of the University of Oxford, Its Colleges, Halls and Public Buildings Volume I*, London: Rudolph Ackermann.
Samuel Beal (1876) *The Buddhist Tripiṭaka As It Is Known in China and Japan: A Catalogue and Compendious Report*, London: Clarke & Son.
Samuel Beal (1884) *Buddhism in China*, London: Society for Promoting Christian Knowledge.
Norman J. Girardot (2002) *The Victorian Translation of China: James Legge's Oriental Pilgrimage*, Berkeley and Los Angeles: University of California Press.
Giro Koike (1995) 'Why the "Cambridge & Oxford Society"?', A document available at the website of the Cambridge & Oxford Society.
James Legge (1893) 'A fair and dispassionate discussion of the three doctrines accepted in China: From Liû Mî, a Buddhist writer', *Transactions of the Ninth International Congress of Orientalists Volume II*, London.
F. Max Müller (1881) *Buddhist Texts from Japan*(*Anecdota Oxoniensia, Aryan Series Volume I, Part I*), Oxford: Clarendon Press.
F. Max Müller (1884) *Biographical Essays*, London: Longmans, Green, and Co.
Timothy Richard (tr.) (1907) *The Awakening of Faith in the Mahayana Doctrine, The New Buddhism by the Patriarch Ashvagosha*, Shanghai: Christian Literature Society.
Timothy Richard (1916) *Forty-Five Years in China: Reminiscences*, New York: Frederick A. Stokes Company.
Devello Z. Sheffield (1900) *Western Biographical and Geographical Names in Chinese: Report of Committee on Terminology of the Educational Association of China*, Shanghai: American Presbyterian Mission Press.
William E. Soothill (1924) *Timothy Richard of China: Seer, Statesman, Missionary and the Most Disinterested Adviser the Chinese Ever Had*, London: Seeley, Service & Co.

追記　中国の出版物における「牛津」の初出例ほか

　本稿入稿後、中国の出版物における「牛津」の初出が1893年の『万国公報』第49次の翻訳記事（5.2、6.1）からさらに7年さかのぼることが判明した。

　新しい初出例は1886年に刊行された『西学略述』に見出される。同書は西洋の諸学問の概要を紹介した10巻から成る翻訳書で、訳者は英国人宣教師ジョセフ・エドキンズ（Joseph Edkins、1823～1905、中国名艾約瑟）である。宗教を主題とする巻三の比較宗教学について述べた箇所で、その創始者であるミュラーに関する説明にOxford大学を表す「牛津書院」が出て来る。

　　此一学乃由英国牛津書院近年所聘較諸方言教習徳人名馬斯米勒【= Max Müller】者之所発明。馬公素多識梵文而於較諸方言尤其深嗜。
　　（赫徳（Robert Hart）撰・艾約瑟訳『西学略述』巻三「較諸教同異」（1886））

　この用例の存在の確認により、19世紀、すなわち、日本への留学生が「牛津」を伝える以前の時期の中国において、楊文会とリチャードの2人に加えてエドキンズもその意訳地名を知り使用していたことになる。エドキンズにはリチャードと同じく仏教関係の著作があり—*Religion in China*（1878）、*Chinese Buddhism*（1880）など—、そこにはミュラーの研究への言及もある。エドキンズもOxford大学出版局から刊行された南条やミュラーの著作をおそらく入手していたであろう。なお、英国人の翻訳による『西学略述』は定義上中国資料ではないが、『万国公報』第49次の記事や『海族志』『牛津大学実業叢書』にならって年表の中国資料の欄に記載する。もし英国人の関与したものを中国資料から除外するとすれば、中国資料における「牛津」の出版初出は1903年4月に刊行された『遊学訳編』第6冊（5.3）ということになる（『浙江潮』第10期は同年12月刊）。

　このほか、于宝軒編『皇朝蓄艾文編』80巻（1902）に収められた記事の3件に「牛津」の用例が見出された。うち2件にはリチャードが関わっており、巻六十五に収められた李提摩太訳・蔡爾康述「英前相格蘭斯敦【= Gladstone】小伝」（1898）がその1つである。また、巻十六に収められた「日華学堂章程要覧」（1899）も注目に値する。これは中国人留学生の教育のために初めて東京に設立された学校である日華学堂の学則で、その末尾に記された設立者である高楠順次郎（2.5）の名に「大英国牛津大学文芸博士」という肩書きが添えられている。留学生を通じた中国への「牛津」の伝播・普及が1903年に始まったことを本文で述べた（5.3）が、この学則はまさにその展開の背後に位置する存在であった。もっとも、学則

の主たる書き手はおそらく日本人であり、いずれにせよ学則中の表記が「牛津」を広める役割を果たすことはなかったであろう。

本書への再録に際しての追記

　本稿は『大阪大学大学院文学研究科紀要』第55巻（2015）に掲載した同題の拙文を再録するものである。いくつかの明白な誤記を訂正し、分量の関係で末尾の「参考　日本語用例の現代語訳」は割愛した。

　なお、沈国威氏より『申報』における早期の「牛津」の用例をご教示いただき、それに基づいて調査したところ、以下の2点が明らかになった。まず、上の追記で触れた于宝軒編『皇朝蓄艾文編』巻六十五（1902）所収の李提摩太訳・蔡爾康述「英前相格蘭斯敦小伝」（1898）の原文が判明した。当該の記事は『申報』第9049号（1898）所載の記事「英前相格蘭斯敦公小伝」を修正・短縮したものであった。西洋人宣教師が関与した用例とは言え、中国での一般刊行物における「牛津」が19世紀にさかのぼることになる。また、5.4に挙げた『東方雑誌』第7年第8期（1910）所載の蒋夢麟「美国前総統羅斯福氏遊非欧両洲演説辞」は同年の『申報』第13481号に掲載された「美国前総統羅斯福氏遊歴非欧両洲演説辞」を修正して再録したものであった。『申報』は1910年8月19日、『東方雑誌』は同年9月28日の刊行である。

意訳地名「牛津」「剣橋」の発生と消長　137

意訳地名「牛津」「剣橋」年表

		日本資料		中国資料	備考
		Oxford	Cambridge		
牛津以前	1868(明治1)	[福沢諭吉 西洋事情付録 片仮名]	[同左 片仮名]	[王韜 漫遊随録「哈斯仏」]	
	1869(明治2)				
	1870(明治3)	[小幡甚三郎 西洋学校規 片仮名]	[同左 片仮名]		
	1871(明治4)		スマイルス 西国立志編「堪比日」		日清修好条規
	1872(明治5)	[村田文夫 洋語音訳箋「阿斯仏」]	[同左「堪比日」]		
	1873(明治6)	[和田義郎訳編 英吉利史略 片仮名]			
	1874(明治7)	[明六雑誌12「阿斯福」] [グリウリンヘルド 万国地誌略「阿斯仏」]			
	1875(明治8)	[藤田九二 英語和解地名字彙 片仮名] [田中不二麿 理事功程「阿斯仏」]	[同左 片仮名] [同左「堪比日」]	[王韜撰 甕牗余談「堪比爾」]	
	1876(明治9)	[近藤圭造 兵要万国地理小誌「阿爾仏」]	[同左「堪比黎日」]	[李圭 環遊地球新録「奥克司芬」「甘比利支」]	南条文雄・笠原研寿渡英 J・レッグOxford大学着任
	1877(明治10)	[劉潮編 万国地誌要略「阿斯仏」]			
第1期	1878(明治11)	南条・笠原 書簡(僧墨遺稿)【初出】 [マレー 竜動新繁昌記「乙屈保(土)」]		[張徳彝 四述奇「敖克斯仏」「堪卜立地」]	
	1879(明治12)	南条・笠原 書簡(僧墨遺稿) [同片仮名] [南条・笠原 書簡(南条先生遺芳) 片仮名,「阿斯仏」]	[末松兼澄 書簡 片仮名][6]		南条・笠原Oxfordに移る
	1880(明治13)	[乾立夫・中原淳蔵訳 泰西名士鑑上編「阿斯出」]	[同左「堪比日」]	楊文会 南条・笠原宛て書簡「牛津」【牛津初出】	
	1881(明治14)	南条・笠原 楊文会宛て書簡(教学論集20)	同左「曲橋」		南条 レッグを初訪問 楊文会 南条に来訪
	1882(明治15)	南条文雄 書簡(南条先生遺芳)	笠原研寿 南条宛て書簡(教学論集5)「曲橋」		笠原帰国
	1883(明治16)	Bunyiu Nanjio A Catalogue【出版初出】 南条文雄 漢詩(航西詩稿)		[薛福成 出使四国日記「阿克司福」「千白雷池」]	笠原没
	1884(明治17)	南条文雄 令知会雑誌6,7(漢詩) 南条文雄 令知会雑誌8,9(論文) [南条文雄 教学論集8「阿斯弗」]	[朝日新聞「堅不列痴」]		南条帰国
	1885(明治18)	南条文雄 梵文阿弥陀経音義両訳 南条文雄 教学論集15 [南条文雄 令知会雑誌18 片仮名]	[同左「ケムブリヂュ」]		
	1886(明治19)	南条文雄 間対雑記 馬格師摩勒(ミュラー) 涅槃義 南条文雄 令知会雑誌23	[南条文雄 漢文(航西詩稿)「剣舞里地」] [同左「ケンブリヂ」]	艾約瑟訳 西学略述3「牛津」【牛津出版初出】	
	1887(明治20)	南条文雄 印度紀行			
	1888(明治21)	南条文雄 仏教演説雄弁集 荻原善太郎 日本博士全伝	[同左「ケンブリッヂユ」] [同左 片仮名]		
第2期	1889(明治22)	法学協会雑誌65【一般出版初出】 国民之友62			
	1890(明治23)	南条文雄 哲学雑誌39 教育時論187			
	1891(明治24)	加藤宜利編 南条文雄博士小伝	[同左「剣舞里地」]		
	1892(明治25)	南条文雄 書簡[7] 明教新誌3152			
	1893(明治26)	ダイシー 英米仏比較憲法論		万国公報49(李提摩太訳)「牛津」(千葉初出)	
	1894(明治27)	南条文雄 仏教史林1 東洋哲学1-1			日清戦争(〜1895)
	1895(明治28)				
	1896(明治29)	南条文雄 仏教史林25 J. Takakusu Buddhist Practices in India (義浄南海寄帰内法伝)	[同左「ケンブリヂユ」]	[鄭観応 盛世危言増訂新編「敖斯仏」「堪比立」]	清国からの大規模な日本留学開始
	1897(明治30)	南条文雄 仏教通俗講義梵文阿弥陀経史学雑誌8-6 帝国文学3-9		[万国分類時務大成20「阿克司仏得」「看伯理治」] [訳書公会報2「堪白里治」「堪白来治」] [集成報7(官書局報)「千布泥」]	
	1898(明治31)	世界之日本26 国学院雑誌4-10 [南条文雄 東洋哲学1「阿斯仏」]	東洋学芸雑誌200【初出】	于宝軒編 皇朝蓄艾文編65(李提摩太訳)「牛津」 周家禄 家塾答問「敖斯仏」「堪比立」	
	1899(明治32)	教育公報227 教育時論521 東京独立雑誌25,26	[同左 片仮名] 同左「賢橋」		
	1900(明治33)	読売新聞(ミュラー追悼文)【新聞初出】 帝国文学6-3 東京経済雑誌1024(競艇)	憲政党党報4-42 同左 同左	[黎庶昌 西洋雑誌「坳司司付爾」「岡布利直」]	M・ミュラー没

	年				
第3期	1901(明治34)	南条文雄 精神界3 東京朝日新聞(ミュラー訃報) 児童研究4-1(競艇)	同左【南条初出】 高楠順次郎 東洋学芸雑誌237 同左	「広学類編3「奥斯福」」 「斯密亜丹 原富(アダム・スミス 国富論)「鄂斯福」」	
	1902(明治35)	南条文雄 漢詩 精神界2-1 細野猪太郎 東京の過去及将来 慶応義塾学報54,57	同左 [読売新聞「劍撟」]	「遊学訳編2「奥克司火爾特」」 「新民叢報3「琴布列」」	日英同盟(〜1923)
	1903(明治36)	南条文雄 和訳梵文妙法蓮華経 島文次郎 英国戯曲略史 島村抱月 渡英滞英日記	同左 同左「建橋」 学灯7-10	遊学訳編6「牛津」浙江潮10「牛津」【牛津普及開始】 「甄克思 社会通詮「鄂斯福」」「万国公報175「阿司仏徳」「康有為 牛津学大叢報81「根補尼」」	
	1904(明治37)	東京朝日新聞(競艇)「新聞運動初出」 近角常観 信仰問題 横山達三 日本近世教育史	同左【新聞初出】 同左「曲橋」	新学会社編訳 外国地名人名辞典「牛津」(荒川初出) 万国広報188「牛津」「同179「康比治」」 「康有為 牛津剣橋大学遊記「悪士弗」「監布烈住」」	
	1905(明治38)	神戸弥作 外国地理 絵画叢誌224 読売新聞「乙津」	同左「大橋」	大陸3-7「劍橋」【劍橋初出】	
	1906(明治39)	里見純吉 巨人之片影 明星 午歳第9号 教育時論768	末松謙澄 夏の夢日本の面影 山室軍平 ブース大将伝 教育時論769	学部官報「牛津」 「同「開柏来治」」	
	1907(明治40)	ミューレル(ミュラー)比較宗教学 羅馬字ひろめ会 国字問題論集 浅野和三郎 英文学史	松浦政泰編 世界遊戯法大全 教育雑誌809 同左	葛耳雷 英民史記「牛津」 「同「康伯友」」 商務官報23「牛津」「劍橋」	
	1908(明治41)	南条文雄 静思録 南条文雄 仏説無量寿経阿弥陀経 長沢亀之助 問題解法三角法辞典	同左 同左 運動世界5	「張伯南 世界名人伝略「奥斯福」」「坎勃(列)治」」	
	1909(明治42)	エヂアトン 英国殖民発展史 林董纂訳 修養の模範 桜井彦一郎 欧洲見物	長沢亀之助 解法適用算術辞典 桧垣冬五郎 成功模範録 薬学雑誌328「賢橋」	新世紀105「牛津」	
	1910(明治43)	堀切善兵衛 殖民と経済 冒険世界3-3 国際法雑誌8-10	同左 同左 大庭柯公 人物分布観	東方雑誌7-8「牛津」 教育雑誌2-10「牛津」「劍橋」	
	1911(明治44)	ブリュール 剣橋大学と学生 黒板勝美 西遊二年欧米文明記 慶応義塾学報168	同左 同左 東洋時論2-4	陸費逵 世界教育状況「牛津」東洋雑誌8-8「牛津」 普通百科新大詞典「江橋」	辛亥革命(〜1912)
	1912(大正1)	生江孝之 欧米視察細民と救済 小西重直 現今教育の研究 大日本文明協会 近世泰西英傑伝	同左 鵜崎熊吉 朝野の五大閥 古林亀治郎 現代人名辞典	勃拉家 平民政治「牛津」「劍橋」「同「岡比黎白」」	
	1913(大正2)	稲垣陽一郎 牛津近代の三名士 時事通信社 代表的人物及事業 太陽19-12	同左 同左 同左	進歩4-6「岡橋」 「康有為 中華民国憲法草案 「悪士弗」「検布烈住」」	
	1914(大正3)	南条文雄 向上論 内ケ崎作三郎 近代文芸之背景 厨川白村 文芸思潮論	同左 同左 芸文5-11	甲寅雑誌1-4「牛津」「劍橋」	第一次世界大戦(〜1918)
	1915(大正4)	徳富猪一郎 世界の変局 戸川秋骨 英国近代傑作集 勝田主計 黒雲白雨	国家学会雑誌29-6 台湾時報68 (荒川 初出)	大中華1-3「牛津」「同「岡比黎日」」 民権素8「牛津」 教育雑誌7-2「牛津」「劍橋」	
	1916(大正5)			海族志各巻「牛津」 牛津大学実業叢書各巻「牛津」 東方雑誌13-4「牛津」「劍橋」	
	1917(大正6)	(荒川 初出)			
	1918(大正7)			新青年4-3「劍橋」 新青年4-4「康橋」	
			中略		
	1924(大正13)			(荒川 劍橋初出)	

凡例・注

1) この年表には、明治期から大正期初頭にかけてのOxford、Cambridgeの意訳地名の使用例をその出典とともに示す。ただし、日本資料に現れる「牛津」「劍橋」の表記の用例に関しては出典だけを示す。
2) 片仮名表記の地名と音訳地名の出現を [ ] に入れて示す。これは意訳地名の使用開始前からOxford、Cambridgeの地名が使われていたことを示すのが主目的である。片仮名表記の地名は原則として単に「片仮名」として示す。
3) 左端の縦書きの列は意訳地名「牛津」の日本資料における使用状況に基づく時期区分(本文3.3〜3.5)を示す。
4) 同一年に多数の用例がある場合は3件程度を選んで示す。同一の雑誌・新聞については初出例を優先的に示す。
5) 中国資料における音訳地名の用例は原則として荒川、千葉氏らによる記述との重複を避けて示す。
6) 末松謙澄書簡は次の書籍に収められたものによる。1879年から1883年にかけての多数の書簡に片仮名表記(「ケンブリッヂ」「ケンブリッジ」)の用例が見られる。
   伊藤博文関係文書研究会編『伊藤博文関係文書 五』(塙書房、1977年)
7) 1892年の南条文雄書簡は次の論文に収められたものによる。
   白須浄真「明治仏教学・仏教史学胎動期の一こま—南条文雄が藤井宣正に宛てた5通の書簡—」『広島安芸女子大学研究紀要』創刊号(2000年)

近代訳語「恋愛」の成立と
その意味の普及

清地　ゆき子
（筑波大学・院）

要旨：本稿は、近代訳語「恋愛」が近代の日中語彙交流により、現代語のような意味・用法を獲得する様相を明らかにしたものである。中国語の古典や19世紀中葉の英華・華英字典にみられた"恋愛"の意味・用法は現代語とは異なっていた。一方、日本語の「恋愛」は、中村正直の翻訳などを通して、意味範囲が縮小され、「高尚な精神性」の意味が込められた言葉として扱われた。日本で新義を得た「恋愛」は、20世紀初頭、《清議報》や《新民叢報》《新小説》などでの西洋文学の紹介や翻訳を通して、西洋文学にみられるロマンティックな意味を帯びた言葉として、中国語に逆移入された。

キーワード：近代訳語、恋愛、新義、高尚な精神性、逆移入

はじめに

　近代訳語「恋愛」の成立、及びその意味の普及などについては、語彙研究や文学の視点から既に数々の研究成果がみられる[1]。「恋愛」という言葉は、柳父（1982）、飛田（2002）に指摘されるように、19世紀中葉の英華字典から借用された可能性が高い。但し、英華字典で love の訳語にあてられた意味は、意味範囲が広く、男女に特定された言葉ではなかった。日本語に借用された後に新しい意味が付与されたと考えられる[2]。

　一方、中国語の"恋愛"については、「現代の意味での「恋愛」は日本から輸入された[3]」という指摘もある。また、1920年代前半に《婦女雑誌》の主編を務めた章錫琛は、「中国の文字の中にはずっと英語の love の意味にあたる言葉がなかった。近頃なんとか日本語訳の「恋愛」をあてているけれども、一般の人には依然としてこの言葉の意味は理解されていない[4]」と論じ、"恋愛"を日本語借用語彙と捉えていたことが窺える。つまり、現代中国語で使用されるような男女に特定された"恋愛"の意味・用法（以下、新義とする）は、日本語から逆移入されたと予測される[5]。

　本稿の目的は、近代訳語「恋愛」がどのような経緯により新義を得て、中国語に逆移入されたのか、その様相を明らかにすることである。また、中国語において"恋愛"が普及する際、日本語と同じように「高尚な精神性」という意味が込められたのか、その意味の普及についても考察を加えたい[6]。

---

[1] 「恋愛」の語誌研究としては広田1969、飛田2002、寒河江2006、文学研究としては佐伯1998、平石2012、思想史研究としては柳父1982、松永1993、原島1997などがある。
[2] 朱2013も、「恋愛」を「明治以後、訳語に転用されて、新しい意味が生じたもの」として分類している（325頁）。
[3] 張1993、8頁。但し、張1993には詳細な語誌研究はみられない。
[4] 章錫琛〈駁陳百年教授　一夫多妻的新護符〉《莽原》第4期、1925.5.15、37頁。
[5] 《現代漢語詞典》第6版（2012）は"恋愛"の意味を①動男女互相爱慕。②名男女互相爱慕的行動表現（①男女が慕い合う。②男女が慕い合う行動表現）とする。
[6] 本稿では、中国語の著書は《　》、論文は〈　〉、日本語の著書は『　』、論文は「　」を用い、論述の際、日本語と中国語の区別が必要な場合、日本語は「　」、中国語は"　"で表す。辞典の見出し語は、【　】で表し、各記号内の漢字表記は日本語の新字体とする。用例で使用した［…］は、（前略）、（中略）、（後略）を意味する。尚、用例の引用は原文通りとし、下線は論者による。用例の邦訳は、特に明記がないものは拙訳である。

1 中国語における近代訳語"恋愛"の成立

1.1 古典に典拠された"恋愛"の意味

中国語の"恋愛"は次のように、中国の古典にみられた言葉であった[7]。

1) 公將行，小蓮泣告：「某有所屬，不能侍從，懷德戀愛，但自感恨。」
　　　　　　　　　　　　　　　（劉斧〈小蓮記〉《青瑣高議》）[8]
（公がまもなく行こうとする際に、小蓮は泣きながら告げた。「私は自由の身ではないので一緒に行って側にお仕えすることができません。公の徳行と慈愛を懐かしく思い、ただ自ら悔しさを感じるばかりです」）

2) 則民之蓄積耗而生計微，生計微則家貧無所戀愛矣。以無所戀愛之心，加之以貪官狡吏之催楚，其不舍其邑里耕桑而去者幾希矣！
　　　　　　　　　　　　　　　　　　　　（王廷相《雅述》上篇）[9]
（民の蓄えは減り、資材も少なくなる。資材が少なくなると家が貧しくなり、懐かしみ慈しむこともなくなる。懐かしみ慈しむ心がなくなり、それに欲張る役人や狡猾な官吏からの催促が加わると、自分の故郷と土地を懐かしみながらも去ってしまう人は少なくない）

3) 彼舍其勸，則無參商之虞矣；伐其仙姿，無戀愛之心矣；灰其靈竅，無才思之情矣。　　　　　　　（曹雪芹《紅楼夢》第 21 回）[10]
（彼女らが諫言だてを差し控えるならば、參商のおそれはなくなろう。その仙姿をそこなうならば、これを恋うる心はなくなろう

---

[7] 張 1993 も「宋代の劉斧《青瑣高議》に見られるが、それは現在の「恋愛」の意味ではない。一般の社会関係の人たちのあいだの「思う」「慕う」という意味だけである」と指摘する（8 頁）。また、《漢語大詞典》も【恋愛】の１つ目の意味を"愛恋；留恋"として、《青瑣高議》と《雅述》をひいている。

[8] 引用は、〈青瑣高議後集巻三・小蓮記〉陳新編輯《全宋筆記》第 2 編 2、大象出版社、2006、129 頁。

[9] 引用は、孝魚点校《王廷相集 三》中華書局、1989、841 頁。

[10] 引用は、《紅楼夢》人民文学出版社、1959、221 頁。

し、その霊窍を灰にしたならば、才思を慕う情もなくなろう[11]）

4）長房回説：「自恨識浅学疏，不能悟徹真理，妄自戀愛家庭，即與道心相背，所以蘊蓄五衷。」（無垢道人《八仙全伝》第52回)[12]
（長房は返答する。「自分の学識が浅薄であることに悔やみを感じ、心理を深く悟ることができず、みだりに家庭を恋しく思うのは、ほかでもなく道心に背くことである。故に内面に蓄えなければならない。」）

これらの文献に使われる"恋愛"の意味は、《青瑣高議》では"小蓮"の"公"に対する「慈しみ」であり、《雅述》では「懐かしみ慈しむ」対象は人間ではない。また《紅楼夢》では、主人公の宝玉が酒に酔い、読んでいた《南花経》の一節に続けて自ら詩を詠んだもので、「恋しうる」対象は恋愛関係にある男女に特定されたものではない[13]。《八仙全伝》も「家庭を恋しく思う」の意味であり、対象は事物である。

つまり中国語の"恋愛"は、古典文献にもみられたが、その意味は男女に特定されたものではなく、意味範囲の広いものであった。

1.2　英華・華英字典における"恋愛"の意味

次に、19世紀中葉の英華・華英字典に収録された"恋愛"の意味を確認しておきたい。R. Morrison の *A Dictionary of the Chinese Language*（1822）では、見出し語【Love】の項に、to love ardently の意味としてあてられたのは、"愛恋"であった。

5）【Love】to regard with affection, 愛. To love ardently, 愛慕, 愛戀, 切愛, 系戀, 眷戀.

---

[11] 伊藤漱平訳『紅楼夢（上）』平凡社、1969、278頁。尚、同訳内の「参商」には注が付され、「参も商もともに星の名」であるが、ここでは「兄弟（姉妹）の仲がむつまじくないにたとえる」とある（284頁）。
[12] 引用は、《八仙全伝》三秦出版社、1988、418頁。
[13] 周定一主編《紅楼夢語言詞典》（1995、523頁）は、ここでの"恋愛"の意味を"眷恋；捨不得離開"（恋しく思う；離れがたい）としている。

近代訳語「恋愛」の成立とその意味の普及　143

(*A Dictionary of the Chinese Language*, 1822)

　R. Morrison の字典を受け継ぐ形で編纂された W. H. Medhurst の華英字典の【恋】には、to love tenderly の意味として"恋愛"が収録される[14]。W. H. Medhurst が、1847 年から 1848 年にかけて刊行した英華字典においても、to love with compassion の意味として"恋愛"があてられている[15]。W. H. Medhurst がこの 2 種の字典に、なぜ R. Morrison の字典に使用されなかった"恋愛"という言葉をあてたのかは現在のところ未詳だが、前項であげた漢籍（用例 1-用例 4）を参照した可能性も考えられる。

6）【恋】to long after. 相戀, to love one another. 戀慕, to hanker after. 戀愛, to love tenderly, 戀妓, to a hankering after women.
(*Chinese and English Dictionary*, 1842-1843)
7）【Love】to love 愛, 好. 戀愛, to love with compassion.
(*English and Chinese Dictionary*, 1847-1848)

　この W. H. Medhurst の字典の訳語を多く収録して編纂され、日本語にも影響を及ぼしたとされるのが、次にあげる W. Lobscheid の《英華字典》（1866-1869）である。用例 8-1 にあげるように、【Eagerness】【Fond】【Heart】【Love】には、それぞれ fervor、doting、the heart set upon a thing、to love tenderly, as a mother a child と意味が付けられており、意味範囲の広いものである。但し、同じ W. Lobscheid《英華字典》（1866-1869）には、男女に特定された意味を持つ"恋愛"や"恋愛"の複合語もみられた[16]。特に、用例 8-2 にあげる意味・用法からは、W. Lobscheid

---

[14] W. H. Medhurst は、滞在先のバタヴィアで日本の書物を数冊入手し、1830 年に *An English and Japanese and Japanese and English Vocabulary*、さらに 1835 年に *Translation of a Comparative Vocabulary of Chinese, Corean and Japanese Languages* を同地で刊行しているが、これらの字典には"恋愛"の収録はみられない。
[15] 柳父 1982、及び『明治のことば辞典』（東京堂出版、1986）は辞典類での早期の"恋愛"の収録について、この W. H. Medhurst の *English and Chinese Dictionary*（1847-1848）をあげている。
[16] 寒河江 2006 は、W. Lobscheid の《英華字典》に収録された"恋愛"と"恋愛"の複

が"恋愛"を男女の情愛を表す言葉としても捉えていたことが窺える。

8-1）【Eagerness】ardor, 熱心, 憤力；fervor, 戀慕, 戀愛
　　　【Fond】foolish, 呆, 癡, 癖；［…］；doting, 戀愛, 貪愛
　　　【Heart】心［…］；the heart set upon a thing, 癡心, 癡愛, 戀愛
　　　【Love】愛, 好, 低,［…］；to love tenderly, as a mother a child, 慈, 痛惜, 痛愛, 疼愛, 慈幼, 戀愛, 字；
　　　　　　　　　　　　　　　　　　　（《英華字典》1866-1869）
8-2）【Amatorial, Amatory】amatory expression, 關愛, 戀愛之言
　　　【Amorado】inamorato, 貧色之人,［…］戀愛之人
　　　【Amorous】to be in love, 相思, 戀愛
　　　【Attachment】affection, 愛情, 戀愛,［…］attached to one as a butterfly is to the flower, 人之戀愛如蝴蝶之戀花
　　　　　　　　　　　　　　　　　　　（《英華字典》1866-1869）

　W. Lobscheidは1871年に、中国語学習やキリスト教関係の文献の研究に役立てる目的で《漢英字典》を刊行している。【恋】に、"恋愛"が収録されるが、その意味はやはりto love tenderlyとされる。但し、前掲の《英華字典》の【Amorado】と同様、"恋愛之人"が、an inamorato（情夫）の意味として収録されている。現代語の意味・用法とは相違するが、"恋愛"が男女間を意味するものとして使用されている点は着目しておきたい。

9）【恋】戀愛, to love tenderly；amorous；戀愛之人, an inamorato；　　　　　　　　　　　　　　　　（《漢英字典》1871）

合語として、15の見出し項目（Amatorial（Amatory), Amorado, Amorous, Amorousness, Attachment, Dotage, Dote, Eagerness, Enamored, Endearment, Fond, Heart, Love, Pant, Panting）をあげている。また、寒河江2006は、井上哲次郎により増訂された『訂増英華字典』（1883-1885）と対照して、『訂増英華字典』に1箇所だけ、Amotorial, Amatorious, AmatoryにRelating to loveの意味として、「戀愛的」が補充されていると指摘する（6頁）。

次の用例10-1は、鄺其照により編纂された英華字典《字典集成》の第2版（1875）で、用例10-2は、その第3版にあたる《華英字典集成》（1887）である。それぞれ、【Love】に収録された"恋愛"の意味は、やはり to love tenderly である[17]。また用例11のF. W. Baller により刊行された漢英字典も、"恋愛"は strongly attached to とされる。

10-1）【Love】Love, to 愛，好．to love tenderly 疼愛，戀愛．
(《字典集成》1875）
10-2）【Love】Love, to 愛，好．to love tenderly 切愛，戀愛．
(《華英字典集成》1887）
11）【恋】to hanker after ; 戀愛, strongly attached to．
(*An Analytical Chinese-English Dictionary*, 1900)

管見の限りでは、20世紀初頭までに編纂された字典のなかで、"恋愛"が名詞として、"男女相愛之情"を表す意味で収録されるのは、1908年の《英華大辞典》だと思われる。

12)【Love】v.t. To like, 愛，好，喜，樂 ; […] to regard with affection, 戀愛 ; n. An affectionate devoted attachment, especially that passionate all-absorbing from of it, when the object is one of the opposite sex, 男女相愛之情, 愛情, 愛心, 戀愛, 呢愛 ;
【Fervently】to desire fervently, 戀慕, 戀愛．
【Heart】*To lose one's heart*, to fail in love, 迷戀, 戀愛, 鍾愛, 鍾情, 相思 ;　　　　　　　　（《英華大辞典》1908）

民国期に入ると、"恋愛"は、《辞源》や《標準語大辞典》《国語辞典》などの国語辞典にも、意味範囲が縮小された男女に特定された意味の言葉として収録されるようになる。《辞源》の【恋愛】には、古典文献の記載

---

[17] 尚、1902年に商務印書館より出版された《商務書館華英音韻字典集成》の【Love】には、to love ardently "熱愛，切愛，眷恋"が付され、"恋愛"はみられない。

もなく、更に"日本語"という記述もなく、編者が"恋愛"を近代の新語とみなしていたことが窺える。

13)【恋愛】謂男女相悦也。(男女が好きになること)(《辞源》1915)
14)【恋愛】男女相愛。(男女が好きになること)
(《王雲五大辞典》1930)
15)【恋愛】男女相愛雨下裏捨不得分離。　(《標準語大辞典》1935)
　　(男女が愛し合い、雨の中でも離れがたい)
16)【恋愛】指男女相悦。(男女が好きになること)
(《国語辞典》1945)

以上のように、19世紀中葉から20世紀初頭の英華・華英字典、及び民国期の国語辞典に収録された状況から判断すると、中国語の"恋愛"は20世紀初頭以降には意味範囲が縮小され、男女間に特定された言葉として、新義がみられるようになったことが分かる。

次節では、"恋愛"の新義が日本語から移入されたことを明らかにするため、日本語での近代訳語「恋愛」の成立とその言葉の意味の普及を確認したい。

2　日本語における近代訳語「恋愛」の成立

2.1　中国語からの借用

日本語で「恋愛」が訳語として早期にみられたのは、『日本国語大辞典』の「語誌」、及び飛田(2002)にも指摘されるように、中村正直(1832-1891)が1870-1871年に、S. Smilesの *Self-Help* の改訂版(1867)を翻訳した『西国立志編』だと思われる。中村は底本の fallen deeply in love を「深ク恋愛シ」と訳しており、「恋愛」を「男女の情愛」の言葉として、捉えていることが分かる。

17) to have fallen deeply in love with a young lady of the

village[18].
李甞テ村中ノ少女ヲ見テ．深ク戀愛シ．
（中村敬太郎訳『西国立志編』第 2 編、木平謙一郎、1871、13 頁）[19]

また「恋愛」が名詞として訳出されたのは、加藤弘之（1836-1916）の「米国政教」[20]（1874）だと思われる。加藤弘之は、Free- lovers を「自由恋愛党」と訳し、その意味を「夫婦共時々戀愛スル所ノ變スルニ從テ縦ニ配偶ヲ改ムルヲ以テ眞ノ自由トナセル」と小文字で書き添えている。ここでの「戀愛スル」は、夫婦が配偶者以外と恋愛することを意味する。「自由恋愛」は、日本では明治期末から大正初期に社会主義者やアナキストらに多く唱えられ、専門用語的な 1 語とされた[21]。

18） Nun ist auf der einen Seite bei den Mormonen die Polygamie Glaubensartikel、auf der andern beanspruchen die Free-lovers das Recht des Wechsels in den geschlechtlichen Verbindungen als einen Theil ihrer persönlichen Freiheit[22].
然ルニ一方ニハモルモーン、一夫ノ數ヲ娶ルヲ以テ其神道ノ許ス所トナシ又一方ニハ自由戀愛黨「夫婦共時々戀愛スル所ノ變スルニ從テ縦ニ配偶ヲ改ムルヲ以テ眞ノ自由トナセル一年党アリ此一党輓近漸ク合衆国ニ起レリ」縦ニ配偶ヲ改ムルヲ以テ人身自由權ノ一トシテ之ヲ主張スルノ風アリ
（加藤弘之訳「米国政教　第 4 章」『明六雑誌』第 13 号、1874.6、2 頁）

---

[18] S. Smiles, *Self-Help*, London: J. Murray, 1876, p.43.
[19] 引用は、近代デジタルライブラリーに拠る（検索日：2015.8.11）。
[20] 原著は、アメリカの牧師・J. P. Thompson によりドイツ語で書かれた *Kirche und Staat in den Vereinigten Staaten von Amerika*（『アメリカにおける教会と国家』）である。尚、加藤弘之訳「米国政教」は、『明六雑誌』第 5 号（1874.4.15）、第 6 号（1874.4.28）、第 13 号（1874.6）に掲載された。
[21] 近代訳語「自由恋愛」の成立と中国語への移入については、拙稿 2012 で詳述した。
[22] J. P. Thompson, §4. Religion, kein Deckmantel für Laster oder Hochverrath, *Kirche und Staat in den Vereinigten Staaten von Amerika*, Berlin：Leonhard Simion, 1873, s.11.

さらに「恋愛」が、「男女間の情愛」の意味に特定された名詞として使用されたのが、中村正直がS. Smilesの*Character*（1871）を翻訳した『西洋品行論』（1878-1880）である。第11編第8は「男女恋愛ノ事ヲ論ズ」と題され、「男女の恋愛」について論じられている。

19）男女戀愛ノ事ニツキテハ。尋常ノ修身學者之ヲ言ヲ忌ミ。［…］
男女戀愛ノ情ニ就テ。今マデ規則トナスベキ訓言ナシ。［…］
男女戀愛ノ情トイフコトヲ。世俗之ヲ以テ痴愚トナス。然リト雖モ。男女戀愛ノ情。苟モ。清潔高尚ニシテ自ラ。私スル心ナキニ根ザシテ發出スルモノハ、コレヨリシテ徳善ノ行、顯ハレ出ルノミナラズ純美ノ俗ヲ成スベキニ進マンコト必セリ。（中村正直訳「第11編　婚姻ノ伴侶」『西洋品行論』珊瑚閣、1880、9-11頁）

「恋愛」の前に「男女」と修飾語をつけていることや、「人往々ソノ愛戀スル所ノ人ヲ失フ時ハ[23]」というように、訳語として「愛恋」という言葉もみられることからは[24]、この当時、訳語として「恋愛」が定着したとは言えないが、「男女戀愛ノ情。苟モ。清潔高尚ニシテ」と説かれるように、「日本の「恋愛」理念の根底を形作ったのは、キリスト教の教えに従って恋愛の徳を説いた、このような思想だった[25]」と言えよう。

では、中村正直は『西国立志編』や『西洋品行論』でloveの訳語として、なぜ「恋愛」をあてたのであろうか。それは、中村が1872年から6年間の歳月をかけてW. Lobscheidの《英華字典》（1866-1869）を校正し、『英華和訳字典』（1879-1881）を刊行したことと関係がありそうである[26]。

中村が「恋愛」に付している片仮名をみると、【Eagerness】のfervor

---

[23] 中村正直訳「第11編　婚姻ノ伴侶」『西洋品行論』珊瑚閣、1880、33頁。
[24] 広田1969は、『西洋品行論』で訳出された「恋愛」と「愛恋」について、「恋愛」を名詞、「愛恋」は1例を除いて動詞という使い分けを指摘する（36頁）。
[25] 平石2010、91頁。
[26] 中村敬宇校正、津田仙・柳田信大他訳『英華和訳字典』の跋に、中村正直は「余校此書　始於明治五年十二月　畢於明治十二年二月」と記されており、《華英字典》の翻訳が1872年から開始され、1879年に終えたことが分かる。

に「コリカタマリテ　ヲルコト」、【Heart】の to set the heart on に「ハナハダ　アイスル」、【Love】の to love tenderly, as a mother a child には「ジアイスル、イツクシム」とあり、意味範囲が広い言葉として捉えている。但し用例20-1の【Fond】の doting に付された「コヒシタフ」や、用例20-2の【Amorado】の inamorato に付された「コヒビト」、【Amorous】の to be in love に付された「ホレテイル」からは、中村が『英華和訳字典』を校正する過程において「恋愛」を「男女の情愛」の言葉として捉えていたことが分かる。これが『西国立志編』や『西洋品行論』の翻訳に、更にその後の「恋愛」の意味・用法につながったのではないかと推察する。

20-1)【Eagerness】 n. ardor, 熱心, 憤力, […]；fervor, 戀慕, 戀愛, コリカタマリテ ヲルコト, kori-katamarite oru koto；

【Fond】 a. foolish, 呆, 癡, 癖, […] doting, 戀愛, 貪愛, コヒシタフ, koi-shitō；

【Heart】 心, […]；to set the heart on, 癡愛, 戀愛, バカニナツテアイス, baka ni natte aisu, ハナハダ　アイスル, hanahada aisuru；

【Love】 v. t. 愛, 好, 忯, […]；to love tenderly, as a mother a child, 慈, 痛惜, 痛愛, 疼愛, 慈幼, 戀愛, 字, ジアイスル, ji-ai suru, イツクシム, itukushimu；

（『英華和訳字典』1879-1881）

20-2)【Amatorial, Amatory】 amatory expression, 戀愛之言, アイレンノコトバ, airen no kotoba；

【Amorado】 inamorato, 貧色之人, […] 戀愛之人, イロヲコノムヒト, iro wo konomu hito, コヒビト, koibito.

【Amorous】 to be in love, 相思, 戀愛, スイテイル, suite iru, ホレテイル, hore te iru；

【Attachment】 affection, 愛情, 戀愛, […] シタシミ, shitashimi, アイジョウ, aijō, オモヒシタフコト, omoi shitō koto, […]²⁷　　　　　　　　　　　（『英華和訳字典』1879-1881）

ところで、日本で出版された辞典類に「恋愛」が収録されたのは、『英華和訳字典』が最初ではなかった可能性もある。論者の調査によれば、1833 年に刊行された蘭和辞典『道訳法児馬』（静嘉堂文庫所蔵本）に、Mingenoot の訳語として「恋愛スルベキモノ」が確認できる。

図版【Mingenoot】恋愛スルベキモノ　　（『道訳法児馬』1833、p.342）²⁸

但し、1833 年の『道訳法児馬』の前に編まれた『波留麻和解』（1798-1799）や『訳鍵』（1810）、及び『道訳法児馬』の後に編まれた『和蘭字彙』（1855）、『英和対訳袖珍辞書』（1862）、『附音挿図 英和字彙』（1873）の【Love】には「恋愛」はみられない。

21）【Minnaat】愛スル人　　　　　　　　　（『波留麻和解』1796）
22）【Mingenoot】愛スベキモノ。睦キ間　　　（ママ）（『訳鍵』1810）
23）【Mingenoot】恋愛スルベキモノ　　（ママ）（『道訳法児馬』1833）

―――――――――――
²⁷《英華字典》にある"人之戀愛如蝴蝶之戀花"は、『英華和訳字典』では、省略されている。『英華和訳字典』の収録語については、《英華字典》の全ての訳語が採用されたわけではない（森岡 1969、70-72 頁）、省かれたものの多くは方言的接辞や語彙である（沈 1994、183 頁）、中国的色彩の濃い下位概念語の削除、見出し語の一部を削除、増補している（宮田 2010、114-115 頁）と、指摘される。
²⁸ 引用は、松村明監修『近世蘭語学資料第Ⅲ期　道訳法児馬　第 4 巻 L～N』（ゆまに書房、1998、342 頁）である（東京大学総合図書館所蔵）。同書の凡例には、1833 年発行の静嘉堂文庫所蔵本を底本として忠実に複製したとある。尚、京都大学及び九州大学所蔵の 1816 年版『道訳法児馬』には、【Mingenoot】愛スルベキモノ、とあり、「恋愛」の表記はみえない。また、Mingenoot は『蘭和大辞典』（南親会編、第一書房、1986）には、未収録であるが、【Minnarr】と【Minne】には、次のような意味が付されている。【Minnarr】m. 戀人、愛人、情夫、姦夫；情事、戀愛、戀；【Minne】v. 愛、愛情、慈愛、慈悲、敬慕、崇敬、戀愛；

近代訳語「恋愛」の成立とその意味の普及　151

24）【Mingenoot】愛スルベキ者　　　　　（『和蘭字彙』1855）
25）【Love】s. 愛.　恋(ママ).　財寳　　　（『英和対訳袖珍辞書』1862）
26）【Love】v.t. 愛スル、好ム、慕フ、戀慕スル。慈愛スル
　　n. 愛情。寵愛、仁恵、戀慕、愛国ノ情、愛着（『英和字彙』1873）

　日本語における近代訳語「恋愛」の成立は、やはり『英華和訳字典』に依るところが大きいとみるのが妥当であろう。また、1833年の『道話法児馬』にみえる「恋愛」の意味は、「愛」に相当するもので、『英華和訳字典』の「恋愛」の意味とは開きがあったと考える。

2.2　翻訳における「恋愛」の意味

　「恋愛」が、西洋文学の翻訳にみられるようになるのは、1880年代半ばである。『喜楽の友』（1879）に無著名で掲載された「（ロミオ）ト（ジユリエット(ママ)）ノ話」（抄訳）では、原文のloveは「ラブ」と記され、その意味は「可愛人といふ意なり」であったが、1885年に『郵便報知新聞』の主幹・藤田茂吉により抄訳された「落花の夕暮（ロミオ、ジユリエット(ママ)）」では、同箇所に「恋愛」があてられている。

27-1) *Rom.* I take thee at thy word: Call me but love, and I'll be new baptiz'd ; Henceforth I never will be Romeo[29].
　　　御身(おんみ)の情ハとくに知(し)りたり左(さ)までに言(いは)、ならば吾身(わがみ)をラブと呼(よび)給(たま)へ（可愛人といふ意なり）もし好しからぬとならば我(わ)が爲(ため)に佳名(よきな)を擇(あら)ばれよ今(いま)より我名ハロミオならじ　（「（ロミオ）ト（ジユリエット(ママ)）ノ話」『喜楽の友』1879.5.14、11頁)[30]

27-2) 魯　若し我姓名がおん身の心に逆らは、如何なる名にでもおん身の好める名に替へて呼ひたまへ我も亦魯美にあらず嗚呼

---
[29] William Shakespeare, *The Works of William Shakespeare*. The text revised by The rev. Alexander Dyce., Vol. VI., London：Chapman and Hall, 1866, p.411.
[30] 引用は、川戸道昭・榊原貴教編『明治翻訳文学全集《新聞雑誌編》シェイクスピア集Ⅰ』大空社、1996より。

　　　　我戀愛に我名を避けん　　　　（藤田茂吉訳「落花の夕暮
　　　　　　（ロミオ、ジユリエット(ママ)）」『郵便報知新聞』1885.4.8）

　但し「落花の夕暮」であてられた訳語「恋愛」も「恋人」の意味であり、1886年の河島敬蔵による全訳『露妙樹利戯曲　春情浮世之夢』では、同箇所（第2回第1幕）のロミオの発話には「君が言葉に従かふほどに我を指して情人と呼びたまへ[31]」と「情人」があてられていた。ところが第1回第3幕の夫人の発話や第2回第3幕のロミオの発話では、原文のloveやwoundedに「恋愛」があてられ、「こゐしう」「れんあい」のルビがつけられている[32]。

　　28-1）*La. Cap*. What say you? Can you love the gentleman? This
　　　　　night you shall behold him at our feast[33]:
　　　　　夫人「娘其方彼貴人は戀愛(こゐし)ないか此夜我家の饗宴に彼人の容貌
　　　　　をよくみやれ（第1回第3幕）　　（河島敬蔵訳『露妙樹利戯曲
　　　　　　　　　　　　　　　　　　春情浮世之夢』耕文舎、1886、40頁）[34]

　　28-2）*Rom*.［…］That's by me wounded: both our remedies[35]
　　　　　ロミ「［…］其女こそ真實小生を戀愛(れんあい)し、小生も亦女を捨難く
　　　　　思ひ　　　　　　　　　　　　　　　　　　（第2回第3幕）
　　　　　　　（同上、河島敬蔵訳『露妙樹利戯曲　春情浮世之夢』、95頁）

---

[31] 河島敬蔵訳『露妙樹利戯曲　春情浮世之夢』耕文舎、1886、79頁：『シェイクスピア翻訳文学書全集3　春情浮世之夢』大空社、1999（影印）。
[32] 1886年の河島敬蔵訳『露妙樹利戯曲　春情浮世之夢』では、loveは「恋情」と訳されたものが多い。広田1969も、この2例を戯曲の翻訳の早い用例としてあげている（34-35頁）。また広田1969は、1872年から1875年に翻訳された『通俗　伊蘇普物語』（渡部温訳）や1878年から1879年に翻訳された『欧州奇事　花柳春話』（丹羽純一郎訳）では、「恋慕」や「愛恋」が使用されていたと指摘する（33頁）。
[33] William Shakespeare,*The Works of William Shakespeare* edited by W. G. Clark and W. A. Wright, 1865, Vol. VII, London：Macmillan and Co., p.48.
[34] 引用は、『シェイクスピア翻訳文学書全集3　春情浮世之夢』大空社、1999（影印）。
[35] William Shakespeare,*The Works of William Shakespeare* edited by W. G. Clark and W. A. Wright, 1865, Vol. VII, London：Macmillan and Co., p.22.

翌年、雑誌『欧米政典集誌』[36]に掲載された中江兆民（1847-1901）抄訳の「民主国ノ道徳」（1887）にも「恋愛」がみられる[37]。兆民とその門下生（仏学塾）による翻訳であるが、兆民により大幅な省略、加筆、付加が行われた[38]。

> 29）顧フニ婦人タル者若シ人ノ妻ト爲リ人ノ母ト爲リ並ニ國民ノ一人ト爲リテ能ク其三種ノ責任ヲ服行シテ欠失無キコトヲ得ルトキハ、良人ノ爲メニ敬重セラレ戀愛セラル、コト如何ゾヤ
> （中江篤介節訳「民主国ノ道徳」『欧米政典集誌』第 20 号、1887.4、4 頁）

松永（1993）は、兆民が言うこの「恋愛」は夫婦の間の愛情、特に精神的な要素が強いと捉え、「もともとラヴやアムールには男女間の愛だけではなく、神への愛という精神性の高い愛も含まれており、日本語としては愛がもっとも近い内容を持つ語であろう。この愛に、もっぱら男女間の感情を意味する恋が組み合わされたのが「恋愛」という語で、これがラヴの訳語となったのであるから、そこに精神性が含まれてくるのは自然であった[39]」と、兆民が用いた「恋愛」の「精神性」を指摘する。

尚「恋愛」は、1887 年に兆民が校閲した『仏和辞林』（仏学塾）に、【Amour】の訳語として収録された。後述するように、この『仏和辞林』での「恋愛」の収録は、国語辞典や英和・和英辞典の収録と比べ、かなり

---

[36] 『欧米政典集誌』は、欧米の憲法や行政法の法令学説を翻訳紹介することを目的として、1886 年 8 月 23 日に創刊されたもので、「民主国ノ道徳」は第 10 号-第 15 号（1887.1.8-1887.3.3）、第 19 号-第 22 号（1887.4.13-1887.5.13）に連載された（伊田進也「解題」『中江兆民全集 8』岩波書店、1984、346-349 頁）。
[37] 「民主国ノ道徳」の原著は、フランスの Jules Barni の *La morale dans la démocratie* (1868)（『民主政における道徳』）である。篤介は中江兆民の本名。
[38] 伊田進也「解題」『中江兆民全集 8』（岩波書店、1984、346 頁）を参照。
　仏学塾は、中江兆民がフランス語の教授を目的として、1874 年 8 月に東京都に「家塾開業願」を提出して開校したもので、1887 年には、兆民が校閲し、野村泰亨、伊藤大八、初見八郎らの塾生が纂訳して、日本最初の本格的な仏和辞典『仏和辞林』（仏学塾）を刊行した。
[39] 松永 1993、167 頁。

早期であり、兆民が比較的早い時期から、「恋愛」という訳語とその意義に着目していたことが窺える[40]。

2.3 「恋愛」の「高尚な精神性」

兆民の抄訳「民主国ノ道徳」が発表される1年程前から、『女学雑誌』[41]を中心に坪内逍遥や巌本善治、北村透谷らの小説や評論では、love の意味解釈が論じられ、その過程からは訳語の収斂もみえてくる。

1886年の坪内逍遥の『一読三歎　当世書生気質』は、「男女平等と肉欲の排除を説く、一種の「愛」の啓蒙書としての性格を有していた[42]」と評されるが、love の訳語はまだ定まってはいなかったようである。

30-1）餘ツ程君をラブ〔愛〕して居るぞウ（第1回）
30-2）所謂戀情〔ラアブ〕に迷ふものにて。（第7回）
30-3）それを君がラブ〔いろ〕にしたんか（第9回）
　　　　　　　　（坪内雄蔵『一読三歎　当世書生気質』晩青堂、1886）

2年後、『女学雑誌』に掲載された巌本善治の「理想之佳人」では、「愛」という言葉によって「男女の相敬相愛」が表され（用例31）、3か月後の「演芸矯風会」で、巌本は「愛恋」という言葉を使い、その意味は「純潔高尚」なるものを表していた（用例32）。1890年の翻訳小説『谷間の姫百合』に対する批評のなかで、まず「ラーブ（恋愛）」と表記し、そのあと括弧をはずし、「恋愛」と記している（用例33）。この一連の巌本の表記からは、訳語の収斂がみえてくるとともに、巌本が「恋愛」は「不潔の連感に富める日本通俗の文字」とは違うものだと考えていたことが分かる。

---

[40] それは、1898年に塾生の1人野村泰亨が編纂した『仏和辞典』（森則義共著、大倉書店）では、【Amour】が①愛情②懇篤などと訳され、更に1915年に野村泰亨が増訂した『新仏和辞典』（大倉書店）でも、【Amour】が①愛②愛情③熱愛などと訳され、「恋愛」が未収録であったことからも窺える。
[41] 『女学雑誌』：1885年創刊、1904年廃刊。第24号以降、巌本善治が編集する。
[42] 佐伯1998、20頁。

31）嗚呼眞正の愛は、必ず先づ相ひ敬するの念を要す。[…] 男女もしいよいよ清潔に、いよいよ高尚にあらんと欲せば、須らく互ひに相敬愛すべし、（巖本善治「理想之佳人（第三）」『女学雑誌』

第 106 号、1888.4、126 頁）

32）戀、愛、ラブ、等を悪しきものと見る勿れ［…］純潔高尚の愛戀を示すが即ち情交社界の悪魔を追出す天使なるのみか此等を除いては演藝に何の面白みなからん。　（巖本善治「演芸矯風会」

『女学雑誌』第 118 号、1888.7、197 頁）

33）訳者がラーブ（戀愛）の情を最とも清く正しく譯出し、此の不潔の連感に富める日本通俗の文字を、甚はだ潔ぎよく使用せられたるの手ぎはにあり、［…］
日本の男子が女性に戀愛するのはホンノ皮肉の外にて深く魂（ソウル）より愛するなどの事なく、隨つてかゝる文字を最も嚴粛に使用したる遺傳少なし、　（撫象子（巖本善治）「谷間の姫百合

第四巻（大尾）」『女学雑誌』第 234 号、1890.10、241-242 頁）

このように、1880 年代末から 1890 年代初めの『女学雑誌』では「恋愛」の「高尚な精神性」が論じられ、1892 年 2 月には、北村透谷の「厭世詩家と女性」が掲載された[43]。

34）戀愛は人生の秘鑰なり、戀愛ありて後人世あり、戀愛を抽き去りたらむには人生何の色味かあらむ、　（北村透谷「厭世詩家と女性

（上）」『女学雑誌』第 303 号、1892.2、696 頁）

この文章は、後に『文学界』[44]に集まる島崎藤村などの詩人たちにも激しい影響を与え、文学史上、明治ロマン主義の一時期を画する重要な論文

---

[43] 「厭世詩家と女性（上）」は『女学雑誌』第 303 号（1892.2）に、「厭世詩家と女性（下）」は第 305 号（1892.8）に掲載された。
[44] 『文学界』：1893 年 1 月創刊の文芸雑誌（1898 年 1 月終刊）。同人は北村透谷、島崎藤村、戸川秋骨、上田敏他。執筆者は樋口一葉、田山花袋、柳田国男他。

として知られることとなった[45]。

このように日本では、1880年代末から1890年代初めの『女学雑誌』を中心に、「恋愛」が議論されることにより、「恋愛」はまず言葉の流行に始まり言葉によって支持され、勇気づけられた人々の間に、やがて行為の流行として広まっていった[46]。また「恋愛」には、肉体性を排除した「高尚な精神性」という意味が込められていたと言える。

「恋愛」の辞典収録は、前述したように、1887年に中江兆民が校閲した『仏和辞林』が早期であり、国語辞典では1907年の『辞林』、英和辞典では1915年の『井上英和大辞典』となる。

35)【Amour】戀愛。鍾愛。好愛。愛。愛セラル、所ノ者。
　　　　　　　　　　　　　　　　　　　　　（『仏和辞林』1887）
36)【恋愛】男女の間のこひしたふ愛情。こひ。　　（『辞林』1907）
37)【love】n.①温情，愛著，好［コノミ］，鍾愛［ショウアイ］，慈愛，切愛，②戀愛，色情，③愛人，戀人，［…］　（『井上英和大辞典』1915）

3　「恋愛」の中国語への逆移入

3.1　20世紀初頭の新聞・雑誌にみえる"恋愛"

新義を得た"恋愛"が中国語の文献にみられるのは、管見の限りでは、梁啓超が1900年2月1日の《清議報》に掲載した〈慧観〉である。梁啓超はNewton、Watt、Columbusなどの偉人の偉業を伝え、"恋愛"に関しては、Shakespeareの恋愛描写を取りあげ、"恋愛"に"男女之"という修飾語をつけて、「男女相愛」を意味する言葉として使用している[47]。

---

[45] 柳父1982、103頁。
[46] 柳父1982、100頁。尚、広田1969は、明治21年（1888）にはまだ「愛恋」「恋慕」の使用もみられたが、明治22年（1889）にはいると、「恋愛」が圧倒的に多く使われ、他はほとんどみかけなくなると指摘する（41頁）。
[47] 尚、《清議報》のなかには、"恋愛和平"（傷心人稿〈論中國今日當以競争求和平〉《清議報》第72冊、1901.3.11、4609頁）というような意味範囲の広い、古典的な意味・用法

38）人誰不見萍果墜地而因以悟重力之原理者惟有一奈端。人誰不見沸水之騰氣而因以悟汽機之作用者惟有一瓦特。人誰不見海藻之漂岸而因以覓得新大陸者惟有一哥侖布人。人誰不見男女之戀愛而因以看取人情之大動機者惟有一瑟士丕亞。　　（任公〈飲冰室自由書　慧観〉《清議報》第37冊、1900.2.1）
（人は誰でもりんごが地に落ちることを知っているが、重力の原理を悟ったのはニュートンだけである。人は誰でも沸騰するお湯から蒸気がでることを知っているが、蒸気機関の作用を悟ったのはワットだけである。人は誰でも海藻が岸に漂うのを知っているが、新大陸を発見したのはコロンブスだけである。人は誰でも男女の恋愛を知っているが、感情の動きを読み取れるのはシェイクスピアだけである）

　1903年の《新民叢報》（第28号）に掲載された〈十九世紀二大文豪〉には、Victor-Marie Hugoと幼なじみであるAdeleとの恋が紹介された。ここでも西洋の恋愛が紹介されるなかに、男女間に特定された"恋愛"の使用が確認できる[48]。

39）雨苟幼時與其鄰女阿對兒Adele相戀愛。往來之戀書。蔚然成帙。即世所傳之雨苟戀書是也。　　（〈十九世紀二大文豪〉《新民叢報》第28号、1903.3.27）[49]
（ユーゴーは幼い時に隣に住むアデルと恋愛をした。送りあう恋文は文章が巧みである。それが書になり世に広がったユーゴーの恋文である）

　1904年の《新小説》（第10号）には、1870年にパリで発生した火災事

も散見された。
[48] 但し〈十九世紀二大文豪〉のなかにも、"其能使人戀愛。使人崇拜者"《新民叢報》第28号、1903.3.27、1968、73頁）（読者の人々に恋しく思わせ、崇拝させる者がいる）というような古典的な意味・用法もみられた。
[49] 引用は、《新民叢報》台北：大通書局、1968、74頁。

件の裁判をめぐる小説が〈宜春苑〉[50]と題し翻訳された。"恋愛"は、伯爵夫人が彼女に惹かれる青年を「愛する」という意味で使用されている[51]。

40) 到禮拜六日。我一溜烟的跑進停車場。見了夫人。其時夫人露出<u>戀愛我的</u>心事。累得我今日有這椿事。兩人通情就在這個時候起了。
(無欤羨斎訳〈法律小説　宜春苑〉《新小説》第10号、1904.8、115頁)
(土曜日になると、私は一目散に駐車場に走って行き、夫人に会った。<u>その時夫人は私を愛する気持ちを表した</u>。私は受け入れ、今日のこと(夫人と愛し合うように―引用者注)になった。2人の相通じる気持ちはこの時から始まった)

更に、在日留学生らによる機関誌《浙江潮》[52]には、フランスを背景とした小説〈愛之花〉(1903)やフランスの恋愛の奇談をまとめた〈恋愛奇談〉(1903)が掲載された[53]。

41) 諸君。箇人最難參破的一个關頭是什麽。就是<u>戀愛</u>勢利四个大字。天下究竟没有醉枕美人之腕醒握天下之權的英雄富貴驕人道德墜地。　(儂更有情〈愛之花〉《浙江潮》第6期、1903.10、2頁)[54]
(諸君、個人が最も看破しがたい瀬戸際は何か。<u>それは恋愛勢利という四文字である</u>。結局天下には、酔っては美人の腕を枕にし、

---

[50] 《新小説》第6号から第2年2号(1903.7-1905.2)まで計9回、断載された。〈宜春苑〉の底本や訳者の無欤羨斎については未詳である。
[51] 〈宜春苑〉においては、"恋愛"の古典的な意味・用法は散見されなかった。但し"夫人委實是愛戀我的"というように、"愛恋"との混用もみられ、"恋愛"が優先的に多用されたわけでもなかった。
[52] 《浙江潮》(1903.2-1903):「浙江同郷会」により創刊された月刊誌。第1期から第4期まで累計5000冊、第5・6期は計5000冊、第8期は5000冊発刊し、発刊後は中国国内外で話題となり、投稿者のなかには魯迅もいた(呂2001、133頁)。
[53] 専ら男女間に特定された"恋愛"が使用された。これらの作品には、古典的な意味・用法や"愛恋"との混用はみられなかった。
[54] 〈愛之花〉は《浙江潮》第6-8期(1903.7-11)に連載された。尚、著者の儂更有情については未詳である。

覚めては天下の権力を振るう英雄は所詮いない。富と地位が人を威圧し道徳が衰退している）

42）是卿最<u>戀愛</u>最鐘情人之寶貝心肝也。夫人不信。茀魯復出柯泌之遺書。　　　　　　　　（儂更有情〈情葬　恋愛奇談〉《浙江潮》第 8 期、
1903.11.25、2 頁）

<u>（これは貴女が最もっとも愛していて、惚れている恋人の宝物である心臓である。夫人は信じない。茀魯はまた柯泌の遺書を出した）</u>

また日本で創刊された《天義》には、〈女子問題研究〉（1908）と題したF. Engels の *The Origin of the Family, Private Property, and the State*（1884）が抄訳され[55]、ここでも"恋愛"は「男女相愛」の意味として使用されている。

43）今日結婚之狀況。計有二種。舊教之國。仍沿舊習。擇配之權。操于父母。故其自然之結果。即失其一夫一婦制。而互染淫風如男恆蓄妾女恆姦通是也。新教之国。則中流子弟。擇妻較為自由。然此等婚姻非含幾多之<u>戀愛</u>也。　　　（志達〈女子問題研究〉《天義》
第 16-19 巻合冊、1908.3、135 頁）

（今日の結婚の状況には二種類ある。旧教の国において、旧い慣習に従い、配偶者を選ぶ権限は、父母に握られている。その自然的な結果として、一夫一婦の制度が失われてしまい、而も互いに淫風に染まり、例えば男性が蓄妾、女性が姦通してしまう。新教の国において、中流（階級）の青年は妻を決めるのは比較的に自由だが、<u>これらの婚姻に恋愛を含むものはあまりない</u>）

以上のような用例からは、日本で付与された「恋愛」の新義が、西洋に

---

[55] 訳文の冒頭に、"『家族私有財産及国家之起原』*The origin of the family private property and the state*"と明記されている。尚訳者の志達については未詳であるが、《天義》には同名で複数の翻訳がみられる。

みられた恋愛と結び付けられながら、20世紀初頭から1900年代末までには、日本で創刊された新聞・雑誌などを媒体として中国語に移入されたと言える。それは《申報》（1872-1949）の電子版を活用して、"恋愛"の使用例を調べた結果からもみえてくる。《申報》にも創刊以来、"恋愛"の古典的な用法がみられたが、1907年以降には新義を得た"恋愛"の使用が多くなる[56]。1907年の《申報》に掲載されたのは亜東破仏訳〈棲霞女俠小伝〉で、冒頭には原著が岩谷蘭軒であることが明記されている[57]。

44）又轉念凡女郎注意男子必有<u>戀愛</u>之心。若俊伯之與余毫無黏結情意使果為女郎淡寂。　　（亜東破仏訳〈棲霞女俠小伝〉《申報》12155号、1907.2.24、19頁）
（考え直せば、<u>女性が男性の事に注意を払うのは、その男性を愛する心を抱いていることだろう</u>。もし俊伯が余と愛情を結んでいなければ、この女性に寂しい思いをさせてしまう）

《申報》での結果からも、日本で新義が付与された"恋愛"の意味・用法は、1900年代後半に、中国語に移入されたと言える。またこの時点では、"恋愛"は、西洋文学のみならず、日本文学にもみられるロマンティックな意味を帯びた言葉であったと推測する。

3.2　1910年代の小説・翻訳にみえる"恋愛"

1910年代に入ると、日本語から移入された"恋愛"の新義は《小説月報》や《新青年》などに掲載された小説や翻訳にもみられるようになる。
　鴛鴦胡蝶派の周瘦鵑[58]は、「革命党の同盟会が日本の東京で出版した雑

---

[56]《申報》での"恋愛"の使用は、この用例以前にも4件（617号（1874.7.7）、736号（1874.9.21）、2740号（1880.12.14）、4040号（1884.7.13））みられたが、いずれも古典に使われていた意味範囲の広いものであった。
[57]〈棲霞女俠小伝〉の連載は、《申報》12149号（1907.2.18）から始まり、冒頭に日本岩谷蘭軒著、亜東破仏訳とある。闞2013は、亜東破仏は彭俞であり、1907年2月に彭俞訳《栖霞女俠》（集成図書公司）として出版されたとする（279頁）。尚、原著についての出版情報は未詳である。
[58] 周瘦鵑（1894-1968）：江蘇省蘇州生まれ。翻訳家、作家。筆名は泣紅、紫羅蘭主など。

誌《浙江潮》を買い、一編の随筆を読んだ。書かれているのはフランスの将軍の恋愛物語で、感傷的で心を動かし、興味を引かれたので、この一編を小説に改編してみようと試みた[59]」と、雑誌《浙江潮》に掲載された小説に影響を受けたことを明らかにしている。この小説とは、前掲の用例42 の〈恋愛奇談〉(《浙江潮》第 8 号、1903.11.25) である。周痩鵑は〈恋愛奇談〉の 1 節〈情葬〉を改編して、〈法蘭西情劇　愛之花〉[60]と題した戯曲を書きあげた[61]。〈法蘭西情劇　愛之花〉には"恋愛主義"という言葉が男女間に特定された意味として用いられている。

45)（柯比）哈哈你眞個好算得早三暮四了。起初是戀愛主義一天到晚好似餓鬼道裏的東西攢在紅粉隊裏東來西去的亂串。這回却變了方針又是金錢主義了。可笑可笑。（周痩鵑〈法蘭西情劇　愛之花〉《小説月報》第 2 年第 9 期、1911.11、3 頁）
（柯比　はっはっ、君はなんて移り気なんだい。最初は、恋愛主義と主張し、朝から晩まで、餓鬼道のものように、女性らの中に入り込んであちこち出入りした。今度は方針を変えてまた金銭主義だと言う。おかしいよ）

　1915 年に陳独秀により創刊された《新青年》には、西洋や日本の小説・評論などが多数翻訳された。創刊号には、陳独秀訳〈婦人観〉と原文"Thoughts on Women" が掲載され、love の訳語に新義の"恋愛"があてられている[62]。

《礼拝六》の主編を経て、雑誌《紫羅蘭》を刊行する。
[59] 周痩鵑〈筆墨生涯五十年〉《文彙報》香港 1963.4.24：《周痩鵑文集 4》文匯出版社、2011、300 頁。
[60] 〈法蘭西情劇　愛之花〉は、《小説月報》第 2 年第 9-12 期 (1911.11.25-2.12) に連載された。
[61] 藩伯群〈周痩鵑論（代前言）〉《周痩鵑文集 1》文匯出版社、2011、10 頁参照。
[62] 陳独秀は、脚注に"Thoughts on Women" の著者が M. O'Rell であることは明らかにしているが、底本については触れていない。英文の内容から推察すると、底本は M. O'Rell の *Rambles in Womanland*（London: Chatto & Windus, 1903）だと思われる。日本では *Rambles in Womanland* の抄訳は桐生悠々訳『婦人国』（博文館、1909）が既に出版されており、留学中の陳独秀が桐生訳を目にしていたことも考えられる。尚、張

46）5. There are three kinds of men: those who will come across temptations and resist them, those who avoid them for fear of s[sic]uceumbing, and those who seek them, among the first are to be found only men whose love for a woman is the first consideration of their lives.
五、世間男子凡三種。有置身誘惑而抗之者。有懼其陷溺而避之者。有進而求之者。其以戀愛爲人生第一義者。惟於第一種男子中見之。
　　　　　　（独秀訳〈婦人観〉《青年雑誌》第 1 巻第 1 号、1915.9、p.2）
（五、世間の男子は三種類に分けられている。誘惑されても抵抗する者もいる。落ち溺れることを恐れ避ける者もいる。さらに（誘惑を）求める者もいる。恋愛を人生の第一義とする人は、第一種の男子（女に誘惑されても抵抗する男子―引用者注）にしかみられない）

　《新青年》にはロシア文学の翻訳も多数掲載された[63]。創刊号には、陳瑕により I. S. Turgenev の〈春潮〉（*Вешние воды*, 1872）、第 1 巻第 5 号には〈初恋〉（*Первая любовь*, 1860）が翻訳され[64]、love の訳語として新義の"恋愛"があてられている。陳瑕は陳独秀の長兄である陳健生の子息で、日本留学の経験をもち、独力で英語を学び、《新青年》の英文訳の編集を担当していた[65]。〈春潮〉の冒頭には、I. S. Turgenev についての短い紹介文があり、〈春潮〉が人格を尊び純愛を描写したものであること、各国に訳本があり英訳名は Spring floods であると記されている。

1995 は、陳独秀訳の〈婦人観〉は、男尊女卑の中国社会にかなり衝撃を与えたと指摘する（134 頁）。
[63] 但し、中国語に初めてロシア文学が翻訳されたものには、1903 年に戢翼翬訳《俄国情史》（高須治助訳『露国情史　スミスマリー之伝』（高崎書房、1886）からの重訳）がある。
[64] 「春潮」や「初恋」は、明治・大正期に日本でも翻訳されており、留学中の陳瑕が日本語訳を目にしていた可能性は高い。（水上夕波訳「春潮」（『明星』1907.10-11-1908.6-7）、海原曙雲訳『春の潮』（日吉堂本店、1914）、嵯峨の屋おむろ翻案「初恋」（『都の花』（第 2 巻第 6 号、1889.1）、生田春月訳『はつ恋』（新潮社、1914）など）。
[65] 陳瑕の生没は 1890-1956 年ではないかとされる。陳瑕については、葉永勝〈陳独秀文学革命的実行者：陳瑕及其文学翻訳〉《安慶師範学院学報（社会科学版）》第 29 巻第 5 期、2010.5、66 頁）を参照。

47)［…］, he had become conscious of but one feeling — not of Gemma's beauty, or of his admiration for her — that he had long since been impressed with — but of a feeling of dawning love! And here was this absurd duel hanging over him! Sad presentiments took possession of him and harassed his mind. Allowing even that he were not killed. . . What result could come from his love to this young girl, the promised bride of another[66]?

是夜思想麻起。第所感者非徒羨仙瑪之美。此方寸內所蘊戀愛之情。今始參透其眞理。方涉思及此。忽覺明日決鬥之事。復潮涌於心。因念此行。或不致負傷歟。抑或幸免無絕命之慘歟。至是悲感紛襲。心緒大亂。又一轉念。假如僥倖生還。則對此娟娟之少女。衡吾戀愛勢力所至。其結果又將若何。　（陳嘏訳〈春潮〉《青年雜誌》第1巻第1号、1915.9、14頁)

（この夜多く思い出した。ただ、心を打たれるのはジェンマの美しさを羨むものではなく、心の中に恋愛の情を秘めていることだ。今初めてこの真理をはっきり悟った。これを思うと、明日の決闘のことが忽ちにこみあげてきた。この行為は負傷に至らないだろう。死亡する惨事もないだろう。すると次第に悲しく思い、心が乱れるようになった。考えてはまた考え直した。もし運よく生き帰られ、この美しい少女に私の恋する力をはかったところで、その結果はどうなるというのか[67]）

48) To speak accurately, the first and last time I was in love was with my nurse when I was six years old; but that's in the remote past. The details of our relations have slipped out of my memory[68],

---

[66] Ivan Turgénieff, *Spring Floods* translated by Sophie Michell Butts, New York: Thomas Y. Crowell & Co., 1874, p.49.
[67] 邦訳は、中村融訳『春の水』（岩波書店、1991、81-82頁）を参考にした拙訳。
[68] Ivan Turgénieff, First Love, *The torrents of spring, etc.* translated by Constance Garnett London: Heinemann, 1914, p.241.

若言其詳。吾最初所戀愛者乳母也。時吾方六齡。年代邈遠。瑣屑事實已遺忘無餘。　　（陳嘏訳〈初恋〉《青年雑誌》第 1 巻第 5 号、
1916.1、1 頁）
（その詳細を申しますと、私が初めて愛した人は私の乳母です。その時の私は六歳で、遥か昔の事です。細々したことはすでに全部忘れてしまいました[69]）

　このように、1910 年代に入っても、"恋愛"は西洋文学の翻案や翻訳などに使用されることにより、西洋文学にみられるロマンティックな恋愛の表象として中国の社会に浸透しつつあったと思われる。しかし 1910 年代後半以降、五四新文化運動が展開されるなかでは、その意味の解釈に議論が及ぶようになった。

4　知識人が論じる"高尚的恋愛"

　1910 年代後半、《新青年》では陳独秀や現代詩の専門誌《詩》の編集者・劉延陵らにより、"自由恋愛"の意味解釈をめぐる議論が起こった。

　1917 年 8 月の《新青年》（第 3 巻第 6 号）に掲載された劉延陵の〈婚制之過去現在未来〉と題した論説に対し、陳独秀は「劉君のこの文は、自由恋愛及び独身生活の 2 つの思潮に反対しており、その類を満たし、その量を出し尽くすと、必ず文明の消滅、人類の断絶に至るとしている。［…］全ての自由恋愛はどうして人類社会の繁殖を害しようか[70]」と唱えた。これに対し劉延陵は、次号に掲載された〈自由恋愛〉《新青年》第 4 巻第 1 号、1918.1）で、「文中では、「ただ極端な自由恋愛」と独身主義に反対しており、極端という 2 字のついていない「自由恋愛」に反対しているのではない[71]」と応えるなど、"自由恋愛"の意味解釈が論じられた[72]。

---

[69] 邦訳は、生田春月訳『初恋』（新潮社、1918、3-4 頁）を参考にした拙訳。
[70] 独秀（無題）《新青年》第 3 巻第 6 号、1917.8、14 頁。
[71] 劉延陵〈自由恋愛〉《新青年》第 4 巻第 1 号、1918.1、86 頁。
[72] "自由恋愛"という言葉は、1907 年の《天義》で周作人に「自由な恋愛」の意味として、中国語に紹介されていた（拙稿 2012 参照）。

この議論を解決するかのように、周作人は1918年5月の《新青年》(第4巻第5号) に、与謝野晶子の「貞操は道徳以上に尊貴である」を翻訳した。周作人は与謝野晶子が言う「恋愛の自由」を"恋愛的自由""恋愛自由"と訳し、「恋愛の自由」を強調した。

> 49) 精神的にも肉體的にも唯一を守る結婚と云ふものは戀愛結婚以外には遂げられない譯ですが、戀愛の自由を許されて居ないと共に、戀愛の自由を享得するだけの人格教育が施されて居ない現代に、靈肉一致の貞操を道徳として期待することは蒔かずに刈らうとする類ではありませんか。　　　(与謝野晶子「貞操は道徳以上に尊貴である」『人及び女として』天弦堂書房、1916、171頁)
> 精神和肉體上都是從一的結婚，除了戀愛結婚，決不能有．但現在既不許可戀愛的自由，教人能享戀愛自由的人格教育也未施行的時候，却將靈肉一致的貞操，當作道徳，期待他實現：這不是想「不種而穫」麼？　　　(周作人〈貞操論〉《新青年》第4巻第5号、1918.5、390頁)

　〈貞操論〉が掲載された2か月後、周作人訳の〈貞操論〉を読んで「非常に感銘を受け[73]」た胡適は、7月の《新青年》(第5巻第1号) に〈貞操問題〉を掲載した。

> 50) 在文明國裏，男女用自由意志，由高尚的戀愛，訂了婚約，有時男的或女的不幸死了，剩下的那一個因爲生時情愛太深，故情願不再婚嫁。這是合情理的事。　　　(胡適〈貞操問題〉《新青年》第5巻第1号、1918.7、6頁)
> (文明国において、男女は自由意志により、高尚な恋愛を経て婚約をする。時には男性または女性が不幸にも亡くなるが、残された1人は生前の相手との愛情が深かったため、再婚したくないと

---

[73] 胡適〈貞操問題〉《新青年》第5巻第1号、1918.7、5頁。

望む。これも情理にかなうことである）

　ここで胡適は、文明国では男女の自由意志による「高尚な恋愛」によって婚姻が成立すると説いた。さらに与謝野晶子が投げかける疑問「貞操は女のみに必要な道徳でしょうか。貞操は男にも女にも必要な道徳でしょうか」をひいて、「この疑問は中国で最も重要なことである。中国の男性たちは妻に貞節を守ることを求め、自分たちは公然と妓女と遊び、公然と妾をもち、公然と色目を使う。［…］これは最も不平等な事ではないのか[74]」と、「高尚な恋愛」により男女平等の婚姻が成立すると説いた[75]。
　また、「高尚な恋愛」が結婚につながるものと見据えたのは、1919年から1921年の間、魯迅、周作人らに作詩の指導を受けていた汪静之[76]の恋愛詩からも窺える。

> 51）琴聲戀着紅葉，親了個永久甜蜜的嘴。
> 　　他倆心心相許，情願做終身伴侶。［…］
> 　　新娘和新郎高興得合唱起来，韻調無限諧和：
> 　　『呵！祝福我們，甜蜜的戀愛，愉快的結婚啊！』
> 　　（汪静之〈恋愛的甜蜜〉《蕙的風》亜東図書館、1922、50-51頁）[77]
> 　　（琴の音が紅葉に恋をして、永遠の甘いキスをする。
> 　　彼らは心と心が通じ合い、終身の伴侶を願う。［…］
> 　　新郎新婦は嬉しそうに合唱を始める。リズムはこの上もなく調和がとれている。
> 　　「ああ。私たちを祝福しよう。甘い恋愛、愉快な結婚よ」）

　この〈恋愛的甜蜜〉は汪静之の詩集《蕙的風》に収録されたもので、《蕙

---

[74] 胡適〈貞操問題〉《新青年》第5巻第1号、1918.7、7頁。
[75] 胡適は2か月後の1918年9月の《新青年》（第5巻第3号）においては、〈美国的婦人〉を掲載し、中国における男女平等の教育の必要性を説いている。
[76] 汪静之（1902-1996）：安徽省績渓県生まれ。1922年4月前後、藩漠華、応修人、馮雪峰らと湖畔社を組織する。魯迅や周作人から作詩の指導をうけ、恋愛詩を多く作詩する。
[77] 引用は、汪静之《蕙的風》上海書店、1984（影印）。

的風》の〈序〉は、胡適や朱自清、劉延陵らにより執筆されている。胡適はその〈序〉で、若い汪静之の詩を次のように賞賛していた。

　　完全に解放された青年詩人を見ると、丁度纏足をしていて後にそれをほどいた婦人が、全く纏足をしてない女の子たちがあちこち飛び回っているのを見て、眼で嫉妬し、心で嬉しく思うのと同じである。彼らは私に多くのインスピレーションをくれ、とても感謝している[78]。

　また周作人も《蕙的風》が出版された後、旧派から「不道徳」だと批判を受けた際には、「旧道徳の中で不道徳とされたものこそ、恋愛詩における精神で、私が何も弁解する必要もない[79]」と汪静之の詩を擁護した。前述したように、胡適や周作人は1910年代末の《新青年》で貞操問題を議論していた。そのなかで胡適は、文明国では男女の自由意志による「高尚な恋愛」により婚姻が成立すると説いていた。胡適が賞賛する汪静之の詩には、まさに胡適の意図する恋愛が描かれていたと推察できる。胡適の言説の背景には、民国期に入っても女子高等教育の遅れ、重婚や蓄妾の容認など中国の社会は旧態依然として、男女平等と言えない中国社会があったと推察する[80]。この点は、日本においては、1880年代末から1890年代初めに、「恋愛」が性的なものを排除した「高尚な精神性」を帯びた言葉として普及した点と相違する。

5　おわりに

　"恋愛"は、中国語の古典にみられた言葉で、意味範囲が広く、特に男女に特定された意味を表す言葉ではなかった。19世紀中葉の英華・華英

---

[78] 胡適〈胡序〉汪静之《蕙的風》亜東図書館、1922、14頁。
[79] 周作人〈情詩〉《晨報副刊》1922.10.12、第2版。
[80] 中国の女子高教育は遅々とし、1920年代にようやく女子に大学の門戸が開かれた。また婚姻制については、1930年12月に〈中華民国民法〉が公布され、一夫一婦制が施行されたが、蓄妾は容認され、法に触れるものではなかった。法律上の蓄妾の禁止は1950年の〈中華人民共和国婚姻法〉を待つことになる。

字典類に収録されたloveの訳語としての"恋愛"の意味も、W. H. Medhurstの*Chinese and English Dictionary*（1842-1843）はto love tenderlyとし、W. Lobscheidの《英華字典》（1866-1869）もto love tenderly, as a mother a childとするなど、意味範囲の広いものであった。

ところが、『英華和訳字典』（1879-1881）を校正した、中村正直による翻訳『西国立志編』（1871）や『西洋品行論』（1880）には、意味範囲が縮小され、専ら男女の恋を意味する「恋愛」が訳出された。中村は「恋愛」を男女に特定した言葉と捉え、その意味には「男女相敬相愛」の「高尚な精神性」の意味が込められた。更に1880年代末から1890年代初めの『女学雑誌』などの誌上で、巌本善治や北村透谷らに「男女の愛」が論じられ、「恋愛」は性的なものを排除した「高尚な精神性」を帯びた言葉として汎用された。

日本で新義が付与された「恋愛」は、20世紀初頭の《清議報》《新民叢報》《新小説》《浙江潮》や《天義》などに掲載された西洋文学の紹介や翻訳などを通して、更に1910年代半ばの《新青年》での翻訳を通して、西洋文学にみられるロマンティックな恋愛を表象する言葉として中国語に逆移入された。但し、五四新文化運動が展開されると《新青年》では、"自由恋愛"という言葉の意味解釈をめぐり議論が起きた。1918年に胡適が説いた"高尚的恋愛"の意味には、個人の自由意志による結婚までが含まれ、1922年に胡適や周作人の賞賛を得た汪静之の恋愛詩にも、婚姻を前提とした恋愛が謳われた。

日本では、「恋愛」が性的なものを排除した「高尚な精神性」を帯びた言葉として、1880年代末から1890年代に普及したのに対し、中国語においては、当初から"恋愛"を「高尚な婚姻」に繋がる概念として捉えようとしたことが特徴的である。その背景には、重婚や蓄妾が容認される旧態依然とした中国社会があったと推測する。

1920年代以降の女子高等教育の振興や婚姻法の制定などにより、"恋愛"の意味がどのように普及したのかについては、別稿としたい。

【参考文献】

清地ゆき子 2012〈訳語"自由恋愛"の中国語での借用とその意味の変遷〉《日語学習与研究》第6期、総163号、40-50頁

佐伯順子 1998『「色」と「愛」の比較文化史』岩波書店

寒河江實 2006「明治の語彙「恋愛」について」『桜文論叢』第66号、2月、1-22頁

朱京偉 2013「中国語に借用された明治期の漢語―清末の4新聞を資料とした場合―」野村雅昭編『現代日本漢語の探究』東京堂出版、317-346頁

沈国威 1994（改訂 2008）『近代日中語彙交流史―新漢語の生成と受容―』笠間書院

張競 1993『恋の中国文明史』筑摩書房

――1995『近代中国と「恋愛」の発見』岩波書店

西槇偉 1993「1920年代中国における恋愛観の受容と日本―『婦女雑誌』を中心に―」『比較文学研究』通号64号、12月、71-90頁

原島正 1997「明治のキリスト教 ― LOVE の訳語をめぐって―」『日本思想史学』第29号、9月、62-84頁

飛田良文 2002『明治生まれの日本語』淡交社

平石典子 2012『煩悶青年と女学生の文学誌 ―「西洋」を読み替えて―』新曜社

広田栄太郎 1969『近代訳語考』東京堂出版

松永昌三 1993「訳語「恋愛」について」『中江兆民評伝』岩波書店、165-168頁

宮田和子 2010『英華辞典の総合研究―19世紀を中心として―』白帝社

森岡健二編 1969（改訂 1991）『改訂近代語の成立―明治期語彙編―』明治書院

柳父章 1982『翻訳語成立事情』岩波書店

闞文文 2013《晩清報刊上的翻訳小説》齊魯書社

呂順長 2001《清末浙江与日本》上海古籍出版社

【参照辞典】（出版年順）

稲村三伯編『波留麻和解』1796：松村明監修『近世蘭語学資料第Ⅰ期　波留麻和解』第4巻、ゆまに書房、1997

藤林普山『訳鍵』1810

H. Doeffho 編『道訳法児馬』1833：松村明監修『近世蘭語学資料第Ⅲ期　道訳法児馬』第4巻、ゆまに書房、1998

H. Doeffho・桂川甫周編『和蘭字彙』1855

堀達之助編『英和対訳袖珍辞書』1862

荒井郁之助編『英和対訳辞書』書肆小林新兵衛、1872
柴田昌吉・子安峻『附音挿図 英和字彙』日就社、1873
中村敬宇校正、津田仙・柳澤信大他訳『英華和訳字典』山内輹出版、1879-1881
惣郷正明・飛田良文編『明治のことば辞典』東京堂出版、1986
日本国語大辞典第二版編集委員会他編『日本国語大辞典　第二版』小学館、2000-2002

［中国］
R. Morrison, *A Dictionary of the Chinese Language*, Macao: Printed at the Honorable East India Company's Press, 1822
W. H. Medhurst, *Chinese and English Dictionary; Containing All the Words in the Chinese Imperial Dictionary, Arranged According to the Radicals*, Batavia: Parapattan, 1842-1843
W. H. Medhurst, *English and Chinese Dictionary. in Two Volumes*, Shanghai: Mission Press, 1847-1848
W. Lobscheid《英華字典》Hongkong: Daily Press, 1866-1869
W. Lobscheid《漢英字典》Hongkong: Noronha & Sons, 1871：那須雅之監修『近代英華・華英辞書集成』大空社、1999
鄺其照《字典集成》Hongkong: Chinese Printeing and Publishing Company, 1875
鄺其照《華英字典集成》Shanghai: Wah Cheung, Kelly & Walsh., 1887
F. W. Baller, *An analytical Chinese-English Dictionary*, Shanghai: China Inland Mission, 1900
鄺其照《商務書館華英音韻字典集成》Shanghai: Printed at the Commercial Press, 1902
顔恵慶等編輯《英華大辞典》商務印書館、1908
陸爾奎等編《辞源》商務印書館、1915
黄土復・江鉄編輯《綜合英漢大辞典》商務印書館、1928
王雲五《王雲五大辞典》商務印書館、1930
全国国語教育促進会審詞委員会編《標準語大辞典》商務印書館、1935
教育部国語推進委員会中国大辞典編纂処編《国語辞典》商務印書館、1945
羅竹風主編《漢語大詞典》漢語大詞典出版社、1986-1993
中国社会科学院語言研究所詞典編輯室《現代漢語詞典》第6版、商務印書館、2012

本稿は、初出に一部加筆、修正を施したものである。
初出：清地ゆき子　姚紅訳〈近代訳詞「恋愛」的成立及其意義的普及〉《東亜観念史集刊》第 6 期、2014.6、255-300 頁

七曜日における
伝統から近代への軌跡

徐　克偉
（関西大学）

要旨：平安時代、漢訳仏典の輸入に伴い、七曜日という概念が中国から日本へ伝えられたことは夙に明らかであるが、ほとんどの学者はそれをただ吉凶の判断をするための暦注の一種として扱い、近代の時間概念ではないと主張する。一方、近世以降、西洋文明を受容した際、特に蘭学の展開期において、東西暦学に関する概念の融合が認められる。時間単位の一種としての七曜日が、日本でどのように形成されたのかは未だ不明である。正式に導入されたのは明治期であるが、単純な時間の概念や語彙の成立は蘭学時代であると考えられる。多数の蘭学者の努力により、伝統的な概念が次第に占星、宗教などの要素から分離し、近代的な暦の概念として普及するようになった。本稿では蘭学資料を中心として、七曜日における伝統から近代への転化過程を探り、その軌跡を明らかにしたい。

キーワード：七曜日、伝統、近代、蘭学

はじめに

　今日の日本で普及している七曜日という時間単位はいつ頃現れたのか、という問いに明確に答えるのは難しいであろう。たとえば、『大漢和辞典』（縮写版、巻一）の「七曜日」の項には、「猶太教・基督教に於ける暦の一週の名」と記されており、古代日本においても、「七曜御暦」という暦法が使用されていたことが知られる。また、「七曜」の項では、「七曜日」と同じ意味項目の他に、「日（太陽）・月（太陰）と、火（熒惑）・水（辰星）・木（歳星）・金（太白）・土（塡星・鎮星）の五星とをいふ[1]」ともあり、『素問』「天元紀大論」をはじめ、様々な中国の文献を援引している。ユダヤ教・キリスト教の暦法概念や中国の天文学用語が日本で如何に融合し、遍く使用されるようになったのかは、興味深い問題であると思われる。

1　先行研究

　従来の研究で明らかにされているように、今日、我々の知る七曜日は、元来、土曜日から始まるヘレニズム時代の占星術に由来する惑星に関連する週（week）、さらに日曜日から始まるユダヤ教・キリスト教における週の、概念的に異なる二つの周期が混同されたものであるという[2]。後者は番号付き紀日（一から六までの労働する六日間と七日目の安息日）であり、『旧約聖書』「創世紀」（*King James Version* 1: 1-2: 4）に見られる。一方、前者は元々バビロニアの占星術であり、エジプトで紀日法（後述）となり、西はローマ、東はインド、中国へ伝えられた[3]。漢晋の際、七曜暦、即ち、七曜の紀日法が中国に伝来[4]あ

---

[1]　古代の考え方では、日も月も惑星であると思われる。
[2]　リオフランク・ホルフォード-ストレブンズ著、正宗聡訳　（2013）『暦と時間の歴史』、東京：丸善出版株式会社、101 頁。
[3]　同上、101-106 頁。
[4]　葉德祿（1942）。「七曜暦輸入中國考」、『輔仁學誌』第十一巻（第一第二合期）、137-157 頁。葉の前に、唐の時代において伝来されたという主張もある。Chavannes, Mm. Éd. et Pelliot, P. (1913). Un traité manichéen retrouvé en Chine, traduit et annoté (Deuxième partie), *Journal Asiatique* (Janvier-Février), pp. 158-177.

るいは成立[5]したそうである。8世紀頃には、その概念や暦法が日本に伝来し、18世紀の後半まで断続的に利用されていた[6]。

　江戸時代に近代の西洋文化を直接受容するようになると、紀日法としての七曜日も取り入れられた。この問題について、『日本国語辞典』（第二版、巻六）に江戸初期の一例が示されている。それは『日葡辞書』（1603-04）に見る「七曜」という言葉である。また、江戸後期の蘭学者吉雄俊蔵（1787-1843）が著した『遠西観象図説』（1823）という蘭学作品が挙げられ、従来使用されてきた七曜、七曜日及びその各曜（日）の用例が記されている。関連資料を調べると、前作の記録は非常に簡略であり、「Xichiyô. Nanatçuno foxi. Húas sete estrelas que estam iunto ao Norte 」（七曜。七つの星。北極星のそばにある七つの星）とされ、意味も異なる[7]。『遠西観象図説』はこの問題を論じた資料の中では、さほど古い文献ではない。

　内田は日本語の曜日名について、英語との意味対応はなく、五行説によって付けられた惑星名をそれぞれの日に対応させたものであると考えていた[8]。しかし、七曜日の訳語は英語をもとに作られたものではなく、遠藤が指摘したように『波留麻和解』（1796）などの蘭学文献に存在するものである[9]。残念ながら、遠藤の研究は『御堂関白記』のような伝統的資料を検討し、翻訳の理由を追究する姿勢は見られない。また、蘭学者の考察について、吉野は主に本木良永（1735-1794）の『新制天地二球用法記』（1792）、前野良沢（1723-1803）の『七曜直日考』（1792）及び吉雄俊蔵の『遠西観象図説』などの蘭学資料を分析し、七曜日及び各名称が当時如何に翻訳されたか、詳しく論じた[10]。但し、より早く成立した『天地二球用法記』

---

[5] 刘世楷（1959）．"七曜历的起源－中国天文学史上的一个问题"、《北京师范大学学报》（自然科学版）、No. 04、27-39頁。
[6] 羽田亨（1931）．『西域文明史概論』、東京：弘文堂書房、180-182頁；竹田龍兒（1942）．「暦學史」、長坂金雄編『日本科學史』（新講大日本史第19巻）、東京：雄山閣、63、65-66頁；内田正男（1986）．『暦と時の事典』、東京：雄山閣、122-125頁。
[7] 勉誠（2013）．『キリシタン版日葡辞書』（カラー影印版）、東京：勉誠出版、611頁；土井忠生、森田武、長南実編訳（1980）．『邦訳日葡辞書』、東京：岩波書店、761頁。
[8] 内田正男『暦と時の事典』、132頁。
[9] 遠藤智比（1989）．「七曜の訳語考」、『英学史研究』、No. 21、169-184頁。
[10] 吉野政治（2015）．『蘭書訳述語考叢』、大阪：和泉書院、108-130頁。

（1774）やオランダ語の原文などの関連資料を利用しておらず、見落とした点は少なくないと考えられる。

　総合的に見れば、七曜日についての研究は多く、様々な成果を挙げているが、一体、その概念はどのように伝統から近代へと転化されたのかについては未だ不詳である。よって、本稿では、この転化過程を中心に、近代知識と伝統文化との繋がりを検討したい。明治以前における七曜日の確立は主に宗教、天文学、語誌など三方面からなると考えられる[11]。従って、以下に歴史の流れに沿って、それぞれを検討してみる。

2　キリスト教の要素と排除

　近世以降、いつ日本に七曜日が導入されたのかは明確ではないが、16世紀末、イエズス会によって編纂・出版されたラテン語・ポルトガル語・日本語辞典『羅葡日対訳辞書』にすでに以下の記載が見られる。

> Hébdomas, adis, l, Hebdómada, ae. Lus. Somana. Iap. 1xxichinichi[ママ], l, nanuca.[12]

　ここでは、ラテン語「Hébdomas」（主格、「Hébdomadis」は属格）、「Hebdómada, ae」（「七つ、七日」という意味であり、古典ギリシャ語「$\dot{\varepsilon}\beta\delta o\mu a\varsigma$、七」に由来する）及び対応するポルトガル語「Somana」（「Lus.」、即ち「Lusiada」＝英語 Lusitanian、ポルトガル語）を日本語で「七日」（xichinichi, nanuca）と翻訳している。

　この総称のみならず、毎日の名称もあり（具体的な訳名は本文4.1節に譲る）、日曜日から土曜日の順に、ラテン語、ポルトガル語及び日本語

---

[11] ここでは主に明治以前のことを検討し、明治初期の資料を数件利用するが、考察の重点ではない。明治以降の状況及び日中の交流について、松村明や内田慶市の論著を参照。松村明（2009）．「明治初年における曜日の呼称」、近代語学会編「近代語研究」（第十集）、東京：武蔵野書院、509-529頁；内田慶市（2010）．『文化交渉史と言語接触：中国言語学における周縁からのアプローチ』、大阪：関西大学出版部、189-203頁。

[12] 勉誠（1979）．『羅葡日対訳辞書』、東京：勉誠社、326頁。

名が並べられている。日本語名はキリスト教に因んだポルトガル語に由来しており、主の日（Domingo）、第二（Segunda）〜六（Sexta）の日及び安息日（Sabbado）をそれぞれ原語或いは語幹の後に、「no fi」（「の日」、「feira」は日という意味）を付けただけの訳語である[13]。即ち、これらの語彙はキリスト教のものとして、日本へ取り入れられたと考えられる。

しかし、禁教や鎖国などの政策のために、それ以降の日本は長期間、オランダ以外のヨーロッパ国家との交流が中断された。『羅葡日対訳辞書』は天草で出版されたが、日本には現存しておらず、広く流布しなかったと思われる。

ところが、オランダとの交流が発展するに伴い、日本人学者の間で蘭学という学術運動が起こり、積極的に西洋文化を受容する動きが見られるようになる。この流れの中で七曜日も再び西洋から受容されていく。但し、キリスト教に関連する要素は人為的に排除されたようである。

オランダ語文献を通じ、最も早く七曜日に触れた日本人学者の一人、江戸蘭学の開創者とされる前野良沢は、『七曜直日考』[14]という訳文の中で天文学の起源説を忠実に翻訳した。しかしユダヤ教に関する部分では、「先師謨設思（モヲセス）」、「亞潭（人ノ始）（アダム）」などを翻訳・解説したが、「神の天地創造が七曜の起源」という最も基本的な部分を翻訳しなかった[15]。これは禁教という背景の下で、訳者が取捨選択することでキリスト教の示唆を排除し、七曜日の知識を受容・伝達していたと考えられる。

その後、長きにわたり宗教的要素は見出しがたい。筆者の蒐集した資料によると、幕末に来日した米国人宣教師ヘボン（漢文名平文、James Curtis Hepburn, 1815-1911）によって編纂された辞書『和英語林集成』に至って、「Ansoku-nichi」（安息日）、「yaszmi-bi」（休み日）のような宗教に因んだ言い方が英語の「Sunday」と再び対応したと見られる[16]。し

---

[13] 遠藤智比「七曜の訳語考」、175-176 頁の論述を参照。
[14] 写本、早稲田大学図書館所蔵、『金石品目』などの作品との合綴本である。大分県に校注版がある。大分県立先哲資料館（2009）.『前野良沢資料集』（第二巻）、大分：大分県教育委員会、302-305 頁。
[15] 大分県立先哲資料館『前野良沢資料集』（第二巻）、302 頁.
[16] 平文（1867）.『和英語林集成』「英和の部」、上海：美華書院、110 頁。明治大学図書館の『デジタル和英語林集成』を参照、以下同じ。

かし、それは遅いものであり、また、該項には「dontaku」（ドンタク）[17]という訳語も見られることから、蘭学の影響がより強いと言える。

簡単に言えば、七曜日におけるキリスト教の要素は最初に日本にもたらされたが、禁教などの制限によって、排除されたと思われる。

3　天文学方面について

江戸時代以降、最初に天文学の視点から西洋の七曜日の概念に触れた日本人は天文学の専門家ではなく、オランダ通詞の本木良永、蘭学者前野良沢などの学者である。1820年代以降にようやく吉雄俊蔵のような専門家が登場する。

3.1　本木良永の『天地二球用法』と『新制天地二球用法記』

本木良永は最も早く西洋の七曜日を取り入れた日本人学者であろう。但し、吉野の論じた『新制天地二球用法記』（1792年、全称『星術本原太陽窮理了解新制天地二球用法記』、以下『新制』と略す）の前に、安永三年（1774）に成立した『天地二球用法』においても良永は既にこの問題に触れている。類似したタイトルであるが、前作はブラーウ（Willem Janszoon Blaeu, 1571-1638）のオランダ語作品[18]から翻訳され、『新制』は1791年11月から翌年3月頃にかけて[19]、イギリス人George Adams（1709-1772）の天文学著述をオランダ語訳[20]から編訳した。ここでは両作品に関連する内容を検討してみる。

『天地二球用法』には、

徃昔、ヨード人、厄勒祭亜人、邏馬人ハ今吾等和蘭人ノ用ル時配ノ外 (クバリ)

---

[17] オランダ語「Zondag」の訛りであると思われる。
[18] Blaeu, Willem I. (1666). *Tweevoudigh Onderwiis van de Hemelsche en Aerdsche Globen*, Amsterdam: Joan Blaeu.
[19] 三枝博音編（1936）.『天文・物理學家の自然觀』（日本哲學全書 第八巻）、東京：第一書房、207頁。
[20] Adams, George. (1766). *A Treatise Describing the Construction*, London: George Adams; Ploss van Amstel, Jacob. (Trans.)(1770). *Gronden der Starrenkunde*, Amsterdam: Kornelis van Tongerlo.

七曜日における伝統から近代への軌跡　179

ニ、別ノ時配ヲ用シナリ。(中略) 徃昔ノ人七曜ヲ毎一時ニ配当スルカ、故ナリ一曜一曜其名ヲ命授する コ、毎日日出ノ初一時ヨリ始マリ、主君主護アルガ如シ。其故ハ七日ノ第一日ヲ日曜ノ名ニ因テゾン　ダクト名ケ（此ニ日曜日ト譯ス）(中略) 第七日ヲサーテユル　ダクト名ク（此ニ土曜日ト譯ス）第二ノ一時ハ七曜ノ順ニ應シテ、漸々ニ此餘ノ時々ハ何レノ七曜晝夜共ニ主護シ玉フヤ。是ヲ知ント欲セハ、唯彼順ニ監フベキコアリ。此下ノ円形（図略）ノ順ニミセシムルが如ク。其順ℏ土曜、♃木曜、♂火曜、☉日曜、♀金曜、☿水曜、☾月曜ナリ。此下ニ記録スル七曜、其日ノ初一時ヲ主護シ玉フナリ。彼方ヨリ円形ヲ右旋ニ毎一時ニ一曜査ル寸ハ何レノ七曜何時ヲ主護シ玉フト、其順ニ当ルベシ[21]。(後略)

との訳文があり、七曜日の起源を紹介している。引用文によると、七曜日は、元々、「徃昔ノ人」の紀時の手段であった。即ち、地球から遠い順に、土、木、火、日、金、水、月の七曜が、一時間ずつ支配するということである。その上で、毎日の「日出ノ初一時」に当たるある曜がその日も支配すると考え始め、土、日、月、火、水、木、金の順としての紀日法が現れてきた。

訳文には「徃昔ノ人」とは、即ち、ユダヤ（「ヨード」）人、ギリシャ（「厄勒祭亜」）人、ローマ（「邏馬」）人などを言い、前文（「1 先行研究」）で論じたユダヤ教・キリスト教とヘレニズム時代の占星術からの異なる二つの概念の融合に触れる。したがって、土曜日のかわりに、日曜日は毎週の第一日とみなされるようになった。

『新制』では七曜日のことも論及している。

此の學、人事男女の吉凶禍福貧富、星に因りて占ひ、一歳、和蘭暦面の三百六十五日の日々に七曜を配して、一七日毎に日月火水木金土の順列を以て七曜の日を建て、一歳の日数に合わせ（中略）此の一晝夜二十四時を七曜の時といひて毎二十四時に七曜を配當す。其の七曜の

---

[21] 写本、国立国会図書館所蔵、第四十七「七曜時ト名ル不同時ヲ以テ晝夜ノ時分ヲシル術」。句読点は筆者による。__ は原語の傍線を示す。

廻りの順列は日金水月土木火と順を建てて、太陽日の朝の六時に太陽を當て、その日を太陽日といひ（中略）生れし人の賢智愚不肖聰慧遲鈍の優劣を考へ、男女の吉凶禍福貧富民病の生死壽夭人相手相を考へ占ふの類皆是れ和蘭に所謂る天學語曷數鐸綠羅拭曷和蘭語數蹋耳列夫屋耳說古掘久尹迯といひ和漢に所謂る命理占候の天學の主どる處なり[22]。

ここにおける「天学語のアストロローシヤ」と「和蘭語スタルレホールセクケキユンデ」とは、ラテン語「Astrologia」とオランダ語「Sterrenkunde」[23]という占星術のことである。吉野が指摘したように、七曜日は占星術の一環、「命理占候の天学」として、本木良永に取り上げられた[24]。上の引用文によれば、西洋の七曜日は今日の単純な時間単位だけでなく、吉凶を占うための暦註と見なされており、日中両国の七曜日と同じ性質を具有したものである。

七曜の順序について、両資料の間に矛盾がある。より正確に言えば、『天地二球用法』の順（土、木、火、日、金、水、曜）は正しいが、『新制』の「例言」に記された「日金水月土木火」という「七曜の廻りの順列」は本来の姿ではなく、ユダヤ教・キリスト教の用法との交渉により定着した日曜日から始める順序に付会したものかもしれない。

以上のように、七曜日及びその基本原理が本木良永によって、西洋の天文学（占星術）・暦学の概念として再び日本に導入された。

3.2　前野良沢の『和蘭訳筌』と『七曜直日考』

前野良沢も最も早く西洋の七曜日を受容した日本人学者の一人である。そのオランダ語彙集『和蘭訳筌』（1785）[25]（「本編・言類」）には、

---

[22]「和解例言（草稿）」、三枝博音編『天文・物理學家の自然觀』、356-357頁。
[23] 原語は「Starrenkunde」という旧スペルであるが、良永の転写「數蹋耳列夫屋耳說古掘久尹迯」は原文に見えず、別に根拠があるのか、間違いであるか未詳である。ある学者は「Sterren」（星）と Kunde（学）の間に、占うの意味「waarzeggen」あるいは「voorspelem」を入れ込んだのではないかと指摘している（吉野政治『蘭書訳述語考叢』、125 頁）。
[24] 吉野政治『蘭書訳述語考叢』、108-110 頁。
[25] 写本、早稲田大学図書館所蔵、松村明の校注版があり、沼田次郎、松村明、佐藤昌介（1976）、『洋学 上』（日本思想大系 64）、東京：岩波書店、89-126 頁を参照。

De zeeven dagen der Weeken. Zondag, Maandag, Dingsdag, Woensdag, Donderdag, Vrydag, Zaturdag.

とある。七曜日及び各曜日の名称（日・月・火・水・木・金・土曜日の順に並ぶ）は、原語のまま並べられている。しかし、訳語を集めた「末編・訳言類」には、七曜日に対応した訳名や解説などは見られない。但し、他の語彙と比べると、七曜日は孤立したものではなく、七曜（土・木・火・日・金・水・月曜の順に並ぶ）、「歳之四時」（四季）、「歳之十二月」、「十二宮」（星座）、七金属（4.4節で論説する）などの単語と共に受け入れられたことが分かる。即ち、七曜日は西洋の天文・時間概念として受容されたと思われる。

前野の本格的な考案が反映された資料は『七曜直日考』（1792）であろう。この作品は、いわゆる「和蘭書勃逸志」の中の「week」という項[26]から編訳されたものである。七曜日の起源説について、天文と宗教の両方の説として説明しているが、上述したようにキリスト教の要素が排除されている。一方、天文起源説については、以下のように紹介されている。

徐玻綏思（ジヲバツソイス）（西人名）曰、七値日ハ古昔尼入多國ノ人ヨリ起ル者ナリト。即毎日七曜ノ名ヲ以テ、コレニ分属シテ、日次ノ称トス。蓋謂七曜ハ世界万物万事ノ政ヲ執ルモノナレハナリ。其法ハ一昼夜ヲ二十四時ニ分テ、七曜各次ヲ逐テ、毎一時ヲ司ル。凡前夜子ノ正剋ヲ以テ、第一時トシ、第一ノ星曜ヲコレニ直テ以テ其日ノ名トス。其序次左ノ如シ、土曜、木曜、火曜、日曜、金曜、水曜、月曜ナリ。

然七直日ノ次ハ日曜ヲ初トス、是其前日ノ土曜ヨリコレヲ傳ルモノナリ。次ニ月曜、火曜、水曜、木曜、金曜及ヒ土曜、コレニ受テ終テ復初ルナリ[27]。

徐玻綏思（ジヲバツソイス）（Dio Cassuis）という人物は、古代ローマの政治家、歴史学

---

[26] Buys, Egbert. (1778). *Nieuw en Volkomen Woordenboek van Konsten en Weetenschappen* (Vol. X), Amsteldam: S. F. Baalde, pp. 789-790.
[27] 句読点は筆者による、以下同じ。

者カッシウス・ディオ（Cassius Dio）である。原作者 Buys の引用したディオの作品『ローマ史』（*Historia Romana*, XXXVII）には七曜日のエジプト起源説が記されている。この説によると、紀日としての七曜日はエジプト（「尼入多」）に起源を発するようである。では、なぜエジプト起源説があるのかというと、元々、七曜日はバビロンで起こった占星術の一部であり、ヘレニズムの頃、エジプトで初めて紀時、さらに紀日の方法として考案され、その後広く流布した概念であるためである[28]。その原理は、前節で論じた本木良永の説とほぼ同一である。

翻訳のほか、前野はさらに工夫を加え、日中両国における伝統文化を参照しつつ案文を書き下ろした。案文については、以下の三点を説明したい。

第一に、洋の東西の七曜日が同じである点。前野は「暦術ヲ学ハサレハ、未コレヲ知ラス」と述べるが、七曜日は日中両国にあるもの（「直日ノ起原、吾邦及支那其由テ来ル所ノ説アルヘシ」、「凡西暦ハ、七曜ノ纏薉近遠合衝等ヲ記ス、即吾邦七曜暦ト称スル者、コレニ類ス」）だけでなく、用途（「彼邦徃古ヨリ、コレニ依テ事務祭祀例式ノ與カル所アリ。又星命吉凶等ノ属スル所ノ用アリ、即支那時日ニ干支五行ヲ配シテ、事物等ヲ論スルノ意ト同キナリ」）も、曜日（「吾邦ノ暦日ト西洋ノ暦日ト、年次相當セル者ヲ以テ、試ニ其値日ヲ校スルニ、各日各曜恰モ相適合ス」）も同じであると論じている（両者の関係については、3.3節で検討する）。

第二に、日曜日から始まる点。前野は「太陽ハ万光ノ本原ナルヲ以テナルヘシ」と推測した。本当の理由については触れていないが、当時の日本人に分かりやすい説明を与えたと考えられる。

第三に、循環往復の点。尾を食った蛇のような七曜日の特徴について、前野は「西暦七曜ヲ以テ日次ニ配シテ毎日ノ名トスル者、支那ニテ干支ヲ以テスルカ如シ」と論じ、干支の概念をもって、理解・説明している。

以上のように、前野はオランダ語文献を通じ、伝統文化に基づき七曜日についての認識を進めていった。前野の天文暦法に関する素養は必ずしも高いとは言えないが、西洋の七曜日の概念を認識・理解する過程で、日中

---

[28] リオフランク・ホルフォード-ストレブンズ『暦と時間の歴史』、101-103頁。

両国における基礎的な天文学・暦学の知識の役割は小さくないと言える。

3.3　吉雄俊蔵の『遠西観象図説』

前野良沢に続き、蘭学者吉雄俊蔵（1787-1843）は『遠西観象図説』（1823年、角書付書名『理学入式遠西観象図説』）の中で、七曜日を暦学の理論として取り扱っている。この作品は何冊かのオランダ語の自然科学書に基づき、編訳された作品であるが[29]、「七曜日」の一節は訳文というより、考案と見たほうが良い。この部分において、吉雄は主に日本の七曜の紀日法を考察した上で、西洋の七曜日との一致性を論じた。

七曜の紀日法について、吉雄は以下のように述べている。

> 皇國ノ暦ニハ、日ヲ干支ニ配スルノミナラズ、七曜ヲ以テ日ニ配シ。毎朔日ノ本曜ヲ其月名ノ下ニ記ス。タトヘバ、今年ノ暦ニハ正月ノ下ニ「土曜値朔日」トアリ、二月以下ハ略シテ「日よう、火よう」ナド記セリ、皆コレ其朔日ノ本曜ニメ正月元旦 土曜日 ナレハ、二日 日曜日（中略）七日 金曜日 ニメ八日ハ必ズ朔ノ本曜ニ復ス。（日、月、火、水、木、金、土、コレヲ七曜ノ順次トス、必ズ八ヲ以テ其本曜ニ復スルナリ）此ノ如クナレバ、八日、十五日、二十二日、二十九日ニ本曜ニ復ス（歌ニ一と八、十五、二十二、二十九ハ七ツの曜の一めぐりなりト云フ﹂ヲ記臆スベシ、コレヲ七曜循環ノ歌ト云フ）[30]

吉雄によると、日本の暦には、干支の紀日法のみならず、「七曜ヲ以テ日ヲ配シ」、即ち七曜の紀日法があるとされる。具体的な扱い方は、毎月一日にくる七曜の中の一つの曜より、暦書に当月の下に「〜曜値朔日」、「〜よう」（曜）と記されていることである[31]。また、七曜の順序が今と同じく、

---

[29] 広瀬秀雄、中山茂、小川鼎三（1972）.『洋学 下』（日本思想大系65）、東京：岩波書店、467-468 頁。
[30] 吉雄俊藏口授、草野養準筆記（1823）.『遠西観象圖説』、名古屋：觀象塾、巻中、45-46 頁。
[31] 「値／直」とは、旧暦時代の概念であり、「あう」の意味である（内田正男『暦と時の事典』、1 頁）。

日から土まで一並びに循環している。

特に注意したい点は、吉雄が言及する「一と八、十五、二十二、二十九ハ七ツの曜の一めぐりなり」という「七曜循環ノ歌」である。この歌の存在により、当時の日本人にとって、七曜日は見知らぬものではないということが証明できるであろう。

勿論、その当時広く利用された暦は太陰太陽暦であり、一ヶ月は30日（大）と29日（小）の二種類があり、吉雄は上文の解釈の後に引き続き以下のような補足をしている。

> 故ニ當月小盡ナル寸ハ、來月ノ朔ハ當朔本曜ノ次ニ當ル。即チ正月小盡ナル故ニ、二月朔ハ日曜ニ當リ（土曜ノ次日曜ナリ）當月大盡ナル寸ハ、來月ノ朔ハ當朔本曜ノ次ノ次ニ當ル。即チ二月大盡ナル故ニ、三月朔ハ火曜ニ當レリ。（日曜ノ次ノ次ハ火曜ナリ）[32]

以下のように西洋の七曜日にも論及している。

> 西洋の暦ハ、日ニ干支を配スル〇ナシト雖トモ、但七曜ヲ配スル〇ノミ、皇國ノ暦ニ同ジクシテ、且ツ其當日モ亦互ニ符合セリ。タトヘバ文政四年二月朔ハ吾暦ニテ日曜日ニ當ル、彼邦ノ暦ニテモ日曜日ニテ當レリ。但其暦法同ジカラザルユヱニ、彼邦ニテハ當日ヲ三月四日トスルナリ、以下ニ載スル所諸法ニ據ル寸ハ皇國當月當日ハ彼邦ノ某月某日ニ當ルト云フヲ知ル〇毫モ差フ〇ナシ[33]。（後略）

西洋の暦には干支はないが、七曜日はあり、対応する日も同一である。例として、吉雄は日本の文政4年2月1日と、これに対応する西暦1821年3月4日の曜日を比べ、同じ日曜日であることを確認している。

但し、多くの研究者は、『宿曜経』や七曜暦などは吉凶を占うための暦

---

[32] 吉雄俊藏『遠西觀象圖説』、巻中、46-47頁。
[33] 同上、47頁。

注であり、現在の七曜日と異なると主張する[34]。その説はある程度正しいが、七曜をもって、紀日法とする共通点（第八品「夫七曜者。所謂日月五星下直人間。一日一易七日周而復始[35]」）、また西洋における占星術の性質を具有した七曜日の側面などが見落とされている。

また、洋の東西において、七曜日が同じ日に対応することが確認されている。上述した吉雄の考案も偶然のことではない。筆者は『貞享暦』（貞享二年、「正月小［中略］日曜値朔日」、西暦1685年2月4日；享保十四年、「正月大［中略］土曜値朔日」、西暦1729年1月29日）、『宝暦暦』（宝暦五年、「正月大［中略］月曜値朔日」、西暦1755年2月11日）、『寛政暦』（寛政十年、「正月小［中略］金曜値朔日」、西暦1798年2月16日；吉雄俊蔵が論述した文政四年の暦書『三嶋暦』、「正月小［中略］土曜値朔日」、西暦1821年3月4日）に記された曜日をそれぞれチェックし、貞享改暦（1685年）以降の記録は西洋の曜日と一致することを確認した[36]。その中の『寛政暦』は西洋の天文学を取り入れた暦法である。一方、これより早くに成立した『貞享暦』、『宝暦暦』は伝統的な和暦であり、七曜日の推算及びその利用に対し、どのような西暦の影響があるのかは未だ不明である。

江戸時代に限らず、平安時代（794-1185）の資料『続日本紀』（797）天平二年（730）三月辛亥の条、『延喜式』（905-927）の巻十六などにも七曜暦の伝習、進献のような関連記録が残されている。それらの七曜暦は現在では見られないが、『御堂関白記』（998-1021）などの史料にも七曜日の記録が確認できる。『御堂関白記』に書かれている曜日（例えば、寛弘4年8月10日の条に「火（曜）」と記入され、対応する西暦は1007年9月23日）も正しく、今日の七曜日と連続していることが確かめられる[37]。資料間の繋がり及び根拠ははっきりしないが、七曜日の存在とその一致性は明白な事実である。

---

[34] 内田正男『暦と時の事典』、122頁。
[35] 中華電子佛典協會（2014）．『CBETA 電子佛典集成』、臺灣：中華電子佛典協會、T21, no. 1299, p.0398a28-29．
[36] 『古暦帖　寛文九（1669）〜明治五（1872）上』（国立国会図書館蔵）；『貞享暦』（享保十四年（1729））（国立科学博物館蔵）；『宝暦暦』（宝暦五年（1755））（国立科学博物館蔵）；『寛政暦』（寛政十年［1798］）（国立科学博物館蔵）；『三嶋暦　文化十四年（1811）〜文政九年（1867）』（国立国会図書館蔵）。
[37] 内田正男（1975）．『日本暦日原典』、東京：雄山閣、504頁、510頁。

3.4 宇田川玄随の『蘭学秘蔵』と宇田川榕庵の『点類通考』

　前野良沢らとの交流を通じ、蘭医へと転向した津山藩（現、岡山県津山市）医官の宇田川玄随（1756-1798）及び三代目の宇田川榕庵（1798-1846）も七曜日について触れている。宇田川玄随は吉雄俊蔵より早く七曜日に言及したようであるが、関連作品『蘭学秘蔵』の成立年代は不詳であり、学理の検討も弱いため、ここでは宇田川榕庵と共に考察する。

　『蘭学秘蔵』（甲集、写本、早稲田大学図書館所蔵）には以下のようにある。

　　龍橋ノ源公（朽木隠岐守）十二月ノ蘭名ヲ歌括トス及ヒ七値ヲナヘニ
　　｜ヤニュアレイ　ヘブリュ　マールト　アップリル　マートユー子イ
　　コレデ春夏、秋ユレイ　アウクステュス　セプテムブ　ヲクト　ノーヘム　デセムベル冬、ソン　マーン　ジング　スウーン　ドンドル
　　（ヨ）　フレイ　サテュールコレゾ七値、ヤ、譜記シヤスシ

　龍橋の源公（朽木隠岐守）、即ち、蘭癖大名、丹波国福知山藩（今、京都府福知山市）の第8代藩主朽木昌綱（1750-1802）は、十二か月の呼称の後に七曜日のオランダ名を続けて記す。この部分は「月名七値歌」とも呼ばれる。この歌が成立した具体的な年代や流布状況などは不明であるが、七曜日はオランダ語・西洋文化における学習の一環として、当時の学者の間で学ばれ、認識されていたと推測できる。

　七曜日については、宇田川榕庵も実際に使用していたことに目を惹かれる。『点類通考』（1824年、写本、早稲田大学図書館所蔵）の「凡例」の終わりに、「文政七年閏八月木曜日燈下榕菴誌」という落款があり、年月の後、何日の代わりに、「木曜日」と記されている。この点について、杉本は「当時は1週間といふ生活の単位もなければ，〈曜日〉ということ自体，単に蘭書に記された閑文字にすぎなかったであろう。ことはわずか3文字であるが、ここには榕庵のヨーロッパ学問への近接と，彼の対ヨーロッパ学の態度が象徴的に示されているといっても過言ではあるまい。あるいは日曜日を独り休んで，1週7日間を生活単位とするヨーロッパの生活を夢見た

かもしれない」と指摘する[38]。大げさな表現かもしれないが、宇田川玄随の「月名七値歌」と比べると、蘭学者のエキゾチシズムの一つであると言える。

「月名七値歌」であれ、「木曜日燈下」であれ、理論の検討とまではいかないが、蘭学者の間では、西暦の元旦を祝う「新元会」のように、七曜日を時間単位として取り扱ったエキゾチシズムが存在したと考えられる。

総合的に見れば、蘭学時代以降、七曜日は西洋文化の一環として再び日本に輸入された。しかし、前野良沢や吉雄俊蔵などの蘭学者にとっては、完全な新概念ではないと考えられる。彼らはそれぞれに七曜暦などの伝統文化を参考にしながら、両者の同一性を認識した。また、曜日の順序については、伝統的な七曜日も西洋の七曜日も、同じく日曜日から始まると思われる。

4　語誌の考察

以上は主に宗教と天文学（暦学）の両方面から検討したが、以下、語誌の視点から七曜日における伝統から近代への軌跡を遡ってみたい。

上文で検討したように、七曜日という概念は既に中国の古代典籍に存在していることが確認できる。これがインドからの伝来であるのか、中国オリジナルの発想であるのかは、複雑であり、未だに定論がない問題であるためここでは省略する。しかし、平安・江戸時代の日本では、漢訳仏典、暦書などの資料が見られる。

『宿曜経[39]』などの仏典には「七曜直日」という総称のみならず、各曜日の名称「太陽・太陰・火曜・水曜・木曜・金曜・土曜直日」や「太陽・太陰・熒惑・辰星・歳星・太白・鎮星直日」などの用語（第四、第八品）も記されている。また、七曜について、意訳あるいは解説語のほか、胡（ソグド語 Sogdian）・波斯（古典ペルシア語 Pehlvi）・天竺（梵語 Sanskrit）

---

[38] 杉本つとむ（1977）.『江戸時代蘭語学の成立とその展開』（II）、東京：早稲田大学出版社、909頁。
[39] 『宿曜経』の内容はインド占星術そのものであり、仏教の教理とはおよそ無関係であろう。矢野道雄（1991）.『密教占星術：宿曜道とインド占星術』、東京：東京美術、4頁。

名の音訳語も並んでいる（第八品）[40]。それらの音訳語は敦煌文献[41]、『御堂関白記』などの資料にも記されている。

「具注暦日」の一環として、『御堂関白記』には七曜日も記入されている。資料の中で、日の上に「日・月・火・水・木・土（曜）」と七曜の名が記されている。江戸時代の貞享改暦以降の暦書には「〜曜値朔日」、「〜よう」（曜）という記録が確認できる。

伝統的な言い方は以上のようであるが、西洋文化の影響を受けてからはどうであろうか。

4.1 『羅葡日対訳辞書』の訳語

前文（「2 キリスト教の要素と排除」）で『羅葡日対訳辞書』の訳語を簡単に紹介する。総名「xichinichi, nanuca」（七日）のほか、毎日の名称も見られる。

> Dies, ei. Lus. Dia. Iap. Fi（中略）Dies Solis, l, Phoebi. Lus. Domingo. Iap. Domingono fi.
> || Dies Lunae. Lus. Segunda feira. Iap. Segundano fi.
> || Dies Martis. Lus. Terça feira. Iap. Terçano fi.
> || Dies Mercurij. Lus. Quarta feira. Iap. Quartano fi.
> || Dies Iouis. Lus. Quinta feira. Iap. Quintano fi.
> || Dies Veneris. Lus. Sexta feira. Iap. Sextano fi.
> || Dies Saturni. Lus. Sabbado. Iap. Sabbadono fi.[42]

前文（「2. キリスト教の要素と排除」）で論じたように、ここには七曜に基づいたラテン語、さらにユダヤ教・キリスト教に因んだポルトガル語があるが、日本語の訳名は後者からのものである。厳密に言えば、完全な

---

[40] 中華電子佛典協會『CBETA 電子佛典集成』、T21, no. 1299, pp. 0391c06-0392b02, 0398a27-0399c18.
[41] ポール・ペリオ、羽田亨編（1926）.「七曜暦日」、『燉煌遺書』（影印本第一集）、上海：東亞攷究會.
[42] 勉誠『羅葡日対訳辞書』、209-210頁.

訳語ではなく、ただ原語或いは語幹に「no fi」(の日) という語尾がつけられた訳語である。

4.2 本木良永の訳語

『天地二球用法』と『新制』の中に見られる本木良永の訳名は下表の通りである。

本木良永の訳名表

オランダ語名	訳　名	
	『天地二球用法』	『新制』
Week	—	七曜の日
Zondag	日曜日	太陽日
Maandag	月曜日	太陰日
Dingsdag		火曜日
Woensdag		水曜日
Donderdag		木曜日
Vrydag		金曜日
Zaturdag		土曜日

　一見すれば、「Zon」、「Maan」、「dag」などの単語はそれぞれ「日曜」(太陽)、「月曜」(太陰)、「日」という意味と対応していることから、訳語は語意から直接作られたように思われるが、そう単純ではない。北欧神話に由来するオランダ語の七曜日の名称の意味と完全に対応するものは日曜日、月曜日、土曜日(「Zaturdag」と「Zaturnus　土星」は同一語源を有する)のみであることから、これら三語は語意に基づいた訳語である。一方、火(Dingsdag)・水(Woensdag)・木(Donderdag)・金曜日(Vrydag)など四つの名称は北欧神話の諸神(それぞれに軍神 Týr[43]、戦争の神 Wodan、雷神 Donder、豊穣の女神 Freyr[44])に由来しており、意味上の対

---
[43] 軍神 Týr (火) が起源とされる説や、ding (事柄) という言葉からの起源説もある。
[44] 一説に Frigg とされる。

応はないと思われる。「〜曜日」が翻訳であれば、「week」の訳語が「七曜の日」とされたのは、七曜の関連性が大きいためであろう。

七曜の翻訳について、本木良永は次のように説明している。

> この書の和解に七曜の名目、和蘭人の言語を本として七曜の總名を、讀瓦而(ドワール)・數蹈耳楞(スタルレン)といふ言語を以て、書中に惑星又は惑者と譯するなり。過つて熒惑星と混ずべからず。日月五星の名目は、和蘭人陰陽を辨せざれども和漢の名義に隨ひ、日月を太陽太陰と譯し、五星の名目は固より和蘭人、木火土金水、の五行を辨ぜずと雖も便利なるを以て、辰星を水星と譯し、太白星を金星と譯し、熒惑星を火星と譯し、歳星を木星と譯し、鎮星を土星と譯するなり[45]。

つまり、日月五星の訳名が語意面の対応ではなく、便利さから、陰陽五行の伝統的思想に従い翻訳されている。もちろん、本木良永の訳語は新しい語彙ではなく、古代の書籍に見られるものである。「〜星日」を使用しない理由は、「七曜」の影響が強いためと思われる。

また、初期から現在のような言い方が成立している。『新制』に至り、少し変化があったという点から見れば、訳語は未だ定着していなかったと言える。

4.3　前野良沢の不完全な訳語とその問題

『七曜直日考』において、前野良沢は七曜日の起源を紹介するだけでなく、訳名にも工夫を加えている。

「week」の訳語として、タイトルと「七曜直日」のほか、本文には「七直／値日」、「直／値日」も見られる。具体的な名称に対する訳文には七曜の名をもって、各曜日を仮称している。専門用語はないが、案文の表には「土曜日」、「日曜日」、「月曜日」という訳名も見られる。他の四つの曜日名には「〜日」が見えず、「〜曜」の仮称として使用するための代用語と考えられていたのかもしれない。

---

[45] 三枝博音編『天文・物理學家の自然觀』、344 頁。

この不完全な訳語は、前野の弟子たちに至っても継承されている。孫弟子の一人、稲村三伯（1758-1811）は、長崎通詞の石川恒左衛門（生卒未詳）などの協力の下で『波留麻和解』（1796）という膨大なオランダ語辞書を編纂した[46]。この辞書は七曜日関係のオランダ語の単語及び日本語訳を収録している。「week」は「七曜日」、日・月・火・木・金の五つを現在でも使用している「〜曜日」と翻訳しているが、木・土曜日の條では、「七曜日の一（日）」という説明文のみで、対応する訳名は見られない。

また、藤林普三（1781-1836）によって編纂された『波留麻和解』の簡約版『訳鍵』の中では、「week」が「七値」とされ、日・月・火・木・金の五つの訳名を稲村訳からそのまま継承している。稲村では翻訳されなかった二項に対して、藤林は「Woensdag」（木曜日）を「土曜日」と訳し、「Zaterdag」（土曜日）を「七値ノ一」とした。前者は間違いであり、後者は稲村の「七曜日」を「七値」にしたと思われる[47]。

未訳と誤訳については、上述したように、語意の不対応によってもたらされた問題であろう。従って、訳語の面では、今日広く使われる「〜曜日」が完全に定着しなかった。

4.4　宇田川玄随の訳語

『蘭学秘蔵』に見るオランダ語・西洋文化の一つとして認識された七曜日に対し、宇田川玄随も類似の訳語を作り出した。その乙集によると、

```
1  zondag （sol） goud    大陽   黄金   日   ☉
2  maan-  （luna）zilver  大陰   銀     月   ☽
3  dings- （mars）ijzer   熒惑   鐵     火星  ♂
4  woens- （mercurius）tin 辰星  水銀   水星  ☿
5  donder-（jupiter）     歳     錫     木星  ♃
```

---

[46]　松村明の影印版を参照。松村明監修（1997）．『近世蘭語資料第Ⅰ期　波留麻和解』、東京：ゆまに書房。稲村三伯とその辞書の編纂について、杉田玄白『蘭学事始』（1815）には関連した記述が見られる。

[47]　［藤林普山］（年代不明）『譯鍵』（刊本）、［地点、出版者未詳］（関西大学図書館所蔵）。

6　vry-（venus）　大白　銅　金星　♀
　　7　zatur-（saturnus）　鎮　鉛　土星　♄

とある。七曜日に対応した金属（後の三者はオランダ語を欠く）、天体と天文学の記号が見られる。ここで、宇田川玄随は如何なる説明も加えず「大陽・大陰・熒惑・辰星・歳・大白・鎮」などの伝統的な天文用語で七曜日を示している。また、古代西洋では、金、銀、鉄、水銀、錫、銅、鉛などの七つの金属は七金属とされた。錬金術と占星術の交渉によって、七金属と七曜・七曜日との対応という考え方が形成された。前野良沢（3.2節）と同様、宇田川玄随も類似の影響を受けたと考えられる。

　また、文末には「Week 七日ヲーウェーキト云右ハ干支ノ如キモノニテ循環ノ端ナク数フ」という説明があり、七曜日を干支と類比し、循環して数えるという特徴を解説している[48]。

　但し、宇田川玄随にとって、『蘭学秘蔵』のやり方が唯一の訳語ではないと思われる。杉本つとむの調査によると、宇田川玄随口授、受業生筆記の『蘭説弁髦』（東京大学所蔵）では「女曜日」とあり、語源を知った上で訳した可能性が大きいことが明らかにされている[49]。

　前野良沢などが七曜日を七曜と対照して考察したのに対して、宇田川玄随はより明確に時間単位として、またオランダ語源の視点からの認識を試みていると言える。

4.5　森島中良、吉雄俊蔵などの訳語

　18世紀の末には、さらにもう一冊の蘭日語彙辞書が刊行された。それは森島中良（1756-1810）の『類聚紅毛語訳』（1798）である。ここにも七曜日のオランダ名（片仮名）と漢訳名が収録されている。森島は「セーヘンウエイキ」（zeven week）を「七値」と訳している。但し、各曜日の訳名にはいずれも「日」という文字がなく、各曜日と対応した金属を用いる。注意すべき点は、これらの単語は単純な言葉として認識されたわけではなく、

---

[48] この点について、前野良沢も『七曜直日考』の中で言及した。
[49] 杉本つとむ『江戸時代蘭語学の成立とその展開』（II）、753頁。

「時令」の一部として、四季や月などの言い方と一緒に編纂されたことである。

日本に大きな影響を与えた作品と言えば、吉雄俊蔵の『遠西観象図説』であろう。前文（3.3節）で論じた「七曜日」のほかに、原語と訳語の対応表がある。

吉雄俊蔵の訳名表[50]

オランダ語名	転写	訳名
Zeven dagen der week	セーヘン、ダーゲン、デル、ウェーキ	七曜日
Zondag	ゾンダグ	日曜日
Maandag	マーン、ダグ	月曜日
Dingsdag	ヂングス、ダグ	火曜日
Woensdag	ウーンス、ダグ	水曜日
Donderdag	ドンドル、ダグ	木曜日
Vrydag	フレイ、ダグ	金曜日
Zaturdag	サチュル、ダグ	土曜日

上表に示されているように、吉雄俊蔵の訳語は現在使用されている名称と完全に一致する。本木良永や前野良沢と同様、吉雄俊蔵もそれらの北欧神話によるオランダ語を翻訳した際、語意・語源面の考察と言うより、元々の由来——七曜の知識を利用したほうが良いと考えたのであろう。

その後、宇田川榕庵の『蘭学重宝記』（1835年、角書付書名『翻訳必携蘭学重宝記』）で使われた言葉は現在と完全に同じである[51]。しかし、来日したオランダ人は、まだ定まった用語として使用していなかったようだ。たとえば、通詞の協力を受けた上で、ヅーフ（Hendrik Doeff, 1777-1835）によって編訳されたオランダ語日本語辞書、いわゆる『道訳法児馬』（1833）では、「woensdag」を「水ノ曜日」、「week」を「メクリノ日数」と訳している[52]。

---

[50] 当表は「国字類音観象名目」（巻上 23-44 頁）より製作した。
[51] 賀壽麻呂大人［宇田川榕菴］著、篤麻呂大人［シーボルト？］校（1835）．『蘭學重寶記』（観自在樓蔵梓）．
[52] 松村明監修（1998）．『近世蘭語資料第 III 期　道訳法児馬』、東京：ゆまに書房．

4.6 英語、フランス語からの訳名及び「週」の概念について

　周知のとおり、黒船来航以降、日本はアメリカなどの欧米諸国と正式な外交関係を結んだ。福沢諭吉（1835-1901）など多くの蘭学者が英語の勉強を始め、蘭学から英学へと転換した。より厳密に言えば、その転換は1810年代から既に始まっており、英語のみならず、フランス語などの学習も行われていたため、英学というよりは洋学へ変化したと見なすほうが良い。学者たちは蘭学以外の視点から西洋の七曜日に対する認識を深めていった。

　フェートン（Phaeton）号事件（1808年10月、イギリス軍艦が長崎に侵入）をきっかけとして、1809年、本木正栄（1767-1822）などの長崎オランダ通詞は幕府の命令を受け、オランダ人から英語やフランス語などを学び始める。正栄らの学習成果は、二年後に十巻からなる『諳厄利亜興学小筌』（1811）という英和単語・短文・対話集、さらに五年後には十五巻からなる『諳厄利亜語林大成』（1814）という英和辞書、及び『拂郎察辞範』（年代未詳）という四編の仏和発音・単語・会話集などからなる三部の作品として献上された。これらの文献にも七曜日関係の言葉が見られる。総称の「week」（フランス語「la semaine」）を七値日・七曜日・値日とし、各曜日の名称を現在でも使用している「〜曜日」とする。語彙の類別によって編集された『諳厄利亜興学小筌』と『拂郎察辞範』の二作品の中で七曜日は「時候部」と「時の部」に収録されている。一方、『諳厄利亜語林大成』と『拂郎察辞範』の一部には、対応するオランダ語が掲載されている。ここからも英語・フランス語を学習する際にオランダ語を仲介としていたことが明らかである[53]。

　開国以降、英学は大きな発展を遂げた。オランダ通詞出身であった堀達之助は、『英和対訳袖珍辞書』（1862）という英和辞典を編纂・出版した。また、前文で論じた米国人宣教師ヘボンも明治維新の前後に三版の『和英語林集成』（1867, 1872 & 1886）を出版した。七曜日について、両氏の考案の中で注意が必要な点は「週」の概念である。

　『易経』には「七日来復」とあり、『素問』には「七曜周旋」と見られるが、

---

[53] 日本英学史料刊行会編（1982）.『諳厄利亞興學小筌』（長崎原本影印）、東京：大修館書店；同（1982）.『諳厄利亞語林大成』（長崎原本影印）、東京：大修館書店；本木正栄（？）『拂郎察辭範』（写本、市立長崎博物館所蔵、早稲田大学図書館複製版）。

気の往復循環または天体の運動という意味で、七日間を一週とする概念であるとは言い難い。但し、「週」という漢字は、確かに『字彙』に見られるように「廻る」という意味で使用されている。江戸時代の日本では、「廻り」は一つの時間単位として、12年（干支の十二支から）のほか、湯治や服薬療法などの日数について、通常、七日を一期として、一廻りとも言われていた（『日本国語大辞典』第二版）。今の資料から見れば、明確に七曜日の七日を「週」あるいは「廻り」と対応して使用し始めた学者は両氏であろう。

『英和対訳袖珍辞書』には、

Week 七曜 一ト周リノ日数
Weekly 一週毎ニ
Monday 月曜日（一週ノ第二日）[54]

とあり、英語の「week」を「七曜」と訳すだけでなく、一回りの日数または「一週」と訳す。一方、『和英語林集成』（「英和の部」）の解説では以下の通りである。

WEEK, Mawari（1867, p. 129L）
WEEK, n. Mawari, isshū（1872, p. 196R）
WEEK, n. Mawari, isshū, isshūkan（1886, 958L）

ヘボンは初版で「廻り」（Mawari）（「A period of seven days,（in taking medicine.）」（「和英の部」1867, p. 261）という用語を用い、「week」の訳語としたが、その後、「一週」（isshū）や「一週間」（isshūkan）という言い方を加えた。両氏の訳語にどのような関係があるのか詳細については不明であり、蘭学資料にも見られないが、七曜日を「一週（間）」とする考え方は両氏の時代が起源であろう。

---

[54] 堀達之助編（1862）．『英和對譯袖珍辞書』、江戸：[徳川幕府洋書調所]（複製版、東京：秀山社、1973年）．

一言でいえば、現在使われている「七曜日」、「〜曜日」などの言い方は単純な訳語ではなく、伝統的な七曜（直日）などの言い方の上に、様々な学者によって改変された言葉であると思われる。その過程では、ポルトガル語を始め、ユダヤ・キリスト教による名称が一時取り入れられたが、その後は断絶してしまった。蘭学者は主に北欧神話による七曜日の語彙に向かうが、訳語を定めた際、語源にはあまり触れず、ラテン語、天文・占星学（暦学）、日中両国の伝統文化にある七曜の知識を利用していたと考えられる。

また、曜日を表す「〜曜」は常に「〜曜日」の略語と見なされるが、前者は後者より早く成立したと思われる。語尾の「日」はオランダ語の「dag」（英語「day」）の訳語「〜（の）日」、或いは「〜曜直／値日」から訳出された故に、その発音は「じつ」や「にち」などの音読みより、「び」という音便形の読み方が一般的なのであろう。

5　普及

七曜日が一般の日本人に広く知られるようになったのは福沢諭吉の『改暦辨』によると思われる。維新以降、政府は明治五年十一月九日（西暦1872年12月9日）太政官布告第三百三十七号改暦の布告を頒布し、「自今舊暦ヲ廢シ太陽暦ヲ用ヒ天下永世之ヲ遵行セシメン」とし、新暦の年、月、日および時刻について説明した[55]。しかし、福沢諭吉は「抑も一國の暦日を變するが如きは無上の大事件にして（中略）政府の布告文を見れば簡単至極にして其詳なるを知るに由なし」と感じたため、『改暦弁』を創作した[56]。そして、1873年に出版されると広く読まれた。『改暦弁』は、西暦が便宜とされた原理を詳しく解説しただけでなく、時間単位も紹介している。その中で一番に紹介されたのが七曜日である。「ウヰキの日の名」には、

　　西洋にてハ一七日を一ウヰキと名づけ、世間日用の事大抵、一ウヰキにて勘定せり。譬ヘバ、日雇賃にても借家賃にても、其の外、物の貸

---

[55] 内閣官報局（1889）．『法令全書』（明治五年）、東京：長尾景弼、231-232頁。
[56] 福澤諭吉（1897）．『福澤全集緒言』、東京：時事新報社、102-103頁。

借約束の日限、皆何れも一ウヰキに付、何程とて一七日毎に切を付ること。我邦にて毎月晦日を限にするが如し[57]。

とあり、「week」という概念を紹介し、具体的な使用を説明した。また、英語の七曜日の言い方を片仮名で表記し、対応する日本語を付した。

その後、明治九年（1876）、太政官達第二十七号（3月12日）によると、

従前一六日休暇ノ處來ル、四月ヨリ日曜日ヲ以テ休暇ト被定候條、此旨相達候事。但、土曜日ハ正午十二時ヨリ、休暇タルヘキ事[58]。

とあり、日本では七曜日が時間単位として初めて正式に導入された。

6　おわりに

以上述べたように、現在の日常生活で使用される時間単位としての七曜日は新しいものではなく、主に蘭学時代に、『宿曜経』、七曜暦などの伝統的知識が西洋文化と交渉する過程で、時間単位として広く使用されてきたものと考えられる。蘭学者などの努力により、この概念は伝統的な占いの機能、キリスト教の要素と分離され、次第に占星、宗教などの思想を脱出し、近代的な暦の概念として普及するようになった。

後記：本稿の主要部分は2015年3月21-22日（土・日）早稲田大学で行われた国際シンポジウム「東アジアにおける漢字漢語の創出と共有」において発表したものである。指導教官である関西大学の沈国威先生ならびに北京大学の陳明先生、孫建軍先生からご指導を賜った。また、飛田良文、櫻井豪人、張哲嘉、前原あやの、二ノ宮聡、阮氏妙齢、陶磊等の諸先生から頂いた教示や資料が本稿の完成に大いに役立った。この場を借りて、感謝の意を表したい。

---

[57] 福澤諭吉（1873）．『改暦辨』、東京：和泉屋市兵衛（慶應義塾蔵版）、葉7表。
[58] 内閣官報局（1890）．『法令全書』（明治九年）、東京：長尾景弼、290頁。

附表：七曜日における代表的な学者の訳名一覧（1595-1886）

訳者	曜日	七曜日	日曜日	月曜日	火曜日	水曜日	木曜日	金曜日	土曜日
『羅葡日』(1595)		xichinichi nanuca	Domingono fi	Segundano fi	Terçano fi	Quartano fi	Quintano fi	Sextano fi	Sabbadono fi
本木良永 (1774) (1792)		七曜の日	日曜日 太陽日	月曜日 太陰日	火曜日 〃	水曜日 〃	木曜日 〃	金曜日 〃	土曜日 〃
前野良沢 (1785)		De zeven Dagen der Weeken 七曜直日,	Zondag	Maandag	Dingsdag	Woensdag	Donderdag	Vrydag	Zaturdag
(1792)		七値/直（日）	日曜（日）	月曜日（日）	火曜	水曜	木曜	金曜	土曜日（日）
宇田川玄随（未詳）		七値	1 zondag (sol) goud 大陽 黄金 日 ⊙	2 maan- (luna) zilver 大陰 銀 月 ☽	3 dings- (mars) ijzer 熒惑 鐵 火星 ♂	4 woens- (mercurius) tin 辰星 水銀 水星 ☿	5 donder- (jupiter) 歳星 錫 木星 ♃	6 vry- (venus) 大白 鋼 金星 ♀ 女曜日	7 zatur (Saturnus) 鎮 鉛 土星 ♄
稲村三伯 (1796)		七曜日	zondag 日曜日	maandag 月曜日	dingsdag 火曜日	woensdag 七曜日ノ一日	donderdag 木曜日	vrydag 金曜日	Zaterdag zaterdag. 七曜日ノー
森島中良 (1798)		七値 セーヘンウエエイキ	日曜日（金） ゾンダグ	月曜日（銀） マアンダグ	火曜（鉄） デンクダスダグ	水曜（永） ウーンスダグ	木曜（錫） ドンドルダグ	金曜（鋼） フレーダグ	土曜（鉛） サテュルダグ
藤林普山 (1810)		WEE…k 七値	ZON…dag 日曜日	MAA…ndag 月曜日	DIN…gsdag 火曜日 裁判ノ日[61]	WOE…nsdag 土曜日[ママ]	DON…derdag 木曜日	VRY…dag 金曜日	ZAT…erdag ZAT…urdag 七値のー
本木正栄 (1811) (1814)		A week 七値日 week 七曜日（値日）	Sunday 日曜日 sunday zondag 日曜日 dimanche	Monday 月曜日 monday maandag 月曜日 lundi	Tuesday 火曜日 Tuesdaŷ dinsdag 火曜日 mardi	Wednesday 水曜日 wednesdaŷ woensdag 水曜日 mercredi	Thursday 木曜日 thursdaŷ donderdag 木曜日 jeudi	Friday 金曜日 fridaŷ vrijdag 金曜日 vendredi	Saturday 土曜日 saturdaŷ zaterdag 土曜日 samedi
(?)		la Semaine							

七曜日における伝統から近代への軌跡　199

曜日 訳者	七曜日	日曜日	月曜日	火曜日	水曜日	木曜日	金曜日	土曜日
吉雄俊蔵 （1823）	セーヘン、ダー ゲン、デル、ウ エーキ 七曜日	ゾンダゲ 日曜日	マーン、ダゲ 月曜日	デンゲス、ダゲ 火曜日	ウーンス、ダゲ 水曜日	ドンドル、ダゲ 木曜日	フレイ、ダゲ 金曜日	サチュル、ダゲ 土曜日
ツーフ （1833）	Week, メクリノ日數	Zondag 日曜日	Maandag 月曜日ニ	Dinsdag 火曜日	Woensdag 水ノ曜日	Donderdag 木曜日	Vrydag 金曜日	Zaterdag 土曜日
宇田川榕庵 （1835）	七曜日	ゾンダフ ☉日曜日	マーンダフ ☾月曜日	ディンゲスダフ ♂火曜日	ウーンスダフ ☿水曜日	ドンドルダフ ♃木曜日	フレイダフ ♀金曜日	サチュルダフ ♄土曜日
堀達之助 （1862）	Week 七曜 一ト周リノ日數 Weekly 一週毎ニ	Sunday 日曜日	Monday 月曜日 （一週ノ第二日）	Tuesday 火曜日	Wednesday 水曜日	Thursday 木曜日	Friday 金曜日	Saturday 土曜日
福沢諭吉 （1873）	ウヰキ	サンデイ 日曜日	マンデイ 月曜日	チュースデイ 火曜日	サアスデイ 水曜日	センスデイ 木曜日	フライデイ 金曜日	サタデイ 土曜日
ヘボン （1867）	WEEK, Mawari.	SUNDAY, Ansoku-nichi; yaszmi-bi; dontaku	MONDAY, n —	TUESDAY, n. —	WEDNESDAY, n. —	THURSDAY, n. —	FRIDAY, n. —	SATURDAY, n. —
（1872）	n 〃 isshu.	n 〃 yasumi 〃 nichiyōbi	Getsu-yōbi	Kuwa-yōbi	Sui-yōbi	Moku-yōbi	Kin-yōbi	Doyōbi
（1886）	n 〃 Isshūkan.	n 〃〃〃	Getsuyōbi	Kwakuyōbi	Suiyōbi	Mokuyōbi	Kinyōbi	Doyōbi

[61] 別に「DIN…gdag」という条があり、「裁判ノ日」（原文に「同上ノ日」（上の條「DINgbank 裁判處」）、「火曜日」と記されている。

「難民」とフィルモア大統領国書の翻訳

張　厚泉
（東華大学）

要旨：近世日本にとって、一番衝撃を与えたのはペリーの黒船来航である。ペリー来航の目的は日本に開国を求めることであるが、そのうちの一つは、携えてきたフィルモア大統領国書によると、難破した船と船員の救助と保護である。本論は、大統領国書の翻訳に用いられた「難民」という語に注目し、検証したものである。

　その結果、「難民」は、箕作阮甫が中国の風説書を転写した際、使いはじめた用語であることや、公用文として、フィルモア大統領国書の「蘭文和解」で初めて確認できたことなどの結論が得られた。

キーワード：黒船来航　国書　難民　難民条約

はじめに

　「難民」という語は、アメリカのペリー提督が携えてきたフィルモア大統領国書の翻訳文に用いられていたことが、恐らく日本の公用文で確認できる初めての例である。

　アヘン戦争後、中国の植民地化においてイギリスに出遅れたアメリカは、アジア市場と植民地を獲得するため、東インド艦隊を清国と日本に派遣した。嘉永6（1853）年に日本に到着したペリー提督が幕府に呈したフィルモア大統領国書の「蘭文和解」によれば、黒船来航の目的が次のように記されている。

　　　和親・交易・石炭・食料及び合衆国難民の撫恤ハ、即其件々なり。

つまり、①和親条約の締結、②開港、通商、③アメリカ船への石炭と食料の補給、④アメリカ人難民の救済を要求している。そのうち、アメリカ人の「難民」を救済することは、開国と同様、主な事項として取りあげられていたことが看取できる。幕府に提出したペリー渡来の趣意書によれば、アメリカ人「難民」が日本で不当な処遇を受けたことがこうした問題の引金となったことが窺える。換言すれば、日本の近代化の方向を決める日米交渉は「難民」というキーワードのもとで進められたと言っても過言ではない。

　以下、ペリーが携えてきたフィルモア大統領国書の翻訳に注目し、「蘭文和解」で用いられている「難民」という用語の形成について検証を行う。

1　フィルモア大統領国書

　ペリーの黒船来航は、日本近代史の重い幕を開けた。ペリー以前の外国船に比べ、ペリーは正式な使節としてアメリカ大統領フィルモア国書を携え、幕府と和親条約を締結し、日本を開国させることに成功した。しかし、この事件にまつわる最も重要な文献、すなわちフィルモア大統領国書につ

いての語学的なアプローチはほとんどされたことがなく、等閑視されていた。

アメリカ艦隊が来航した原因について、幕府に提出したペリーの趣意書によれば、

  吾君主久聞合衆之民自心要投貴地、或被狂風漂至海辺、該民等被貴処官民見之如仇敵、故吾君主心甚憂慮、今指数年前有三船名叫嗎唎哩、嗹嘟咖、嗹嘘吐等人船、漂到海辺、皆受許多委曲等由、本欽差奉諭面陳殿下、並請兪允定約、嗣後遇有合衆国人船漂至海辺、或被狂風吹進港口、不得以仇敵待之。
  （我が大統領は合衆国の人民が自分の意志で貴国に赴くと聞いている。時々、狂風に遇って御地の海岸に漂着した際、彼らは御地の官民に見付けられ、仇敵かのように扱われていた。故に我が大統領は甚だ憂慮している。今から数年前に、モリソン号、ラゴダ号、ローレンズ号三隻の船が貴国の海岸に漂着したが、皆不当な処遇を受けたから、本職は大統領の指示をもって使節として殿下に面会し、並びに条約を結ぶことを願いたい。今後合衆国の船と船員が海岸に漂着したり、狂風によって港内へ流されたりしたら、彼らを仇敵のように接してはいけない）。

とある。数年前に難破したアメリカの船モリソン Morrison 号、ラゴダ Lagoda 号、ローレンズ Lawrence 号が日本に漂着したとき、それらの船員があたかも仇敵のような処遇を受けたことも一因に見える。そして、同じ事態が再び起こらないよう、ペリーは日本に注文を付けたのである。

 幕末までの日本では、正式な公文書は漢文である。そのため、ペリーが携えてきたフィルモア大統領国書のうち漢文で書かれたものが「本書」とされている。また、ペリー艦隊に羅森という清国人を随行させていたことは、漢字・漢文が日本で通用する事情をアメリカが把握していた証左である。「羅森日本日記」には、米国は嘉永 6 年に、石炭を補充するため、日本に通商を求めたが、実現できなかった。そのため、10 月に羅森の協力

を求めたという。実際、フィルモア国書は「漢文本書」のほか、蘭文国書と英文国書もあることはペリーの渡来趣意書で確認できる。すなわち、

　奉上吾君主公書并欽差勅書、此二書現已鈔寫英字呵蘭字漢字等書、録呈御覧。
（わが大統領の国書及び大臣全権委任状を呈します。この二通はすでに英文、蘭文、漢文で書いております。呈してご高覧ください）。

『幕末外国関係文書之一』「114　亜米利加合衆国大統領フィルモア書翰」には、「漢文本書」「同和解」「蘭文和解」の順で収録されていて、英文国書は付録として収められている。しかし、アメリカ大統領国書は英語かオランダ語で書かれているかのように、研究者の間でもよく誤解されている。例えば、斎藤（1977：10）は次のように論じている。

　幕末の外交文書には、つねに、蘭文と漢文が添えられており、外国人が日本の官憲と会見する際には、オランダ語か漢文の筆談が用いられた。アメリカの場合も、大統領書翰や委任状は英文蘭文漢文の三通りであった。また、日米交渉の際にも、日本側の応接掛り主席は林大学頭で、儒者松崎満太郎・河田八之助がそれに従い、アメリカ側にも清国人が乗り込んでいた。しかし、実際の交渉で最も役立ったのは、日本側の堀達之助・立石得十郎・森山栄之助らの蘭通詞がペリーのつれてきたオランダ語通訳ポートマン（Portman）を介して折衝をすすめたことであった。

斎藤（1977）はアメリカ大統領国書「本書」が何語によって書かれているかを明確に指摘していないが、「つねに、蘭文と漢文が添えられており」という文脈から、「本書」は英語で書かれていると思わせるような論じ方である。実際、「漢文本書」の方が先に翻訳され、蘭文国書はその数日後に箕作阮甫と杉田成卿によって翻訳された。英文国書は蘭文国書を翻訳する時に参考にしたが、翻訳されていなかった。

一方、大久保（1978：66）は、国書の言語を「欧文」と紹介している。

> 幕閣としてはこれを受理したうえはその対策樹立のためにまずその内容を検討しなければならず、それには英文の原国書を和解する必要があった。（中略）そこで、別に欧文の解読ができる洋学者を起用する必要があるので、天文方の山路弥左衛門に対して左の命が下った。

「左の命」とは、蘭書翻訳御用手伝役の杉田成卿と箕作阮甫を、「異国書翰横文和解翻訳御用係手伝」として徴用することである。しかし、大久保（1978）の説明は、「横文」を「欧文」に置き換え、阮甫があたかも英文国書を翻訳したかのように思わせる記述である。

フィルモア大統領国書について、斎藤（1977）、大久保（1978）のほか、緒方（1978：45）は次のように述べている。

> この時の書面は蘭文で書いてあったので、幕府はとりあえず、幕府の知識あるものを集めて異国書翰和解御用掛をつくりましたが、蘭文のわかるものが一人もいないので、天文台の蛮書和解御用であった箕作阮甫と杉田成卿が翻訳の手伝を仰付けられました。

これも大統領国書が蘭文で書かれているとしか思えない解釈である。また、『広辞苑』（第五版）のCD-ROM版「ペリー」項目に収録されている「資料　ペリー来航大統領国書」には、『幕末外国関係文書之一』「蘭文和解」に基づいていることが確認できる。

このように、アメリカ大統領国書は漢文、蘭文、英文で書かれているが、そのうち、少なくとも日本側は漢文国書を正式な国書として捉えていると指摘できる。また、漢文と蘭文の国書は、それぞれ「和解」され、翻訳されたのである。

2　「難民」──フィルモア大統領国書の翻訳

　漢文と蘭文の国書の内容はほぼ同じだが、和解された文体や用語は全く同じではなかった。特に用語は、「蘭文和解」には、今日、一般的に使われている「難民」という言葉が確認できた。これは恐らく公文書で初めて「難民」を用いられた例である。「蘭文和解」に「難民」を用いた箇所と同じ文脈の「漢文本書」と「漢文和解」を比較すると、蘭学者と漢学者の価値観の違いが浮き彫りになった。

　まず、アメリカ大統領国書の「漢文本書」を調べると、「難民」に当たる表現は次のように、「鄙命者」を用いている。

　　　　又論該欽差告陳殿前、毎年本国船離加理科口尔亜、駛往中国者甚衆、抑有猟鯨魚船、多有常近貴境、此等各船或遭颶風、撃砕在海辺、雖船身破、人貨両全、朕慮此等之鄙命者、因思貴国官民見此等人船、量必安撫恩待仁慈、而人物皆保留、俟有本国船到、即帯帰也、且憐本国之民、亦是五倫之内、豈君主不知乎。

しかし、同「漢文和解」には、「鄙命者」に当たる語は次のように、「賤民」に訳されている。

　　　　扨又此欽差役之ものに申付候て、殿前に申上候ハ、本国の船加理科口尔亜を出帆、唐土に罷越候者極て多く、将又鯨猟の船も度々貴国の辺境に近つき候者を有之、此等の諸船は、もしや颶風に出合、撃ち砕ぶれ、海辺に漂ひ候節、船は打ちれ候へとも、乗組之者積荷ハ別条なき時ハ、我等に於て、此等賤民の性命を懸念致事ニ候、依之考へ候ニ、貴国の官吏民人など、此等の人と船とを見懸候ハハ、程能安堵撫恤を加へ、恩待して仁慈を施し、人も者も皆保護を蒙り、御留置に相成、本国船の来着を待請、連れ帰候様致度事也、其上本国の民とても、同し人類の事などハ、御垂憐可被下ハ、君主ニも御存なきのあるべきや。

つまり、「漢文本書」の「朕慮此等之鄙命者」の「鄙命者」は、「漢文和解」では「賤民」として訳されたのである。「漢文本書」の「鄙命者」に蔑む意味のマイナスのニュアンスもあれば、「へりくだる」という謙遜の意味も読み取れる。しかし、漢学者の翻訳である「賤民」は「鄙命者」に比べ、漂流した船員を卑しめていう表現であることが明らかである。

　一方、「蘭文和解」は次のようになっている。即ち、

　　予更に水師提督に命じて、一件の事を殿下に告明せしむ。合衆国の舶、毎歳角里伏尓尼亜より支那に航するもの甚だ多し。又鯨猟の為め、合衆国人日本海岸に近づくもの少なからず。而して若し颶風あるときハ、貴国の近海にて往々破船に逢ふことあり。若し是等の難に遇ふに方つては、貴国に於て其難民を撫恤し、其財物を保護し、以て本国より一舶を送り、難民を救ひ取るを待たんこと、是予が切に請ふ所なり。

つまり、「漢文本書」の「鄙命者」、「漢文和解」の「賤民」と対照的に、「難民」という語を用いて翻訳されているのである。「蘭文和解」はフィルモア大統領国書の翻訳文として、『広辞苑』に収録されていることから、その後の日本人の「難民」意識に少なからず影響を与えたことが指摘できる。

　なお、フィルモア大統領の英文国書は翻訳されていなかったが、「蘭文和解」には、蘭・米・和の為替に関する説明が1箇所、「英文ニハ……トアリ」の注釈が5箇所施されていることから、蘭文を正しく翻訳するため、英文国書に比較して翻訳されたのが看取できる。ちなみに、上記「蘭文和解」で「難民」にあたる英文国書は次のようになっている。

　　I have directed Commodore Perry to mention another thing to your imperial majesty. Many of our ships pass every year from California to China; and great numbers of our people pursue the whale fishery near the shores of Japan. It sometimes haooens, in stormy weather, that one of our ships is wrecked on your imperial majesty's shores. In all such cases we ask, and expect, that

> <u>our unfortunate people</u> should be treated with kindness, and that their property should be protected, till we can send a vessel and bring them away. We are very much in earnest in this.

つまり、アメリカ国民を great numbers of our people、台風など災害に遇った船員を our unfortunate people で表している。

　英文国書に比べ、「漢文正書」の「鄙命者」は漢文では第一人称として謙遜のニュアンスがあるとも解釈できるが、同「漢文和解」の「賤民」の訳は明らかに誤訳であるか、若しくは儒学者の西洋人に対する蔑視的なニュアンスが含まれていると指摘できる。これに対して、「難民」という用語は「難破」「遭難民」と関連した語で、今日、日本語として普通に使われていることから、もっともふさわしい訳であると言えよう。

3　「難民」は箕作阮甫の造語か

　「難民」の日本での使用は、フィルモア大統領国書を翻訳する際、箕作阮甫によってはじめて用いたと考えられる。

　箕作阮甫（1799-1863）は津山松平藩（10万石、岡山県）医の末子として生まれた。幼い頃、父と兄弟が相次いで亡くなり、12歳の若さで家督を継ぐことを許され、後に蘭学大家である宇田川玄真に師事し、天保10（1839）年、天文台の蛮所和解御用となったが、ペリー来航時に米大統領国書の翻訳や、また対露交渉団の一員として長崎にも出向いた。著訳は医学書から諸外国の歴史や地理、兵学、外交文書などにまで多岐にわたる業績を残し、番所調所教授に命じられたという、洋学者の最高の地位に上りつめたことになる。

　アメリカ大統領の蘭文国書を翻訳したのは杉田成卿と箕作阮甫であるが、杉田はペリーが来航した時に、「攘夷論」を唱えて採用されなかったため、後引退してしまった。一方、阮甫は開国論の先覚者で、『蘐庵筆記』に収録された数多くの風説書、外国船報告書の内容からも窺えるように、蘭医者だけではなく、蘭学者としても西洋歴史、地理に目を向けて、いち早く

世界の大勢を把握していたのである。「難民」という語も、阮甫が写した『蘷庵筆記　三』にある「本邦難民数名伏侍人等上公司文案」で用いられている。同「文案」は弘化2（1845）年に写されたもので、内容は中国の風評である。

　　　聞難番甚助供、是日本国仙台島人、……舵工名叫世松、水手文與、重吉、次郎吉、喜非、文花、岩松、一共八人、在廿二年十月十五日、在本国、載了米穀四百五十袋、開往向來貿易之大坂地方、消換貨物、不料風色不順…柁工世松、水手岩松、溺死海中、幸遇過往一舩、号喊搭救得生、後來帶至廣東洋面他們舩上、見有夷舩、即將難番們送交、那知是喫夷的舩、承他收留（以下省略）。

　　本国法令最厳、向來不許与喫夷交接、違者梟首、今由喫夷轉送、尤恐国中聞知、返遭殺身、務求将来帰国給賜明文内、除去喫夷字様、免得難番們有殺之惨、深感天朝恩典、難番們六人就得生了。

　　（難番甚助の供述を聞くと、日本国仙台島人である。……舵工は世松といい、水手は文與、重吉、次郎吉、喜非、文花、岩松という、計八人である。道光22（1842）年10月15日に、日本国で、米穀四百五十袋を載せ、貿易の名地大坂方面に向かって、貨物を交易する。図らず天候不順で…柁工世松、水手岩松が海中で溺死し、幸い近くを通過した一隻の船に遇い、叫んで救援を求め、生還した。後に廣東の海域の彼らの船に連れて行かれ、西洋人の船に遭遇したので、難番たちの面倒を見てもらったが、まさかはからずも英国船であったが、英国船が引き受けてくれたお陰で、……。

　　我が日本の法令は最も厳しい、従来から英夷と交接することを禁じてきた。それを違反した者は斬首される。今回、英夷から転送されたことが、尤も恐れていることは、もし国内に知られたら、帰国したら殺される。将来帰国の際、賜る公文の中で必ず英夷の文字を削除されるならば、我ら難番が殺される惨状を免れ、天朝の恩典を深く感じ、難番たち六人が救われるものである。……—筆者訳）。

「廿二年」とは、清の元号で道光（1821-1850）22年のことである。日本商船の船員8人が中国廣東省の近海で難破し、二人が溺死し6人が救助された。日本の鎖国令は厳しいためイギリス人と接触した記録を削除してほしいという内容であった。中国語原文では日本人漂流者を「難番」「難番們」という語で表現しているが、「難民」を用いていない。「番」は中国語では外国或いは外国人を指すが、よく軽蔑的な意味があると思われている。阮甫は「番」で日本人漂流民を表すのを避けて、日本人を「民」に置き換えたのかは不明だが、語構成的、ニュアンス感情的ともに自然で正しかったと言える。

　阮甫の実筆『慶庵筆記』を調べてみると、漢文体では「遭難」「難番」「遇難之民」「遇難之人」「難人」などが見かけられるが、和文体ではまだ「漂流之日本人」「漂民」「漂流人」を用いていたが、「難民」は見当たらなかった。タイトルの「本邦難民数名伏侍人等上公司文案」にある「難民」は、漢文の風説書からそのまま写したというより、阮甫が付けたタイトルだと断定できる。しかし、それは阮甫の造語か、漢文からの借用か、これだけでは特定できない。

　『大日本古文書　幕末外国関係文書之一』「116　六月二日米国使節ペリー書翰　我将軍へ渡来の趣意に就て」を調べた結果、同書簡は内容的には、「114　米利加合衆国大統領フィルモア書翰」と大筋でほぼ一致しているにもかかわらず、「蘭文和解」の用語とは大きな隔たりがある。例えば、「114大統領書簡」は冒頭でペリーを「海軍第一等の将」と称したほか、本文では一貫して「水師提督」で貫いたのに対して、「116　ペリー書翰」はペリーを一貫して「外臣」で通し、最後の署名で「海軍の統帥」を用いた。また、「114　大統領書翰」では「難民」は三回ほど用いられているが、「116ペリー書翰」は一回も使われなかった。両書簡で用いた異なった語彙からは、その翻訳が恐らく分担して行われていた可能性が十分考えられる。同時期の「箕作西征紀行」には、「難民」という語が何度も用いられていたことから、少なくとも阮甫にとって、「難民」という用語の使用は、定着していたと判断できる。

　詰まる所、語彙使用の特徴という視点から見て、大統領国書とペリー書

簡はそれぞれ、箕作阮甫と杉田成卿によって翻訳されたと推定できる。そして、阮甫の翻訳と深く関わったこととして、日本では、遭難した外国人を助けるべきだという西洋近代思想が、「蘭文和解」の「難民」によって現れたものと指摘できる。

なお、蘭文国書の所在は特定できないが、今日、「難民」の訳にあたるオランダ語の「Vlucheteling／逃ル人」は、『和蘭字彙』（1855）など辞書の見出し語として収められている。言うまでもないが、蕃書調所教授の箕作阮甫はそれを把握している。

4 「難民」という用語の使用推移について

4.1 国立図書館資料の視点で

日中語彙交渉の研究領域において、「難民」という用語にはあまり注目されていないようである。「難民」という漢語は日本語なのか、中国語なのか。そして、どのように使われるのか、日中両国の国家図書館の蔵書資料で比べて、その推移を明らかにしたい。

まず、日本国立国会図書館で「難民」（「避難民」を含む）のキーワードで検索してみると、1824年から2015年3月まで、中国語資料を含めて、計10,845件ある。出版年のカテゴリーで分類された8,791件のうち、さらに10年ごとの枠で表にすると、その特徴が一目瞭然である。

年代	1824	1877	1880	1890	1900	1910	1920	1930	1940	1950	1960	1970	1980	1990	2000	2010
標本数	1	1	2	2	11	16	87	92	151	157	214	414	1264	1882	2704	1793

1824年の「福建省泉州府同安県難民墓碑：一拓本」は、一見中国語のようであるが、琉球の恩納村にあった墓碑で、琉球人が書いたものと思われる。文中の「難民」は「死者」の意味として考えられる。また、1877年の「議案簿」は、「琉球藩難民救助費ノ義（ほか）」というタイトルがあって、日本語の資料であるが、年代的にフィルモア大統領国書の翻訳より後だったので、「難民」は阮甫の造語かどうかという問題の決め手にならない。

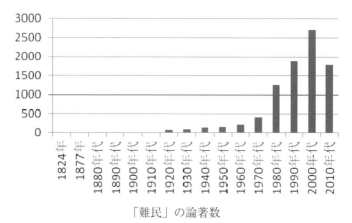

「難民」の論著数

注:標本数は論文・著作の数で、2010年代の数字は2015年3月までのデータである。

「難民」はその後、「難民救助取計方」(1883)、官報「難民救済方」(1918)、官報「露國避難民救恤品輸送」(1923)など示されたように、「難民」のほか、「避難民」も使用されている。

一方、中国国家図書館のデジタル図書館サイトで、「難民」と「难民」のキーワードで検索してみた結果、日本語資料を含めて、計3,700件あることが確認できた。さらに、「古文献」を「難民」と「难民」で調べたところ、それぞれ17件と11件があるが、一番古い資料はいずれも『熱河區受賑難民簽名冊』(1644)である。しかし、近代中国の雑誌『東西洋考毎月統記傳』には、「難民」のタイトルやそれに関する内容の記載があったにもかかわらず、「難民」のキーワードで検索しても現れてこなかった。例えば、『東西洋考毎月統記傳』「丁酉七月」(1837年7月)に「救難民」の項目があり、年代的には前掲した阮甫が写した風説書「本邦難民数名伏侍人等上公司文案」(1845)より早いが、内容的には異なっている。また、「箕作阮甫関係文書目録」には、『東西洋考毎月統記傳』を確認することもできないが、常に清朝の情報を収集している阮甫は、ほかの風説書から「難民」という用語が目に止まった可能性も否定できない。

佐藤(1986:214)は「『徳国学校論略』の語彙」において、「漢籍の典

拠不明だが、幕末・明治初期の国語に存する語」として、「学期、行為、使徒、難民」などの用語を取り上げたが、「難民」については特に説明を施さなかった。『徳国学校論略』は花之安（Faber, Ernst. 1839-1899）というドイツ植物学者の宣教師が中国で宣教する傍らに、西洋近代社会を紹介するために、1874 に著した書物であるため、阮甫の「難民」使用と直接的な関連がないが、19 世紀半ば頃、「難民」という用語は日本語も中国語も主に難破した船員のことを指す意味で用いられていたことが指摘できる。

　中国では、戦前まで、100 年も続く戦火に見舞われたため、「難民」という言葉の使用頻度も高かったが、それより、「灾民（災民）」の使用頻度が 7,000 も数えられ、「難民」の倍近い数字である。また、「難民」もほとんど避難した中国人を指す意味で使われていた。上記の中国国家図書館は史料として、『江西省難民第二工廠一年来工作概況』（1939）などのように、1930 年代から 40 年代のものが 10 件ほどあるが、そのうち、『難民墾殖実施辦法大綱』（1939）、『綏靖区難民急振実施辦法』（1946）、『収復区各省市救済難民辦法』（1946）などから分かるように、国民党政府の訓令や条例である。「難民」はこれらの文献の中で、すべて戦火を逃れていた中国人を指す意味で用いられているのである。また、日本の国会図書館や東京大学図書館には、中国国家図書館のサイトで特定できない中華民国の資料も点在している。例えば、陳翰笙（ほか、1930）が編纂した満鉄調査資料である『難民的東北流亡』には、「難民簿」、「難民月報」、「山東難民」など「難民」の使用が確認できる。しかし、原資料には「避難民」を用いる日本人著者・小澤茂一（1928）著『山東避難民紀実』（大連）も確認できたように、日本語も混ざっている。さらに、沈起予（1945）著『難民船』（啓明書局）で確認できるように、その日本語翻訳版では「難民」という語ではなく、終始一貫して「避難民」を用いている。自国の国民を含むか含まないか、「難民」の日中両言語の意味領域のズレを垣間見る感がある。

4.2　辞書の見出し語の視点

　「難民」は中国では 17 世紀、日本では 18 世紀の書物から確認できた。

しかし、日本語においては、『和蘭字彙』（1855）やロブシャイトの『英華字典』（1866）、ヘボンの『和英・英和語林集成』（1867）や大槻文彦の『言海』（1886）、上田万年『大字典』（1920）などの辞書には見出し語として収録されていない。「難民」という概念は日本語としてそれほど日常的に使う言葉ではなかったであろう。「難民」はその後、『井上ポケット支那語辞典』（文求堂、1935）には、「〔難民〕災難ニアヘル人民」という見出し語があったが、同じ時期に刊行された『広辞林（新訂版）』（1934）には、「避難」の項目に「避難民」があって、「難民」は収録されていなかった。国語辞書の見出し語として収録されるようになったのは、『広辞苑（初版）』（1955）が最初であったが、『難民条約』即ち『Convention relating to the Status of Refugees 』（adopted July 28, 1951. entered into force April 22, 1954.）が締結され、『出入国管理及び難民認定法』（昭和26.10.4）にも用いられた後だった。

　一方、中国では大型辞書である『辞海』（1979年、上海辞書出版社）でさえ、見出し語として収録されなかった。『現代漢語辞典』（1983年、商務印書館）では見出し語として収録されたが、解釈については不十分であった。「難民」という概念についての慣習的・法律的に詳細な解釈、さらに「難民」の概念が、1920年代に形成されたいきさつに関する正確な説明は、1999年版の『辞海』を待たなければならなかった。第一次世界大戦の負の遺産を処理するために、国連が難民事務高等弁務官を設け、難民援助に乗り出したという背景が記されている。

5　おわりに

　「難民」という概念は、1951年の「難民条約」が締結されて初めて確立したのである。その後、国際連合難民高等弁務官事務所（UNHCR）も設立されて、1967年には、国際連合の「難民議定書」も採択された。しかし、日本の「難民条約」と「難民議定書」への承認と加入は、それぞれ1981年10月3日と1982年1月1日である。1970年代末にピークを迎えたインドシナ難民の流出という背景があった。その結果「難民」という用語も

よく使われるようになった。一方、「避難民」という用語は使用頻度が低いが、使われている。特に、3・11の東日本大震災が起きてから、復興庁は被災地から避難した人々を「難民」や「避難民」と区別し、「避難者」と称したことから、「避難者」の使用頻度が一気に高くなった。「難民」「避難民」「避難者」の使用頻度は下記の図表の通りである。

年代	1900	1910	1920	1930	1940	1950	1960	1970	1980	1990	2000	2010
難 民	11	16	87	92	151	157	214	414	1264	1882	2704	1793
避難民	7	12	81	60	62	60	42	15	19	137	124	93
避難者	6	6	54	26	7	2	6	3	15	101	116	593

このように、「難民」という用語は、中国語として使われていることが指摘できる。しかし、日本語の場合には、箕作阮甫が中国の風説書から転写して用いはじめたが、その際、中国語の資料を見て用いたのか、それとも「難番」の「番」を「民」に置き換えて、「難民」を作ったのか、まだ確定できていない。日本語も中国語も、「難民」が一般用語として頻繁に使われるようになったのは、1970年代半ば以降、インドシナ難民問題が国際問題として注目されるようになってからであった。それらの問題が顕

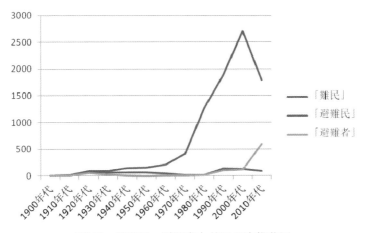

「難民・避難民・避難者」使用頻度推移図

在化すようになってから、日本も前向きに受け入れるようになった。「難民条約」や「難民議定書」に加入して、「難民」はより身近な問題を表す言葉となったことから、日本語の意味はほとんど外国人難民を指す意味となる。一方、中国語の「難民」はもともと侵略を受けて戦争を逃れるために避難する人々を指す意味であって、ほとんど中国人を指す意味であった。新中国成立後は、戦火を逃れる中国人の難民はなくなったのであるが、「災民」と同じ意味で用いる場合もある。また、海外から難民を受け入れたり、転送したりしているため、使用頻度が下がったものの、日本語と同様、主に外国人の避難民を指す意味で用いられている。今日の「難民」は、Refugee や、DP = Displaced person の対訳として用いているが、近代の黎明期に生きた一蘭学者が、フィルモア大統領国書の unfortunate people やそれにあたるオランダ語の対訳語として初めて確立したと考えられることは、重要な日本の近代生成の意義があると考える。

なお、本稿は中国語史料の問題点として、例えば、前掲した陳翰笙（1930）には、「難民」のキーワードで検索しても得られない資料があるが、今後の課題としてさらに史料を発掘し、究明する必要がある。

引用・参考文献一覧

箕作阮甫 1840-55『甕庵筆記　三』国会図書館憲政資料室蔵、2001 年 10 月調査

呉秀三 1914『箕作阮甫』大日本図書

東京帝国大学文科大学史料編纂掛編纂 1910『大日本古文書　幕末外国関係文書之一』東京帝国大学

 「114　耶蘇紀元千八百五十二年十一月十三日（嘉永五年十月二日）亜米利加合衆国大統領フィルモーア書翰（嘉永六年六月九日使節より浦賀奉行へ差出）我将軍へ　使節派遣の趣意に就て」238-251 頁

 「116　六月二日米国使節ペリー書翰（九日浦賀奉行へ差出）我将軍へ渡来の趣意に就て」255-264 頁

 「119　六月九日（　）米国使節ペリー書翰　我政府へ　白旗差出の件」269-270 頁

――― 1913『大日本古文書　幕末外国関係文書付録之一』東京帝国大学

陳翰笙ほか、1930 編『難民的東北流亡』国立中央研究院社会科学研究所

沈起予著、上（土）野三郎 1939 訳『難民船―戦火を避けて落ち行く難民の群を見よ』森本書院。
斎藤毅 1977『明治のことば―東から西への架け橋―』講談社
緒方富雄 1978「蘭学者箕作阮甫の人と学」（蘭学資料研究会『箕作阮甫の研究』思文閣、pp.23-58）
大久保利謙 1978「官学者・幕吏としての箕作阮甫」（蘭学資料研究会『箕作阮甫の研究』思文閣、59-102 頁）
佐藤亨 1986『幕末明治初期語彙の研究』桜楓社
黄時鑑 1997「『東西洋考毎月統記傳』影印本導言」（『東西洋考毎月統記傳』影印本、中華書局）
李漢燮 2010『近代漢語研究文献目録』東京堂出版

近代韓国語における
外来の新語新概念の導入について
― 『漢城旬報』・『漢城周報』の場合 ―

李　漢燮

(高麗大学)

要旨：本稿は、『漢城旬報』と『漢城周報』を通して、19世紀末に韓国に入った近代中国語や日本語の語彙を調べたものである。調査の結果、『漢城旬報』と『漢城周報』は、漢字文化圏に近代新語や新概念を韓国語に受け入れる重要な通路であったことが分かった。

キーワード：漢城周報、近代新語、新概念、新聞

はじめに

　本稿は、韓国最初の近代的新聞である『漢城旬報』と『漢城周報』を通して、19世紀末韓国における外来の新語や新概念の導入の問題を探ろうとするものである。筆者はこれまで韓国における近代新語新概念の接触や導入について研究をしており、本稿はこれまでの研究成果の一部である。

　本稿では、ローマ大学のFederico Mashini氏の著書[1]に出ている〈付録2〉の語彙リストを使い、これらの語彙が『漢城旬報』や『漢城周報』にどのぐらい使われたかを見ることによって、1880年代に新聞という媒体を通してどういう語彙がどのように受け入れられたかを見ることにする。

1　『漢城旬報』と『漢城周報』の概観

　本稿の理解を助けるために、まず『漢城旬報』や『漢城周報』の発行について述べておく。

1.1　『漢城旬報』・『漢城周報』とは？

　韓国の近代的新聞の発行の歴史は中国や日本より遅く、1883年からスタートする[2]。『漢城旬報』は1883年10月から1884年12月まで、1年2ヶ月間ソウル（漢城）で発行された韓国最初の近代的新聞であり、36号まで出された。[3]〈図1〉を参照。『漢城周報』は1886年1月から1888年7月まで発行されており、120号まで発行されたが一部しか残っていない[4]。これまで見つかったものは42回分だけである。

1.2　体裁

---

[1] The Foundation of Modern Chinese Lexicon and Its Evolution Toward a National Language: The Period from 1840-1898 (Federico Mashini) The journal of Chinese Linguistics Monograph series number 6. Berkeley, USA, 1993
[2] 鄭晋錫（1990）『韓国言論史』나남출판
[3] 鄭晋錫（1984）などを参照
[4] 鄭晋錫（1983）「漢城旬報 周報에 관한 研究」『新聞研究』36. 관훈클럽

『漢城旬報』の大きさは 17cm×24cm、ページ数は 18 頁から 24 頁までになっていた。今日の規格から見ると A4 の大きさの雑誌のような形をしていたと言える。『漢城周報』は、大きさが 15cm×20cmで、『漢城旬報』より小さくなっている。1,260 件の記事のうち 40 件はハングル文で書かれていた。

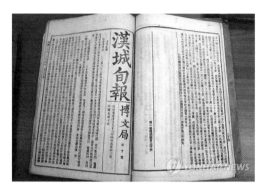

〈図-1〉『漢城旬報』

〈図-2〉『漢城周報』

1.3 漢字文化圏の新聞との関わり
1.3.1. 新聞の情報源

『漢城旬報』・『漢城周報』の記事は国内のニュースと外国のニュースとに分かれている。国内のニュースは、人事や国王の布令、地方官からの報告が中心になっているが、外国のニュースの場合はほとんど、外国の新聞の記事をまるごと転載するか内容を抄訳して載せている。外国ニュースと漢字文献の新聞とのかかわりを探るため『漢城旬報』第8号（1884.1. 8）の外国ニュースのソースを見ることにする。

右記のように、『漢城旬報』第8号には58件の外信のうち、55件にニュースの情報源が記載されている。

近代韓国語における外来の新語新概念の導入について　223

〈表1〉『漢城旬報』第8号（1884.1.8日）の外信欄の記事

記事名	記事のソース	記事名	記事のソース
中國奧師已決	英京電音	東京近報	西貢法字新報
彭玉麟奏疏	滬報（11月16日）	海防切近音信	滬報（11月18日）
楚軍續至	香港報	越事近聞	香港 西字報
兵輪東下	上海報	戰事傳聞	申報
廈門近報	廈門 遞信	擬戴法兵	申報
鄂省閱兵	滬報	桑台失守	香港 華字報
雲南巡撫滯領雄兵	6日　香港報	桑台續聞	西貢 信息
雄師拔隊	申報	惡患預防	倫敦忌笠新報
行營通電	近閱津信	倫敦電音	倫敦電音
募兵駐閩	上海報	阿爾蘭現欲自立	倫敦發來電音
彭宮保移營	羊城新聞	埃匪始末	西報
調防近信	上海報（11月24日）	蘇祿王未死	
經略江海各處	中外新聞	素素亞國得法國之保護	
奧東催餉	香港報	東蒲寨得法國之保護	
海防近信	香港 西字報	佛突條約	日本報
仏艦至廈	申報	越王被弒	西字郵筒（11月9日）
法人辦理兵餉	循環報	葡國亂耗	滬報
法報照譯	西貢 法字報	印絲近情	近聞印度信
增兵要電	滬報	閩茶述聞	滬報
法艦赴越	香港 西字報	中國商務日監	西字報
倫敦電音	申報	詳述天際紅光	香港報
法國文武不和	香港報	地變誌異	申報
海防近報	香港報	黑氣巨天	滬報
海防信息	上海報	印度近報	印度遞到新聞
黃旗投入黑旗	上海報	西人論中佛戰事	近聞津信
彭宮保抵粵	香港報（11月6日）	西人論中國兵備	香港西報
防兵到粵	上海報	防法論	滬報
寯郡設防	上海報	中西時勢論	中國公報館 論說
河內近報	香港 中外新聞	華人可爲工局董事論	上海報

1.3.2. 情報源（ソース）の種類

『漢城旬報』は、全体の記事数が1,646件であり、そのうち外国のニュースは1,155件である（記事全体の約70％）。1,155件の記事を情報源別に分けて見ると〈表2〉の通りになる。[5]

〈表2〉外国ニュース欄に載っている新聞記事の情報源

『漢城旬報』（1155件）	『漢城周報』（513件）
中国資料：630件（73.77％） 申報（244件）、滬報（103件）、中外新報（45件）、循環日報（43件）中外新聞（12件）	中国資料：306件（59.64％） 滬報（139件）、申報（90件）益聞録（17件）、字林滬報（5件）、循環日報（4件）、維新日報（21件）
日本資料：89件（10.42％） 日本報（15件）、時事新報（13件）、日本近信（8件）、報知新聞（6件）、日本統計雑誌（5件）、東京日日　新聞（3件）歐美 回覽實記（1件）	日本資料：155件（30.09％） 日本報（60件）、官報（35件）、時事新報（9件）、横濱関連（7件）、報知新聞（4件）
その他の資料：135件（15.70％） 英国関連（14件）、西報（9件）、西字報（8件）、ベトナム関連（10件）美国関連（10件）	その他の資料：52件（10.11％） 西報（5件）、外洋 新聞（2件）、路透局（1件）

上の結果をみると、『漢城旬報』や『漢城周報』の外国関連ニュースは中国の新聞を情報原としているものが多かったという事が分かる。『漢城周報』では中国資料の比率が若干低くはなっているがその数は依然として多い。日本の新聞記事を利用したものは『漢城周報』の方が『漢城旬報』に比べて3倍増えている。『漢城旬報』の記事のソースを見てみると中国の新聞としては申報（244件）が最も多く、次に滬報（103件）、中外新報（45件）の順になっている。『漢城周報』においては滬報（139件）、申報（90件）益聞録（17件）の順になっている。日本の新聞をソースにしているものは、『漢城旬報』は日本報（15件）、時事新報（13件）、報知新聞（6件）の順になっていて、『漢城周報』の場合は日本報（60件）、官報（35件）、時事新報あ（9件）の順に多く使われている。

---
[5] 崔俊（1969）「漢城旬報」의 뉴스源에 대하여」『韓国言論学報』Vol.2 No.1, 韓国言論学会

2 『漢城旬報』と『漢城周報』に見える近代新語新概念

2.1 調査方法

本稿ではローマ大学のマシニ氏の著書（*The Foundation of Modern Chinese Lexicon and Its Evolution Toward a National Language: The Period from 1840-1898*（Federico Mashini）の付録2〈19世紀の資料に出てくる中国語の新語目録〉の語彙を対象に、これらの語彙が『漢城旬報』や『漢城周報』に出てくるかどうかを調べた。[6] マシニ氏の著書の付録2では、中国近代の新語や新概念として462語を挙げている。マシニ氏はこの462語がそれぞれ中国の新しい語彙なのか、あるいは日本語から入った語なのかを示しており、語によっては用例や由来なども書いていて、19世紀における中日韓三国の語彙の交流問題を考える上で重要なヒントを与えている。マシニ氏の語彙リストについては一部間違いがあるという指摘もあるが、本稿では当時の語彙の交流や伝播を考えるには差し支えないと判断し、利用させていただくことにした。

マシニ氏の著書の付録2に出ている語彙を概観すると〈表3〉の通りである。

〈表3〉マシニ氏の著書に出ている語彙

出自	類型	語数		例
中国語	固有語	19	289語	萬國 石油 重學
	固有新語	111		商會 暗火輪船 力學
	借義語	40		公會 權利 北極
	借音語	21		甘文好司 三鞭 旦把孤
	借譯語	93		經線 公會 委員 積分
	混成語	5		來夫大炮 冰績凌
日本語	日最	132	173語	幹事 經濟 工科 工場
	日回	41		警察 教育 農民 大學
		計462語		

---

[6] 今回調査した本は韓国語訳本である（『근대중국의 언어와 역사（*The Formation of Modern Chinese Lexicon and Its Evolution Toward a National Language*）』이정재역, 소명출판, 2005）

〈表3〉を見ると、462語のうち中国語由来の語は289語、日本語から入った語は173語であり、19世紀の中国の新語新概念のうち、38％は日本語から中国語に入った語であったという事が分かる。

2.2 Federico Mashin 教授のリストに出てくる語

ここでは付録2〈19世紀の資料に出てくる中国語の新語目録〉に載っている語彙を、もともと中国語であった語彙と日本語から中国語に入った語に分けてすべてを挙げることにする。

2.2.1 もともと中国語であった語

2.2.1.1 固有新語（19世紀に使われた中国の新語）：111語

脚踏車	鋼筆	格致	空氣	公師	公使會	公議堂	公義廳
工資	管水火器具者	光學		氣毬飛車		記者	氣學
農學家	代數	大貨鋪	跳舞	動重學	萬獸園	媒油	麵包
文學館	博覽院	拍賣	博物院	博物場	博物會	半主	法律
法院	飛機	飛車	上議員	商會	賽奇會	聲學`	細胞
水尼	水龍	水學	術學	植物學	暗火輪船		洋琴
洋毯	養啞院	洋天尺	養瘋院	力學	藝學	龍口	龍嘴
郵局	藕心炮	郵政局	牛喉	原質	輪機	律土	銀館
議事廳	議政院	離婚	人之權利		日影像	入口	自來水
自主	自行屋`		自行人	自行車	雜誌	掌物之權	
電聲器	電學	傳眞之器		靜重學	帝國	照像鏡`	
照像法	地質學	地學	進口	債欠	天船	總會	蓄火機
出口	蟲學	特權	判斷	下議院	寒暑表	蛤蠣	炮
炫奇會	火輪機	火輪船`		火輪車`		火輪取水器具	
化石	火船	火性	火烟舟	火車	火槍	化學	火學
會堂	司火食者						

2.2.1.2 固有語（19世紀以前から存在していた語）：19語

管理	交易	萬國	貿易	民間大會		石油	消化

數學　　試驗　　自治　　自護　　政治　　正統領　　中保者　　重學
地質　　會議　　自然　　方程

2.2.1.3　借訳語：93 語

公法　　公司　　救命圏　　國法　　國債　　汽機　　氣燈　　汽車
暖房　　藍皮書　冷帶　　　大腦　　動物院　馬力　　晩報　　媒氣燈
民主　　拔機　　法通線　　報紙　　保險圈　富國策　氷庫　　上堂
上房　　上會堂　小腦　　　手箱　　手槍　　植物場　神鏡　　信局
新聞紙　信通線　軋機　　　暗消息　洋語　　熱帶　　溫帶　　外部
郵票　　輪船　　銀性　　　印文機　日報　　自來火　爵房　　錢局
全權　　電氣光視顯微鏡　　電氣光　電氣局　電氣機　電氣燈　電気鈴
電氣報　電氣線　電機信　　電氣信　電燈　　電覽　　電路　　電理機
電報　　電報局　電線　　　電線鈴　電池　　電車　　電堆　　擠機
照像器　地球　　地內火輪車　　　　織機　　車票　　鐵道　　鐵路
鐵撒　　炭性　　烫機　　　通信線　通信線機　　　　風鏡　　下堂
下房　　鄉神房　顯微鏡　　火機　　火輪器具　　　　火輪器機
火輪　　畫報

2.2.1.4　借義語：40 語

經線　　公法之私條　　公會　　過問　　交際　　國會　　權
權利　　幾何　　南極　　文學　　微分　　博物　　保險　　北極
碩士　　消息　　首領　　植物　　紳士　　影像　　緯線　　委員
義務　　醫院　　醫學　　赤道　　積分　　電　　　全體　　主權
總理　　總統領　總統　　動物　　選舉　　新聞　　信憑　　站
統領

2.2.1.5　借音語：22 語

甘文好司　　　羔求　　咖啡　　來福　　旦把孤　薑　　　得利風
馬店　　磅　　伯理賽天德佰理喜頓　　　舍利　　沙文　　三鞭
烏托邦　以太　支列胡　炒口來　巴力門　巴厘滿　瓦斯　　曹達

2.2.1.6　混成語：5語

來夫大炮　　薑船　　冰績凌　　巴厘滿衙門　　必耳酒

2.2.2. 日本語から中国語に入った語
2.2.2.1　日本語最初借用語：131 語

幹事	改良	改進	建築	檢事	經濟	經濟學	經驗
固定資本		工科	工業	公園	工場	公廠	共和
科學	觀念	廣場	教授	教員	教育學	校長	交通
軍事	歸納	機關	技師	汽船	內容	農場	農學
代表	圖書館	動物場	動物學	動產	馬鈴薯	無機	文法
文憑	物理學	物質	微生物	美術	美術會	民權	民法
博覽會	博物館	百貨店	法庭	辯護士	兵事	普通	不動產
師範	司法	寫眞	社會	社會學	商務	商法	常備兵
商業	商店	生理	生理學	生物學	生產力	扇風機	世紀
消防	市場	試驗所	植物園	信號	心靈學	歷史	聯洛
演出	豫備役	藝術	溫室	郵政	衛生	衛生學	幼稚園
留學生	銀行	議員	議會	全國	電信	電信機	傳染病
電話	電話機	政黨	政策	政治學	宗教	種族	主義
主任	證券	地理學	職工	哲學	體操	出版	統計
通風機	投票	特別	破產	版權	平權	學會	寒暑針
行政	憲法	憲政	革命	協會	混凝土	化妝	化妝品
會社	會員	後備兵	人力車				

2.2.2.2　日本語からの回帰語：41 語

警察	課程`	教育	規則	劇場	機會	農民	團體
大學	文科	文明	物理	博士	方法	法學	保釋
報障	世界	營業	悟性	陸軍	倫理	意見	醫科
議院	理科	資本	自由	專制	傳播	政府	中學
支那	進步	判決	學校	海軍	解剖	刑法	會計
會話							

2.3 『漢城旬報』と『漢城周報』に見える中国語や日本語の語彙

次は、本稿で問題にしている『漢城旬報』と『漢城周報』では、付録2の語彙がどのぐらい使われているかを見ることにする。実際の調査においては高麗大学図書館のウェブDBを利用させてもらった。[7] 高麗大学図書館のウェブDBは『漢城旬報』と『漢城周報』の語彙の検索が可能で、調べやすくなっている。

〈表4〉『漢城旬報』と『漢城周報』に出ている〈付録2〉の語彙

出自	類型	語数	『漢城旬報』		『漢城周報』	
中国語	固有語	19	12	113語	12	87語
	固有新語	111	46		29	
	借義語	40	26		23	
	借音語	21	3		2	
	借譯語	93	25		21	
	混成語	5	1		0	
日本語	日最	132	57	74語	48	67
	日回	41	17		19	
		計462語	187語		154語	

〈表4〉を見ると、『漢城旬報』には中国語の語彙113語と日本語の語彙74語が入っている。『漢城周報』には中国語の語彙87語と日本語の語彙67語が入っている。つまり『漢城旬報』と『漢城周報』には19世紀の中国の新語も日本語の語彙も多数使われていたということである。

2.3.1 『漢城旬報』に見える中国語

ここでは『漢城旬報』にどのような中国語の語彙が使われたかを見るため、使われた中国語の語彙を全部挙げることにする。

---

[7] 高麗大学の図書館では『漢城旬報』と『漢城周報』の本文の検索が可能である。http://www.koreaa2z.com.oca.korea.ac.kr/hanseong/

固有語：12 語

| 管理 | 交易 | 萬國 | 貿易 | 石油 | 數學 | 試驗 | 自治 |
| 政治 | 重學 | 地質 | 會議 |

固有新語：46 語

格致	空氣	公議堂	光學	記者	氣學	代數	麵包
博覽院	博物院	法律	法院	商會	賽奇會	水龍	水學
植物學	暗火輪船		洋琴	養啞院	力學	藝學	郵局
郵政局	原質	輪機	議政院	自主	雜誌	電學	帝國
地質學	地學	進口	出口	下議院	寒暑表	火輪機	火輪船
火輪車	化石	火船	火車	火槍	化學	火學

借義語：26 語

經線	交際	國會	權利	幾何	南極	微分	博物
保險	北極	首領	紳士	緯線	委員	義務	醫院
醫學	赤道	積分	主權	總理	總統	動物（動産の意味）
選擧	新聞	統領

借音語：3 語

咖啡　　磅　　曹達

借譯語：25 語

公法	公司	國法	國債	汽車	馬力	民主	洋語
熱帶	輪船	日報	自來火	電氣局	電氣機	電氣線	電報
電報局	電線	電池	電車	地球	鐵道	鐵路	顯微鏡
火輪

混成語：1 語

巴厘滿衙門

2.3.2 『漢城旬報』に見える日本語（74語）

『漢城旬報』に使われた日本語からの語彙を全部挙げると次のようになる。

日最：57語

幹事	改良	改進	建築	檢事	經濟	工業	公園
工場	共和	交通	機關	汽船	農學	無機	文憑
物理學	美術	民權	博物館	兵事	普通	司法	寫眞
社會	商務	商法	常備兵	商業	生理	消防	藝術
郵政	衛生	銀行	議員	議會	全國	電信	電信機
政治學	宗敎	種族	主任	地理學	職工	統計	投票
特別	版權	學會	行政	憲法	協會	會社	會員
後備兵							

日回：17語

警察	敎育	劇場	大學	物理	博士	法學	陸軍
議院	資本	自由	政府	進步	學校	海軍	刑法
會計							

2.3.3 『漢城周報』に見える中国語

ここでは『漢城周報』に現れた中国語をすべて挙げることにする。

固有語：12語

管理	交易	萬國	貿易	石油	試驗	自治	<u>自護</u>
<u>政治</u>	<u>重學</u>	會議	<u>自然</u>				

固有新語：29語

格致	空氣	光學	氣學	代數	法律	法院	商會
水學	植物學	郵政局	原質	議政院	自主	電學	地學
進口	出口	特權	下議院	寒暑表	火輪機	火輪船	火輪車
火船	火車	火槍	化學	火學			

借義語：23 語

經線	交際	國會	權利	幾何	南極	博物	北極
首領	紳士	緯線	委員	醫院	醫學	赤道	積分
主權	總理	總統	動物	選擧	新聞	統領	

借譯語：21 語

公法	公司	國法	國債	汽車	馬力	民主	熱帶
溫帶	輪船	輪船	日報	自來火	電報	電報局	電線
地球	鐵道	鐵路	火輪	來福			

借音語：2 語
來福（rifle）　　磅（pound）

混成語：0 語

2.3.4 『漢城周報』に見える日本語の語彙（67 語）
『漢城周報』に現れた日本語の語彙も挙げておく。

日最：48 語

幹事	改良	改進	檢事	經濟	**經驗**	工業	公園
工場	共和	**敎授**	**敎員**	**校長**	交通	機關	**技師**
汽船	農學	**動物學**	文憑	**物質**	民權	兵事	普通
司法	商務	商法	常備兵	商業	**歷史**	藝術	郵政
衛生	銀行	議員	議會	全國	電信	電信機	宗敎
主義	地理學	職工	統計	行政	憲法	會社	**人力車**

日回：19 語

警察	**課程**	敎育	**規則**	大學	物理	博士	法學
世界	**營業**	陸軍	議院	資本	自由	政府	進步
學校	海軍	會計					

3　おわりに代えて

　以上『漢城旬報』と『漢城周報』に使われたマシニ氏の著書の〈付録2〉の語彙を調べた。今回の調査で分かったことは次の通りである。

① 『漢城旬報』と『漢城周報』には、マシニ氏の語彙リスト462語のうち、154語が使われていた。これを通して分かったことは、1880年代に新聞という媒体を通して多くの中国語や日本語の新語新概念が韓国語に入っていたということである。
② 『漢城旬報』と『漢城周報』を比べると、『漢城旬報』の方が新語新概念の受け入れがが多かった。
③ 『漢城周報』に新しく見える語は思ったより少なかったが、これはこれまで見つかった『漢城周報』の量が少なかったということと関係すると思われる。
④ 19世紀に新聞という媒体は、漢字文化圏の近代新語や新概念を韓国語に受け入れる大きな通路であった。

　今回の調査では『漢城旬報』と『漢城周報』だけに留まったがこれから調査する資料の数を増やし、19世紀末韓国における漢字文化圏の新語新概念の導入ルートを探っていきたい。

参考文献
稲葉継雄 1987「井上角五郎と『漢城旬報』『漢城周報』―ハングル採用問題を中心に―」筑波大学文芸・言語学系編『文芸言語研究・言語篇』12巻
井上角五郎 1934『福沢先生の御朝鮮経営と現代朝鮮の文化とに就いて』
上垣外憲一 1982『日本留学と革命運動』東京大学出版会
熊谷明泰 2004『朝鮮總督府の「國語」政策資料』関西大学出版部
櫻井義之 1964『明治と朝鮮』、櫻井義之先生還暦記念会
朱京偉 2003『近代日中新語の創出と交流』白帝社
沈国威 1994『近代日中語彙交流史』笠間書院
沈国威 2008『漢字文化圏諸言語の近代語彙の形成―創出と共有』関西大学東西

学術研究所
沈国威 2010『近代中日詞汇交流研究』中華書局
陳力衛 2001『和製漢語の形成とその展開』汲古書院
原田環 2001「井上角五郎と朝鮮-仁川まで」『近代交流史と相互認識』慶応義塾大学出版会
広田栄太郎 1969『近代訳語考』東京堂出版
『福沢諭吉伝』『福沢諭吉書簡集』『福沢諭吉伝全集』など、福沢諭吉関連 資料
松井利彦 1979「近代漢語の伝播の一面」『広島女子大学文学部紀要』14
松井利彦 1980「近代漢語の定着の一様相」『広島女子大学文学部紀要』15
米川明彦 1989『新語と流行語』南雲堂
森岡健二 1969『近代語の成立 明治期語彙編』明治書院
森田芳夫 1987『韓国に於ける国語・国史教育』原書房
渡辺学 1987,1991日本植民地教育政策史料集成』(朝鮮篇) 龍溪書舎
김민환 1999『동아시아 근대 신문 지체 요인』나남출판
길진숙 2004「『독립신문』・『매일신문』에 수용된 '문명 / 야만' 담론의 의미 층위」『국어국문학』136, 국어국문학회, 2004.5, 321-353
金容德 2001「1880年代朝鮮開化運動の理念に対する検討-『漢城旬報』『漢城周報』を中心に」『近代交流史と相互認識』慶応義塾大 学出版会
문준영 2012「근대 초 한국에서의 권리, 법, 정치 : 번역어 '권리'의 수 용과정 연구」『강원법학』37, 강원대학교 비교법학연구소, 2012.10, 163-214
閔賢植 1985「開化期 國語의 研究」国語教育 53.54, 韓国語教育研究会
朴英燮 1994『開化期國語 語彙資料集』1-5
朴英燮 1997「國語 漢字語에 대한 小攷 」『國語學 29』국어학회
宋敏 2001, 2002「開化期의 新生漢字語 研究」12,『語文学論叢』20・21, 国民大学語文学研究所
宋敏 1988「日本修信使의 新文明語彙接触」『語文学論叢』7, 国民語文 学究所
吳世雄 2006「韓國 近代印刷術에 미친 日本의 影響」『족조형학보』6-1, 아시아민족조형학회, 2006.5, 148-159
李光麟 1968「漢城旬報와 漢城週報에 代한 一考察」『歷史學報』38, 歴史学会
李漢燮 2003「近代における日韓両語の接触と受容について」『国語学』54-3, 国語学会
李漢燮 2010『近代漢語語彙研究文献目録』東京堂書店
李漢燮 2014『일본어에서 온 우리말 사전』高麗大学出版部
鄭大撤 1986「開化期 新聞의 新聞論에 관한 考察,『韓国学論集』Vol.10 No.1, 漢

陽大韓国学研究所.
鄭晉錫 1983「漢城旬報와 周報의 뉴스源」『韓国言論学報』Vol.16 No.1, 韓国言論学会
鄭晉錫 1983「漢城旬報 周報에 관한 研究」『新聞研究』36. 관훈클럽
鄭晉錫 1984「最初の近代新聞〈漢城旬報〉」『言論研究論集』2. 中央大 新聞放送学大学院, 鄭晉錫 1990『韓国言論史』나남출판
鄭晋錫 1993「韓國言論年表와 索引 출간의 意義」『관훈저널』56. 관훈 클럽, 1993.12, 244-254
채백 2005「근대 민족국가관의 형성과 개화기 한국 신문」『언론과 사 회』13-4, 성곡언론문화재단, 2005.11, 39-65
최영철, 허재영 2014「개항 이후 학제 도입 이전까지의 한국 근대 학문 론과 어문 문제 :『한성순보』와『한성주보』를 중심으로」『인문과학연구』40, 강원대학교 인문과학연구소, 109-164
崔俊 1969「漢城旬報」의 뉴스源에 대하여」『韓国言論学報』Vol.2 No.1, 韓国言論学会
崔俊 1983「漢城旬報」의 史的 意味- 韓国新聞 100 周年을 맞이하면 서」『新聞研究』36. 관훈클럽
한보람 2006「1880년대 조선정부의 개화정책을 위한 국제정보수집 :『漢城周報』의 관련기사 분석」『진단학보』101, 진단학회, 2006.6, 291-339
Federico Mashini 1993 *The Foundation of Modern Chinese Lexicon and Its Evolution Toward a National Language: The Period from 1840-1898* The journal of Chinese Linguistics Monograph series number 6. Berkeley, USA, 1993

「世界史地」と「国際法」知識及び近代東アジア「地理想像」の生産、流通と変容：思考と展望＊

潘　光哲

（台湾：中央研究院近代史研究所）

ABSTRACT: This article focuses on the various processes involved in the production, circulation, and transformation of "geographical imagination" in modern East Asia (primarily China, Japan, and Korea). It examines in particular knowledge of global history and geography and of international law. East Asian intellectuals from different countries largely shared certain "common texts of knowledge" such as the American missionary Elijah Coleman Bridgman's *Meilige he sheng guo zhi lue* (*A brief account of the United States of America*), published in Chinese in 1838; Wei Yuan's *Haiguo tuzhi* (*Illustrated treatise on the maritime kingdoms*), first published in 1842; Xu Jiyu's *Yinghuan zhilue* (*A brief survey of the maritime circuit*), published in 1848; and W. A. P. Martin's translation of Henry Wheaton's *Elements of International Law* (under the title *Wanguo gongfa*) in 1864. Such works became "intellectual resources" available to all East Asian intellectuals as tools for understanding and imaging the global situation. This project traces how these "common texts of knowledge" became the driving force behind the production, circulation, and transformation of the "geographical imagination" across East Asia, and they provided useful knowledge for practical needs.

＊ 本稿は中央研究院の主題計画『近代東アジア「地理想像」の生産、流通と変容：「世界史地」と「国際法」知識を中心に』の補助成果（計画年度：2011～2013）である。ここで特に感謝の意を申し上げたい。

KEY WORDS:"geographical imagination," modern East Asia, knowledge of global history and geography, knowledge of international law, "common texts of knowledge"

要旨：およそ一八三〇年代頃から、西洋の「世界史地」と「国際法」の知識は東アジア（主に中、日、韓三国）で延々と長い生産事業が展開されてきた。西洋の宣教師と各国の知識人を中心に、互いに共有できる「共同知識テキスト」が作成された。それは、近代東アジアの「地理想像」を創造するための、無尽の動力源となった。例えば『海国図志』、『瀛環志略』、『万国公法』といった「共同知識テキスト」が、次々と現れ、東アジアで広く読まれた。それは既成の「知識世界」の内部構造に挑戦するだけではなく、「新的思想領域」の誕生も促進し、思想観念の変容を促し、自己認識の「認知地図」が常に更新されるようになった。同時に、それらの「共同知識テキスト」は「実用」価値と意義があるものとして、現実の事務を処理する基準になるだけではなく、西洋近代民族国家を模範にする各種の事業改革の根拠ともなった。各国内部の知識思想界の発展と共に、既成の「共同知識テキスト」は次第に淘汰されてきて、日本を主要生産者とする「共同知識テキスト」に取り替えられた。要するに、「世界史地」と「国際法」知識の変容と影響は、すべて近代東アジアの「地理想像」の形成、流通と変容に無限な空間を開拓して、多彩な思想光譜を織りなした。

キーワード：「地理想像」、近代東亞、「世界史地」知識、「國際法」知識、「共同知識文本」

1

　西洋の影響は徐々に東アジアに入ってきた。中国人の見聞した西洋の風俗は、昔から経験したこともないものであった。両者の接触と相互的な影響は、複雑な歴史経験を引き出し、世界情勢も次第に明瞭になってきた。中国は優越的な地位を持つ国ではなく、世界諸国の中の一つでしかないことが周知された。無論、中国は広くて物質も豊富であるが、「蠻夷之邦」も劣ってはいなかった（むしろ、もっと広く、繁栄していた）。外部世界に対する認知とその面貌への了解は、様々な結果をもたらした。それは歴史学者にも注目されている[1]ところである。このような中国と西洋の相互作用の中で、中国知識人は、世界の情勢を認識するために「世界知識」[2]を追求する道を歩み始めた。彼らは立派な「知識倉庫」（stock of knowledge）を設立して、世界情勢に応じるには豊富な「思想資源」（intellectual resources）を中国に提供した。知識人たちはそこを自由に出入りし、関心のおもむくところ総てを調べつくし、自分の知識世界を立てながら、叢書を編集したり、著書を出版したりした。それは、当時の「文化市場」（cultural markets）を充実させ、思想界の「概念変遷」[3]に様々な動力を

---

[1] 総論式に関する研究は主に以下の通り。郝延平、王爾敏「中国中西觀念之演變、1840～1895」、費正清、劉廣京（主編）、張玉法（主訳）、『劍橋中国史．晩清篇』（台北：南天書局、1987）、下冊、153-216頁、王爾敏、「十九世紀中国士大夫對中西觀念之理解及衍生之新觀念」、氏著、『中国近代思想史論』（台北：華世出版社、1977）、1-94頁、鍾叔河、『走向世界：近代中国知識分子考察西方的歷史』（北京：中華書局、1985）など。
[2] 「世界知識」は筆者が作った語彙である。当代のイギリス文化・メディア研究の巨人霍爾（Stuart Hall）の説によると、現代メディアが提供した初めての効能は、「社会知識」と社会映像を提供して選択的に構造すること、それらの知識と映像を通して、我々は他の人たちが「曾経生活過的實體」のように、「諸種世界」を認知できる。それに、我々は彼らの生活と私達の生活と結んで、想像の形で理解できる「整體的世界」（world-of-the-whole）とある「曾経存在過的整體性」（lived totality）を構成する。参照：Stuart Hall, "Culture, the Media and 'ideological effect'," in James Curran, et al., eds., *Mass Communication and Society* (Beverly Hills, CA: Sage, 1979), pp. 340-341；筆者はそこから学んで、メディアによって提供された様々な外部の現実世界の情報と系統的な知識を認識／理解するものを「世界知識」と総称する。
[3] 潘光哲、「追索晚清閱讀史的一些想法：「知識倉庫」、「思想資源」與「概念變遷」」、『新史学』、第16巻第3期（2005年9月）、137-170頁；王汎森が日本に導入された「思想資源」を論じた。参照：王汎森、「戊戌前後思想資源的變化：以日本因素為例」、（香港）『二十一世紀』、第45期（1998年2月）、47-54頁、筆者を大きく啓発した；しかし、彼は本

提供した。

　しかし、十九世紀の東アジアの知識脈絡から見ると、「知識倉庫」の構成の起源とその影響は、単に中国だけに留まらず、日本と朝鮮半島の知識人にも役立った。例えば、日本近代思想史に位置付けられる加藤弘之（1830-1916）[4]の著した『鄰艸』（1862.12）[5]は、清朝帝国の情勢を参照して日本自らの改革を促進するものとして、「立憲政体」を日本に導入するのに大きな影響を与えた[6]。同書の資料依拠を考察すると、清朝帝国の官僚徐継畬（1795-1873）の編集した『瀛寰志略』（1848年）[7]からの影響を窺えるだろう[8]。このことは、当時の「知識倉庫」が東アジアの知識人に充分な「共同知識テキスト」[9]を蓄積していたこと証している。

稿で検討した課題を取り扱っていない。

[4] 関係する研究は以下の通り。田畑忍、『加藤弘之』、『人物叢書新装版』（東京：吉川弘文館，1986〔1959初版〕）、吉田曠二、『加藤弘之の研究』（東京：大原新生社、1976）。

[5] 加藤弘之、「鄰艸」、『政治篇』、『明治文化全集』第3巻（東京：日本評論社、1952年〔改版〕）、3-14頁；加藤弘之が『鄰艸』を完成した時間、拠：松岡八郎，『加藤弘之の前期政治思想』（東京：駿河台出版社、1983）、7頁。

[6] 鳥海靖、『日本近代史講義：明治立憲制の形成とその理念』（東京：東京大学出版会、1988）、27頁、奥田晴樹，『立憲政体成立史の研究』（東京：岩田書院、2004）、35-37頁；勿論、加藤弘之の世界万国の「政体」類型を論じて、互いの優劣を比較することに着目して、改革の道を検討した。『鄰艸』を終点にしていなくて、その後に出版した『立憲政体略』（1868）は「君民同治」の「立憲政体」を提唱していたが、「政体」の分類をめぐって、『鄰艸』と異なった。ここでは詳しく論じないが、奥田晴樹『立憲政体成立史の研究』、63頁（「表1：政体分類の異同」）を参照されたい。

[7] 徐継畬は1843年から外部世界を明瞭するために本を書くことに決めた。かつて『輿図考略』を書いたが、のちに改稿し『瀛寰考略』と改題したが、最後に『瀛寰志略』として、1848年初めに福州で出版した。参照：陳存恭、「徐継畬事略及其『瀛寰志略』」、任復興（主編）、『徐継畬與東西方文化交流』（北京：中国社会科学出版社、1993）、8-9頁。

[8] 劉岳兵によると、加藤弘之の『鄰艸』におけるイギリスの制度を表現する語彙「爵房」、「郷紳房」は、徐継畬の『瀛寰志略』から引用されたものである。参照：劉岳兵、「日本における立憲政体の受容と中国―加藤弘之の『鄰草』をめぐって―」、『北東アジア研究』、第17号（島根：2009年3月）、94頁、101頁。しかし、プロイセン伝教師郭実獵（Karl Friedrich August Gützlaff, 1803-1851）を中心として編集された『東西洋考毎月統記傳』は、1838年に「英吉利国政公会」というシリーズを設けられた。中では英国の「国政公会」を触れた時に、「爵房」や「郷紳房」を使った。徐継畬は『瀛寰志略』で英国の生態構成についての説も『東西洋考毎月統記傳』に見られる。参照：潘光哲、「追尋晚清中国「民主想像」的軌跡」、劉青峰、岑国良（主編）、『自由主義與中国近代傳統：「中国近現代思想的演變」研討会論文集（上）』（香港：香港中文大学出版社、2002）、136頁（「表1『東西洋考毎月統記傳』與『瀛寰志略』關於英国「職官」體制的述說對照表」）。

[9] 例えば、梁台根は中、日、韓三国に流通した「共同テキスト」について、『佐治芻言』を中心として、西洋の知識をいかに導入されて、伝われ、吸収されたかを検討して、ア

これまでの研究において、以下のことを深く感じた。日本と朝鮮の知識人は中国の「知識倉庫」に恵まれたに違いないが、日本知識人も同じく「知識倉庫」の建設者として働いている（下述）。だから、我々は近代中国の変遷を理解する際、視野を拡大して、「中国本位」を乗り越えるべきだと思う。同様に、日本または韓国学界の研究成果も往々と自国本位のものでしかないため、限界を免れない。もし各国が既成研究を踏まえ、知識視野を広げ、多重の視点と資料に基づいて研究するとすれば、中国、日本と韓国（朝鮮時代）の三国間の相互交流と、各自の特徴をあわせた共同課題とは、必ず当時の歴史図像を再現することが出来るだろう[10]。「世界史地」と「国際法」知識及びそれに触発された「地理想像」[11] は、まさに近代東アジ

ジア内部における複雑な知識脈絡の相互作用を述べた。参照：梁台根、「近代西方知識在東亞的傳播及其共同文本之探索―以『佐治芻言』為例」、『漢学研究』、24巻2期（台北：2006年12月）、323-351頁。しかし、彼は「世界史地」と「国際法」について留意していない。

[10] 例えば、山室信一が「思想基軸」、「思想連鎖」、「投企」（project）をもって分析の構造を作って、東アジア地域の互いの思想動態を論じることによって「思想空間」を開設した。参照：山室信一、『思想課題としてのアジア：基軸．連鎖．投企』（東京：岩波書店、2001）。

[11] 「地理想像」（geographical imagination）という言葉は David Harvey の言論によるものである。彼は C. Wright Mills の『社会学想像』（*The Sociological Imagination*）を借りて、「地理想像」（または「空間意識（spatial consciousness）」）を作って、都市計画の概念的な意味に用いた。David Harvey には、「地理想像」が「能使個人得以確認空間與地點在自己的生命史上的角色，使他可以對目視所及的空間環境和自己發生關聯，使他能夠確認個人與組織之間的具體事務，是如何受到把它們隔離開來的空間的影響。它可讓他去確認自己與四鄰，自己與領域所及（territory），或者（用街頭幫派的語言），自己與「地盤」（turf）之間的關係。無論他當下身處何方，它可以使他判斷在其他地區（在其他人的「地盤」上）的事件與己身的相關性―如判斷共產主義向越南、泰国和寮国的進軍，是否與己有關。它也可以使他能夠有創意地仿傚和利用空間，能夠理解其他人創造的空間形式的意義」と書いた。参照：David Harvey, *Social Justice and the City*（Baltimore: Johns Hopkins University Press 1973），pp. 24-25；勿論，"geographical imagination" もそれ自身の概念形成史があるが、本文は詳しく検討しないことにする。参照："geographical imagination", in: R. J. Johnston edited, *The Dictionary of Human Geography*（Oxford: Blackwell Publishers, 2000），pp. 298-301；具体的なケースにおいて、例えば Susan Schulten の言ったように、政治、文化と社会需求は、地理と空間の新概念を形成させている。またそれらは歴史と文化にも影響している。ある空間構造概念によって我々の生活する世界を区分すれば、欧亜大陸の存在を確証できるし、第一、第二と第三世界の認知構造を立てるにもできる。現代科学、地理知識を借りて、過去の迷惑と曖昧な認知を打破することが出来、具体的かつ明確に、ある場所の所在を指摘することが出来る。当然、歴史を超越する真実（transhistorical truth）を建てることが出来る―例を上げると、台湾は一つの嶋である。人々は台湾に来て確認することをせず、地理知

ア世界が共有する、しかも各自の特色を語る主題[12]であろう。

2

　全体的に言えば、およそ一八三〇年代あたりから、西洋の宣教師と中国知識人が協力して、「世界史地」と「国際法」知識における、東アジアで共有する「共同知識テキスト」を作成した。徐継畬の編集した『瀛環志略』の外、魏源（1794-1857）の『海国図志』（1842 年に初版、1852 年に百巻まで補して再版）[13]も「知識倉庫」の中の重要な「共同知識テキスト」の一つとして、日本と朝鮮に大きな影響を与えた[14]。ほかには、清朝帝国同文館総教習の宣教師丁韙良（William Alexander Parsons Martin, 1827-1916）の翻訳した『万国公法』（1864 年）[15]も、「国際法」知識を東アジア

識によって認識し創造している（だから、科学は、「真正的」の地理知識を公衆生活の中で「正当化」する主要な根拠である）。十九世紀末期から一九五〇年頃、アメリカが世界の覇権国になる過程は、アメリカの地理学界（と地理組織、例えば、国家地理学界〔National Geographic Society〕）がいかに現実ニーズ（当然商業利益を免れない。例えば、地図の「消費」、学校地理教科書の競争）を満たすため、地理知識（と各学校の地理課程内容）を生産する時の変化及びアメリカ公衆の対応について、参照：Susan Schulten, *The Geographical Imagination in America, 1880-1950* (Chicago: University of Chicago Press, 2001)；ただし Susan Schulten は David Harvey の理論を引用していない。
[12] これまでの中国の情況については、筆者が研究したことがある。潘光哲、「中国近代轉型時期的「地理想像」（1895-1925）」、王汎森（主編）『中国近代思想史的轉型時期』（台北：聯経出版事業股份有限公司，2007）に収録された。463-504 頁。
[13] 魏源の『海国図志』は、最初は 50 巻しかなかった。1842 年「鴉片戦争」の終わったころに出版された。以降、60 巻まで増補して、1847 年に再発行した。1852 年に 100 巻まで増補したものは、今日、一般的に見られる版である（王家倹、『魏源年譜』〔台北：中央研究院近代史研究所，1967 年〕、132-134 頁）。
[14] 魏源の『海国図志』は 1851 年に日本に導入されて以来、先行研究が多く、少なくとも 23 種の「和刻本」と「和解本」（例：源了圓、『横井小楠研究』〔東京：藤原書店、2013〕、115 頁）がある。阿川修三が日本で保存した『海国図志』の「和刻本」と「和解本」原本を全面的に調査して、21 種が本物であると確認した。参照：阿川修三、「『海国図志』と日本（その 2）―和刻本、和解本の書物としての形態とその出版意図について―」、『言語と文化』、24 号（埼玉：文教大学大学院言語文化研究科付属言語文化研究所，2012 年 3 月）、32 頁；いかにせよ、その影響は明白である。また、『海国図志』は朝鮮の「開化思想」の形成にも大きな影響を与えた。参照：李光麟、「『海国図志』의韓国傳來와그影響」、氏著、『韓国開化史研究』（서울：一潮閣，1969）、2-18 頁、姜在彦『近代朝鮮の思想』（東京：明石書店，1996）、97 頁（他の例は省略する）。
[15] 丁韙良（譯）、『万国公法』、「同治三（1864）年歳在甲子孟冬月鐫．京都崇實館存板」本（台北：中央研究院、歴史語言研究所傅斯年図書館蔵）。

に導入した「共同知識テキスト」の一つであり、影響が大きかった（下述）。『海国図志』、『瀛環志略』と『万国公法』などの著書は、東アジアで広く読まれ、多様な歴史効果を引き起こした。「世界史地」知識の生産と流通は、既成の「知識世界」の内部構造と知識人の国際認識に挑戦した。それをきっかけに、地球上に様々な国家、民族があること、各国、各民族が自分の歴史と政治体制及び文化を持っていることが周知された。既成の宇宙観と世界観は転覆された。「華夷観」を基礎に構成された世界秩序も崩壊に面するようになり、思想観念の変容は「新的思想領域」の誕生を促成した。このような認識を背景に、西洋の帝国主義国家に無理やりに「門戸」を開かされた東アジア三国は、国際社群（international community）に組みこまれ、近代西洋の「国際法」知識によって西洋の帝国主義国家の「ゲームルール」に対応することになった。三国間の関係も、徐々に上述の「ゲームルール」に従うようになった。即ち、「世界史地」と「国際法」知識は真に「実用」的価値と意義を持っているものなのである。まとめて言うと、西洋近代の「世界史地」と「国際法」知識は、「地理想像」の形成と流通に無尽の動力を提供している。「地理想像」で開かれた空間と西洋近代民族国家を手本にした国際秩序は、知識人に自分の国家と民族の境遇を認知させた。彼らは、自分の国家民族と東アジア地域、世界情勢との関連を繋いで、各地の地理空間の出来事と個体（及び国家民族、東アジア、世界宇宙）の関連性を考えるようになった。いわば、知識人は現勢に応じて、各種の改革事業を推進する空間を無限に広げていき、近代東アジアの思想世界に多彩なスペクトルを編んだ。

　大体から言えば、「世界史地」と「国際法」に関する研究は、近代中国、日本と韓国において様々な成果を見せていはいるが、自国を中心とする研究視野を越えるものがほとんどない。「世界史地」知識についての研究は、漢文においては、鄒振環と郭双林が清朝晩期における西洋地理学を全面的

に論じた[16]。熊月之が清朝晩期の社会における「西学東漸」の様子について総合的に描いた[17]。英文においては、魏源と徐継畬についての研究著書が既に出版されている[18]。柯瑞佳（Rebecca E. Karl）は「嶄新的全球意識」（consciousness of a new globality）が近代中国で形成された理由を検討した[19]。日本語においては、『鎖国時代日本人の海外知識：世界地理・西洋史に関する文献解題』という文献資料の紹介がある。姜在彦は朝鮮時代の「西学」の受容状況について多く論じた[20]；韓国においては、李光麟と李元淳の業績が、よく知られている[21]。韓国が「西学」を受容した時の、固有の思想脈絡（例えば「実学」）との衝突、矛盾と調和も、注意すべきところである[22]。先人たちの業績をいかに継ぎ、深化したらいいか。豊富な知識空間を作るための責任は重大で、道も遠い。

　「国際法」知識を研究するに当たって、最も代表的なのが日本の「東アジア近代史学会」から発刊された『東アジア近代史』の特集「東アジアに

---

[16] 鄒振環、『晩清西方地理学在中国—以1815至1911年西方地理学譯著的傳播與影響為中心』（上海：上海古籍出版社、2000）、郭双林、『西潮激蕩下的晩清地理学』（北京：北京大学出版社、2000）。

[17] 熊月之、『西学東漸與晩清社会』（上海：上海人民出版社、1994）；修訂版：熊月之、『西学東漸與晩清社会』（北京：中国人民大学出版社、2011）。

[18] Fred W. Drake, *China Charts the World: Hsu Chi-yü and his Geography of 1848* (Cambridge, MA: Harvard University Press, 1975)、Jane Kate Leonard, *Wei Yuan and China's Rediscovery of the Maritime World* (Cambridge, MA: Harvard University Press, 1984)。

[19] Rebecca E. Karl, *Staging the World: Chinese Nationalism at the Turn of the Twentieth Century* (Durham, NC: Duke University Press, 2002)。

[20] 開国百年記念文化事業会（編）、『鎖国時代日本人の海外知識：世界地理．西洋史に関する文献解題』（東京：乾元社、1953）、姜在彦、『朝鮮の開化思想』（東京：岩波書店、1980）、姜在彦、『西洋と朝鮮：その異文化格闘の歴史』（東京：文芸春秋、1994）、姜在彦（著）、鈴木信昭（翻訳）、『朝鮮の西学史』（東京：明石書店、1996）。

[21] 李光麟『韓国開化史研究』（서울：一潮閣，1969）、李光麟、『韓国開化思想研究』（서울：一潮閣、1979）、李光麟、『開化派와開化思想研究』（서울：一潮閣、1989）；李元淳（著）、王玉潔、朴英姫、洪軍（譯）、『朝鮮西学史研究』（北京：中国社会科学出版社、2001；原本未見）。

[22] 参考：李光來（著）、高坂史朗、柳生眞（訳）、『韓国の西洋思想受容史：哲学的オーケストラの実現のために』（東京：御茶の水書房、2010）。

おける万国公法の受容と適用」[23]と「アジアにおける近代国際法」[24]である。紙面が限られてはいたが、それぞれの論説には詳細な描写が少なくない。韓相熙は既成の研究成果を踏まえて、「国際法」知識が東アジアで流通する前提と仮説などの「通説」として、「中華秩序之内容」と「欧羅巴公法之性格」を再び検討すべきだと述べた[25]。坂元茂樹は、「国際法」知識が日本と朝鮮での情況を比較すると言ったが、現時点で公開された出版物では、まだ日本だけに留まっている[26]。「国際法」知識は東アジアの三国に導入された場合、個別の様態を研究するものが多い。例えば徐中約、田濤、Rune Svarverudには、清朝晩期の情況についての著書がある[27]。劉禾則が「後植民理論」の視野で論じたが[28]、林学忠の研究は、「後来居上」にして、

---

[23] 「東アジアにおける万国公法の受容と適用」特集号（『東アジア近代史』、通号2〔東京：ゆまに書房、1999年3月〕）。主に以下の文章を収録している。安岡昭男「日本における万国公法の受容と適用」、金容九（著）、月脚達彦（訳）「朝鮮における万国公法の受容と適用」、川島真「中国における万国公法の受容と適用―「朝貢と条約」をめぐる研究動向と問題提起」。

[24] 「アジアにおける近代国際法」特集号（『東アジア近代史』、通号3〔東京：ゆまに書房、2000年3月〕）。主に以下の文章を収録している。茂木敏夫「中国における近代国際法の受容―「朝貢と条約の並存」の諸相―」、川島真「中国における万国公法の受容と適用.再考」、野澤基恭「日本における近代国際法の受容と適用―高橋作衛と近代国際法―」、伊藤信哉「一九世紀後半の日本における近代国際法の適用事例―神戸税関事件とスエレス号事件―」、塚本孝「日本の領域確定における近代国際法の適用事例―先占法理と竹島の領土編入を中心に―」、廣瀬和子「アジアにおける近代国際法の受容と適用」。他には、世界史の角度からイスラムの「世界秩序」を検討する論文がある。鈴木董「イスラム世界秩序とその変容―世界秩序の比較史への一視点―」。

[25] 韓相熙、「19世紀東アジアにおけるヨーロッパ国際法の受容（一）―日本の学者達の研究を中心に―」、『法政研究』、74巻1号（福岡：2007年7月）、204-234頁、韓相熙、「19世紀東アジアにおけるヨーロッパ国際法の受容（二）：中国の学者達の研究を中心に―」、『法政研究』、74巻2号（福岡：2007年10月）、203-232頁、韓相熙、「19世紀東アジアにおけるヨーロッパ国際法の受容（三）：韓国の学者達の研究を中心に―」、『法政研究』、74巻3号（福岡：2007年12月）、283-316頁、韓相熙、「19世紀東アジアにおけるヨーロッパ国際法の受容（完）―結論と著作目録―」、『法政研究』、『法政研究』、74巻4号（福岡：2008年3月）、235-294頁。

[26] 坂元茂樹、「近代日本の国際法受容をめぐる一考察（一）：日韓の比較を交えて」、『関西大学法学論集』（吹田：2004年5月）、50-81頁。

[27] Immanuel C. Y. Hsü（徐中約）, *China's Entrance into the Family of Nations: The Diplomatic Phase, 1858-1880*（Cambridge, MA: Harvard University Press, 1960）、田濤、『国際法輸入與晩清中国』（済南：済南出版社、2001）、Rune Svarverud, *International Law as World Order in Late Imperial China: Translation, Reception and Discourse, 1847-1911*（Leiden & Boston: Brill, 2007）；他の論文は略する。

[28] Lydia H. Liu, "Legislating the Universal: The Circulation of International Law in

最も精密なものである[29]。日本では、尾佐竹猛の古典的研究[30]やJohn Peter Sternの英語著書[31]など、一般的な研究論文が多い[32]。特に、日本が「国際法」知識を受容した様子を検討する際には、文献の実証的研究に注意すべき[33]で、日本思想の多重性[34]を重視してからこそ、その経緯が明白になる。韓国では、崔南烈（Nam-Yearl Chai）の研究がある[35]。日本語による研究としては徐賢燮の著書[36]のほうか、論文の数も多い[37]。韓国語の研究としては金世民の

---

the Nineteenth Century," in idem., edited, *Tokens of Exchange: The Problem of Translation in Global Circulations*（Durham, NC: Duke University Press, 1999）, pp. 127-164。

[29] 林学忠、『従万国公法到公法外交：晩清国際法的傳入、詮釋與應用』、（上海：上海古籍出版社、2009）。

[30] 尾佐竹猛、『近世日本の国際観念の発達』（1932）、『万国公法と明治維新』（1933）、『国際法より観たる幕末外交物語』（1926）、明治大学史資料センター（監修）、『尾佐竹猛著作集．維新史』（東京：ゆまに書房、2005）、13-14巻。

[31] John Peter Stern, *The Japanese Interpretation of the "Law of Nations," 1854-1874*（BookSurge Publishing Co., Inc., 2008）。

[32] すべての例ではない。例えば：安岡昭男、「万国公法と明治外交」、氏著、『明治前期大陸政策史の研究』（東京：法政大学出版局、1998）、22-39頁、佐藤太久磨、「加藤弘之の国際秩序構想と国家構想—「万国公法体制」の形成と明治国家」、『日本史研究』、557号（東京：2009年1月）、26-46頁。

[33] 高原泉、「清国版『万国公法』の刊行と日本への伝播—日本における国際認識転換の前提として—」、『中央大学大学院研究年報（法学）』、28号（八王子：中央大学大学院研究年報編集委員会、1998年）、299-309頁、高原泉、「開成所版『万国公法』の刊行—万屋兵四郎と勝海舟をめぐって」、『中央大学大学院研究年報（法学）』、29号（八王子：中央大学大学院研究年報編集委員会、1999年）、299-309頁。

[34] 日本自身の脈絡から言えば、丁韙良の翻訳した『万国公法』が日本に導入されたのが勿論影響が大きかった。しかし、西周（1829-1897）はオランダに留学した時に畢洒林（Simon Vissering, 1818-1888）に学んだことがある。彼は畢洒林の講義と授業の時のノートにあわせて『畢洒林氏万国公法』（1868年刊行）を書いた。その影響も大きかった。二つの『万国公法』の内容上の異同及びその反響は、西周と福沢諭吉（1835-1901）が「万国公法」に対する異なった認識に基づき、具体的な論弁（例えば、外国人が日本に旅行させるかどうかによって引き起こした「内地旅行論」のような論争）は、「万国公法」の日本での多重な様態を示している。参照：大久保健晴、『近代日本の政治構想とオランダ』（東京：東京大学出版会、2010）、157-230頁（同書は畢洒林の思想傾向と講義を、西周のノートの訳本と訳本を比較して、双方の思想関係を明らかにした、興味深いものである）。

[35] Nam-Yearl Chai, "Korea's Reception and Development of International Law," in Jae Schick Pae, Nam-Yearl Chai, Choon-ho Park, *Korean International Law*（Berkeley, CA: Institute of East Asian Studies, University of California, Center for Korean Studies, 1981）, pp. 7-33。

[36] 徐賢燮、『近代朝鮮の外交と国際法受容』（東京：明石書店、2001）。

[37] 趙景達、「朝鮮近代のナツョナリズムと東アジア—初期開化派の「万国公法」觀を中心に—」、『中国—社会と文化』、4号（東京：1989年6月）、55-72頁、金鳳珍、「朝鮮の万

著書³⁸がある。しかし、「世界史地」と「国際法」を結合し、中国、日本と朝鮮の共有する「共同知識テキスト」の情況を辿りながら、「地理想像」の生産、流通と変容を描くまでには、まだ学界の研究は及んでいない。

見るところ、「世界史地」と「国際法」知識の導入によって、『海国図志』、『瀛環志略』、『万国公法』などの「共同知識テキスト」が東アジアで流通することができた。両者が互いに補佐し、既成の宇宙観と国際観を打破したゆえ、東アジアの三国は西洋の「国際法」に規範された世界秩序を受けざるを得なくなった。そのため、両方の情況に注意し、これを分けて論じるべきではない。また、それらの「共同知識テキスト」は東アジアの三国での影響も相互的である。言うまでもなく、各国それぞれ思想脈絡の差異があるので、その影響も、まったく同じではなく、各自の特色を呈している。例えば、朝鮮において、『海国図志』は非常に重要視されていた。朝鮮の「開化思想」の先駆朴珪寿は同書を「外洋事不可不知也」の読本として、弟子金允植、俞吉濬に教えたりして、朝鮮の「開化思想」の形成に大きな影響を与えた³⁹。日本では、『海国図志』のような「共同知識テキスト」の外、それまで「蘭学」の脈絡で蓄積した豊富な知識があるのに、岡千仞（1833-1914）⁴⁰は『尊攘紀事』で以下のような言葉を残した。

……余少時讀新井氏『采覽異言』、箕作氏『坤輿図識』、杉田氏『地学正宗』, 略知五洲之大勢, 及得『地理全志』、『海国図志』、『瀛環志略』,

---

国公法の受容（上）（下）―開港前夜から甲申政変に至るまで」、『北九州市立大学外国語学部紀要』、78号、80号（北九州市：1993年9月、1994年3月）、41-70頁、27-102頁、金鳳珍、「「礼」と万国公法の間―朝鮮の初期開化派の公法観―」、『北九州市立大学外国語学部紀要』、102号（北九州市：2001年9月）、115-171頁；ほかには、金鳳珍、「朝鮮の近代初期における万国公法の受容―対日開国前夜から紳士遊覧団まで」、収録：吉田忠（研究代表者）、『19世紀東アジアにおける国際秩序観の比較研究』（京都：国際高等研究所、2010）、173-213頁。

[38] 金世民、『韓国近代史와万国公法』、(서울：景仁出版社、2002)。
[39] 李光麟、「海国図志」의韓国傳來와그影響」『韓国開化史研究』、2-18頁、姜在彦『近代朝鮮の思想』（東京：明石書店、1996）、97頁。
[40] 岡千仞の小伝、参照：陳捷、『明治前期日中学術交流の研究―清国駐日公使館の文化活動―』（東京：汲古書院、2003）、154頁；岡千仞（及びその著作『観光紀遊』）の紹介について、参照：實藤惠秀（著）、陳固亭（訳）、『明治時代中日文化的聯繫』（台北：中華叢書編審委員会、1971）、120-131頁。

愈審其大勢，慨然曰：「彼所以致富強者，由泛通有無貿易耳」……[41]。

ここから見ると、『海国図志』などの本は日本知識人の唯一の「思想資源」ではなくても、その思想世界の変化に大きな影響を与えた。だから、各国の脈絡を適切に把握し、「共同知識テキスト」の共同影響とその特異の情況を整理したら、知識生産と流通の様態も明らかになるはずである。勿論、それは各国の本来の知識思想から離れることはない。

3

さて、かつては「共同知識テキスト」に対する認識は、あまりにも少数の巨大な著書（例えば、前述の『海国図志』、『瀛環志略』、『万国公法』等々）に限られていて、視野を広げてテキスト全般が精読されることがなかったので、関係ある情況に対する理解は、まだ深化する余地が残されている。例えば、思想巨人王韜は、一生にわたって本を書くために頑張った。一八七〇年代初期、彼はフランスの歴史に関する著書を二部完成した。『重訂法国志略』（本名『法国志略』。以下、その名を使うことにする）[42] と『普法戰紀』（1874 年初め 14 巻にまとめられ、香港で刊行された）[43] である。王韜がこの二冊の本を著した意味は深かった。それまでの「知識倉庫」の空白を埋めるためでもあるし、「引法為鑒」という現実的な意味合いもある[44]。読者にフランスという国の「歴代治乱興廃之跡」を把握させたため、

---

[41] 岡千仞、『尊攘紀事』、孫引き：尾佐竹猛、『近世日本の国際観念の発達』、53 頁（『尾佐竹猛著作集．維新史』、巻 13、総頁 63）。

[42] 本文が引用したバージョンは王韜『重訂法国志略』、「光緒庚寅（十六〔1890〕）仲春淞隱廬刊」（台北：中央研究院歴史語言研究所傅斯年図書館蔵）。

[43] 『普法戰紀』は最初 1872 年 9 月 3 日に香港『華字日報』に発表され、1872 年 10 月 2 日から 1873 年 8 月 4 日まで上海『申報』に連載された。1874 年初頭、専門書（14 巻本）として香港で刊行された。参照：呂文翠、「文化傳譯中的世界秩序與歴史図像―以王韜『普法戰紀』為中心」、氏著、『海上傾城：上海文学與文化的轉異、一八四九―一九〇八』（台北：麥田出版、2009）、86-87 頁。

[44] 王韜が『法国志略』、『普法戰紀』を著した動機と経緯について、参照：忻平「王韜與近代中国的法国史研究」『上海社会科学院学術季刊』、1994 年第 1 期、166-174 頁。

後世の中国知識人に深く賛美された[45]。日本の知識人と交際したことのある王韜は、『普法戦紀』を日本にも伝え、その影響は大きかった。王韜の著作は、十九世紀の東アジアの知識人がフランスの歴史と沿革及び現状を理解する根拠となった[46]ため、「共同知識テキスト」の一つに数えるのがふさわしいだろう。

　王韜の『重訂法国志略』には、日本人の著述が多く取り入れられた。その点についてはすでに学界の先達によって論証されている。例えば柯文（Paul. A. Cohen）は王韜の『重訂法国志略』〈凡例〉の「夫子自道」[47]を引用している。

　　余撰『法国志略』，取資於日本岡千仞之『法蘭西志』、岡本監輔之『万国史記』，而益以『西国近事彙編』，不足，則復取近時之日報，並采輯泰西述撰有關法事者，以成此書。

しかし、細かく考察すれば、王韜の本は、岡千仞の『法蘭西志』が高橋二郎と同じく、フランス歴史研究者「猶里氏」の『法国史要』（1866年刊行）、『近古史略』（1869年刊行）及び『法国史』（1870年刊行）から「撮取其要領，譯為一編」と指摘しているが、また一方、「其尚屬簡略，摭拾他書以補之」[48]とも書いている。もし、王韜の著した『法国志略』の材料

---

[45] 例えば、梁啓超は王韜の『法国志略』を「西史之屬」の推薦書の一つに類した。参照：梁啓超、「讀西学書法」、頁6B、『西学書目表』；本文は引証したバージョンが梁啓超の『西学書目表』と『慎始基齋叢書』（梁啓超「西学書目表序例」、光緒廿二（1896）年九月；盧靖「附識」は「光緒丁酉（廿三〔1897〕）長夏」〔台北：中央研究院歴史語言研究所傅斯年図書館蔵〕）。
[46] 参照：徐興慶、「王韜與日本維新人物之思想比較」、『台大文史哲学報』、64期（台北：2006年5月）、131-171頁、徐興慶、「王韜的日本経驗及其思想變遷」、徐興慶、陳明姿（編）、『東亞文化交流：空間．疆界．遷移』（台北：国立台灣大学出版中心、2008）、153-189頁、徐興慶、「王韜と近代日本：研究史の考察から」、陶徳民、藤田髙夫（編）、『近代日中関係人物史研究の新しい地平』（東京：雄松堂、2008）、87-115頁；『普法戰紀』が引き起こした影響、ほかには、参照：呂文翠，「文化傳譯中的世界秩序與歷史圖像—以王韜『普法戰紀』為中心」、88-101頁。
[47] Paul. A. Cohen, Between Tradition and Modernity: Wang T'ao and Reform in Late Ch'ing China（Cambridge, MA: Harvard University Press, 1974）, pp. 120-121。
[48] 王韜、「凡例」、1A-1B頁、『重訂法国志略』。

依拠について、その初出を考察すれば、当時の状況を明瞭にすることが出来るだろう。例えば、王韜はいかに『法蘭西志』[49]と岡本監輔（岡本韋庵、1839-1904）[50]の『万国史記』（1879年出版）[51]を受容したのか。彼はいかに日本語の語彙を理解して、「東瀛史筆」[52]を引用したのか。こういった細部によって、王韜が「知識倉庫」から取材して「共同知識テキスト」を作成したことについての認識も深まってくるだろう。

このように、「共同知識テキスト」の実態は、錯綜していて複雑である。量的にも膨大なので、精密な研究がさらに必要である。例えば、岡本監輔

---

[49] 猶里（原作）、高橋二郎（訳述）、岡千仞（編集）『法蘭西志』、6巻、2冊（〔東京府〕：「露月楼上梓」、「明治十一（1878）年五月刻成」、日本東京：早稲田大学蔵）；陳力衛教授が本書複写本を提供してくれたことに感謝する。

[50] 生涯研究、参照：有馬卓也「岡本韋庵覚書」、『徳島大学国語国文学』、12号（徳島：1999年3月）、9-21頁、狹間直樹（編）『善隣協会．善隣訳書館関係資料─徳島県立図書館蔵「岡本韋庵先生文書」収録』、『東方学資料叢刊』、10冊（京都：京都大学人文科学研究所、漢字情報研究センター、2002）、阿波学会．岡本韋庵調査研究委員会（編集）、『アジアへのまなざし岡本韋庵：阿波学会五十周年記念』（徳島：阿波学会．岡本韋庵調査研究委員会、2004）。

[51] 岡本監輔（編纂）『万国史記』、「明治十一（1878）年六月廿七日版権免許．岡本氏蔵版」本（吹田：関西大学「増田渉文庫」蔵）；また、同書の奥付には「明治十一年六月廿七日版権免許．明治十二（1879）年五月出版」、「編纂兼出版人：岡本監輔」、「發兌：東京．内外兵事新聞局」と印刷、同書巻末の岡本監輔が書いた「後序」には執筆時期が「明治十二（1879）年四月下浣」とある。従って、同書は1879年に出版されたことになる。

[52] 具体的な情況について、もし『重訂法国志略』、『万国史記』、『法蘭西志』など、関係する日本著書を詳しく調査すれば、明瞭にすることができる。例えば「共和」を例にして：

『重訂法国志略』	岡本監輔（編纂）、『万国史記』、「明治十一（1878）年六月廿七日版権免許．岡本氏蔵版」本（日本吹田：關西大学「増田渉文庫」蔵）
1892年11月．法国「傳檄四方，曰：各国人民苟有背我政府，倡共和新政，排擊舊憲者，法国當出援兵」（卷5，27A頁）	1892年11月．法国「傳檄四方，曰：各国人民苟有背其政府，倡共和政，排擊舊憲者，法国當出援兵」（卷10，22A頁）
「籌国会初議廢王位，立共和新政……」（卷5，28A頁）	「籌国会初議廢王位，新立共和政……」（卷10，22B頁）

だから、王韜は日本のことを踏襲し、伝統中国の周厲王の時の「召公、周公二相行政、号曰『共和』」（『史記．周本紀』）の「共和」概念に、新鮮な意味を与えた。従って、箕作省吾（1821-1847）の『坤輿図識』（1845）が、まず"Republiek"を「共和政治／共和国」と訳した。参照：齋藤毅、『明治のことば：文明開化と日本語』、『講談社学術文庫』（東京：講談社、2005）、119-120頁。

の『万国史記』は日本本土で高く評価される[53]と同時に、清朝晩期の読書界でも重要視されていたため、本当の「共同知識テキスト」と見なすべきだろう。同書が世に問われた頃は、ちょうど清朝帝国駐日公使何如璋（1838-1891）と使館参賛黄遵憲（1848-1905）が日本にいた時であった。彼らは直ちに同書を読んだ。岡本監輔は「雜採西史、漫無別擇」であり、「無志、無表、不足考治亂興衰之大者」であるといったように、同書の欠点を指摘したが、「以漢文作歐米【美—引者按】史者，編輯宏富，終以此書為嚆矢」[54]と認めてもいる。岡本監輔と交際した王韜は、同書を贈られて、「有志於泰西掌故者，不可不觀」[55]と書いた。その後、梁啓超の『讀書分月課程』では、当時の「讀書入門指導」の書物として、その本を「西学書」の「最初應讀之書」に選んでいる[56]。また、葉瀚（1861-1933）の『初学讀書要略』は、梁啓超の『讀書分月課程』と類似したものである。それも『万国史記』を読本として推薦した[57]。唐才常も『万国史記』が「綜貫古今中西之要津」の一つであると評価した[58]。その上、彼は『湘学新報』の「書目提要」において、以下のようにその意義を述べた。

　　……洞見夫万国中，惟中国文明之運早啟，次埃及，次日本、希臘、羅馬。今諸国多改紀其政以進富強，而埃及、羅馬反遠遜於前。大率研求新政、新学者勝，擁虛名而亡實際者敗，古今不易之理也。至爭教、爭

---

[53] 例えば、副島種臣（1828-1905）、重野安繹（1827-1910）らが評価した。詳しいことについて、参照：徐興慶、「王韜的日本経験及其思想變遷」、164-167頁。
[54] 黃遵憲、「評『万国史記序』」（1880年6月）、黃遵憲（著）、陳錚（編）、『黃遵憲全集』（北京：中華書局、2005）、246-247頁。
[55] 徐興慶、「王韜的日本経験及其思想變遷」、168頁。
[56] 梁啓超、『讀書分月課程』、『飲冰室專集』、5冊（台北：中華書局、1987〔台3版〕）、11頁；『讀書分月課程』1894年冬（李国俊〔編〕、『梁啓超著述繋年』〔上海：復旦大学出版社、1986〕、27頁）。
[57] 原文は「讀『歐洲史略』，可知西中古近今成迹；倘能読日人著之『万国史記』更佳……」、葉瀚、『初学讀書要略』、「光緒丁酉（1897）夏五月仁和葉氏刊」バージョン（上海：上海図書館蔵）、5A頁。
[58] 唐才常、「史学第三　論各国變通政教之有無公理」、『湘学新報』、2040-2041頁；唐才常はこの文章を「各国政教公理總論」と改題し、彼の『覺顛冥齋内言』に収録した時に、この部分を完全に削除した。（参考：唐才常、「史学論略」、湖南省哲学社会科学研究所〔編〕、『唐才常集』〔北京：中華書局、1982〕、42頁〔註〔　〕）。

種，動縻爛數十萬眾，蔓延千百餘年，未有所底，尤為地球万国之奇懼。讀是書者，可以悚然矣[59]。

時期が一九〇三年になると、劉師培（1884-1919）が相変わらず同書を「以事實為主，詳於興衰治亂之縣，為西史中之佳本」[60]と評価した。各方面からの高評が相当多く[61]、広く有志の好奇心を刺激したことだろう。同書は当時の知識人の読書世界で、確かに一席を占めていた。

現実面においては、『万国史記』は教育体制にも組み入れられたため、長期にわたって読まれるようになった。例えば、湖南時務学堂の学生にとって、同書は「專精之書」の外に、「涉獵之書」の中の一つだと規定された[62]。このように、『万国史記』は読書市場で度々再版された[63]。「有利可図」[64]

---

[59] 『湘学新報』、1589 頁。
[60] 劉師培も同書を「作於明治初年，於近數十年之事，概從闕如」と指摘した。劉師培、「万国歷史彙編序」、鄔国義、呉修芸（編校）、『劉師培史学論著選集』（上海：上海古籍出版社、2006）、5 頁（本文は「劉師培著作繫年目錄」、611 頁による）。
[61] 勿論、多くの「叫好聲」のほか、批判もある。例えば徐維則は、『万国史記』が「甚略、然於五洲各国治亂興衰之故，頗能摘抉其要領，華文西史無詳者，姑讀之」と書いた（『東西学書録』、上、頁 1A）。
[62] 「時務学堂功課詳細章程」、『湘報』、102 号（1898 年 7 月 4 日）。
[63] 筆者の見たのが『万国史記』のもう一つのバージョンである：岡本監輔、『万国史記』、「上海六先書局發兌，光緒丁酉（廿三〔1897〕）年校印」バージョン（台北：中央研究院，近代史研究所郭廷以図書館蔵）；考察によると、『万国史記』は 1880 年に既に申報館から復刻版が出されている。この「上海六先書局發兌」バージョンは「海盜版」の可能性が高い（周建高、「『万国史記』傳入中国考」、南開大学日本研究院〔編〕、『日本研究論集 2005』〔天津：天津人民出版社、2005〕、278-289 頁）；俞旦初の調査によると、上海慎記書莊は 1897 年に石印本がある（「美国獨立史在近代中国的介紹和影響」、『愛国主義與中国近代史学』、205 頁）；「湖南實学書局」の「第一次校刻大板書成價目表」の広告には『万国史記』もある（『湘報』、31 号；出版されたかどうか不明）。だから、この本は日本語原本のほか、多くの「翻印本」（海賊版？）も流通していたことがわかる。
[64] 『万国史記』は清朝晩期の「文化市場」において多種の「翻印本」（海賊版？）が流通していた。それを「知識倉庫」のほかの著作と比較すると：

書　目	『万国史記』	『海国図志』	『瀛寰志略』
「上海飛鴻閣發兌西学各種石印書籍」	洋八角	洋四元五角	【缺】
「上海緯文閣發兌石印時務算学新書目録」	洋七角	洋四元八角	洋八角
「上海十萬卷樓發兌石印西法算学洋務書目」	洋一元	洋六元	洋八角

資料出所：周振鶴（編）、『晚清營業書目』（上海：上海書店出版社、2005）、420-421 頁、431-432 頁、445-447 頁；他の書目はここでは略する）。

の関係か、意外にもいろいろなバージョンが流通していた。

　なかでも注目したいのは、清朝晩期の「文化市場」において、この『万国史記』が度々タイトルを書き換えられ、各地の読者と出会っていたという事実である。「杞廬主人」の編集した『時務通考』には、『瀛寰志略』がそのまま写されている。同じ手法は『万国史記』[65]にも見られる。朱大文（生卒年不詳）の編集した『万国政治芸学全書』（1902年出版）は『時務通考』の性質に類似したものであるが、新しく工夫をこらし、「亞墨利加洲米利堅盛衰考」というコラムが設けられた。その内容は岡本監輔の論説とそっくりである[66]。このように、『万国史記』のような「共同知識テキスト」は、流通して閲覧された実状が歴史の表面の下に隠されているからこそ、研究する必要がある。

　ここで指摘しておきたいのは、「共同知識テキスト」の影響と対応が、国によって異なっているという点である。例えば鄭観応の『易言』は、中国と日本の思想界では影響が大きくなかったが、朝鮮の思想界では大歓迎された[67]。丁韙良の翻訳した『万国公法』は、「国際法」知識を東アジア世界に導入した「共同知識テキスト」として、直ちに中国と日本に大きな影響を与えた。しかし、一八八二年以前、朝鮮は同書を「邪書」だとする批判が少なくはなかった[68]。また、丁韙良が翻訳した『公法会通』（1880年出版）[69]は、一八九六年に朝鮮の「学部」から「復刻本」が出され、一九〇〇年代に入っても影響力をもった。例えば、一九〇五年十一月二十六日、朴在瀅は「第二次日韓協約」（「乙巳保護條約」）について上奏した時に、同書の内容を引用した[70]。しかし、当時の中国はすでに日本からもっと全

　ここから見れば、『海国図志』または『瀛寰志略』と比べると、『万国史記』は高くなかった。しかも書店によって値段も異なり、利益を取れたことだろう。

[65] 杞廬主人（等編）、『時務通考』、巻22、「史学五．米利堅」、3A-5B頁（『続修四庫全書』、1258冊、91-96頁）。

[66] 朱大文（編）、「亞墨利加洲米利堅盛衰考」、『万国政治芸学全書』、「政治叢考」、32巻,「盛衰考之十一」（台北：中央研究院、近代史研究所郭廷以図書館蔵）。

[67] 李光麟、「開化思想研究」、『韓国開化史研究』、31-33頁。

[68] 金容九（著）、月脚達彦（訳）、「朝鮮における万国公法の受容と適用」、30-31頁。

[69] 丁韙良（譯）、『公法会通』、10巻、「北京：同文館，光緒庚辰〔1880〕」本（美国波士頓：哈佛大学哈佛燕京図書館蔵）。

[70] 金容九（著）、月脚達彦（訳）、「朝鮮における万国公法の受容と適用」、37-38頁。

面的に「国際法」知識を得ていた。蔡鍔の翻訳した『国際公法志』(上海広智書局版) はその一例である[71]。つまり、「共同知識テキスト」はこの国では時期を逸していたとしても、他国では密書のように大事されていたのかもしれない。というのは、知識の生産と流通は、各国自身の既成の知識思想状況に制限されていて、決して同時進行したわけではないからである。もし、同一時点における「共同知識テキスト」の各地の流通消費情況に注意すれば、知識生産流通の複雑な様態を描くことが出来るだろう[72]。

「共同知識テキスト」に触れた知識人の想像空間には共通点があるが、それぞれの特異点もある。例えば、「国際法」知識は東アジア世界に導入され、「共同知識テキスト」として、様々な連想を引き起こしている点が面白い。日本の「自由民権」思想家植木枝盛は、「今日万国公法不足完全為世界各国間萬般事件交渉之憲法」とし、更に「万国共議政府」と「宇内無上之憲法」[73]を追求することを主張した。理想の世界を求めるために無限の想像力を発揮したのである。清朝晩期の思想界で大きな影響を持った梁啓超は、万国公法を伝統の「経世」思想の範囲に分類し、「居今日而言経世」と言った。その要旨の一つは、必ず「深通六経制作之精意，證以周秦諸子及西人公理公法之書以為之経，以求治天下之理」[74]とし、西洋からきた知識を伝統の思想脈絡の中に取り入れた。その後、無名の藍光策は『春秋公法比義發微』(1901年)[75]を著した。同書は『春秋』、『左伝』などの経書を旨にして、『万国公法』、『公法会通』等を多く引用し、「公法」の本義を明らかにしようとした。無論、それは「国際法」知識が中国で独特な様態だったからだろう[76]。即ち、東アジアの知識人が、「共同知識テキスト」

---

[71] 見：熊月之（主編）、『晩清新学書目提要』（上海：上海書店出版社、2007)、403頁。
[72] 例えば、清朝晩期の各種の『経世文編』などの資料を、「共同知識テキスト」に収録された情況から注目すれば、知識の生産と流通は、「文化市場」と離れない関係がわかる。
[73] 安岡昭男、「万国公法と明治外交」、氏著、『明治前期大陸政策史の研究』、34頁。
[74] 梁啓超、「湖南時務学堂学約」、『中国近代学制史料』（上海：華東師範大学出版社、1986)、輯1下冊．297頁。
[75] 藍光策、『春秋公法比義發微』、「光緒辛丑（廿七〔1901〕）年仲秋尊経書局開雕」バージョン（美国波士頓：哈佛大学哈佛燕京図書館蔵）。
[76] 丁韙良は1881年に"Traces of International Law in Ancient China"（漢譯為：『中国古世公法論略』、同文館於1884年出版）を書いて以降、いわゆる「国際法」が中国の古代の歴史の中に認知されたことは絶えず存在していた。例えば、徐傳保の『先秦国際

「世界史地」と「国際法」知識及び近代東アジア「地理想像」の生産、流通と変容 255

によって開かれた思想空間は、実に多様である。それらを見比べ、共通点と特異点を明らかにすることが重要な課題[77]となってくる。

　もっと興味深いのは、「共同知識テキスト」の「実用」的価値と意味である。例えば、朝鮮の申観浩は『海国図志』に収録された軍艦、大砲などの機械図を参照して、火輪船や水雷炮などの武器を作成してみたことがある[78]。また、現代西洋の「国際法」知識は、東アジアの三国に西洋帝国主義諸国との交渉のやり方を提供した。例えば、一八八五年の「巨文島事件」は、朝鮮が「万国公法」によって大英帝国と交渉した初めての事例である[79]。一八七七年、清朝帝国が日本と琉球問題について交渉した時に、駐日公使何如璋は「援万国公法以相糾責」を対応策の一つとして提唱した[80]。ここから、西洋の現代「世界史地」と「国際法」知識は、空想の思想知識ではなく、現実事務に対応できるものであり、歴史情勢に対応できる動力であることがわかる。だから、思想文化史と外交史及び政治史の限界を打破して、歴史本来の現場に戻って、具体的な歴史脈絡の中で、それらの知識の経緯を追跡して、現実事務又は環境との応用関係を考察すべきである。それによって、われらの歴史軌跡に対する認識を深めることが出来るだろう。

　「世界史地」と「国際法」知識は、「共同知識テキスト」を通して近代東アジアに広く伝わってきた。それは「地理想像」を生産する動力となった。知識人の視野は、時間と空間を越えて展開された。彼らの言論はしばしば異国を例として、現実的な主張を提唱した。例えば、福沢諭吉の「脱亜入

法之遺迹』(1931)、陳顧遠の『中国国際法溯源』(1934)、洪鈞培の『春秋国際公法溯源』(1939)、現在では孫玉栄の『古代中国国際法研究』(北京:中国政法大学出版社、1999)、こういった現代国際法の「西方学理」によって自身の歴史文化伝統の知識を整理して検討することは、近代中国の「以西釋中」の思想脈絡と同歩している。その深意は、まだ検討すべきである。

[77] 例えば、金鳳珍は福沢諭吉、鄭觀應と俞吉濬を東アジアの「開明知識人」の代表として、新世界秩序における彼らの国の情況と、未来に対するそれぞれの構想とを比較した。それによって開いた「思惟空間」が興味深い。参照:金鳳珍、『東アジア「開明」知識人の思惟空間─鄭観応．福沢諭吉．俞吉濬の比較研究』(福岡:九州大学出版会、2004)。

[78] 李元淳(著)、王玉潔、朴英姫、洪軍(訳)、『朝鮮西学史研究』、31-32頁。

[79] 金容九(著)、月脚達彦(訳)、「朝鮮における万国公法の受容と適用」、37頁。

[80] 田濤、『国際法輸入與晩清中国』、257頁、西里喜行、『清末中琉日関係史の研究』(京都:京都大学学術出版会、2005)、498-499頁。

歐」の主張について、彼の名著『文明論之概略』では、「以西洋文明為目標」[81]と書かれている。その影響は大きかった。中村正直が翻訳したSamuel Smilesの『自助論』（*Self-help, with Illustrations of Character and Conduct*）は、『西国立志編』と題され、西洋の人物の「立志成材」を手本にして、若い世代を励まし、深刻な影響を残した[82]。東アジア地域で展開された「地理想像」は、知識人が分かち合う認識であった。それは日本で一時盛んだった「亞細亞主義」（アジア主義）[83]のように、西洋帝国主義の勢力に抵抗するものとなった。中国ではそれに応じ、一八九八年に上海で「亞細亞協会」[84]が設立された。中国知識人はポーランドの「亡国」の苦痛を知った後、梁啟超が『波蘭滅亡記』を著した。唐才常はそれを読んで、梁啟超が「將以砭中国之愚頑，而亟図自異於波蘭也」という用心を理解した。その故、ポーランドを滅ぼした「張本人」ロシア帝国と連盟することは絶対いけないと主張した。その反面、唐才常は、中国を難境[85]から脱出させるための根本的な対策は「與英日聯盟」であると主張した。朝鮮半島の独特な地理位置は、帝国主義国家の争う場所に至った[86]。かつて日本とアメリカに留学した俞吉濬は、アジア諸国がロシア帝国に併呑されたことを例証に、中国、日本とロシアに囲まれた朝鮮に「朝鮮中立」[87]を提言した。梁啟超の影響は、朝鮮半島にまで及んだ。その著作は韓国語に訳され、韓国思想界に大きな

---

[81] 遠山茂樹、『福沢諭吉：思想と政治との関連』（東京：東京大学出版会、1970）、80-81頁。
[82] 平川祐弘、『天ハ自ラ助クルモノヲ助ク―中村正直と『西国立志編』』（名古屋：名古屋大学出版会、2006）。
[83] 参見：三輪公忠、「アジア主義の歴史的考察」、平野健一郎（責任編集）、『日本文化の変容』、『日本の社会文化史：総合講座』、4冊（東京：講談社、1973）、385-462頁、平石直昭、「近代日本の「アジア主義」―明治期の諸理念を中心に」、溝口雄三（等編）、『近代化像』、『アジアから考える』、5（東京：東京大学出版会、1994）、265-291頁、並木頼寿「近代の日本と"アジア主義"」、浜下武志（等執筆）『アジアの「近代」：19世紀』、『岩波講座世界歴史』、20巻（東京：岩波書店、1999）、269-290頁。
[84] 狭間直樹「初期アジア主義についての史的考察（5）第三章亜細亜協会について」、『東亞』、414号（東京：2001年12月）、60-65頁。
[85] 唐才常「論中国宜與英日聯盟」、『湘報』、23号（光緒二十四年三月十一日〔1898年4月1日〕）。
[86] 参照：崔文衡（著）、齊藤勇夫（訳）、『韓国をめぐる列強の角逐：19世紀末の国際関係』（東京：彩流社、2008）。
[87] 姜萬吉「俞吉濬の韓半島中立化論」、氏（著）、宮嶋博史（訳）、『分断時代の歴史認識』（東京：学生社、1984）、98-99頁。

衝撃を与えた[88]。近代東アジアの知識人は、他国の情況を論説の例証とし、現実に即する方案を作成した。それはまさか彼らの「地理想像」の表現であっただろう。

4

　総合的に言えば、「世界史地」と「国際法」知識の近代東アジア世界での展開は、国によって特徴を持っている。また、それらの知識はかつて「共同知識テキスト」を分かち合ったものとして、「地理想像」の生産、流通と変容を駆動した。それに関する課題は多彩であり、一言で概要を掴みがたい。もし、「共同知識テキスト」の作成と流通情況を精確に調査した上で、その特異性に注意し、具体的な歴史脈絡の中で、現実実務又は環境との応用関係を追跡すれば、近代東アジアの「地理想像」の全体的な様子を明白にすることができるだろう。それによって、我々は近代東アジアの歴史的軌跡に対して多方面から理解することも出来る。

　これまで、「世界史地」と「国際法」知識の、東アジアの各国での生産・流通情況についての研究は多かったが、両者を結合して総合的に研究を行うことがなく、ほとんど既成の国家・民族を中心とする視角に留まっていた。「世界史地」と「国際法」知識においての「共同知識テキスト」が東アジアの三国で共有されていた情況について、その共通点と特異性に注目した上で、「地理想像」の生産、流通と変容を明らかにすべきなのだが、学界ではまだ、そこまで至っていない。筆者の構想では、国家・民族を中心とする視角を突破し、近代東アジアの全体的な歴史脈絡の中で、統合的な研究を行うべきである。特に近代東アジアの歴史経験の共通点と特異性について、その認識を深めるべきである。

---

[88] 関係する研究は、例えば佐佐充昭、「韓末における「強権」的社会進化論の展開―梁啓超と朝鮮愛国啓蒙運動―」、『朝鮮史研究会論文集』、40期（東京：緑蔭書房、2002年10月）、183-213頁（本文は表を用いて梁啓超の言論が韓国語に訳された情況を説明した、きわめて充実している）；他には、参照：鄒振環、「清末亡国史「編譯熱」與梁啓超的朝鮮亡国史研究」、『韓国研究論叢』、第2輯（上海：上海人民出版社、1996年8月）、325-355頁。

そのほか、一般的な認識から言えば、「世界史地」と「国際法」知識、又は「地理想像」についての研究は、おおむね思想文化史の範囲に類される。しかし、それらの知識は現実事務を離れないため、思想文化史、外交史及び政治史などの領域から脱出し、歴史現場において検討すべきだと考える。従って、我々は、具体的な歴史脈絡の中で、それらの知識の経緯を追跡し、現実事務又は環境との応用関係を考察すべきである。その複雑な情況を明白にすることによって、「地理想像」の錯綜する様態と、その全体的な情勢の歴史本来の面貌に迫ることができる。それに伴い、我々は歴史軌跡に対する認識を充実することができるし、目下の歴史研究の制限、または「零砕化」の傾向を打破することもできる。そのように、近代東アジアの全体的な歴史過程のために、歴史本来の様態に迫る研究を行う。本文が「愚人の献策」として、同学の士の興味を引くことができればありがたい。

川尻　文彦 訳
（愛知縣立大學）

漢訳聖書における音訳語の継承と創造

朱　鳳

(京都ノートルダム女子大学)

要旨：本論は今日の中国語聖書にもっとも影響を与えたモリソンの『神天聖書』を軸にし、モリソン以前のカトリック宣教師の漢訳聖書とモリソン以降のプロテスタント宣教師の漢訳聖書を研究資料にし、モリソン以前と以降における漢訳聖書の音訳語の継承と創造、また中国語として定着した道筋について論じたものである。

キーワード：漢訳聖書、カトリック宣教師、ロバート・モリソン、プロテスタント宣教師、音訳語

はじめに

聖書漢訳の歴史は 7 世紀の景教の伝来まで遡ることが出来る。景教（ネストリウス教）伝来の成果として『大秦景教流行中国碑』（781 年）が後世に残されている。その碑文に「翻経書殿」「翻経書寺」などの記述から当時聖書の翻訳が行われたことを伺うことが出来る。しかし、その後ネストリウス教が滅び、その翻訳は碑文に書かれているいくつかの単語以外はほとんど残されていない。

今日まで伝わっている漢訳聖書は 16 世紀ごろのローマカトリック宣教師のものがもっとも古いと考えられる[1]。19 世紀に入ると、ロバート・モリソンのセンセーショナルな翻訳書『神天聖書』を皮切りに、次々と聖書の漢訳本が出版された。それらの翻訳書は東アジアでのキリスト教の普及のみならず、近代日本語と中国語の語彙変化にも大きな影響を与えた。

それがために、近年漢訳聖書に関する研究は盛んである。版本、文体、文法、漢訳語などの研究に関する成果が多く見られている。しかし、漢訳聖書にある数多くの音訳語（Phonological Translation）はあまり注目されず、研究はまだまだ進んでいないのが現状ではないかと思われる。

漢訳聖書には多くの人名、地名、国名が音訳されている。本論ではその全てを調査することは不可能なので、今回は主に新約聖書及び新約聖書の関連資料を中心に、聖書においては重要な語彙であると同時に今日の中国語にも使われている「耶穌」（ヤソ）、「瑪利亜」（マリア）、「猶太」（ユダヤ）、「耶路撒冷」（エルサレム）、埃及（エジプト）などの一部の音訳語を取り上げたい。

また本論の検証方法として、今日の中国語聖書にもっとも影響を与えたモリソンの『神天聖書』を軸にし、モリソン以前のカトリック宣教師時代、モリソン時代、モリソン以降と主に 3 つの時代に分けて漢訳聖書と教義書にある音訳語を取り出し、その継承と創出の過程を明らかにする。

---

[1] 内田慶市「モリソンがもとにした漢訳聖書−新しく発見されたジャン・バセ訳新約聖書稿本」『文化交渉学と言語接触』関西大学出版部　205-220 頁。

1　モリソン以前の漢訳聖書

モリソン以前の漢訳聖書に関しては、景教（ネストリウス教）とローマカトリック教の漢訳聖書資料が残っている。

1.1　景教

景教関連資料にある音訳語については、Toshikazu S. Foley 氏の先行研究 *Biblical Translation in Chinese and Greek* がある。Foley 氏の研究をまとめてみると、当時の音訳語は仏教用語の援用と独自の音訳語の創出の二種類がある。

　1）仏教用語の援用
　　① God：皇父阿羅訶、佛　　　　② Messiah：彌施訶、迷師訶
　2）独自の音訳語
　　① Jesus：移鼠、翳數　　　　　② Satan：裟彈、裟多那

また、音訳語の他、意訳語もやはり仏教用語を思わせるものが多い。例えば、真主（True Lord）、世尊（Jesus/Messiah）、元風、玄風（Holy Spirit）などがあげられる[2]。

景教資料は少ないため、研究資料としての音訳語もわずかである。これらの音訳語はほとんど今日に伝わっていないのが現状である。

1.2　ローマカトリック教

景教と違って、16世紀に来華したカトリック宣教師は精力的に翻訳と出版活動に取り組んでいた。私たちに多くの聖書翻訳資料を残している。近年、ローマカトリック教宣教師が翻訳した聖書及び教義書類の資料は世界各地の図書館で発見された。また中国とフランスの図書館に所蔵しているカトリック宣教師の翻訳資料を文献としてまとめて出版した北利氏学社の『明清天主教文献』シリーズも貴重な資料である。

漢訳聖書は、ディアス（Emmanuel Diaz Junior、漢名：陽瑪諾、1574

---

[2] Toshikazu S.Foley *Biblical Translation in Chinese and Greek* Brill Leiden・Boston 2009　p.10-15

〜 1659）が 1636 年に出版した聖書の抄訳本『聖経直解』が最も早い時期のものだと言える[3]。それに続いて後世の宣教師に多大な影響を与えたのはバセ（Jean Basset、漢名：白日昇、1662 〜 1707）の新約聖書の写本（1701以降）である。現在では４つの写本が発見されている（カサナテンセ（Casanatense）図書館のローマ本２種、ケンブリッジ大学図書館のケンブリッジ本『四史攸編』と大英博物館本『四史攸編』がある）[4]。そして 18世紀末にポワロ（Louis Antoine de Poirot、漢名：賀清泰、1735 〜 1813）が『古新聖経』を出版した[5]。

　また、漢訳聖書の他、カトリック宣教師が多くの教義書も出版した。ここでは主にルッジェリ（Michele Ruggieri、漢名：羅明堅、1543 〜 1607）の『天主実録』（1584）、マティオ・リッチ（Matteo Ricci、漢名：利瑪竇、1552 〜 1610）の『聖経約録』（1605）、ロシャ（Joao da Rocha、漢名：羅儒望、1565 〜 1623）の『天主聖教啓蒙』[6]（1610）、バントーハ（Diego de Pantoja、漢名：龐迪我、1571 〜 1618）の『龐子遺詮』、アレーニ（Giulio Aleni、漢名：艾儒略 1582 〜 1649）の『天主降生言行紀像』（1640）と『天主聖教四字経文』（1642）を資料にしたい。

　次に、比較を容易にするために、上記の漢訳聖書、教義書にある音訳語を書物の年代順でならべ、また用例もできるだけ同じ箇所のものを出すようにつとめる。ただし、抄訳、教義書の場合、同じ箇所が訳されていない

---

[3] ディアスはイエズス会に所属するポルトガル人宣教師である。1610 年ごろまずマカオに滞在し神学の教育に関わる仕事に専念したが、その後、北京、南京、上海、杭州など中国各地で宣教活動をし、1659 年杭州にて逝去した。14 巻の『聖経直解』は聖書を抄訳した上、解釈も加えたものである。ディアスの『聖経直解』について、塩山正純「カソリックによる聖書抄訳ディアスの『聖経直解』」『文明』20　2008 愛知大学　p.57-77 に参考された。

[4] バセはフランス　パリ外方会宣教師である。1689 年に中国広東に上陸し、その後中国各地で宣教活動を行い、1707 年に広東で病死。バセと彼の訳訳聖に関して、内田慶市「モリソンがもとにした漢訳聖書-新しく発見されたジャン・バセ訳新約聖書稿本」『文化交渉学と言語接触』（関西大学出版部 p.205-220）と周永「從"白、徐訳本"到"二馬訳本"-簡論白、徐≪新約≫訳本的縁起、流傳及影響」『天主教研究報』第二期 2011 年（香港中文大学　天主教研究中心）が詳しい。

[5] ポアロは 18 世紀の末から 19 世紀の初頭に中国で活躍していたイエズス会宣教師である。

[6] ロシャはポルトガル人のイエズス会宣教師である。1598 年中国に入り、1623 年杭州で死去。

ケースもある。
1）人名
　①Jesus： 天主真然化為男子。教誨□邦。名曰噠所。
　　　　　　仙媽利呀天主聖母娘娘爾有大福娠孕噠唎　　『天主実録』
　　　　　　瑪利亞……爾胎子耶穌　『聖経約録』
　　　　　　耶穌既為造物主。『龐子遺詮』
　　　　　　耶穌天主降生後之名。譯言救世者。『聖経直解』
　　　　　　天主耶穌降誕　『天主降生言行紀像』
　　　　　　親身救世　名號耶穌……母瑪利亞　卒世童身　『天主聖教四字経文』
　　　　　　瑪利亞母驚。尔幸獲寵于神。尔將懷孕于腹。且生子。而名之耶穌。　バセ写本ケンブリッジ本『四史攸編』
　②Christ：你曉得基利斯多是誰。『天主聖教啓蒙』
　　　　　　契利斯督吾主耶穌之別名號。伯鐸羅曰師實乃基利斯督。
　　　　　　　　　　　　　　　　　　　　　　　　　　『聖経直解』
　　　　　　耶穌號基督者自瑪利亞生焉。
　　　　　　　　　　　　　バセ写本カサナテンセ本『四史攸編』
　　　　　　耶穌号基利斯督者自瑪利亞生焉。
　　　　　　　　　　　　　バセ写本ケンブリッジ本『四史攸編』
　　　　　　耶穌別名基利斯督、生於此童貞瑪利亞。『古新聖経』
2）地名、国名
　①Judea： 耶穌降生三十年後、遊行如徳亞傳教淑人。『龐子遺詮』
　　　　　　耶蘇既降誕如大白冷郡。『聖経直解』
　　　　　　如徳亞各郡揄邑男婦士民出郊受訓。『天主降生言行紀像』
　　　　　　王黒落得　如徳亜君『天主聖教四字経文』
　　　　　　耶穌既生于如達白冷。
　　　　　　　バセ写本ケンブリッジ本、カサナテンセ本『四史攸篇』
　　　　　　耶穌在如達斯族管的白大冷城生。『古新聖経』
　②Bethlehem：耶蘇既降誕如大白冷郡。『聖経直解』
　　　　　　　　令下白稜　管轄界内　『天主聖教四字経文』

白稷郡即達味古王原籍。『天主降生言行紀像』
耶穌既生于<u>如達</u> <u>白冷</u>。

バセ写本ケンブリッジ本、カサナテンセ本『四史攸篇』

③ Jerusalem：耶穌降生三十年後、遊行<u>如德亞</u>傳教淑人。所行聖跡甚多、向善者無不信從。惟<u>協路撒稜</u>(稜の間違い？-筆者注) 巨家、及在位者、崇斜自是、極為傲惡。

『厐子遺詮』

維時<u>如德儀</u>自日<u>路撒冷</u>遣<u>撒責</u>及<u>勒末達</u>。造<u>若翰</u>問爾為誰。『聖経直解』
<u>黑洛特</u>聞驚慌、舉<u>柔撒冷</u>皆然。

バセ写本ケンブリッジ本『四史攸篇』

<u>黑羅忒</u>聞驚慌、舉<u>柔撒冷</u>皆然。

バセ写本カサナテンセ本『四史攸篇』

王與闔日<u>露撒冷</u>人、心大亂。『古新聖経』

④ Egypt：天神預告避<u>厄日多</u>。『天主聖教四字経文』
汝起携嬰曁厥母而逃<u>厄日多</u>。

バセ写本ケンブリッジ本、カサナテンセ本『四史攸篇』

你起領孩及他母逃去厄日多。『古新聖経』

⑤ Israel：汝起與携嬰母而囲<u>依臘爾</u>。バセ写本ケンブリッジ本『四史攸篇』(カサナテンセ本は「囵」往となっている。-筆者注)
起身領小孩及他母去<u>依斯拉耶耳</u>地方。『古新聖経』

⑥ Babylon：時皆被虜而徙于<u>巴彼羅</u>。『聖経直解』
自達未至<u>巴必隆</u>亦十有四。

バセ写本ケンブリッジ本、カサナテンセ本『四史攸篇』

從達未至如達斯國的王並民移巴必隆時也有十四代。

『古新聖経』

1.3　カトリック時代の音訳語の特徴

　　プロテスタント宣教師が中国に来るまでに、カトリック宣教師は200年間に渡って中国で精力的に宣教、出版活動をしてきた。上記に

挙げた用例はほんの一部でしかないが、カトリック時代の音訳語の特徴を少し推測できる。

1) 早い時期に「耶穌」と「瑪利亜」の音訳語を確立していた。ルッジェリは「嚦噼」「媽利呀」と訳したが、マティオ・リッチ以降はほとんど揺れもなく、すべて「耶穌」と「瑪利亜」になっている。おそらくカトリック教にとってはもっとも聖なる固有名詞なので、この二つの固有名詞に関して統一する意思があったのではないかと考えられる。

2) 「耶穌」と「瑪利亞」以外の音訳語は「厄日多」のような継承も見られたが、音訳語の多くは継承と再創出などのバラツキがある。特別に統一しょうという意思が見られない。人名、地名の音訳語はテキストの原語と宣教師の母語などの原因で、結果的に違う漢字が当てられているが、使用した漢字は中性的、或いはポジティブな意味を持つものがほとんどである。つまり、宣教師たちは、漢字が表意文字であることを意識して、音訳語を作り出した可能性が十分にある。

3) また、日常的に使われている漢字と区別化するために、「嚦噼」のような造字法も試みた。このような方法は後にプロテスタント宣教師の翻訳にも使われている。例えば、唉咭唎などは19世紀の宣教師の書物によく見られる。

2 モリソン時代の漢訳聖書

ロバート・モリソン（Robert Morrison、漢名：馬礼遜、1782〜1834）が翻訳した『神天聖書』は今日の日本語と中国語聖書に最も影響を与えた書物である。『神天聖書』の出版を皮切りに、19世紀中葉以降漢訳聖書の最盛期を迎えた。では、『神天聖書』に音訳語はどのように使われているか。またモリソンは音訳語に関してどのような考えをもっているかについて、

考えてみたい[7]。

2.1 音訳語の統一

実は、聖書翻訳に使用する用語に関して、モリソンは早くから用語の統一を考えていた。1811年の書簡で2度ほど言及したことがある。

> 1811年3月9日
> 中国語には同音異字がたくさん存在している。聖書或いは宗教専門書によく使われている聖書固有名詞に関して、統一した漢字名を使用する必要がある。でなければ、大きな混乱を招くかも知れない。例え同じ名前を与えたつもりでも、読者が違うように思うケースもある。「Iaiah と Esaias」（イザヤ）は同一人物を表しているが、翻訳した中国語の発音は同じであっても、当て字は違ってくる。このようなことを防ぐために、私が今「聖書固有名詞字書」（Dictionary of Scripture Names）を作成している[8]。

> 1811年11月
> 中国語に翻訳される聖書或いは宗教関連出版物にあるすべての人名と固有名詞に使用された漢字の統一性を守るために、私は「聖書固有名詞字書」を編集した。もちろんこれは写本においても同じである[9]。

---

[7] 以下モリソンが訳した聖書における音訳語に関する論述は、すでに発表した論文「モリソンの書簡についての研究— Joshua Marshman との確執」を引用しながら、発展させたものである。

[8] Letter to LMS Mar.9th 1811 'You are perhaps aware that in the Chinese language the same pronunciation may be given by a variety of characters or letters, but in scripture names occurring frequently throughout The Bible, or in religious treatises, it is necessary to use uniformly the same characters, otherwise great confusion would be introduced. And though the same name were intended to be given, it might by the reader be thought a quite different one. The word "Isaiah & Esaias" used to denote the same person is somewhat similar, only in Chinese the pronunciation might be the same & yet the letters different. To prevent any such occurrence, I am filling up a "Dictionary of scripture Names".

[9] Letter to LMS Nov. 1811 'To preserve a uniformity of characters for names of persons & etc. in every part of S.S. as well as in every religions publication which

つまり、モリソンは聖書翻訳に当たって、固有名詞の音訳語（漢字当て字）を統一しようとはっきり意識していた。またその統一は自分の翻訳に限らず、当時インドのセランポール（serampore）在住で、同じく聖書翻訳に取り組んでいたマーシュマン（Joshua Marshman、漢名：馬士曼 1768～1837）にも要請したのではないかと考えられる[10]。ここで、モリソンの『神天聖書』の新約聖書の部分の『新遺詔書』（1813）、マーシュマンの『聖経』（1822）とミルン（William Milne、漢名：米憐、1785～1822）の『聖書日課初学便用』（1832）にある音訳語を比較してみる。

1）人名
　①Jesus：若色弗既馬利亞之夫、由是馬利亞生耶穌稱彌賽亞。
　　　　　　　　　　　　　　　　　　　　　　　　　　　　『新遺詔書』
　　　　　　若色弗既馬利亞之夫、由之而生耶穌稱為基利士督。『聖経』
　　　　　　論耶穌基督降生在世界『聖書日課初学便用』
　②Christ：耶穌基利士督大五得之子亜百拉罕之子之生譜。『新遺詔書』
　　　　　　亜百拉罕之子大五得之子耶穌基利士督之生譜也。『聖経』
　　　　　　論耶穌基督降生在世界『聖書日課初学便用』

2）地名、国名
　①Judea：伊等謂之曰、於如氐亞之畢利恆。『新遺詔書』
　　　　　　伊等對之曰、在如氐亞之畢利恆。『聖経』
　②Bethlehem：伊等謂之曰、於如氐亞之畢利恆。『新遺詔書』
　　　　　　　　伊等對之曰、在如氐亞之畢利恆。『聖経』
　③Jerusalem：却有或嗎咥自東來至耶路撒冷。『新遺詔書』
　　　　　　　　却有哲人從東方來至耶路撒冷。『聖経』
　　　　　　　　論耶穌騎驢入耶路撒冷。『聖書日課初学便用』
　④Egypt：若色弗謂之曰起也、携嬰児同厥母避逃以至百多。
　　　　　　　　　　　　　　　　　　　　　　　　　　『新遺詔書』

---

we may make in Chinese, I have compiled from […] a Dictionary of Scripture names. This of course remains in M.S.'

[10] 朱鳳「モリソンの書簡についての研究—Joshua Marshmanとの確執」『或問』No.24 2013年12月17-30頁を参考にされたい。

　　　　　　若色弗謂之曰起身取嬰児偕厥母遁往<u>以至百多</u>。『聖経』
　　　　　　我聞得在以至百多有穀。『聖書日課初学便用』
　⑤ Israel：取嬰児偕厥母来<u>以色耳以勒</u>之地。『新遺詔書』
　　　　　　取嬰児偕厥母来於<u>以色耳以勒</u>之地焉。『聖経』
　　　　　　且<u>以色耳以勒</u>之子輩。『聖書日課初学便用』
　⑥ Babylon：自<u>大五得</u>至移往<u>巴比倫</u>為十四代。『新遺詔書』
　　　　　　　自<u>大五得</u>至徙往<u>巴比倫</u>為十四代。『聖経』

2.2　モリソン時代の音訳語の特徴

① 上記の用例で示したように、モリソンとマーシュマンの漢訳聖書の中では、訳語（嗎咥→哲人）、前置詞（於→在）、動詞（謂→対、避逃→遁）などの違いがあるが、固有名詞の音訳語においてはすべて統一されているのが分かる。また、用例が少ないが、ミルンが訳した聖書関連資料にある固有名詞もモリソンのものと統一されている。

② モリソンの書簡の中で示されているように、彼は意識的に固有名詞を統一しょうとしていた。検証してきた用例をみると、少なくとも彼の時代においては成功していた。

③ モリソンの音訳語のもう一つの特徴は漢字当て字がすべて一音節一文字のように見える。例えば、以色耳以勒、以至百多、耶路撒冷、巴比倫などはこれである。

④ モリソンが聖書翻訳する際、バセの『四史攸篇』を参考にしたのはよく知られた事実だが、しかし、音訳語「耶路撒冷」の成立の流れ（協路撒稜『尨子遺詮』、日路撒冷『聖経直解』、柔撒冷『四史攸篇』、日露撒冷『古新聖経』）をみると、モリソンは他にカトリック宣教師の翻訳も参考にした可能性が高いと推測できる。

3　モリソン以降の漢訳聖書
3.1　個人翻訳
　モリソン以降の個人翻訳による漢訳聖書はたくさんあるが、本論ではギュツラフ（Karl Friedrich August Gützlaff、漢名：郭實臘、1803 ～ 1851）の『救世主耶穌新遺詔書』（1839）、メドハースト（Walter Henry Medhurst、漢名：麦都思、）の『新約全書』（1857）とブリッジマン（E.C. Bridgman、漢名：裨治文、1801 ～ 1861）の『新約聖書』（1863）を中心に比較していく。

　　1）人名
　　　① Jesus、Christ：<u>馬利亞</u>生<u>耶穌</u>亦稱<u>基督</u>者也。『救世主耶穌新遺詔書』
　　　　　　　　　　　<u>馬利亞</u>生<u>耶穌</u>有人稱是<u>基督</u>。『新約全書』
　　　　　　　　　　　<u>馬利亞</u>生<u>耶穌</u>稱<u>基督</u>者也。『新約聖書』
　　2）地名、国名
　　　① Judea、Bethlehem：当<u>希羅得</u>王年間、耶穌生在<u>猶太</u>国<u>伯利恒</u>邑。
　　　　　　　　　　　　　　　　　　　　　　　　　　　　　　　　『救世主耶穌新遺詔書』
　　　　　　　　　　　<u>希律</u>為王的年間耶穌在<u>猶太伯利恒</u>降生。
　　　　　　　　　　　　　　　　　　　　　　　　　　　　　『新約全書』
　　　　　　　　　　　当<u>希律</u>王時、耶蘇即生於<u>猶太伯利恒</u>。
　　　　　　　　　　　　　　　　　　　　　　　　　　　　　『新約聖書』
　　　② Jerusalem：却有數賢自東方至<u>耶路撒冷</u>。『救世主耶蘇新遺詔書』
　　　　　　　　　　有幾個學問好的從東方到<u>耶路撒冷</u>來。『新約全書』
　　　　　　　　　　有博士数人自東方至<u>耶路撒冷</u>。『新約聖書』
　　　③ Egypt：起也速帯嬰與母奔<u>麦西</u>。『救世主耶蘇新遺詔書』
　　　　　　　　你起來帶這小孩子和他的母親逃到<u>埃及</u>去。『新約全書』
　　　　　　　　主之使現夢於約瑟曰起挈嬰児與其母奔<u>埃及</u>。『新約聖書』
　　　④ Israel：速起抱嬰帯母回<u>以色列</u>。『救世主耶蘇新遺詔書』
　　　　　　　　起來帶這小孩子和他的母親往<u>以色列</u>的地方去吧。
　　　　　　　　　　　　　　　　　　　　　　　　　　　　　『新約全書』
　　　　　　　　現夢於約瑟曰起挈嬰児與其母往<u>以色列</u>地。『新約聖書』

⑤ Babylon：自大辟至民至流於巴別倫時共十四代。

『救世主耶蘇新遺詔書』

從百姓搬到巴比倫的時候到耶穌又有十四代。『新約聖書』

自大闢至民見徙於巴比倫、亦十四代。『新約聖書』

3.2　グループ翻訳

　19世紀の中葉になると、プロテスタント宣教師の間に宗派を超えてのグループ聖書翻訳活動が活発になった。グループによって翻訳された漢訳聖書のなかで委辦訳本（Delegate's Version）と和合本（Union Mandarin Version）は最も代表的なものである。

　委辦訳本と和合本にはさまざまな版本と文体が存在しているが、本論では一番古い1855年の委辦訳本『旧約全書』（タイトルは旧約となっているが、内容は新・旧約聖書である。――筆者注）（咸豊五年鐫　香港英華書院印刷）と今日の中国語聖書の主体となっている1919年の『新・旧約全書』（文理和合訳本　上海大英聖書公会印発）にある「馬太福音傳第一、二章」の一部を比較してみる。

　　1）委辦訳本（1855）

　　　馬利亞生耶穌稱基督。

　　　自大闢至民見徙於巴比倫、亦十四代。

　　　希律王時、耶穌即生於猶太伯利恒。有博士數人自東方至耶路撒冷。

　　　主之使者見夢於約瑟曰起攜嬰及其母奔埃及。

　　2）文理和合本（1919）

　　　馬利亞生耶穌稱基督者。

　　　自大衛至徙巴比倫十四代。

　　　希律王時、耶穌既生於猶太之伯利恒。有博士數人自東方至耶路撒冷。

　　　主之使見夢於約瑟曰起攜嬰及其母奔埃及。

　　　主之使在埃及見夢於約瑟曰起攜嬰及其母往以色列地。

3.3　モリソン以降の漢訳聖書の特徴

　モリソン時代と比べると、いくつかの変化が見られる。

　　1）モリソンがカトリック宣教師から受け継いだ音訳語「耶穌」はそ

のまま継承されたが、「瑪利亞」は「馬利亞」に変更された。
2) モリソンの一音節一文字の音訳語はより簡潔になった（如氐亜→猶太、以至百多→麦西→埃及、以色耳以勒→以色列）。
3) また、モリソンの音訳語をそのまま受け入れ、継承されているものもある（耶路撒冷、巴比倫）。

全体的にみると、個人の翻訳においては、音訳語の統一と定着にまだ若干揺れるところがある。例えば、Egyptを「麦西」と当てるなど。また用例としてあげていないが、早い時期に翻訳されたギュツラフの『救世主耶蘇基督行論之要略傳』（1834）には「以色耳以勒」「以至百多」などモリソンの音訳語を継承した形跡もある。しかし、グループ翻訳の時期に来ると、音訳語は安定し、規範化していく動きを読み取ることが出来る。

4　おわりに

本論は漢訳聖書の長い歴史における音訳語の創出と継承について、膨大な翻訳書のごく一部の中から、いくつか重要と思われる音訳語のみ研究対象にしている。その音訳語の変化を次ぎの表にまとめてみる。

表で示したようにモリソンの音訳語はまさしく過渡期にあたり、カトリック宣教師の音訳語を継承すると同時に彼以後のプロテスタント宣教師に音訳語の道しるべを示したものである。また、現代中国語にある聖書関連の人名、地名と国名はモリソン以降の宣教師たちの翻訳によって規範化されたものが多いことも確認できる。

聖書或いは聖書以外の音訳語の規範化について、19世紀の来華宣教師の間にたくさんの議論があった[11]。例えば、*The Chinese Recorder and Missionary Journal* 紙に 'Principles of Transliterating Proper Names in Chinese'[12] と 'Uniform Names'[13] と題した論文が掲載され、次のように主張した。

---

[11] これに関して、千葉謙悟「19世紀音訳語の資料・特徴・交流」『東アジア文化交渉研究』別冊7　95-121頁の論文が詳しい。
[12] R.H.Graves The Chinese Recorder and Missionary Journal　Vol.28（1897）p.581-84
[13] R.H.Graves Ibid. Vol.33（1902）p.119-22

固有名詞における音訳語の変化

英語	カットリック時代	モリソン時代	モリソン以降（個人訳）	モリソン以降（グループ訳）	現代中国語
Jesus	噎穌、耶穌	耶穌	耶穌	耶穌	耶穌
Mary	媽利呀、瑪利亞	馬利亞	馬利亞	馬利亞	瑪利亞
Judea	如德亞、如大、如達	如氐亞	猶太	猶太	猶太
Bethlehem	白冷、白稜	畢利恆	伯利恒	伯利恒	伯利恒
Jerusalem	協路撒稜、日路撒冷、柔撒冷、日露撒冷	耶路撒冷	耶路撒冷	耶路撒冷	耶路撒冷
Egypt	厄日多	以至百多	麦西、埃及	埃及	埃及
Israel	依臘尔、依斯拉耶耳	以色耳以勒	以色列	以色列	以色列
Babylon	巴彼羅、巴必隆	巴比倫	巴比倫	巴比倫	巴比倫

① 同一音声を一つの漢字で訳し（using the same Chinese character to denote the same sound in every case）、仏教の音訳語を参照すべきである（Ka→伽 Ma→瑪 Jo→約）。

② 意味のよくない漢字を避けるべきである（We should avoid ludicrous combination and those which give a bad sense）。例えば、Thamar（the former name for David）大馬（horse）の「馬」を「瑪」に当てるべきである。

本論で検討したように、宣教師の聖書翻訳活動において、早い時期からから音訳語の統一、規範化を意識していた。宣教師は音訳語の規範化において、どのような功績を残したかについて、今後の課題にしたい。

参考文献：

矢沢利彦「最初の漢訳聖書について」『近代中国研究センター彙報』9 1967 1-7頁

村岡典嗣「漢訳聖書源流考」『増訂　日本思想史研究』昭和十五年　441-465 頁

李奭学、鄭海娟主編／賀清泰訳注『古新聖経残稿』全 9 冊［中国和欧洲文化交流史文献叢刊］中華書局　2014

「珍本聖経数位典蔵査詢系統」http:/bible.fhl.net/ob/

Eliza Morrison, *Memoirs of the life and labours of Robert Morrison Vol1-2, 1839*

西洋料理と近代中国語
——『造洋飯書』(1866) を例に——

塩山　正純
(愛知大学)

要旨：19世紀に中国が対外的に門戸を開いて以来、来華した西洋人たちは食生活の面でも自分たちの習慣を中国に持ち込み、19世紀の後半には数種の西洋料理解説書が出版されるにいたった。本稿は、それらの書物の中でも著者・出版年がはっきりしているクロフォード夫人 (M. F. Crawford) 著『造洋飯書』(1866) を資料として、その出版の背景と内容・構成を紹介した上で、同書の本文中に見られる西洋料理の中国語訳語の特徴と、幾つかの先行研究によって"官話"に分類されるも未だ詳らかでないその文体的特徴について考察するものである。本稿の考察を通して、中国における西洋料理の黎明期に出版された『造洋飯書』では、調理の工程に直接影響しない固有名詞つまり具体的な料理の名称の翻訳には音訳語が多い一方で、調理の結果に直接的に影響する動詞等の調理の中身を表す用語については原語の英語にほぼ正確に対応する中国語を充てていることが分かった。また、本文の文体とされる"官話"に関しては、詳細については今後の調査を待たねばならないが、地域差の特徴となる語彙がごく少数で、いわゆる一般的な口語の特徴を備えているものであることが伺える。

キーワード：西洋料理、近代中国語、造洋飯書、クロフォード夫人 (M. F. Crawford)、異文化翻訳、官話

1　時代背景

19世紀初頭より通商港としての広州には西洋式レストランが開店し、当時「番菜館」と呼ばれた。その後、1860、70年代になると、西洋式レストランは、北京や上海にも続々と現れ出した[1]。

アヘン戦争を経て、上海が1843年11月正式に開港されると、その後の貿易港上海の発展とともに、西洋人が続々と上海にやって来るようになる。そして、彼らは上海に居をかまえた後も、自分たちの西洋の生活習慣を固く守って、食生活の面でも自分たちの習慣を中国に持ち込んだ。1853年には、西洋料理のレストラン"老徳記西餐館"が開業した。さらにほぼ同時期の1858年には"埃凡饅頭店"も開業し、主としてパンやサイダー、酒類を商った。1860年にはイギリス人のリチャードが上海にホテルを開業し、宿泊業とレストランを経営した。同ホテルの料理は、イギリス人のコックが担当し、食材はその多くが中国国外から調達したものであった。ホテルは繁盛し、外国人の官吏、商人などが食事、宿泊に利用し賑わった[2]。一方で、中国人の目から見れば、「風俗が異なれば、嗜好もまた異なる」ということで、光緒年間のはじめは、西洋料理を食する中国人は少なかったようである[3]。このように、当時開業していた食品店やレストラン、ホテルなどで提供される食品、料理はもっぱら、西洋人の顧客のためにあり、中国人はまだその対象となっていなかったのである。のちに、1880年に四馬路にレストラン"一品香"が開業したのを皮切りに、1883年の"一家春"、1885年の"海天春"と、四馬路一帯に中国人による西洋料理店が続々と店を構えるようになる[4]。そして19世紀も90年代になると、良家の若旦那や旦那衆がこぞって西洋料理店に出入りし、異国の味をあじわったようだが、それも上流社会に限られたことであって、多くの中国人にとってみれば、西洋料理は自分たちにはまだまだ無関係の存在なのであった。

---

[1] 劉善齢（1999）『西洋風』138頁参照。
[2] 李少兵（1994）『民国時期的西式風俗文化』8頁参照。
[3] 劉善齢（1999）『西洋風』139頁参照。
[4] 唐艷香（2008）「一品香與近代上海社會」128頁参照。

西洋の食材や料理は、中国に居住していた当時の西洋人にとって、基本的には自分たちだけのものであって、その方面のことばをわざわざ中国語に翻訳することはなかった。一方で中国人にとっても、西洋料理はまだまだなじみが薄く、自分たちには関係のないものだったから、わざわざ中国語に翻訳してそのことばを使う必要はなかった。この時期にはまだ食材や料理の方面で、たくさんの外来語が創造されて定着するまでには至っていなかったのである。

2　『造洋飯書』について

夏曉虹（2008）によれば、この時期つまり19世紀には、詳細はさておき少なくとも『西法食譜』『造洋飯書』『華英食譜』という3種の西洋料理の解説書が出版されている[5]。このうち本稿では、著者及び出版年が明確に分かっている『造洋飯書』を資料とする。『造洋飯書』は、英文名を FOREIGN COOKERY IN CHINESE WITH A PREFACE AND INDEX IN EIGLISH（中国語による外国の料理法・英語の序文と索引つき）と言い、著者はアメリカ人宣教師クロフォードの夫人 Martha Foster Crawford（1830-1909）である[6]。中国語では外国起源のものを言いあらわすとき"番"、特に西洋のものを指すときは"西"などを接頭辞的に用いる。当時、西洋料理のことはふつう"番菜"或は"西餐"と呼んでいた。現代語でも"西餐"が一般的で、"洋"を用いて"洋飯"と呼ぶのはこの『造洋飯書』の特徴である。

熊月之（1994）等にも紹介されているように、1866年に上海美華書館

---

[5] 夏曉紅（2008）「晩清的西餐食譜及其文化意涵」138-140 頁参照。
[6] クロフォード夫人とその中国における活動については畢曉瑩（2011）「近代來華傳教士與地方社會的互動關係」及び Foster（1909）Fifty years in China an Eventful Memoir of Tarleton Perry rawford, D.D. p.36 参照。クロフォード夫人は英語名 Martha Foster Crawford。Southern Baptist Convention（南浸信會）の宣教師 Tarleton Perry Crawford の夫人で1830年ジョージア州生まれ。1851年に夫とともに中国に向けて出国し翌1852年に上海に到り、同年より1863年まで上海にて活動する。1863年からは主に登州など山東で活動し、1900年アメリカに帰国。1902年の夫の死後、再び中国に戻って活動し、1909年泰安にて逝去した。

から初版が出版された[7]。これはクロフォードとその夫人である著者がその活動拠点を 1863 年に上海から山東の登州に移したのちのことである[8]。上海美華書館は、前身を寧波華花聖経書房と言い、1860 年に寧波から上海に移った。アメリカ長老会が運営し、同会の William Gamble が責任者を務め、『万国公法』などの出版で有名である。また熊月之（1994）は、『造洋飯書』の初版の構成について全 29 頁、14 項目、料理・食品の 268 品目、その他 3 つの品目と紹介するが、いま筆者の手もとにある初版、1885 年、1899 年の再版では、本文が全 67 葉、項目が 19 項目となっている[9]。さらに 1909 年の版があることも先行研究で言及されているが、筆者は未見である。品目数は熊月之（1994）で紹介されているものとは異なりいずれの版でも 267 品目と他 4 品目の合計 271 品目である[10]。

　ちなみに同時期の日本もまさに文明開化の時代で、1867 年に横浜の外国商館から西洋料理解説本が出版され、同年には福沢諭吉編『西洋衣食住』も出た。そして 1872 年には、初めての本格的な調理テキスト『西洋料理通』が刊行された[11]。1866 年に初版、1885 年、1899 年、1909 年に版がかさねられた『造洋飯書』もまた、中国における西洋料理レシピ本の嚆矢とも言える書物である。では、著者であるクロフォード夫人は『造洋飯書』をどんな目的で本書を編んだのであろうか。序文には概ね以下のような内容が書かれている。

　　本書は外国人家政婦と中国人料理人の参考となるように書かれている。外国人の味覚と習慣に合った料理を準備するよう中国人料理人に教えることが、いかに難しいかは誰もが知っている。本書は清潔、整頓、迅速さに関しての、料理人に対する教育から始まっている。そし

---

[7] 熊月之（1994）『西学東漸与晩清社会』、鄒振環（2007）「西餐引入與近代上海城市文化空間的開拓」等を参照。なお本稿で使用する同書 1866 年の初版は The Bodleian Library University of Oxford のデジタルアーカイブに公開中のものを使用した。
[8] 畢曉瑩（2011）「近代來華傳教士與地方社會的互動關係」92 頁参照。
[9] 1885 年版はソウル大学奎章閣蔵本、1899 年版はルーヴェン・カトリック大学図書館蔵本の複写を使用した。
[10] 熊月之（1994）484 頁によると初版は料理が 268 品目でその他 3 品目となっている。
[11] 草間俊郎（1999）『ヨコハマ洋食文化事始め』213 頁以下参照。

西洋料理と近代中国語　279

て、料理法の一流の著書から選択した271種類のレシピに沿って展開している。これらに加えて、縮んだり黄ばんだりしないようにフランネルを洗濯するための絶対に失敗のない方法も掲載している。

　本書は英語と中国語の索引を掲載している。索引では、中国語を話せない人が、希望する品目をただ指でさしさえすれば、料理人がそれを準備するための指示を見られるように、各レシピには英語と中国語の数字で番号が付けられている。万一、料理人がそれを読めない場合でも、料理人は容易に多くの朋輩の中から誰かに頼んで、いつも手元に持っていて、読んでもらうことができる。本書の文体は平易で簡単なものである。

　中国語による料理解説書の必要性を長年感じてきたが、本書はもともと著者本人用のためだけに執筆したものであった。多くの友人たちがこの本を書き写したことは、この料理書への要求が小規模な出版にかかる経費を出すに見合うものであることを暗示している。それゆえ、想像される公の読者諸君の要求に応えるべく増補改訂した[12]。

　この序文にもあるように、『造洋飯書』を著した当初の目的は、もっぱ

---

[12] 英語による序文（PREFACE）の全文は以下の通りである。
　THIS work is designed to aid both foreign housekeepers and native cooks. Every one knows how difficult it is to teach native cooks to prepare dishes suited to the taste and habits of foreigners. The work opens with instructions to cooks in regard to cleanliness, order, and dispatch. Then follow two hundred and seventy-one recipes, the most of which are selected from standard authors on the culinary art. Besides these there is an infallible one for washing flannels so as to prevent their shrinking and becoming yellow.
　It has an English and also a Chinese Index. In the Index, the recipes are numbered both in English and Chinese figures, so that a person unable to speak Chinese has only to point out the number of any article desired and the cook will find directions for its preparation. Should the cook be unable to read he can readily get some one of his numerous "friends", always at hand, to read it for him. The style is plain and easy.
　Having long felt the need of a cook book in Chinese, this work was begun solely for the author's own use. Various friends wishing copies, it was suggested that the demand might be sufficient to defray the expenses of a small issue. It was accordingly enlarged and arranged so as to meet the supposed wants of the Public.

ら西洋人である作者本人或はその周囲の西洋人のための個人的な便宜にあった。中国人に西洋料理を広めるためではなく、西洋人が自分たちの家で働く中国人の料理人に、自分たちが食べたい西洋料理を作らせるためであったことが見てとれる。当時、中国在住の西洋人社会は定住人口の統計からみても拡大を続けており、こうした個人的需要が、出版にかかる経費に見合うほどに大きい、或は重要なものになりつつあったことも、出版の動機の一つであると言えよう[13]。また、複数の先行研究も指摘するように本書は平易な官話で執筆されていると言えるが、具体的なことはこれまで言及されていないことから、本稿では特徴的な幾つかの点についても触れておきたい。

3 『造洋飯書』の内容

さて、ここからは『造洋飯書』の構成と内容について見てみよう。頁数、項目数、品目数についてはさきに述べた通りである。まず本書の表紙には書目、出版年、出版元が右から順に「耶穌降世一千八百九十九年｜造洋飯書｜歲次己亥　上海美華書館蔵板」（「｜」は改行を表す）のように記されている。

以下、中国語による目録（1葉）、厨房條例（家事の心得）に始まり、個別の各品目を説明している本文（67葉）、英文索引（4頁）、英語による序文（1頁）、そして英文タイトルが記された裏表紙へと続く。

第1葉の目録に示されているように内容は19項目よりなっている[14]。個別には、料理267品目とその他4つの家事にまつわることから構成されている。大きな項目と、各品目につけられた番号によって、本書の構成を順

---

[13] 鄒依仁（1980）「舊上海人口變遷的研究」の統計に依ると、上海の外国人定住人口は公共租界で1843年に僅か26人であったのが、1849年には175人、1870年には1666人まで増加しており、フランス租界では1849年の10人が1865年には460人にまで増加している。

[14] 第1葉の目録には、"湯二章""魚二章至三章""餅十九章至二十章"のように記されているが、本文がそれぞれ章に分かれておらず、この"章"が何を指すのかについては不明である。また、各項目と、その中の品目の種類にずれがあるものが幾つかある。

に見ると、まず"湯"…スープ（1-6）に始まり、以下"魚"…魚料理（7-16）、"肉"…肉料理（17-57）、"蛋"…卵料理（58-61）、"小湯"…肉汁・ソース類（62-69）、"菜"…野菜（70-84）、"酸菓"…漬け物（85-92）、"糖食"…砂糖漬け（93-123）、"排"…パイ類（124-129）、"麺皮"…パイ皮（130-133）、"樸定"…プディング（134-155）、"甜湯"…デザートにかける甘いソース（156 から-）、"湯"…（-ひき続いて 166 まで）、"雑類"…その他（167-177）、"饅頭"…パン（178-）、"餅"…小さな洋菓子など（-212）、"糕"…ケーキ（213-248）、"糕雑類"…その他の食品（249-267）へと続き、最後は料理以外の"雑類"…洗濯法・石鹸の作り方など（268-271）で締めくくられている。

4 『造洋版書』のなかの西洋料理に関する訳語

4.1 材料、調理法など＋料理の種類

つぎに、それぞれの料理名について見てみよう。まず、スープやゼリー、パン、ケーキといった一般的で大まかな種類を表す語の前に修飾成分が付く「材料、調理法など＋料理の種類」という型から見てみよう。原語である英語での料理名のことばの構造と基本的に同じで、「材料、調理法など＋料理の種類」というパターンが多くの料理名に見られる[15]。

例えば、意訳語では、"〜 Soup（〜スープ）"が"〜湯"、"〜 Gravy（〜グレービー・肉汁ソース）"が"〜小湯"、"〜 Jelly（〜ゼリー）"が"〜凍"、"〜 Tarts（〜タルト）"が"〜酸排"、"〜 Bread（〜パン）"が"〜饅頭"、"〜 Biscuits（〜ビスケット）"が"〜餅・小饅頭"、"〜 Hash（〜ハッシュ・ハヤシ肉料理）"が"〜小炒"、"〜 Cake（〜ケーキ）"が"〜糕"、"〜 Cakes（小さな平たく薄く焼いたもの）"が"〜餅"となっている。具体的に"湯（スープ）"について見ると、「素材＋湯（スープ）」の型で"Beaf

---

[15]「材料、調理法など＋料理の種類」の主な例としては、"Potatoe Bread"（ジャガイモ・パン）の"地蛋＋饅頭"、"Cream Cake"（クリーム・ケーキ）の"奶皮＋糕"、"Lemon Cakes"（レモン・ケーキ）の"来門＋餅"、"Ice cream Custard"（アイスクリーム・カスタード）の"氷凍＋刻思塔"、"Apricot Pie"（アプリコット・パイ）の"杏子＋排"、"Plum Pudding"（プラム・プリン）の"樸蘭＋樸定"などがある。

Soup＝牛肉＋湯""Pea Soup＝豆＋湯""Vegetable Soup＝菜＋湯"などがある。

さらに、音訳語で同じく「材料、調理法など＋料理の種類」のパターンのものでは、"〜Custard（〜カスタード）"が"〜刻思塔"、"〜Marmalade（〜マーマレード）"が"〜馬馬来"、"〜Pie（〜パイ）"が"〜排"、"〜Pudding（〜プディング）"が"〜樸定"、"〜Puffs（〜パフ）"が"〜潑脯"、"〜Fritters（〜フリッター）"が"〜弗拉脱"、"〜Waffles（〜ワッフル）"が"〜華脯"、"〜Maffines（〜マフィン）"が"〜沫粉"、"〜Wine（〜ワイン）"が"〜酒"、"〜a la mode（〜アラモード）"が"〜阿拉馬"、"〜Whey（〜乳漿）"が"〜會"となっている。ちなみに『造洋飯書』の英語名と中国語の翻訳語と最初期の字書としてモリソン（1822）、本書と同時期のものとしてロブシャイド（1867-69）、現代語の例として（1985）『新英漢詞典』を対照すると以下のようになる。（表中の"✓"は該当するものが無いことを示す）

英文	中文	Morrison1822	Lobschied1867-69	現在
Custard	刻思塔	✓	吉時 kat shi, Kih shi	卡士達，奶黃
Marmalade	馬馬来	✓	來路糖菓 loi lot'ong kwo, Lai lu t'ang ko	馬末蘭，橘子醬
Pie	排	✓	✓	排
Pudding	樸定	✓	布顛 po tin, Pu tien 糕 ko, Kau, 餻	布甸，布丁
Puffs	潑脯	✓	✓	泡芙
Fritters	弗拉脱	✓	乳油餅 ū yau peng, Ju yu ping	油炸餡餅
Waffles	華脯	✓	方格餅	華夫餅，蛋奶烘餅
Muffins	沫粉	✓	撝嗙 ma fing, 唝鶏蛋糕餅	小松餅
Wine	酒	酒，葡萄酒	酒，歡伯，醇醨，醇酒，葡萄酒，葡萄汁 etc.	葡萄酒，果蔬酒
a la mode	阿拉馬	✓	✓	✓
Whey	會	✓	酸嬭稀汁	乳清

西洋料理と近代中国語　283

　これとは別に、「調理法＋素材」というパターンもあり、「魚（魚料理）」がこれにあたる。"Chowder Fish"が"炒＋魚"、"Fish to fry"が"煎＋魚"、"Fish to boil"が"煮＋魚"、"Fish to broil"が"熏＋魚"、"Fish to bake"が"烘＋魚"などで、「肉（肉料理）」も同じく「調理法（炒、煎、煮、熏、烘、烤）＋素材」のパターンのものが大半である。このほか"Canned～"の"封～（缶詰にした～）"や、"Pickled～"の"酸～（漬け物にした～）"、"Preserved～"の"糖～（砂糖漬けにした～）"などもこのパターンである[16]。

4.2　調理方法に関することば

　では、「煮る、焼く」などの調理法に関することばはどのように訳されているだろうか。『造洋飯書』には料理方法に関することばが英語では12種類あり、原語である英語と中国語による訳語の用例とその数は、それぞれ"Bake（焼く）"には"烘（10例）"、"Boil（煮る、ゆでる）"には"煮（8例）"と"腌（1例）"、"Broil（あぶる）"には"熏（いぶす、薫製にする）"、"Frizzle（油でじゅうじゅう揚げる）"には"腌（漬ける）（1例）"、"Fry（油で揚げる、いためる）"には"煎（7例）"、"Roast（焼く、蒸し焼きにする）"には"烘（3例）"と"烤（4例）"、"Slice（薄切りにする・薄切り）"には"～片（1例）"、"Stew（とろ火で煮る）"には"煮（2例）"、"Pickle（漬け物にする）"には"酸、鹽"、"Scramble（かき混ぜながら炒り卵にする）"には"炒"、"Poach（卵を割って熱湯に落として茹でる）"には"水沸"、"Spice（香料を入れる）"には"香"というような具合である。『造洋飯書』の英語名と中国語の翻訳語、若干前の時代のものとしてメドハースト（1847-1848）、本書と同時期のものとしてロプシャイド（1867-69）、現代語の例として（1985）『新英漢詞典』を対照すると以下のようになる。（表中、中文の列のゴシックは英語に必ずしも一致しないもの）

---

[16] 例えば、これら「調理法＋素材」のパターンでは、"Canned Peaches"（桃の缶詰）の"封＋桃"、"Pickled Cucumbers"（キュウリの漬け物）の"酸＋黄瓜"、"Preserved Peaches"（桃の砂糖漬け）の"糖＋桃"などがある。

英文	中文	Medhurst1847-1848	Lobschied1867-69
Bake	烘	烘, 炮, 炒, 爤, 燒, 炕, 爐	局, 炕, 炮, 爐, 炙, 燒
Boil	煮, 腌	滾, 沸, 湘, 煦, 煮, 烹, 燒淪, 烝, 煎, 炒, 熬, 炊, 膡 etc.	煲, 煮, 焓, 烹, 煎, 熬煎, 膡 etc.
Broil	熏	煎, 炙, 炙熟, 淳熬 etc.	炙焙煎炙熟燉熬 etc.
Frizzle	腌	作皺的, 捏皺紋	鬈, 捲
Fry	煎	炒, 煎	炒, 煎炒
Pickle	酸, 鹽	醬, 醬醋, 酢, 醯 etc.	醬, 醯, 醢, 鹹汁, 鹽汁
Poach	水沸	煮半熟	煲半熟
Roast	烘, 烤	燒, 熬, 煎, 煬, 灼, 炙, 煠 *炕火, 烊, 烑, 焙, etc.	燒, 燔, 煎, 熬, 灼, 炙, 炕, 熏, 燎 etc.
Scramble	炒	✓	✓
Slice	〜片	副, 薄切, 栗リsuh, 扁, 切片, 胖	切薄, 切片, 切塊
Spice	香	香料, 藥料	味, 味類, 香物, 香料 etc.
Stew	煮	✓	爐, 會

　こうしてみると"Boil（煮る、ゆでる）"と"腌（漬ける）"、"Frizzle（油でじゅうじゅう揚げる）"と"腌（漬ける）"など、英語と中国語が必ずしも合致していないようなものも見られる。また、少し変わったものでは、"Chowder（チャウダー・煮込み寄せなべ料理）"という名詞に"炒"という中国語では本来動詞の語をあてている。逆に中国語の側から見れば、"烘"は"bake"と"roast"に、"烤"は"roast"に、"煎"は"fry"に、"片"は"slice"に、"水沸"は"poach"に、"香"は"spice"に、"熏"は"broil"に、"腌"は"boil"と"frizzle"に、"煮"は"boil"に対して、それぞれ用いられている。また"炒"が"chowder"と"scramble"の2語に対して用いられている。

4.3　料理名の訳語
　個別の料理名は、それぞれ具体的にどのように訳されているだろうか。中国語による外来語の造語法には大きく分けて音訳、意訳、音義融合、音訳＋意味付加の4つのパターンがある。以下、この造語法のパターンに従

西洋料理と近代中国語　285

って、『造洋飯書』に出てくる料理名や食材名を順にみていくことにする。

4.3.1　音訳語

　音訳語は原語とそれに対応する漢字の意味に関係なく、原語の発音に近い音を表すために、本来表意文字である漢字をもっぱら表音のためのカナのように用いるタイプのものである。『造洋飯書』に出てくる音訳語にはつぎのようなものがある[17]。また、それぞれの音訳語には英語とその日本語訳、発音表記（現代語のピンインと声調）もあわせて記しておく。

英文（日本語訳）	中文・発音表記
a la mode（アラモード）	阿拉馬　ā lā mǎ
Arrowroot（くず粉）	阿蘿蘿　ā luó luó
Buns（小型の丸パン）	笨似　bèn sì
Charlotte Russe（シャルロット・ルース）	蛤拉路絲　há lā lù sī
Chocolate（チョコレート）	知古辣　zhī gǔ là
Cider（サイダー）	西達　xī dá
Coffee（コーヒー）	磕肥　kē féi
Crullers（クルーラー）	客勒斯　kè lè sī
Curry（カレー）	噶唎　gá lì
Custard（カスタード）	刻思塔　kè sī tǎ
Doughnuts（ドーナツ）	托納熾　tuō nà chì
Flummery（フラメリー）	弗拉末　fú lā mò

---

[17] 以下の料理名は、現代語ではそれぞれどのように呼ばれているのかについて、一例として（1985）『新英漢詞典』に見出し語があるものを挙げてみると、"a la mode" は "上面浇着冰淇淋的"、"Buns" は "小（圆）面包"、"Chocolate" は "巧克力、朱克力"、"Cider" は "苹果汁、苹果酒"、"Coffee" は "咖啡、咖啡茶"、"Crullers" は "油煎饼"、"Curry" は "咖喱"、"Custard" は "牛奶蛋糊"、"Doughnuts" は "炸面饼圈（唐纳滋）"、"Flummery" は "面粉糊"、"Fritters" は "油煎饼"、"Jumbles" は "环形甜薄饼"、"Lemon" は "柠檬"、"Loaf" は "面包形食品"、"Marmalade" は "果酱、橘子酱"、"Muffines" は "松饼、小松糕"、"Pie" は "馅饼（排、派）"、"Plum" は "洋李、李、梅、（用于布丁及糕中的）葡萄干"、"Pudding" は "布丁"、"Puff" は "（奶油）松饼"、"Sago" は "西谷米、西谷椰子"、"Sally Lunn" は "热的甜茶点"、"Soda" は "苏打水、汽水"、"Souffle" は "蛋奶酥"、"Tapioca" は "（食用）木薯淀粉"、"Waffles" は "蛋奶烘饼、华夫饼干" となっている。

Fritters（フリッター）	弗拉脱 fú lā tuō
Jumbles（真ん中に穴の空いたクッキー）	仗不嘶 zhàng bù sī
Lemon（レモン）	来門 lái mén
Loaf（ローフ）	陋弗 lòu fú
Marmalade（マーマレード）	馬馬来 mǎ mǎ lái
Muffines（マフィン）	沫粉 mò fěn
Mulled（甘味・香料などを入れて温める）	抹勒 mò lè
Pie（パイ）	排 pái
Plum（プラム）	樸蘭 pǔ lán
Pudding（プディング）	樸定 pǔ dìng
Puffs（パフ）	發夫 fā fū、潑脯 pō fú
Sago（サゴ）	碎殼 suì ké
Sally Lunn（サリーラン）	撒拉冷 sā lā lěng
Soda（ソーダ）	所達 suǒ dá
Souffle（スフレ）	蘇弗来 sū fú lái
Syllabub（シラバブ）	雪裡白 xuě lǐ bái
Tapioca（タピオカ）	噠比漚格 dá bǐ ōu gé
Waffles（ワッフル）	華脯 huá fú

　このように、そのほとんどはお菓子・デザート類で、開国前の中国には凡そなじみのなかったものが並んでいることがわかる。中国に似たようなものがなければ、当然代替できることばもなく、意訳しようとすればどうしても説明調になる。シンプルにぴったりとその意味を表せて、かつモノがイメージできるような適当なことばはなかなか見あたらない。上に挙げた音訳語は、漢字がもっぱら表音の働きに徹しているものが多い。そんな中で、「ミルクかクリームにワインを混ぜ、砂糖・香料を加えて固めた」食品である"Syllabub（シラバブ）"を音訳した"雪裡白 xuě lǐ bái"は、「雪の中の白」と、なんとも爽やかなイメージを持つことばに仕上がっている。また、上に挙げた音訳語は本書だけに見られるものがほとんどである。ちなみに現代でも何らかの音訳語で呼ばれているものは、"Chocolate"が"巧克力、朱克力"、"Coffee"が"咖啡、咖啡茶"、"Curry"が"咖喱"、

"Doughnuts"が"唐納滋"、"Lemon"が"檸檬"、"Pie"が"排、派"、"Sago"が"西谷米、西谷椰子"、"Soda"が"蘇打水"、"Waffles"が"華夫餅乾"となるくらいで極少数である。

それぞれの英語名に添えたカタカナによる訳語からもわかるように、これらのモノ及びことばは（　）内に示した日本語のほうでは、今日その多くが定着していると言えるのではないか。一方で、英文序にもあるように、西洋人はある料理を食べたくなったとき、この『造洋飯書』さえ持っていれば、中国人の料理人に索引の番号を指し示して、料理人はその番号に該当する料理法の説明を参照して調理することができた。だから、中国人の料理人は英語名だけでなく、中国語名も覚える必要はなく、料理人に料理名を理解させるためにわざわざ苦労をして意訳語をつくる必要はなかった訳である。

4.3.2　意訳語

意訳語とは文字通り、原語の意味をくみ取り、その意味にあう漢字を用いて、翻訳したことばである。できあがったことばは、見た目では中国語の語彙そのもので、もはや外来語とはいいにくいものとなっている。『造洋飯書』に出てくる意訳語には、つぎのようなものがある[18]。

英文（日本語訳）	中　文
Biscuits（ビスケット）	餅、小饅頭
Bread（パン）	饅頭
Cake（ケーキ）	糕

---

[18] (1985)『新英漢詞典』によると、"Biscuits"は"餅干"、"Bread"は"面包"、"Cake"は"餅、糕、蛋糕"、"Cakes"は"餅"、"Candy"は"糖果"、"Canned"は"罐装的"、"Cravy"は"小汤"、"Cream"は"乳脂、奶油"、"Dried Fruits"は"果干"、"Dumpling"は"汤团、团子"、"Essence"は"精、精粹、香精、香料、香油、香气"、"Floating Island"は"蛋白浇盖的蛋糕"、"Ginger Beer"は"姜汁酒"、"Ham"は"火腿"、"Hash"は"肉丁烤菜"、"Ice Cream"は"冰淇淋"、"Jelly"は"果子冻、肉冻"、"Meat Balls"は"炸肉圆"、"Pan cakes"は"薄煎饼"、"Potato"は"马铃薯、土豆"、"Pumpkin'は"南瓜、南瓜藤"、"Rusk"は"甜面包干、脆（甜）饼干"、"Sausage"は"香肠、腊肠"、"Sauce"は"调味汁、酱汁、酱"、"Snow Balls"は"苹果馅的米布丁"、"Sweet potatoe"は"白薯、山竽、（方言）甘薯"、"Tarts"は"果馅饼"、"Tomato Ketchup"は"番茄沙司、番茄酱"、"Twists"は"面包卷"、"Yeast"は"酵母"とある。

Cakes（小さな平たく薄く焼いたもの）	餅
Candy（キャンデー）	糖
Canned（缶詰めにした）	封
Cravy（クレービー、肉汁）	小湯
Cream（クリーム）	奶皮、醬
Dried Fruits（ドライフルーツ）	果乾
Dumpling（ダンプリング）	湯包子
Essence（エッセンス）	小湯
Floating Island（泡立てた生クリームなどをかけたデザート用のカスタードの一種）	浮海島
Ginger Beer（生姜ビール）	薑酒
Ham（ハム）	火腿
Hash（はやし肉料理）	小炒
'Ice Cream（アイスクリーム）	氷凍
Jelly（ゼリー）	凍
Meat Balls（ミートボール）	肉餅
Pan cakes（パンケーキ）	蛋衣
Potatoe（ジャガイモ）	地蛋
Pumpkin（かぼちゃ）	飯瓜、方瓜
Rusk（ラスク）	甜饅頭
Sauce（ソース）	小湯、羹、小醬
Snow Balls（ちまき状のプリン）	雪球
Sweet potatoe（サツマイモ）	地瓜
Tarts（タルト）	酸排
Tomato Ketchup（トマトケチャップ）	番柿漿
Twists（ツイスト）	小饅頭
Yeast（イースト）	酵

　これらのうち、いくつかについて見てみると、"Biscuits"と"Cakes"は、平たく薄く焼いた小さなかたまりという性格が共通するためであろうか、いずれも"餅"と訳される。また"Cravy"と"Essence""Sauce"は、いずれも汁もので"小湯"と訳されている。英語をそのまま漢字に置き換えたものは2例で、"Floating Island"を"Floating"イコール"浮"、"Island"

イコール"海島"として訳された"浮海島"と、"Snow Balls"を"Snow"イコール"雪"、"Balls"イコール"球"として訳された"雪球"がある。"Pan cakes"の"蛋衣"は、「卵入りの生地を衣のようにうすく焼いたもの」という特徴をよく言い表している。これに対して、"Tarts"を"酸排"と訳していることについては、もともと英語の"Tarts"に形容詞「（食物・味が）すっぱい、ぴりっとした」と、「果物・ジャムなど甘いものが入った丸パイ」というお菓子の意味があるため、前者の意味で、あるいは両方をひっくるめて翻訳したものと思われる。また"Pumpkin（かぼちゃ）"の"飯瓜"は呉語であり、一方で"Potatoe（ジャガイモ）"の訳語に"地蛋"、"Sweet potatoe（サツマイモ）"の訳語に"地瓜"というような北方語の語彙があてられているのも興味深い。"Cake"の"糕"、"Cakes"の"餅"、"Candy"の"糖"、"Ham"の"火腿"、"Jelly"の"凍"、"Yeast"の"酵"などはひろく用いられている意訳語である。

4.3.3 音訳語と意訳語両方をもつもの

音訳語と意訳語の両方に翻訳されているものはつぎの4語である。

英文（日本語訳）	音訳語・発音表記	意訳語
Fritters（フリッター）	弗拉脱 fú lā tuō	餅
Omelette（オムレツ）	阿末来 ā mò lái	荷包蛋、鶏蛋餃
Sausage（ソーセージ）	哨碎集 shào suì jí	香肉餅
Wafers（ウエハース）	味乏 wèi fá	鶏蛋捲

それぞれの意訳語について簡単に見てみよう。まず"Fritters"は、「果物や肉などの薄切りの衣揚げ」のことであるが、簡単に"餅"を1字当てているだけである。"Omelette"には"荷包蛋"と"鶏蛋餃"の2つがあるが、"荷包蛋"とはふつう目玉焼きやポーチドエッグのことを指すことばである。また"鶏蛋餃"は、"餃"の"一种有馅的半圆形的面食（あんが入った半円形の小麦粉の食品）"という意味によって、ハムなどの具をあんに見立てて「卵による半円形の食品」ということから造られたことば

であろう[19]。"Wafers（ウエハース）"は「薄い軽焼きの菓子」のことであるが、これも"卷"が"一种面食品，和面制成薄片，一面涂上油盐，再卷起蒸熟（小麦粉の食品で、小麦粉をこねて薄くのばし、一方の面に油と塩を塗り、巻きあげて蒸したもの）"であることから、原料の一部である"鶏蛋"と「小麦粉をこねて薄くのばした」食品という意味を組み合わせてできたことばであると思われる[20]。

4.3.4　音義融合・音訳＋意味付加・音訳・意訳合成

音義融合は、漢字が原語の音を表しながら意味も同時に担っているもので、現代中国語でも"可口可樂（コカコーラ）"などの例があるが数は極めて少ない。『造洋飯書』では、音義融合と見做せるものとしては、"Muffines（マフィン）"の"沫粉"を挙げることができるが、その他に格別なものは見あたらない。「音訳＋意味付加」は、原語を音訳したものにさらに意味カテゴリーを表す漢字を加えたもので、現代中国語では"啤酒（ビール）"などがこれにあたり、『造洋飯書』には"Sham Champane（シャム・シャンパン）"の"假仙品湯"（"假仙品"音訳＋"湯"カテゴリー付加）が該当すると思われる。音訳・意訳合成（一部分意訳）型については"Dough Hills（ドー・ヒルズ）"の"山托納熾"（"山"意訳＋"托納熾"音訳）"や"Egg Nog（エッグ・ノッグ）"の"鶏蛋嘔格"（"鶏蛋"意訳＋"嘔格"音訳）、"Mulled Wine（香料を入れて温めたワイン）"の"抹勒酒"（"抹勒"意訳＋"酒"音訳）がこれにあたるであろう。

4.4　"Pudding（プディング）"の訳語について

西洋料理といえば、まずメインでは肉料理を、主食ではコメやマントウではなく「パン」を、それに様々なデザートや甘いお菓子を連想するだろう。晩清小説『負曝閑談』のなかに描かれた西洋レストラン「一家春」のメニューにも、「ビーフスープ、サーディン、ビーフパイ」などと並んで、西洋式のデザート"潑浪布丁（Prune Pudding）"ということばが見られ

---

[19]（1994）『漢語大詞典』"餃"の項を参照。
[20]（1996）『現代漢語詞典・修訂本』"卷子"の項を参照。

る[21]。また、19世紀末の上海の様子を記した陳無我の『老上海三十年見聞』の「番菜食単摘録」にも13種類の"布丁"がある[22]。"Pudding（プディング或はプリン）"は『造洋飯書』のレシピのなかでも、肉料理の41品目、"Cake（ケーキ）"の20品目、"Cakes（平たく薄く焼いたもの）"の15品目に次ぐ品数で、"Bread（パン）"よりも多い14品目が紹介されている。最初に134番で"Rice Pudding（ライス・プリン）"即ち"飯樸定"がつぎのように説明されている。

① 茶碗2杯のご飯に、たまご3ヶ、牛乳1杯、砂糖を中グラス1杯、香料・エッセンスを好みにあわせて加え、混ぜてからプリン皿に入れて焼く。
② 米をきれいに洗って、15分間煮て、塩を加え、煮汁を棄てて、牛乳を加えて煮込んで濃いお粥状になったら、いくつかのカップに入れて、冷えてから、それぞれのカップのお粥状のものを、大皿にひっくり返して、1つ1つ小さじで穴を1つ開け、砂糖菓子を加え、冷えたカスタードを上に注ぐ。
③ まず②の方法に照らして、濃いお粥状のものをつくり、冷やしてから薄く切り分け、プリン皿に敷く。このように、まず冷やして固めたお粥状のものを敷き、その上にスライスしたリンゴ、砂糖、香料を重ねる。これを順に積み重ねていき、濃いお粥状で蓋をして、上面を匙で平らにし、45分間焼き、リンゴに火が通ったらできあがりである。リンゴを使わないならば、桃や梨を使ってもよい。

このように、『造洋飯書』では、全ての品目にわたって詳細に説明されている。以下、"Pudding"の全品目について、番号、英語名（日本語カナ表記）、中国語訳を紹介しておく[23]。

---

[21] 顧承甫（1999）『老上海飲食』62頁参照。
[22] 陳無我（1997）『老上海三十年見聞』（1928年刊の復刻版）367頁参照。ここには"杏仁布丁、西米布丁、全姆巻筒布丁、卜市布丁、糖果布丁、猪油布丁、吐司布丁、飯布丁、蛋糕布丁、夾四布丁、苹果布丁、香蕉布丁、奶油布丁"の13種類が記されている。
[23] このうち王逢鑫（1998）『漢英飲食文化詞典』にも同一の見出しがあるものは、"Rice

番号	英語名(日本語カナ表記)	中国語
134	Rice Pudding(ライス・プリン)	飯樸定
136	Picnic Pudding(ピクニック・プリン)	劈格内樸定
137	Raisin Pudding(レーズン・プリン)	葡萄乾樸定
138	Plum Pudding(プラム・プリン)	樸蘭樸定
140	French Pudding(フランス・プリン)	法蘭西樸定
141	Rice Boiled Pudding(ライスボイルド・プリン)	煮飯樸定
142	Indian Pudding(インディアン・プリン)	煮包米麵樸定
143	Boiled Pudding(ボイルド・プリン)	煮樸定
144	Potatoe Pudding(ポテト・プリン)	地蛋樸定
145	Custard Pudding(カスタード・プリン)	刻思塔樸定
146	Bread Pudding(ブレッド・プリン)	饅頭樸定
147	Apple Custard(アップル・カスタード)	花紅刻思塔
148	Sweet corn Pudding(スイートコーン・プリン)	珍珠米(樸定)
149	Sago Pudding(サゴ・プリン)	碎殻樸定
150	Arrowroot Pudding(くず粉・プリン)	阿蘿蘿樸定
151	Tapioca Pudding(タピオカ・プリン)	噠比漚格樸定

つぎに、英華字典類から現代語まで"Pudding"の訳語の変遷をたどってみよう。なお表中、著者名のみを記しているものは字典類である。

字典・資料(出版年)	訳語と説明
Morrison(1822)	✓
Williams(1844)	布顛
Medhurst(1847-1848)	粉養　糕　湯餅　湯麵　水引餅　水麵
Lobscheid(1864)英華行篋便覧	bread 麵頭布顛
Lobscheid(1866)	布顛　糕　食／羔　飯布顛
Mrs. Crawford(1866)造洋飯書	樸定、朴定

Pudding"の"大米布丁"、"Raisin Pudding"の"葡萄干布丁"、"Custard Pudding"の"奶蛋饼布丁"、"Bread Pudding"の"面包布丁"の4品目である。これ以外に、『漢英飲食文化詞典』にはさらに、"牛奶布丁"(Milk Pudding｜ミルクプリン)、"黄油布丁"(Butter Pudding｜バタープリン)、"水果面包布丁"(Fruit and Bread Pudding｜果物とパンのプリン)、"煎白兰地布丁"(Fried Brandy Pudding｜ブランデー・プリン)が収録されている。

西洋料理と近代中国語　293

Doolittle（1872）	布顛　麵食　bread 麵頭布顛　提子布顛　飯布顛
（1902）華英音韻字典集成	糕　臟腸　飯糕
Hemeling（1916）	點心
（1923）*Webster's Dictionary*	A kind of food of a soft consistence, commonly served as a dessert, 餐畢所食之糕
（1985）新英漢詞典	布丁（西餐中一種松軟的甜點心）布丁狀物　牛奶（檸檬）布丁
（1994）漢語大詞典	【布丁】英語 pudding 的繹音。西餐食品、用面粉, 牛奶, 雞蛋, 水果等制成
（1996）現代漢語詞典・修訂本	【布丁】用面粉、牛奶、鶏蛋、水果等制成的西餐食品［英 pudding］
（1998）漢英飲食文化詞典	布丁

　（1985）『新英漢詞典』以降のいずれを見てもわかるように、現代中国語では"布丁"が定訳となっているが、Hemeling（1916）や1923年の*Webster's Dictionary*あたりではまだ"布丁"は登場しない。上記の変遷を見るかぎりでは、19世紀には音訳語"布顛"が主流であったと言えよう。このほか、意訳語では"粉餈、糕、湯麵、麵食"などがあり、なかには"水引餅"というような興味深いものも見られる。しかし、幾つか登場した意訳語はいずれも定着するには至らなかった。『造洋飯書』で使われている"樸定"や"朴定"はほかでは全く出てこない。日本では、音訳語「プリン」は、"Pudding"本来の意味としてよりも、カスタードに似た、柔らかいお菓子の名前としてすっかり定着した[24]。おそらく日本では「プリン」ということばを聞いて、このお菓子のことが思い浮かばない人は居ないであろう。一方、中国でも、ひと昔まえの20世紀末あたりではまだあまり見かける

---
[24] 日本語の辞書でどのように説明されているか見てみると、例えば（2001）『ジーニアス英和大辞典』の"Pudding"の項では、「［初 13c：ラテン語 botulus（ソーセージ）］名 1CU プディング《小麦粉などに牛乳、砂糖、卵などを混ぜて焼いた［蒸した］柔らかい菓子；（米）では特に custard に似たものをさし、日本のプリンはこれに相当；（英）では肉料理後の dessert にも用いる》((略式) pud)；＝ black 〜 //rice［plum］ライス［干しブドウ入り］プディング /The proof of the 〜 is in the eating. → ploof」と説明している。

ことのない馴染みの薄いモノであったが、現在ではすでにスーパーマーケットなどでは常時棚にある定番のスイーツとなりつつあり、辞書などでも"布定"が定訳となっている。

5　官話に関する幾つかのことがら

　先行研究でも言及されるように、大方の印象として『造洋飯書』が"官話"で執筆されていることは間違いないないが、いかんせん各先行研究でも具体的なことには触れられていない[25]。また、本書は西洋料理の翻訳語の資料価値と同時に、字典、漢語（官話）教科書、漢語の研究書のような直接的に中国語の学習、研究に用いられた資料とは違い、実用書の中で実際に用いられている"官話"の用例をもつ資料としても有用であると思われる。そこで本節では、本書の"官話"の特徴的なことがらを幾つかあげておく。

5.1　動詞が補語をともなう

　『造洋飯書』は調理の手順を説明する本文中で、ほとんどの文の動詞が補語の構造をもち、細かな手順を緻密に表現し得ている。例えば、結果補語ではまず総じて"好"や"上"が多用され"縫好、包好、打好、熏好、煎好，調理好、綁好、燒好"や"澆上、放上、疊上、擦上、撒上、鋪上"などの用例があり、"熟"では"烘熟、熏熟、烤熟"、"碎"では"打碎、切碎"などがあり、その他"烘黃、煎黃""焦黑""繫住""洗淨""切細""擦乾"などで「どんな風に何々する」のかを表現している。方向補語では"出來"が"拿出（肉）來、取出來、流出來、抽出來"のように用例が多く、その他では"調和起來""串過去"などがある。わずかながら "**若是滾的兇肉必硬小**"（no.16：本文中の番号を表す。以下同）のような様態補語の

---

[25] 畢曉瑩（2011）は"用淺顯的官話寫成"、夏曉紅（2008）は"採用了官話，（略）所用文體與其最初之讀者定位"、鄒振環（2007）は"高第丕在語言翻譯上頗多造詣，其夫人耳濡目染，此書編譯得非常簡明易懂（略）用官話譯出"と述べているが具体例は挙げていない。また『造洋飯書』に関する目下最新の論考である呉瑞淑（2015）「《造洋飯書》的版本身世與文化效應」は"官話"に関してはとくに言及していない。

例もある。

5.2 量詞が多用される

のべ数としては量詞の使用例は極めて多いが、大方は"用水九**斤**"（no.1）、"用一**斤**鹽肉"（no.3）、"水一**斤**"（no.4）や"鹽二**大匙**"（no.1）、"大米一**大匙**"（no.4）、"一**中匙**白糖"（no.2）、"用半**杯**大米"（no.2）などの材料の計量に係るもので"加**一些**奶油"（no.3）や"鹽**一點**"（no.4）なども広義にはこれにあたる。その他、"再用兩**個**蔥頭"（no.1）、"用煮熟的鷄蛋三四**個**割作數片"（no.2）、"用蘿卜兩**個**"（no.4）、"芹菜一**攝**"（no.4）などの数（個数）を表すものが続くが、概して使われる量詞のバラエティの幅はせまい。

5.3 方位詞が多用される

方位詞"上、裡、裏、內、下"のうち、"**上**"が最も多く、例えば"放在鷄**上**"（no.2）、"澆在烘好了的一塊一塊饅頭**上**"（no.4）、"倒在魚**上**吃"（no.7）、"在魚**上**烘熟"（no.11）、"按在餅**上**"（no.13）、"熏架**上**先擦牛油"（no.18）などのように、メインの食材の上に何らかの調理を施したり調味料を使用したりする場合に使われる。「内側」を表すものは"**裡、裏、內**"が"先放海蜊在淋子**裡**"（no.13）、"下在滾水**裏**"（no.36）、"放在盤**內**"（no.2）のように併用されており、或は使い分けもあるかも知れないが、これについては今後詳細に考察することとしたい。"**下**"については"放在肉**下**"（no.20）などがあるが用例数は少ない。

5.4 介詞が多用される。

調理に際して材料への処置を表現する必要からか、とくに"把"を（"將"も含め）多用し、"**把**鷄蛋打**在**碗裏"（no.59）、"先**把**熏架子上擦油烘熱**把**羊肉放**在**架上"（no.35）、"先**把**鏊盆內預備滾水加一些鹽"（no.59）、"**把**鷄蛋打好放**在**熱油內"（no.61）、"**將**浸豆的水去淨"（no.3）、"**將**這三樣盛在器內，**把**器放**在**滾水裏"（no.62）などの用例がある。

5.5 "了"や"就"などを含む表現

単独で"了"を用いる"烘好**了**的一塊一塊肉"（no.1）や"先洗淨**了**魚揩乾"（no.8）だけでなく、"就"や"一""再"とともに"燒到將滾**就**好**了**"（no.14）、"熏熟**了就**拿出來，熏過**了**火**就**硬**了**"（no.23）、"一滾**就**好**了**"（no.41）、"**再**烘半點鐘**就**好吃**了**"（no.46）などの用例が多見られる。接続詞の複文の用例も"**不論**要煎什麼必先熱起油來"（no.17）、"**若是**滾的兇肉必硬小"（no.16）などがある。この他に"今日**先**要做成，到明日**再**熱起來，**比**當日做的好。"などの表現も見られる。

5.6 動詞や数詞＋量詞の重ね型

極めて口語的な"熏一熏"（no.26）、"熱一熱就好"（no.33）などの動詞の重ね型や、"澆在烘好了的一塊一塊饅頭上"（no.4）、"照樣一層一層放上"（no.7）、"再把海蛎一個一個放上"（no.16）、"切成一片一片"（no.23）、"一片一片的洗好了"（no.24）、"再加肉片一層一層一層擺好了"（no.29）を多用する。

5.7 時間の長さの表現について

調理に要する時間の表現で、長いものでは"腌一個禮拜"（no.30）、"浸一夜"（no.2）があったりするが、基本的には西洋式の時計の感覚で表現されており"分"の単位が"要用二十分時候"（no.16）、"滾到十五分時候"（no.21）、"煮三四分時候"（no.22）、"烘二十分時候"（no.32）のように多用される。興味深いのは時計が一廻り或は二廻りする大きな単位については"點鐘"と"時辰"が混在し、"烘三四點鐘"（no.19）、"煮四五點鐘"（no.28）、"滾三點鐘"（no.36）、"慢滾半點鐘"（no.52）、"煮豆一點鐘時候"（no.3）、或は"煮熟用兩個時辰"（no.1）、"煮一個時辰"（no.2）、"過半個時辰"（no.3）などいずれの表現の用例も多数あることである。但し、これらの個々の用例が実際に60分を指すのか、120分を指すのか、判断しかねるところもあるため、改めて詳細に検討したい。この他、"按一刻時候"（no.20）のように15分単位の"刻"も用いられている。

本書は専ら西洋料理の調理方法を解説した指南書であり、小説や会話教科書等に見られる語彙が網羅されている訳ではないが、本節で例に挙げたように明らかな"官話（口語）"の要素をもつ。且つそれが"飯瓜、地蛋、地瓜"などの僅かな例を除けば、あからさまな地域的特徴ももたないが故に"俗"過ぎないという傾向もあると思われるが、その詳細の考察については稿を改めて考察したい。

6　さいごに

前節で幾つかの特徴を挙げるにとどめた"官話"についてはひとまずおいて、翻訳に関してまとめるとすれば、『造洋飯書』は著者（編者）が序文で述べているように、西洋料理やその食材を、中国人に広く紹介するために書かれたものではなく、西洋人が中国人の料理人に西洋人のための食事をスムーズに作らせるための便宜上必要とされたものなのであった。「スープ」類など元々中国によく似たものがある場合や、「煮る、焼く、炙る」など調理法に関することばは意訳が中心で、本文の説明も"Pudding"を例に紹介したように、非常に利用しやすいレシピとして編まれている。一方で、デザートや馴染みの薄い食材については、音訳が中心である。しかし、ここでも重要なのは調理法であって、料理名を「見て、聞いて」イメージ出来るか否かはどうでもよく、西洋人にとってはテーブルにそれそのものが上がればそれで良かったのである。また、よく似たものが中国には無くて適当な意訳語もにわかには出来にくかったのであろう。『造洋飯書』の出版当時は、西洋料理を表すこれらのことばは、主としてこれを食する外国人のためのことばでしかなかった。尾崎實（1991）で「パン」に対する訳語の定着ついて言及されているように、西洋料理は外国人と、彼らと関係のある一部の限られた中国人のものであったから、一般には無視・傍観されるだけで、当然それを表すことばも定着しなかった[26]。暮らし向きが欧米になじみ、人々の間で料理や食品として定着するにしたがって、

---

[26] 尾崎實（1991）「清代末期におけるパンの受容度」44頁参照。

ことばも定着していくのである。日中でほぼ同時期に初お目見得した数々の西洋の料理や食品も、日本では早くから広く愛され、その多くがカタカナを駆使した音訳語として定着し、すっかりお馴染みになっているが、当時の中国では当然ながらそれらの食品自体がほとんど目にしないもので、辞書に掲載されたとしても説明調の訳語が多く、その後も歴史的な経緯もあって簡潔な音訳語あるいは意訳語に落ち着くまでの道のりは遠かった。まずは、そのモノ自体が定着するまでには、ほぼ 21 世紀になるまでの長い時間が必要だったのである。

『造洋飯書』は、西洋人の便宜をはかるという点では、多くの要望に応えて第 2 版が出版されたことからも分かるように、所期の目的を達し十分に活用されたと思われる。しかし西洋料理それ自体が、一般の中国人にとっては馴染みの薄い無関係な存在であったから、『造洋飯書』の料理に関する訳語も広く知れわたり定着することはなかった。1990 年代以降は中国でも、大都市を中心に"麥當勞（マクドナルド）""肯德基（ケンタッキー）""星巴克（スターバックス）""美仕唐納滋（ミスタードーナツ）"など欧米のファーストフード・チェーンや喫茶店が、雨後の竹の子のように続々と出店し、賑やかに繁盛している。ハンバーガーやフライドチキン、ドーナツ、コーヒーなどを、今日では一般のひともごく普通に食するようになり、広く受け入れられている。生活スタイル全般において、中国でもますます西洋化が進んでおり、ことばのほうもこれからさらに新たな翻訳語が創造、受容されて定着して行くであろう。

〈参考文献・資料〉

日本語・中国語文献

鄒依仁 1980「舊上海人口變遷的研究」上海人民出版社

尾崎實 1991「清代末期におけるパンの受容度」『関西大学文学論集』40-3

熊月之 1994『西学東漸与晩清社会』上海人民出版社

李少兵 1994『民国時期的西式風俗文化』北京師範大学出版社

陳無我 1997『老上海三十年見聞』（1928 年刊の復刻）上海書店出版社

王逢鑫 1998『漢英飲食文化詞典』外文出版社

草間俊郎 1999『ヨコハマ洋食文化事始め』雄山閣

顧承甫 1999『老上海飲食』上海科学技術出版社
劉善齢 1999『西洋風　西洋発明在中国』上海古籍出版社
鄒振環 2007「西餐引入與近代上海城市文化空間的開拓」『史林』2007 年 4 期
唐艷香 2008「一品香與近代上海社會」『理論界』2008 年 6 期
夏曉紅 2008「晚清的西餐食譜及其文化意涵」『學術研究』2008 年第 1 期
畢曉瑩 2011「近代來華傳教士與地方社會的互動關係」『青島大學師範學院學報』第 28 卷第 2 期
吳瑞淑 2015「《造洋飯書》的版本身世與文化效應」『出版科學』2015 年第 3 期第 23 卷
欧語文献・字典類
R. Morrison 1822 *A Dictionary of the Chinese Language.* Macao
J. A. Goncalves 1831『洋漢合字彙』Macao
Williams 1844『英華韻府歷階』Macao
W. H. Medhurst 1847-1848 *English and Chinese Dictionary.* Shanghae
W. Lobscheid 1864『英華行篋便覽』Hongkong
W. Lobscheid 1866 *English and Chinese Dictionary.* Hongkong
J. Doolittle 1872『英華萃林韻府』Foochow
鄺其照 1902『華英音韻字典集成』商務書館
Foster 1909 *Fifty years in China an Eventful Memoir of Tarleton Perry Crawford, D.D*
K. Hemeling 1916 *English and Chinese Dictionary of the Standard Chinese Spoken Language*(官話)*and Handbook for Translators.* Shanghai
1923 *Webster's Collegiate Dictionary with Chinese translation.* Shanghai
1985『新英漢詞典』上海訳文出版社
1994『漢語大詞典』漢語大詞典出版社
1996『現代漢語詞典・修訂本』商務印書館

［付記］本稿は北京日本学研究中心『日本学研究』第 12 期（2003）18-24 頁に掲載された「西餐与汉语翻译词」をもとに、2015 年 9 月 14 日ローマ大学にて開催された「第六届意日中研究生语言文化交流研究论坛」における口頭報告"Western cuisine and Chinese language in modern China-Analysis of the vocabulary of Zao Yangfan Shu（1866）"の成果によって加筆修正したものである。

『唐話纂要』の不均質性
— 語彙の多様性についての再試論 —

奥村　佳代子
（関西大学）

要旨：『唐話纂要』六巻六冊（1718）は、「唐話」という名称を冠して出版された最初の書物であるとされる。編著者は長崎出身で通事経験があったとされる岡島冠山である。

　唐話とは、唐通事が自らの話す中国語を指して称した呼称であり、中国人の話す官話とは区別されていたようであるが、長崎で中国人との会話に用いられた実用の言葉であった。『唐話纂要』は、唐通事の中国語を初めて公の形で示したと言えそうであるが、唐通事の資料に書き残された唐話と『唐話纂要』の唐話とは、異なった様相を呈している。

　『唐話纂要』と唐通事資料の言葉とを比較すると、その相違点は語彙が均質か不均質か、あるいは多様か多様でないかにあると言える。

　『唐話纂要』全巻にわたって使用されている代詞、疑問詞、語気助詞の各巻における使用状況からは、『唐話纂要』の語彙の不均質性の要因は、岡島冠山が土台とした中国語と関係があると考えられる。

キーワード：唐話　口語　白話　文言　岡島冠山

1　序言

『唐話纂要』は、長崎で唐話を学び後に荻生徂徠の訳社で講師を務めた岡島冠山（1674-1727）の編輯であり、1716 年（享保元年）に五巻五冊で出版され、1718 年（享保 3 年）に六巻六冊として出版された。書名に「唐話」と冠せられて刊行された最初の書物であると考えられ、江戸の人々に「唐話」とは何かを初めて示したといえるだろう。

唐話は、唐通事が長崎で中国人や唐通事を相手に話した中国語であり、本来は長崎以外では用いられる必要のない言葉だったが、『唐話纂要』によって広く日本人の知るところとなったといえるだろう。

ただし、『唐話纂要』の「唐話」には、編者である岡島冠山が長崎で唐話の知識を身につけたことを示す片鱗は残されているが、長崎唐通事の唐話資料の唐話とは、異なっている。異なっている点のひとつは、人称代詞や指示代詞、語気助詞といった基本的な語彙として、決まった語彙が用いられているか、それとも使用される語彙が限定的ではなく数種類に及んでいるか、という違いに起因していると考えることができるだろう。すなわち、『唐話纂要』の語彙の特徴は、多様である、つまり同じ意味を持つ語彙が限定されず複数種類用いられている点であるが、唐通事の唐話資料のうち、唐通事の日常業務におけるやりとりが主たる内容である『訳家必備』は、複数の人物の会話で構成されており、使用されている基本語彙がとりわけ限られており、両者は非常に対照的である。『訳家必備』が唐通事の会話を記したものであり、そこに現れている特徴が会話体の特徴であると考えることが可能であれば、代詞や語気助詞の使用語彙が限定的であることは会話体の特徴の現れであると見なすことができ、『唐話纂要』の語彙の多様性はそれに反するものであるということになると言えるだろう。

筆者は、奥村 2007 で『唐話纂要』の多様性の一因として、白話と文言のいずれも使用されている点（文白混淆）を挙げたが、全巻にわたって語彙の分布状況を詳細に見ることはせず、いくつかの語彙について巻六での

み使用されていることを示すのみに止まった[1]。本稿では、語彙の使用状況を各巻ごとに整理し直し、その使用状況から文体の特徴について考えたい。なお、本稿の目的は、内容に左右されることなく使用される可能性の高い語彙の各巻における使用傾向を明らかにすることであるため、『唐話纂要』全巻（巻三の「常言」と動植物や物品等の名称を集めた第五巻を除く）にわたり使用されている代詞と語気助詞を主な対象とする。各巻ごとに、中国語部分のみを挙げ、代詞と疑問詞に関しては付されている日本語を注に示す。巻二以降は、初出の語彙のみ日本語を注に示す。

2　巻一「二字話」「三字話」の語彙
2.1　「二字話」

人称代詞の単数は第三人称の「カレ」のみであり（他）、複数は第一人称の「ワレラ」は一種類（我們）、第二人称の「汝等」は三種類（你們、你毎、你等）、第三人称の「カレラ」は一種類（他們）である。

　　憑他／由他／隨他／我們／你們／你毎／你等[2]／他們

指示代詞は、近称が一種類（這）であり、その他の指示代詞はない。

　　這遭／這次[3]

疑問詞は、「誰」を意味する語が四種類、「何」が一語、「怎」を用いた語が三語である。

---
[1]　奥村佳代子2007『江戸時代の唐話に関する基礎研究』（関西大学出版部、23頁～62頁）。
[2]　二人称複数はすべて「汝等」という日本語が付されている。
[3]　「二字話」で「コノタビ」という日本語が付されている語は他に、今回／今番／今次／今般、がある。

阿誰／那個／甚人／何人[4]／如何／怎生／怎麼／怎樣[5]

語気助詞は一種類のみである。

痒了／濕了／晚了

2.2　巻一「三字話」

人称代詞の単数は第一人称（我）、第二人称（你）、第三人称（他）ともに一種類であり、複数はない。

看顧我／相幫我／看顧我／幫襯我／替我謀[6]
肯爲你／同你去／托你寫／煩你去／不理你／但憑你／千万你／你裝烟／不爲你／違避你／虧殺你／相助你／幫助你／皈服你／投降你／不饒你／見怪你[7]
由他怎／憑他做／救濟他／由他說／趕逐他／不由他／同他來／央他去／定他做／陶他氣／不采他／摟住他／揪住他／喫他嚇／喫他罵／搶白他／齋發他／迎接他／歹虧他[8]

指示代詞の近称は二種類（這、個）、遠称は一種類（那）であり、いずれも場所を表す語のみである。

這裡坐／這廂坐／個裡來[9]／那裡坐／那廂坐[10]

疑問詞は「何」を意味する語が三種類（什麼、甚、何）、「どこ」（那裡）、

---

[4] 阿誰／那個は「タレカ」、甚人／何人は「何モノカ」。
[5] 如何／怎生／怎麼／怎樣はいずれも「ナントシタカ」。
[6] 「ワレ」または「我」。
[7] いずれも「汝」という日本語が付されている。
[8] 「カレ」または「彼」。
[9] 這裡／個裡は「ココ」、這廂は「コチラ」。
[10] 那裡は「アソカ」、那廂は「アチラ」。

「いくつ」（夛少）、「どのように」（怎麼）、「いつ」（幾時）を意味する語がそれぞれ一種類である。

　　沒什麼／做什麼／省什麼／爲什麼[11]／甚東西／爲甚去[12]／緣何來[13]／那裡去[14]／夛少人[15]／怎麼處[16]／幾時來[17]

語気助詞は一種類である。

　　尚早了／忒大了／沒有了／端正了／講和了／和事了

　三字話は、主語の省略された構成が多いが、それだけで会話文として成立するものが大部分を占めているといえる。

3　巻二「四字話」の語彙

　人称代詞の単数は第一人称、第二人称、第三人称ともに一種類（我、你、他）、複数は第三人称が一種類（他們）である。

　　我要搭舩／我是淺量／和我往還／是我素望／我要出恭／我要解手／我要洗浴／我實不曉／是我年家
　　敬你一盃／勝似你些
　　他是海量／謝他一声／趕他不上／憑他去取／好似他多／強如他多／他的所長／他的所短
　　隱瞞他們[18]

---

[11] 「ナニ」または「何」。
[12] 甚東西は「ナニモノ」、爲甚去は「ナゼ」。
[13] 「ナゼ」。
[14] 「ドコ」。
[15] 「ナニホド」。
[16] 「何ト」。
[17] 「イツ」。
[18] 「彼等」。

指示代詞は近称が二種類（這、此）、遠称が一種類（那）、それ以外が一種類（其）である。

　這廝大胆／那廝可惡[19]
　過舩到此[20]／除要如此／除非如此／詎知如此[21]／動問其故[22]

疑問詞は、「誰」を意味する語が一種類（誰人）、「何」を意味する語が二種類（什麽、甚）、「どこ」を意味する語が二種類（那裡、何）、数量を問う語が二種類（多少、幾～）、状態を問う語が一種類（如何）である。

　誰人出首／沒什麽忙／什麽名字／省得什麽／沒甚下飯／到那裡去／今日何往[23]／何處投靠／貴郷何處[24]／該銀多少／青春多少／共總多少／銀頭多少[25]／共有幾人[26]／貴庚幾何／通共幾何[27]／意下如何[28]

語気助詞は一種類である。

　選不上了／痒得緊了

四字話は三字話同様に主語のない構成が多いが、それだけで会話文として成立するものが多く含まれているといえるだろう。

---

[19] 這廝は「コイツ」、那廝「アイツ」。
[20] 「玆」。
[21] 「コウ」または「如此」。
[22] 「其」。
[23] 何は「ドコ」という意味で用いられている。
[24] 何處は「何レノ処」または「ドコ」
[25] 「何ホド」「何程」。
[26] 「幾ク」。
[27] 「何ホド」「何程」。
[28] 「イカン」。

4　巻三「五字話六字話」の語彙

　人称代詞の単数は第一人称、第二人称、第三人称ともに一種類である。複数は第二人称、第三人称ともに二種類であり、第一人称はない。

> 我要同你去／我多曾看來了／只管要纏擾我／休要來惹我／我竟宛轉不來／不中我的意／我替你做半東／我竟不認得他／我陪不出許夛／我要偏向你／我舡明日開／休要笑話我／我家的經紀人／我要和你着碁／我要打投子／我要和你化拳／我要賭東道／我和你踢氣毬／我肯百依百順／我竟照管不下／備細說知我
> 但憑你怎麼樣／中了你的意麼／你認多少錢／你不可唆使人／你舡何日開江／你不可悔恨／你休要懦弱／你去捉他來／你不要打牌／你來和我猜三／請你一席酒
> 怎生他還不來／奈何他不得／久不聞他動靜／他是懵懂人／你認得他麼／他好生高傲／他愛着象碁哩／凡事要依仗他
> 你每不可偸懶[29]／你等休要撒撥
> 他每沒有牽牢／他們都是好漢

　指示代詞は近称が三種類（這〜、個裡、此〜）であり、遠称はない。

> 這都是不中用[30]／這事不宜勉強／初始聽見這話[31]／特地到這裡／在個裡頑耍／須臾在個裡等／此間響馬出沒[32]／不得不如此[33]／何必這般生受[34]

　疑問詞は、「誰」を意味する語が一種類（誰）、「何」を意味する語が二

---

[29] 「汝ガ輩」。
[30] 「是」。
[31] 這事は「此事」、這話は「此コト」。
[32] 「此ヘン」。
[33] 「カフ」。
[34] 「カヤウニ」。

種類（什麼、甚）、「いくつ」を意味する語が一種類（多少）、「どのように」を意味する語が一種類（怎生）、また、「どこ」を意味する語を不定詞として用いたものが一種類である（那裡）。

誰是主告人／誰是被告人麼／誰能親眼見／什麼人併命了[35]／呆頭呆腦做甚／你贏了多少錢／未知怎生措置[36]／不知怎生區處／那裡算得數／那裡說得開[37]

語気助詞は、五語（麼、否、哩、罷、了）である。

可有新聞麼／打双六耍子否／前不是村落否[38]
定要火併哩／他愛着象碁哩／踢毬頑耍罷／四下裡搜遍了／牽扯便宜了

　五字話、六字話は文字数が増えたぶん主語が省略されていない構成が多く、そのまま会話文に用いることができる。この点は、三字話や四字話と同様であると言えるが、語彙は相違がある（小結で一覧表を提示する）。

5　巻四「長短話」の語彙

　「長短話」は二十九組の対話で構成されている。それぞれ内容が異なるため、各組ごとに語彙をみていく。

対話1
　人称代詞の使用はなく、指示代詞は「此」のみである。語気助詞は三語（也、矣、哉）である。
　目今光景可謂清平世界也／且從此以後巖穴之士滄浪之客亦必得其遭際

---

[35] 「何者」。
[36] 「イカガ」。
[37] 「ナントシテ」。
[38] 麼／否はいずれも「カ」という日本語に対応しており、疑問を表している。

而披雲見天揚眉吐氣者夛矣／且今大丈夫在世幸値此時寧不勉哉

対話2
　人称代詞は「我」、指示代詞は「這」「那」である。語気助詞は四語（矣、焉、哩、了）である。
　　庶幾聖人之道行矣／日後興頭預先可知焉／我也曉得／這[39]都是先生屋裡去請教的哩／那豪富人家子弟們／那[40]寒酸秀才們／而況日後興頭自然不比說了

対話3
　人称代詞は「我」、指示代詞は「這」「其」「恁」、疑問詞は「怎的」「多少」、語気助詞は「了」「哩」である。
　　則不管怎的／直恁[41]／比前年大不相同了／點撥其端正／其實非同小可了／今後這般之徒必當抱頭鼠竄的躲避了／我落得滿腔快活起來哩。

対話4
　人称代詞は「我」、疑問詞「何」、語気助詞「了」「耳」がある。
　　今我僥倖爲識荊／但我襪線之才／正想渴之際何幸今日天假良緣而初接高風意出望外了／恐不足爲對耳

対話5
　人称代詞と疑問詞の使用はない。指示代詞は「這」「此」、語気助詞は「麼」「了」である。
　　這一向爲俗事所絆／故此／不知興居平安麼／不知令郎令愛一向都好麼／夛夛欠情了

---

[39]「此等」。
[40]「彼」。
[41]「如此」。

対話6
　人称代詞は「我」「你」、指示代詞は「這」「恁」、疑問詞は「什麼」「幾」、語気助詞は「了」がある。
　　　我曾屢屢到貴府問候／長兄你[42] 這幾日有什麼緊要事整日出門／你興頭直恁[43] 匆忙／小弟這兩日爲沒要緊事奔走／前幾次[44] 空勞先生費步／少敍閑話便了

対話7（7-2に当たる返答はなし）
　代詞の使用はない。疑問詞は「幾」、語気助詞は「麼」がある。
　　　近來有幾首所詠詩／肯來舍下頑要麼

対話8
　人称代詞は「我們」「我每」「你們」、指示代詞は「此」、疑問詞は「什麼」「那」、語気助詞は「則個」がある。
　　　今日我每[45] 寂寞無聊／與我們[46] 添些高興／你們[47] 面添五分春色／因此／呢呢喃喃說什麼話／那[48] 能有一些臊皮／雖然如此[49]／同為一般快活則個[50]

対話9
　人称代詞は「我」、指示代詞は「那裡」、語気助詞は「了」がある。疑問詞の使用はない。
　　　我也聽見說／兄長肯帶我去時我也情願奉陪／若在那裡[51] 飛盃花間求興

---

[42]「長兄你」には「キサマ」という日本語が当てられている。
[43]「直ニカクノゴトク」。
[44] 不定詞として「数度ノ」という日本語が当てられている。
[45]「我輩」。
[46]「我輩」。
[47]「汝タチ」。
[48] 反語表現の「何ゾ」という日本語が当てられている。
[49]「乍併」。
[50]「候ヘカシ」。
[51]「彼処」。

醉中胡乱做詩耍子／却不是一場大消遣了

対話 10
　指示代詞は「我」「儞」、指示代詞は「恁」、疑問詞は「怎」、語気助詞は「了」がある。
　　我聽說／我雖爲學／儞近來學業大進／儞尚青年／怎恁[52]地大奇／真個慚愧了

対話 11
　人称代詞は「我」「你」、疑問詞は「什麼」「如何」、語気助詞は「麼」がある。指示代詞の使用はない。
　　我要留你一日喫酒頑耍／我今日可可的有件事／你今日有什麼事故麼／未知你意下如何

対話 12
　人称代詞は「我」「你」、指示代詞は「此」、疑問詞は「怎」がある。語気助詞の使用はない。
　　所約的事我十分用心因此光景也好／我也一向有病／我委實記掛你／前日所約的事怎[53]沒有回音

対話 13
　人称代詞は「你」、指示代詞は「這」「此」、疑問詞は「怎生」、語気助詞は「了」がある。
　　這兩日你怎生久不來／故此[54]不來奉望爲歉多了

対話 14
　人称代詞は「我」「你」、指示代詞は「那」、語気助詞は「了」「則個」で

---

[52] 「如何ンゾ如此」。
[53] 「何故」。
[54] 前の部分を受け、「ユヘ」という日本語が当てられている。

ある。疑問詞の使用はない。

　　明日我家請三五知心宴飲／你若沒事必須過來替我做半東勸客人多喫兩盃酒則個[55]／勸倒那些客人便了

対話 15

　人称代詞は「我」、語気助詞は「了」である。指示代詞と疑問詞の使用はない。

　　後日乃我[56]生日／長兄是我竹馬之友／我于心不樂／只要先到貴廚与主人照管廚事便了

対話 16

　人称代詞は「我」「你」「他」指示代詞は「這」「此」「那」、語気助詞は「了」「也」である。疑問詞の使用はない。

　　我的長子既已大了／我家斜對面便是開生藥舖的李翁家了／近聞你家斜對面某人的女兒賢惠且絕色／你有所知願聞詳細／因要討一個好媳婦與他完聚／他平生補路修橋拯貧濟困專行善事／令郎若要娶他果然金玉夫妻／這一向各處求覓／因此綽號喚做李老佛／那絕色的就是他家的大姊／可謂近世沒人也。真個好一頭親事了

対話 17

　指示代詞は「此」、語気助詞は「哉」である。人称代詞、疑問詞の使用はない。

　　非才德兼全安能如此哉／況今流落在此間／豈如足下之言哉

対話 18

　人称代詞は「我」「你」「他」、指示代詞は「那」、疑問詞は「什麼」、語気助詞は「麼」である。

　　你令尊久不來我家不知有什麼事故麼／你替我多多致意他／先生若有經

---

[55] 「玉へ」。
[56] 「某」。

我那首[57]

対話 19
　人称代詞は「我」「你」、指示代詞は「這」「其」、疑問詞「何」、語気助詞「了」である[58]。
　　我要托你一件你專門的事情／你若肯受托我便說出來／而況我專門事體／不是我和你同鄉同年骨肉一般／休說你請我喫酒我鈔你兩席勞酒也要出力／你如應允出力与我成就了這件事／長兄你何[59]其太疑／則我特請你一席喜酒便了

対話 20
　人称代詞は「我」「你」、指示代詞は「恁」、語気助詞は「了」である。疑問詞の使用はない。
　　你有丸藥把我喫些個／你只管喫得大醉／所以第二日縮酒不醒而恁地不耐煩／少停使人送來便了

対話 21
　人称代詞は「我」「你」、疑問詞は「如何」、語気助詞は「哩」である。指示代詞の使用はない。
　　你倘有貴假一發同走耍子若何／我想好似在家抱膝而坐哩

対話 22
　指示代詞は「此」、疑問詞は「什麼」「怎的」、語気助詞は「了」「哩」である。人称代詞の使用はない。
　　雖然如此／今冬不知怎的十分大冷／果然天下人的福了／想必向後什麼東西價錢賤下來哩。

---

[57] 「カノヘン」。
[58] 便了の形であり、「ベシ」という日本語が当てられている。
[59] 「何故」。

314 東アジア言語接触の研究

対話 23

　人称代詞は「我」、指示代詞は「這」「此」「之」「是」「那」、疑問詞は「什麼」、語気助詞は「了」である。

　　前日我主公別庄／我也聽人說道／那[60]一日這場風好不利害／聽說海面上的舩隻或者打壞的或者漂流的也有之[61]／走舩的人原來重利輕命之徒而未必免此般災禍／雖則是個不意遇了暴風／正是前日那場暴風大猛了／我家的屋板都吹散了／什麼事体只可聽命／不可勉強便了。

対話 24

　人称代詞は「我」「你」、指示代詞は「此」、疑問詞は「焉」、語気助詞は「了」「哉」「耳」である。

　　我自無嘴臉見人／眼見我的朋友相知各各爭先立身／唯獨我命蹇時拙先生你是真個當世英雄／我豈如你言／若不是正真大丈夫焉能如此哉／一事未成而年先老了／誠惶愧無地耳

対話 25

　人称代詞は「我」「你」、指示代詞は「那」「此」、疑問詞は「何」「怎」、語気助詞は「麼」「了」「哩」である。

　　前日我既已受托／我實替你出力／你原曉事人／前日我托你的那件事／此般輕易事体／我雖愚魯此般輕易事体難道竟不妥貼不成／何妨也分明告訴／怎捱到如今／莫非竟不妥貼麼／教我省得虛思空想就是了／大丈夫一言駟馬難追哩

対話 26

　人称代詞は「我」「你」、指示代詞は「這」、語気助詞は「了」「否」である。疑問詞の使用はない。

　　不然不必特來問我／且喜你我一般無事／我這裡若有事故使人叫你／你高年的人／因為這兩日不敢來問安／正是這幾日一連下了大雨／今日須

---

[60]「其」。
[61]「コレ」。

在這裡喫兩盃要要便了／未審興居無恙否。

対話27
　人称代詞は「我」「我們」指示代詞は「這」「此」「那」「恁」、疑問詞は「誰」「何」「怎」、語気助詞は「了」「哉」である。
　　我看目今的後生家／我曾看見目下這些後生／決不似我們[62]後生時節為人／不是我們[63]十七八歲時／先生緣何這般說／更不似方今後生直這般巧言令色／因此直恁的做世廢料／如今的後生既如此老成／雖則如此／那二十來歲的人／天下人誰不老成誰無大福／怎見不到這個田地哉／慚愧無地了

対話28
　人称代詞は「你」「他」、指示代詞「那」「此」、疑問詞は「幾」「怎麼樣」、語気助詞は「了」である。
　　不意撞着你的阿兄／遂邀他到一個去處去／那時即當躬行拜謝／你曾患了時病而臥了幾日／故此／問你未知還是怎麼樣／想必兩三日內便好了

対話29
　人称代詞は「我」「你」、指示代詞は「這」「其」、疑問詞は「何」語気助詞は「了」「哉」
　　你雖千日不來充會我難道怪你不成／這一向我有事体匆忙／賢弟你既有事匆忙／何消定要學文／何其爲不然哉／你休要只管計較便了／不然也只是無可奈何了

　「長短話」は、『唐話纂要』全六巻の中で唯一対話形式となっており、二人によるやりとりの言葉であることが明確であるが、会話文として用いることの可能な三字話、四字話、五字話六字話との語彙の相違は大きい（小結で一覧表を提示する）。

---
[62]「我等共」。
[63]「我等」。

6 　巻六「和漢奇談」の語彙

　「和漢奇談」は、『唐話纂要』の初版五巻五冊の三年後に出版された六巻六冊の巻六に収められた「孫八救人得福事」と「徳容行善有報」という二編の読みものである[64]。

　人称代詞は「我」「吾」「俺」[65]「汝」[66]「彼」「爾等」[67]、指示代詞は「此」「彼」「其」「之」「斯」「是」「焉」、疑問詞は「誰」[68]「孰」[69]「伊」[70]「何」「奚」、語気助詞は「耶」「否」「也」「哉」「耳」「焉」「矣」「乎」「爾」である。

我特來煩汝也／我所祐少年／差恩人來救我無疑／故我親自來問足下討人／我情願送去耳／我雖然家計頗富／他日若有用我處／遮莫金牌上有我名字／素聞我長崎山水之勝／與我同休者耶／幾令我失禮於尊翁也／我是真媽祖娘娘／吾有心腹事／吾有二十餘進房屋／吾已心定意決／吾崎山木清秀／吾子雖以實而言之／吾姓安田／吾有一妹／於俺何預／俺乃長崎人氏／汝可速往救之／況彼容貌不甚醜／足下往彼／但由彼所欲耳／彼在長崎時濟人貧困成人婚姻／宜其室家之道爾／爾等無用恐懼／視此少年／今流落此間／而止留此一個孩兒／此其佳會／自此龜松與孫八情意投合／若此者三五扁／此金先人／此所以躊躇者也／惡乎藏此鎧甲鎗弓／此等兵器／自誓世世報此大恩／惟留此一隻沙舡／不許翻此舡／此舡上有善人李德容者在焉／因此風神龍王已都退矣／徑直其前／衆光掴不當其鋒／遂與其僕雙雙下拜／凡事隨其性以自在之／遂令龜松

---

[64] 関連先行研究に、王振忠 2000「契兄、契弟、契友、契父、契子-《孫八救人得福》的歴史民族背景解読」(『漢学研究』第 18 巻第 1 期 163 頁～185 頁、民国 89 年 6 月)、唐権「遊興都市」長崎へ-江戸時代における中国人の日本旅行に関する研究一六八四～一八三〇」(国際日本文化研究センター紀要『日本研究』第 23 号 77 頁～103 頁、2001 年。) がある。
[65]「孫八救人得福」の孫八のセリフでのみ用いられている。
[66] 孫八の夢の中で孫八に対してお告げをする「一官人」の孫八に対するセリフでのみ用いられている。
[67]「徳容行善有報」の媽祖娘娘のセリフで一か所のみ用いられている。
[68]「孫八救人得福」の孫八のセリフに一例のみ。
[69]「徳容行善有報」の徳容のセリフに一例のみ。
[70]「孫八救人得福」の孫八のセリフに一例のみ。

契之／治平聞之／今欲賣之而無人要之／是年德容生理大利／是日共有三隻舡／是三隻舡既臨大洋或後或前／我都依從焉／思一遊焉／厥後無復至焉／以報其前恩焉／嗟乎／此舡上有善人李德容者在焉／誰家子弟／尊寓伊處／未知尊意若何／何不移搬我家與小兒完聚／是奚難乎／無乃足下否／而托夢者哉／亦於我何干哉／敢施犬馬之勞矣／則絕義矣／李公將不信矣／惟若斯而已矣／備且全矣／因此風神龍王已都退矣／寧由其有之乎／不亦惜乎／況市上處女乎／眾聞奇之於是乎

「和漢奇談」の語彙は巻一から巻四までとは異質なものだが、これは読みものの言葉と対話や会話の言葉とを明確に区別していることの現れであるといえるだろう。

7　小　結

『唐話纂要』の各巻ごとの人称代詞、指示代詞、疑問詞、語気助詞は下の表のようにまとめることができる。

	二字	三字	四字	五字六字	長短	和漢奇談
人称代詞	他 我們 你們 你每 你等 他們	我 你 他	我 你 他 他們	我 你 他 你每 你等 他們 他每	我 你・儞 他 我們 我每 你們	我 吾 俺 汝 彼 爾等
指示代詞	這遭 這次	這裡 這廂 那裡 個裡	這廝 那廝 如此 其	這 這裡 這般 個裡 此間	這 那 那裡 此之 其恁	此 之 其 彼 斯 是 焉

疑問詞	阿誰 那個 甚人 何人 怎生 怎麼 怎様	什麼 甚 何 那裡 多少 幾時 怎麼	誰人 什麼 甚 何 那裡 何 多少 幾人 幾何	誰 什麼 甚 何 那裡 多少 怎生	誰 什麼 何 那 多少 幾 怎 怎生 怎的 怎麼様 焉	誰 孰 何 伊 處 奚
語気助詞	了	了	了	麼 了 哩 罷 否	麼 了 哩 否 也 矣 哉 焉 耳 則個	耶 否 也 矣 哉 乎 耳 焉 爾

　上の表から、『唐話纂要』の語彙の多様性は、代詞、疑問詞、語気助詞に関しては、巻四（長短話）や巻六（和漢奇談）の語彙によるところが大きいと言える。長短話は対話形式、「和漢奇談」は短編の読みものであり、語彙が多様であるという点では一致しているが、多様性をもたらしている要因は、長短話の場合は文言（此／之／何／焉／否／也／矣／哉／焉／耳など）と文言ではない語とが混在していることにあり、「和漢奇談」の場合は文言語彙が豊富に用いられているという点にあり、それぞれ異なっていると言えるだろう。

　巻一（二字話、三字話）、巻二（四字話）、巻三（五字話六字話）は、長短話と「和漢奇談」に比べて語彙の多様性に乏しいと言えるが、二字話の人称代詞に関しては、長崎唐通事や朝鮮の訳官の会話体の資料に見られる語彙の均一性とは対照的に複数形が統一されておらず、その点に関しては三字話、四字話はより均質的であり、唐通事や訳官の会話体の資料に近い

と言えるだろう[71]。

　『唐話纂要』の編者である岡島冠山は長崎の出身であり、通事経験があったと考えられるが、中国出身の唐通事の家系ではなかったため、唐通事の子弟教育などは受けなかった可能性が高いと思われる。高島（1991）が岡島冠山について、冠山が訳した『太平記演義』を取り上げ、「芯は文言であって、それを白話でくるんだような白話文」と指摘したうえで「唐話を習う前に、文言の文章を綴る訓練をかなりやって、そのうえで唐話を習った人だ、とわたしには思える」という見解を示しておられるが、『唐話纂要』に関しても、長短話に見られる文言と文言ではない語の混用や「則個」という語の使用は、唐通事の会話体資料にはないことであり、「和漢奇談」に見られる文言語彙の多用は、唐通事による読みもの形式の資料にはないことである、という点を考え合わせると、長短話と「和漢奇談」は文言が基礎にあり、文言を話し言葉に近づけ白話文のように書こうとしたものだと思えるのである[72]。

　このように考えると、岡島冠山の、唐話すなわち長崎唐通事の話す中国語の知識は、三字話、四字話に顕著に現れており、五字話六字話は唐話を基礎にしてはいるが実際の唐話では使用されなかった語彙が含まれており、長短話と「和漢奇談」はそれぞれ文言をもとに作られた会話文であり白話文であるということになる。『唐話纂要』が訳社での教授経験を踏まえていると考えれば、長短話と「和漢奇談」の言語に顕著に反映されていると言えるだろう。

　つまり、『唐話纂要』は土台とする中国語がひとつではなかったことが、語彙の多様性をもたらした要因であったと言えるだろう。

---

[71] 18世紀頃の唐通事の会話資料であると考えられる『訳家必備』や朝鮮で作られた『老乞大』や『朴通事』などは、代詞や語気助詞などの基礎的な語は限られた語が使用されている場合が多い。

[72] この部分は、高島俊男1991『水滸伝と日本人-江戸から昭和まで』（55頁～57頁。大修館書店）からの推測である。

語構成パターンの日中対照と
その記述方法

朱　京偉
（北京外国語大学）

要旨：語構成パターンの研究は、語の構成要素（語基）に注目し、構成要素の性質を分析しながら、構成要素と構成要素の組み合わせ方にある法則性を追究するのを目的としている。日本語の場合、和語・漢語・外来語のいずれにも語構成パターンの問題があるのだが、小論では、日中両言語における語構成の対照研究を念頭に、日本漢語の語構成パターンを取り上げると同時に、これと密接な関係にあって、同様な語形を持つ中国語の語彙との比較対照を試みた。

　方法としては、日中両言語における語構成パターンの分類と記述をぐめって、その歴史的歩みを振り返り、先学の諸説を整理してみた。その結果、日中の語構成パターンは、一見して相違がかなり大きいように見えるものの、分類法と記述法の中身を細かく比較してみると、共通する部分が少なからず存していることが明らかになった。こうした共通点を捉えた上で、小論の後半では、日中対照向けの語構成パターンの分類法と記述法、つまり「二段表記の記述法」を自ら提言したとともに、用語調査を実施した日中双方の資料によってその有用性を検証した。

キーワード：語構成、日中対照、二段表記、分類法

はじめに

　日本語の二字漢語と中国語の二字語を比較すると、種々の共通点と相違点があることに気付く。例えば、語形の面では、日中同形語の語数が普通の小型国語辞典に基づいた統計でも一万語以上に達している一方で、語義の面では、日中両国の社会的・文化的差によって、いわゆる同形類義または同形異義の現象がよく見られる。また、語源の面では、古い漢籍に由来した中国製漢語と日本人の造語による和製漢語が入り混じって共存しているが、この両者を区別するには、単なる出典探しだけでは不十分なので、語構成からのアプローチも必要になってくる。

　本稿では、日中両言語における語構成パターンの対照研究を念頭に、日中両国では、語構成パターンについてそれぞれどのような研究があったかを振り返り、先学達の諸説を整理した上で、日中対照向けの語構成パターンの分類と記述について自らの提言を行ないたい。

1　日本語における語構成パターンの記述方法

1.1　松下大三郎（1928）

　後述の斎賀秀夫（1957）で、氏の分類は、山田孝雄と松下大三郎の分類法を参照した上で行なったと述べられているのを手掛かりに、斎賀氏が示した松下大三郎の『改撰標準日本文法』（1928）を調べてみると、同書の「第六編　詞の相関論／第一章　連詞の成分／第二節　五種の成分関係」に、「主体関係・客体関係・実質関係・修用関係・連体関係」に関する内容があることを確認できた。松下氏の「連詞」は、おおよそ現在で言う「複合語」から「語連結」までの幅を持つようなものなので、いわゆる「成分関係」は広義の語構成パターンとして考えられよう。松下氏の原文を要約して次のようにまとめておく。

　連詞中に於ける成分と成分の関係は従属と統率の一関係である。しかしその従属のしかた統率のしかたには種々ある。之を分つて次の五種とする。

一、主体関係：前者を表す成分を主語と云ひ、後者を表す成分を叙述語といふ。
　　　花咲く　　　月出づ　　　山高し　　　月小なり
　　　花が咲く　　月が出る　　山が高い　　月が小さい
二、客体関係：前者を表すものを客語と云ひ、後者を表すものを帰着語といふ。
　　　花を折る　　舟に乗る　　山より下る　舟から上る　　人と交わる
　　　寒くなる　　人を以て　　東京に於て　面白く思ふ
三、実質関係：前者を表す語を補語と云ひ、後者を表す語を形式語といふ。
　　　勉強す　　　旅行致す　　そよそよす　ひらひらす
　　　帰り給ふ　　参り候ふ　　教へ申す　　説き得たり
四、修用関係：前者を表すものを修用語と云ひ、後者を表すものを被修用語といふ。
　　　見て喜ぶ　　聞いて驚く　問へば言ふ　問はねば怨む
　　　長く待つ　　静かに歩く　再び行く　　甚だ遠し
五、連体関係：前者を表すものを連体語と云ひ、後者を表すものを被連体語といふ。
　　　高き山　　　遠き国　　　飛ぶ鳥　　　行く人
　　　或る処　　　其の家　　　山の上　　　川の岸

　以上の引用を通して、斎賀秀夫（1957）に見られる語構成の分類は、松下大三郎氏の影響を直接受けていることがよくわかる。つまり、松下大三郎氏の５分類は、その対象が現在の複合語または漢語に限定したわけではないが、日本漢語の語構成パターンの最初を遡っていけば、松下大三郎（1928）に由来したものと言っても過言ではない。

1.2　ワカバヤシ　マサオ（1936）

　ワカバヤシ氏の経歴は殆ど知られていないが、唯一の著書『漢語ノ組立ト云イカエノ研究』（1936）は、彼の学者としての地位を不動のものにし

た[1]。当時、日本漢語の研究が殆ど白紙の状況にある中で、ワカバヤシ氏は漢語の内部構造に着目して、独自の分類を行なった。とりわけ、日本語の特徴である格助詞の役割を漢語の構造分析に取り入れたところが注目され、後の研究者に多大な影響を与えた。同書において、氏は「組立漢語」（つまり複合漢語）を13類に分類し、次のように述べている。ただし、ワカバヤシ氏の著書は、漢字片仮名混じり文で書かれているので、読みやすさを考えて、片仮名表記の部分を平仮名に直した。また、氏の分類と現在の語構成パターンが対応する場合は、その後ろに現在の名称を（→並列関係）のような形で、対応しない場合は、（→？）の形で注記した。

組立漢語の分類（→複合漢語）

漢字の組合わせ、即ち、漢語の組立ては非常に自由で、その間に文法的連絡のある場合もあるが、時によると、単に並べたというに過ぎない場合も少なからず、まことに放漫で不節制である。

かかる事情の下に出来あがった漢語を、その組立方式に従って分類を行うことは、困難なことであるが、次に出来るだけこれを試みて見ると：

第1類　似寄りの意味の字を並べたもの（→並列関係、類義関係）
　　　（名詞）山岳、河川、道路／（動詞）獲得、恐怖、使用／（形容詞）良好、微細、寒冷
第2類　反対またはかけ離れた意味の字を並べたもの（→並列関係、対義関係）
　　　（名詞）天地、苦楽／（動詞）見聞、売買／（形容詞）遅速、巧拙／（代名詞）彼此
第3類　2字並べて意味を限定しまたは豊富にするもの（→並列関係、？）
　　　（動詞）飛行、突進、焼死／（形容詞）深遠、壮麗、貧弱
第4類　初めの字が形容詞の役目をなせるもの（→修飾関係）
　　　1．初めの字が名詞の場合：（名詞）風力、電機／（形容詞）雪白、拳大／（動詞）牛飲、林立

---

[1] ワカバヤシ　マサオ（1936）『漢語ノ組立ト云イカエノ研究』東京：カナヤ

2．初めの字が形容詞の場合：好機、確証、偉観
 3．初めの字が動詞の場合：動力、聴覚、産地
第5類 副詞と合体せるもの（→連用修飾関係）
（形容詞）皆無、絶大、必要／（動詞）詳報、断行、専売
第6類 動詞と他の文の要素と合体せるもの（→述客関係、連用修飾関係、主述関係）
 1．「…ヲ」と合体：造船、航空、被害、国防、心配
 2．「…ニ」と合体：来社、入場、違法、前進
 3．「…デ」と合体：毒殺、鉄製、水洗
 4．「…カラ」と合体：落馬、出港、下車
 5．「…ガ」と合体：社給、国立、人造
第7類 動詞にあらずして而も返り点を付けて意味を取るもの（→？）
所定、所有／可能、可憐／奉納、奉仕／有名、有数／無理、無害／不通、不利／未決、未婚
第8類 接頭語と合体せるもの（→？）
上流、中途／前者、後方／大人、小人／多数、少数／主将、正本／単車、複数／貴店、弊店
第9類 接尾語と合体せるもの（→？）
市外、市内、目前、事後、公式、社用、電化、敵視、月末
第10類 語尾に助字または添え字を伴うもの（→？）
帽子、扇子／突如、躍如／断乎、確乎／断然、悠然／端的、病的／冷却、忘却／笑殺、悩殺
第11類 同じ字を重ねるもの（→？）
悠々、個々、段々
第12類 数字を伴うもの（→？）
統一、画一／一見、一時／二重、四方、十分、万事
第13類 語と云うよりは文に近いもの（→？）
景気来、珍無類、七転八倒

このように、ワカバヤシ（1936）には、第6類に示した格関係による

語構成の分類をはじめ種々の試みが見られるが、分類の視点がばらばらで、語構成パターンを表す名称も与えられていないので、今日の語構成パターンの分類とは隔たりが大きいと言わざるを得ない。

1.3 山田孝雄（1936, 1940）

後述の斎賀秀夫（1957）では、「山田孝雄博士は、合成語の意味的関係として、(1)主従関係 (2)一致関係 (3)並立関係の三つを立てられ、松下大三郎氏は、氏のいわゆる原辞の結合関係として、(1)対等関係 (2)修飾関係 (3)実質関係 (4)補足関係 (5)客体関係の五種を分類された。」と述べられている。これを手掛かりに山田孝雄の著書を調べてみると、山田氏は『日本文法学概論』（1936）の「第二十七章　合成語」で次のように述べている。

凡そ一切の語句に通じてそれらのものが二個複合せらるる方式を考ふるに、実に次の三様の方式あるを知る。㈠主従関係　㈡一致関係　㈢並立関係

この三様の方式は単に熟語に限らず、句中の成分の結合、句その者の結合等すべてある単位の複合せらるる際に必ず現はるべき関係の範疇なり。

ただし、同書には上掲の3分類についての詳しい説明と例示などはなかった。一方、山田孝雄『国語の中に於ける漢語の研究』（1940）は、日本漢語を語彙研究の対象として取り上げた最初の専門書にあたる。同書の「第五章　漢語の形態の観察／二　組織上よりの観察／ロ　二字の漢語」において、氏は、漢語の語構成について4種類に分類し、次のように述べている。

その二字の漢語の本邦にて造りしにあらずして、純粋に漢語と目すべきものにつきて、それらの語の内部に於ける二字の相互の関係は種々にわかちて見ることを得べきものと思はるるが、それが或る有形の物の名なるものにつきては一々それを分解して観察しうべからぬものもあれば、それらは別として、構成要素たる二の語の間の関係の明らかに観察しうる性質の

ものにつきて、それに幾つかの模型を求めてその説明を下すべし。
一、相対立する二の観念を合して一の語と同じき意をなすもの（→並列関係／対等関係）
　　イ、共通の意義ある語を重ねてその意を明確ならしめたるもの
　　　　山岳、河川、道路、君主、健康、学校、刑罰、世代、研究、…
　　ロ、意義異なる語を重ね、二の観念を総合したるもの
　　　　天地、宇宙、風雨、男女、妻子、公私、生死、山水、教育、…
　　ハ、意義相反して対立せる語を合せて、二者の比較又は選択若くは総合の意をなす語とせるもの
　　　　長短、大小、善悪、強弱、是非、…
二、上なる観念が従にして下なる観念が主なる意にてつくれるもの（→連体修飾関係）
　　　　高山、大河、灌木、美女、名門、講師、強盗、…
三、上なる語がその観念の主となり、下なる語が、その質を示す主となりてあれど、観念の上にては従たるもの（→主従関係／補助関係）
　　　　地下、国内／聖人、文人、美人／帽子、椅子、拍子、…
四、或る用言と他の語との結合を一の名詞として取扱へるもの（→客体関係／補足関係／？関係）
　　　　愛国、即位、生活、正直、遺恨、成功、注意、用意、会議、不敬、不幸、無礼、無理、…
　国語の用言として収用せられたるものは漢語そのままのものは一も存せず。而してそれらは皆又上にいへる一字より成るものの如くに、動詞としてサ行三段活用の語に結合せられたる場合に限るものなりとす。

　山田氏の4分類には、現在の語構成パターンに比べて一歩前進した部分があるものの、語基や語基の品詞性といった概念が取り入れられておらず、それに、前要素と後要素の関係が文法的関係ではなく、未だに意味的関係として認識されていた。
　ちなみに、引用した最後の段落では、「漢語には日本語の用言として用いられるものが一語もない。サ変動詞（する）との結合によって初めて用

言になれる」というようなことが述べられているところから、現在の国語辞典では、すべての漢語に名詞性を備えているという品詞表示の不文律を思い出す。山田氏は、漢語の名詞性を言い出した最初の一人ではないかと推測される。

1.4　斎賀秀夫（1957）

斎賀氏の論文「語構成の特質」（1957）は、現代日本漢語の語構成パターンの成立にとって画期的な意義を持つものである[2]。氏は、それまでの研究成果を受け継いだ上で、現代語彙論の方法を取り入れて、和語と漢語の語構成について全面的に論述した。同論文の「三　語結合の意味的関係」において、斎賀氏は次のように述べている。

　互に結合する要素の間にはどういう意味的関係が見られるだろうか。山田孝雄博士は、合成語の意味的関係として、⑴主従関係 ⑵一致関係 ⑶並立関係の三つを立てられ、松下大三郎氏は、氏のいわゆる原辞の結合関係として、⑴対等関係 ⑵修飾関係 ⑶実質関係 ⑷補足関係 ⑸客体関係の五種を分類された[3]。……ここでは右の二つの分類法を参照した上で、一往次の六類に分けて結合の意味的関係を見ていくことにする。
⑴並立関係 ⑵主述関係 ⑶補足関係 ⑷修飾関係 ⑸補助関係 ⑹客体関係
（斎賀注）山田博士の分類は『日本文法学概論』61ページ参照。なお、『国語の中に於ける漢語の研究』145ページ以下には、漢語の結合関係について更に細分したものが示されている。松下氏の分類は、『改撰標準日本文法』160ページを参照[4]。
⑴　並立関係　前部分と後部分の資格で並立する関係である。二つの場合がある。
　㈑　同義語・類義語による一義形成

---

[2] 斎賀秀夫（1957）「語構成の特質」『講座・現代国語学Ⅱ』筑摩書房
[3] 斎賀氏がここに挙げた5分類は、松下氏の原著にある5分類と一致しない（3.1を参照）。斎賀氏が原著の異なる版本を参照した可能性もあるが、理由は明らかではない。
[4] 斎賀氏が示したページ数は原著のページ数と一致しない。版本の相違あるいはミスの可能性がある。

誠心-誠意、自由-自在、全身-全霊、一部-始終、…／あちら-こちら、
　　　隣り-近所、…
　　(ロ)　類義語・対義語の並列対照
　　　男尊-女卑、一喜-一憂、…／新聞-雑誌、住所-氏名、…
(2)　主述関係　前部分が後部分に対する主語になる関係である。
　　　消息-不明、前途-洋洋、生産-上昇、会談-終了、…
(3)　補足関係　前部分が後部分に対する客語になる関係である。
　　　戦争-否定、人員-整理、経営-参加、憲法-違反、…
(4)　修飾関係　前部分が後部分の意味を修飾する関係である。
　　　国会-議員、貿易-収支、救援-物質、平和-国家、…
(5)　補助関係　後部分が前部分を形式的に補助する関係にあるものである。
　　　本年-以降、教授-一同、生産-本位、…／従業-員、近代-化、圧倒-的、
　　　自主-性、…
(6)　客体関係　後部分が前部分に対する客語となる関係である。

　つまり、(3)の補足関係とは逆の語順になるのであるが、これは、実は日本語固有の結合関係ではない。現代語としては、「読書」「殺人」「飲酒」等、いわゆる二字の漢語の内部に、この意味的関係が認められるが、これは過去において中国語の結合法がそのまま移入された結果成立したものであって…。

〔付〕二字の漢語の結合関係
　以上、全般的に見た、現代語における語結合の意味的関係であるが、ここで補足的に、いわゆる二字の漢語の意味的結合関係について触れておこう。
　いわゆる二字の漢語は、現代語においては、単独の用法としても、また結合の要素としても非常に使用度の高いものであるが、現代の一般の語意識としては単純語のように取り扱われる傾向にある。しかし、漢語は、本来漢字一字が一語を表すべきものであるから、二字の漢語は、発生的見地から見た場合、当然二つの意味的要素から成り、その両要素の間にいくつかの意味的関係が存するはずである。いま、その関係を前述の六種に分類してみよう。

(1) 並立関係：階級、学校、思想、男女、利害、…
(2) 主述関係：地震、日没、氷解、国営、事変、…
(3) 補足関係：文選、水防、足温（器）、霊安（室）、…
(4) 修飾関係：英語、海軍、家族、財政、税金、…
(5) 補助関係：椅子、女子、国内、端的、当然、…
(6) 客体関係：愛国、企業、休戦、犯罪、帰国、出席、統一、…

　斎賀氏は、山田孝雄の3分類と松下大三郎の5分類を踏まえて、自分の6分類を提案した。この6分類の名称を見ると、松下大三郎からは「補足関係、修飾関係、客体関係」、山田孝雄からは「並立関係」を取り入れ、氏自身からは新たに「主述関係、補助関係」を加えた形となっている。この6分類は、その後の研究者に多大な影響を与え、今日でもその大枠が受け継がれている。

　また、斎賀氏は6分類の内容を説明する際、主として四字漢語の例を挙げていたが、論文の最後に、付録として「二字の漢語の結合関係」の一節を設けたことは注目に値する。これは、当時の学界では、四字漢語なら、語と語の関係なので、構文論的に分析できるが、二字漢語は、単純語と見なされるので、構造分析の必要性があるのかを疑問視する考えが存在していたことの現れだと思われる。このような考え方は、後述の野村雅昭「二字漢語の構造」（1988）の発表を30年も遅らせた要因の一つにもなるが、斎賀（1957）は、二字漢語の語構成に言及した意味において一歩前進をみせたものといえよう。

1.5　野村雅昭（1988）

　斎賀（1857）の発表から30年後に野村雅昭の論文「二字漢語の構造」（1988）が発表された。これに先立って、野村氏は「四字漢語の構造」（1975）で四字漢語の語構成を取り上げたが、方法としては、四字漢語の語基を「A＝体言系、B＝相言系、C＝用言系、D＝副言系」に分類し、前語基と後語基の関係を「AガCスル、AヲCスル、AニCスル…」のような格関係で表すものであった（3.6を参照）。それに対し、二字漢語の語構成では、

野村氏は四字漢語のときと違って、斎賀（1957）の分類法を受け継ぎながら、その延長線上で自分の考えを盛り込むという形で新たな展開を求めた。

野村雅昭（1988）の重要性は、次の2点にまとめられる。一つは、先学の「二字漢語の構造についての諸説」を三つに大別してそれぞれの要点を整理した（3節）。もう一つは、自説の「二字漢語の結合パターン」を提示し、種類ごとに分類の理由を説明した（4節）。具体的には、斎賀秀夫（1957）が打ち出した6種類を修正して9種類に増やしたほか、語基と接辞の概念を取り入れた上、前語基と後語基の品詞性にも目を付け、N＋V、A＋Nという形で記述するようにした。二字漢語の語構成研究で、語基の品詞性と結合関係の両面を結び付けて分類に取り組んだのが、野村雅昭（1988）の主なポイントであるが、斎賀秀夫（1957）のいわゆる語基間の「意味的関係」を「文法的関係」に改め再認識したことも、その後の語構成論の展開にとって重要な意義を持っている。以下、野村氏による分類の大要を示す。

1. 語基
   ア．体言性語基〈N〉―客・駅・気・海・姿・員…
   イ．相言性語基〈A〉―急・新・独・異・強・幼…
   ウ．用言性語基〈V〉―接・帰・集・欠・始・飛…
   エ．副言性語基〈M〉―最・再・予・必・特・全…
2. 接辞
   オ．接頭辞― 不便・非礼・未定・所見・可読・以前…
   カ．接尾辞― 法的・判然・躍如・美化・菓子・消却…
   【1. 補足】
   ①N＋A：胃弱、民主、農繁（期）
   ②A＋N：有害、無人、少数
   ③N＋V：地震、日没、国立／肉食、水防、前進／敵視／毒殺／山積
   ④V＋N：降雨、積雪、落雷
   ⑤V＋N：読書、殺人、開店／登山、入会／落馬、離陸

【2. 修飾(1)】
　①A＋V：博学、細分、近刊
　②V＋V：競泳、焼死、議決
　③M＋V：必要、予感、全壊
　④M＋A：最高、至近、絶好
【3. 修飾(2)】
　①A＋N：幼児、難題、古代
　②V＋N：祝日、支店、引力
　③N＋N：山脈、茶道、前編
【4. 並列】
　①N・N：道路、身体、倉庫
　②A・A：温暖、善良、簡易
　③V・V：増加、断絶、思考
【5. 対立】
　①N⇔N：天地、左右、始末
　②A⇔A：高低、緩急、強弱
　③V⇔V：生死、攻守、進退
【6. 重複】
　①□＝□：段々、個々／黙々／近々、悠々
【7. 補助】
　①■←□：不明、不発／非常、非番／未完、未開
　②■←□：所定／可能／奉納／以上
　③□→■：史的、全然、突如、悪化、帽子、読破
【8. 省略】
　①□…□：経済、農協、高裁、国電、医大
【9. 音借】
　①□：□：葡萄、玻璃、利那、阿片
　②□：□：時計、面倒、辛抱、素敵

1.6 野村雅昭（1975）と石井正彦（2001）

この二つの論文は、二字漢語ではなく、四字漢語を研究対象としているが、日本語特有の「格関係」をいかして四字漢語の語構成を分類しているということで、その分類の方法は二字漢語の語構成にも適用できると考えて、紹介しておきたい。

前述のように、斎賀（1957）は、複合語の語構成を検討する際、主として四字漢語の用例を使って「並立関係・主述関係・修飾関係」などに分類した。一方、野村（1975）は、斎賀（1957）と違って、「ＡガＣスル、ＡヲＣスル、ＡニＣスル…」のように、格関係に基づいて四字漢語の語構成を分類した。石井正彦（2001）は、4漢字からなる「臨時一語」を研究対象としているが、野村（1975）でいう四字漢語とほぼ重なるものと認められる。また、語構成の分類においても、石井正彦（2001）は、野村（1975）の5種類と11パターンを取り入れた上で、下位区分の種類を90パターンに増やしたと見られる。そのため、以下では、石井正彦（2001）に基づいて格関係による語構成パターンの大要を紹介しておく。（Ａは前語基、Ｂは後語基）

第1類：1117語（64.8%、≒主述関係・客述関係）
　①1-1 体＋相／体　ＡガＢダ：業績優先、現状不明、自分中心
　②1-2 体＋用
　　1-2-1　ＡガＢスル：圧力低下、意識変化、火災発生
　　1-2-2　ＡヲＢスル：安全確保、暗号解読、一部改正
　　1-2-3　ＡニＢスル：家事参加、家庭復帰、会議出席
　　……
第2類：86語（5%、≒連用修飾関係）
　③2-1 相／体＋用
　　2-1-1　Ａニ／デＢスル：完全停戦、不法就労
　　2-1-2　Ａニ／デＸヲＢスル：違法改造、公式発表
　　……
　④2-2 用＋用

2-2-1 ＡシテＢスル：在宅療養、先行決着
2-2-2 ＡシテＸヲＢスル：率先実行、追加設置
……
⑤ 2-3 副＋用
2-3-1 ＡニＸヲＢスル：同時宣言
2-3-2 ＡデＸヲＢスル：無断製造、無断販売
……

第3類：252語（14.6％、≈連体修飾関係）
⑥ 3-1 相＋体　Ａナ／ノＢスル：悪質業者、一定期間、強硬意見
⑦ 3-2a 用＋体
3-2a-1 ＢガＡスル：炎上油井、死亡女性、倒産企業
3-2a-2 ＢヲＡスル：汚染海域、支持政党、引用論文
3-2a-3 ＢニＡスル：所属団体、感染細胞
……
⑧ 3-2b 用＋体
3-2b-1 ＸガＡスルＢ：隆起現象、来室理由、水没事故
3-2b-2 ＸガＹφＡスルＢ：調査結果、回収計画、開業予定

第4類：264語（15.3％、≈連体修飾関係）
⑨ 4-1 体＋体　医療情報、女性市長、森林被害、政府方針

第5類：6語（0.3％、≈並列関係、等位関係）
⑩ 5-1 体・体　患者家族、権利義務
⑪ 5-2 相・相　（なし）
⑫ 5-3 用・用　製造販売、調査研究

2　中国語における語構成パターンの記述方法

2.1　黎錦熙（1923）

黎錦熙（1890-1978）は、語構成パターンの記述に初めて注目した言語学者だろうと思われる。氏は《国语讲坛》（中华书局、1921）と題する著書において、中国語の"复字名词"（二字名詞）を"⑴合成的;⑵并行的;

(3)联属的;(4)对待的;(5)叠用的;(6)带语尾的"という6パターンに分類したのに続き、1923年に〈汉字革命军前进的一条大路〉という論文で"复音词类构成表"を発表し、中国語の二字語を3パターンと下位区分の43タイプに細分した[5]。その中で、"合体、并行、相属"はそれぞれ「二字一体化構造、並列関係、修飾関係」といった語基間の文法的関係を表し、"名＋名、形＋名、动＋动"などは前語基と後語基の品詞性を表している。この記述法に注目したい。黎錦熙「複音詞類構成表」に見える分類の枠組みは以下の通りである[6]。

(1) 合体的复音词
 双声（寥落、流离）／叠韵（婆娑、苍茫）／其他（什么）／特有（阿菊）
(2) 并行的复音词
 同义的（名＋名：人家、眼睛／动＋动：回旋、贪图／形＋形：光明、宽阔）
 对待的（名＋名：东西、父子／动＋动：呼吸、忧乐／形＋形：无）
 重叠的（常常）
(3) 相属的复音词
 名属名（名＋名：父亲、茶水、烟火）→名词修饰名词
 形属名（形＋名：空气、长凳／名＋形：无）→形容词修饰名词
 动属名（动＋名：行人、对面、起身、入世／名＋动：火烧、工作）→动词修饰名词
 动属动（动＋动：催眠、叫卖）→动词修饰动词
 副属动（动＋副：撑起、喝上／副＋动：没有、可爱）→副词修饰动词
 副属形（形＋副：无／副＋形：不良）→副词修饰形容词
 副属副（副＋副：不得、不曾）→副词修饰副词

---

[5] 黎錦熙（1923）〈汉字革命军前进的一条大路〉《国语月刊》第1卷第7期（1923年8月20日）
[6] 本稿での引用は、原著の大枠を保ちながら所々に省略があるので、原著による確認が必要である。以下同じ。

2.2 呂叔湘・朱德熙（1952）

　前述の黎錦熙（1923）以後、語構成に触れる研究はあまり見られず、新中国成立後の1950年代に再び関心が集まるようになった。その中で、呂叔湘・朱德熙（1952）は二字語の語構成を"联合式、主从式、动宾式"の3パターンに分類している[7]。この三つは、日本漢語の語構成で言えば、「並列関係」と「修飾関係」、それに、筆者の言う「述客関係」に相当する。

　ちなみに、中国語の語構成パターンを表すときに用いられる"〇〇式"の記述法も呂叔湘・朱德熙（1952）の頃から出始めたものと見られる。ただし、黎錦熙（1923）の記述法に比べて、"〇〇式"は、二字語の語基と語基の文法的関係にポイントが置かれており、語基の品詞性が表面に示されないようになっている。呂叔湘・朱德熙（1952）では、語構成の3パターンについて次のように述べている。

　　双音词的构成跟短语相似，大致有三种方式：
(1) 　联合式：把两个同类的单音词连起来构成一个新词。如：斗争、拥护、丰富、担任
(2) 　主从式：两个词里、有一个是主体、另一个是用来修饰或是限制那主体的。如：优点、武器、毒素、立场
(3) 　动宾式：一个动词跟一个宾语放在一起构成一个词。如：动员、带领、革命、整风

2.3 張志公（1953）

　ほぼ同じ時期に、張志公（1953）も語構成パターンについての自説を発表している[8]。"〇〇式"の記述法を取り入れている点から呂叔湘・朱德熙（1952）の影響が窺われるが、分類の視点とその名称が相当違っている。日本語での言い方と対照すれば、"结合式"は「対等関係・対義関係」、"联合式"は「並列関係」、"组合式"は「修飾関係」に相当するが、中国語の原文は次のようになっている。

　　复词的构成大略说起来有五种方式：

---

[7] 呂叔湘・朱德熙（1952）《汉语语法常识》中国青年出版社
[8] 張志公（1953）《汉语语法常识》中国青年出版社

(1) 結合式：有些意义相反或相衬的两个单音单词连在一块儿，可以构成一个新词。如：东西、领袖
(2) 联合式：两个意义相近的词连在一块儿，成为联合式复词。如：城市、家庭
(3) 组合式：也可以叫作"主从式"，其中一个词的意义是主体，另一个词的意义是从属这个主体的。组合式复词又分为四种、如：走路、跑腿／看见、认清／武器、军事／纸张、布匹
(4) 叠词：把一个词重叠起来就成为叠词。如：家家、人人。
(5) 简称：由好几个多音词构成的一些名称，可以从每个词里采取一个字、组成一个简称。如：政协、土改。

2.4 孫常叙（1956）

孫常叙《汉语词汇》（1956）は、新中国で出版された最初の語彙論の著書とされている[9]。同書には、語構成パターンに直接言及する内容がなかったものの、"第七章 造词的方法种类"の"第二节 汉语造词方法的分类标准"において"汉语造词方法系统表"が掲げられ、"词组结构造词"（語連結的構成による造語）の方法として、"修饰关系、并列关系、因果关系、支配关系"の4パターンにまとめられている。用例も説明もなく、一覧表にこの4パターンの名称が挙げられているだけであるが、後述の斎賀秀夫（1957）に見える「並列関係、修飾関係、主述関係、補足関係」などとは用語上の類似性が見られるため、語構成の日中対照や相互の影響関係を考えるときの手掛かりとして、ここに記しておく。

2.5 周祖謨（1955-1957）

周氏による語構成パターンの分類は、1955年第4期から1957年第10期にかけて雑誌《语文学习》に連載された〈汉语词汇讲话〉に見られる[10]。氏は、まず、中国語の単語を"单纯词"（単純語）と"合成词"（合成語）

---

[9] 孫常叙（1956）《汉语词汇》吉林人民出版社
[10] 周祖謨の《汉语词汇讲话》は1955年-1957年の連載を経て、1959年8月に人民教育出版社から単行本で出版された。

に二分し、後者の"合成词"については、さらに以下の6パターンに分類している。

(1) 联合式：把两个意义相同、相近或相反的词素组合在一起。如：土地、城市、生产
(2) 偏正式：前面的词素修饰或限制后面的词素、后面的词素是主体。如：火车、铁铲、雪白
(3) 支配式：前一个词素表示一种动作或行为、后一个词素表示受这个动作或行为的影响或支配的事物。如：动员、带头、开幕。
(4) 补充式：前面一个词素表示一种动作、后面一个词素表示那个动作的结果。如：说明、指定、发动。
(5) 表述式：后一个词素说明前一个词素。如：夏至、地震、心疼
(6) 重迭式：用词素重迭的方法构成一个词。如：人人、年年、渐渐。

それぞれの名称の定義に基づいて、日中間の対応関係（中／日）を整理すると、联合式／並列関係、偏正式／修飾関係、支配式／述客関係（客体関係）、补充式／述補関係（補助関係）、表述式／主述関係、重迭式／畳語（並列関係）、ということになる。周氏の分類は、1950年代前半のものと比較すれば、種々の改善が見られ、より充実したものとなっている。

2.6 崔復爰（1957）

崔氏は自著の《现代汉语构词法例解》に"现代汉语构词法体系表"を掲げ、複合語の語構成を次の8パターンに分類している[11]。

(1) 缀合式：辅助成分在前的（老师、可爱）；辅助成分在后的（花儿、石头）
(2) 联合式：意义相同、相近的（人民、国家）；意义相反、相对的（矛盾、买卖）；数或量复合的（三十三、架次）；词序可以颠倒的（讲演、演讲）；声母韵母相同的（公共、意义）。
(3) 偏正式：前偏后正的（铁路、前进）；前正后偏的（人口、空中）。
(4) 动宾式：（动员、主席）
(5) 动补式：（推动、提高）

---

[11] 崔復爰（1957）《现代汉语构词法例解》山东人民出版社

(6) 主谓式：(民主、月亮)
(7) 重叠式：名词、量词重叠（人人、个个）；动词、形容词重叠（笑笑、快快）。
(8) 简略式：共同修饰限制一个主体的（教职员、优缺点）；换一个说法的（闽、沪）；用数字概括的（三反、五爱）。

　上述の 3.1-3.6 の内容をまとめると、1920 年代に語構成パターンについての分類と記述が出始めたものの、広範囲の注目を集め、まとまった研究成果を収めたのは新中国成立後の 1950 年代になってからのことと言えよう。50 年代後半になると、"〇〇式"という語構成パターンの表記法が一応確立されたとはいえ、学者の間では、名称の統一に至らず、自らの考えに基づいた個性的な言い方が根強く残っていた。一方、日本側も 1957 年頃に斎賀秀夫氏の語構成に関する論文が発表され、日本漢語の語構成パターンについての議論が次第に活発になってきた。

2.7　周薦（1991）

　中国では、1950 年代以後もさまざまな語構成の分類法と記述法が現れていたが、言い回しが違うだけで、分類の中身はさほど変わらないものが多かった。最近の研究成果を代表するものとして、周薦氏が〈复合词词素间的意义结构关系〉（1991）という論文で提案した分類法と記述法が挙げられる[12]。それまでの語構成研究を振り返って、周氏は次のように述べている。

　　若干年来，学术界一直把复合词分为偏正（注释）、支配（动宾、述宾）、补充（动补、述补、因果）、并列（联合）、陈述（主谓、表述）、重叠等六种格式。这似乎成了定论。通过对《现代汉语词典》所收录的全部双音节复合词（32346 个）的考察，发现'六种格式'说，不尽合理。……有鉴于此，本文不泥于六种格式的定说，而按照词素所以组合成词的实际情况对复合词内部的意义关系加以分类。（p.20）

---

[12] 周薦（1991）〈复合词词素间的意义结构关系〉《语言研究论丛》第六辑，天津教育出版社

周氏（1991）は、《现代汉语词典》（1978）に収録されたすべての二字語（32346語）を対象に、語構成の分類を行なった結果、一次分類の9パターンと二次分類の30パターンに、一部の三次分類を加え、計95パターンに分類した。また、記述の面では、中国語で初めて、アルファベット記号を語構成パターンの記述に取り入れ、"○○式"から"○○格"の形に改めた。周薦氏の一次分類・二次分類と記述法を整理すると、次のようになる。

类型（一级）	数量（％）	类型（二级）
定中格（連体修飾関係）	13915（43.0）	n＋x、v＋x、a＋x、逆序
状中格（連用修飾関係）	2496（7.72）	n＋v、$v_1＋v_2$、a＋v、adv＋v、逆序
支配格（述客関係）	5030（15.6）	v＋x、a＋x、n＋x、逆序
递续格（連用修飾関係）	547（1.7）	v_1 而后 v_2、$(n_1) v_1 (n_2) v_2 (n_1)$
补充格（述補関係）	300（0.93）	v＋結果、v＋趨向、v＋状態
陈述格（主述関係）	380（1.17）	x＋v、x＋a
重迭格（畳語）	259（0.8）	$n_1＋n_2$、$v_1＋v_2$、$a_1＋a_2$、$adv_1＋adv_2$
并列格（並列関係）	8310（25.7）	$n_1＋n_2$、$v_1＋v_2$、$a_1＋a_2$、方位$_1＋$方位$_2$、$adv_1＋adv_2$
其它（その他）	1109（3.4）	

3　日中対照向けの語構成パターンの記述方法

3.1　語構成パターンの再整理

　現代日本語では、二字漢語が二つの一字語基からなる複合語であるという語構成意識がかなり薄れているようだが、和製漢語と中国製漢語の全般にわたる比較対照といった研究課題では、いずれも二字漢語の内部構造に基づいた分析が求められる。そのため、筆者は、これまでの日中語彙の対照研究で、斎賀（1957）の説と野村（1988）の説及び中国側の諸説を融合させ、自らの語構成パターンの記述方法を試みてきた。関連する諸説との位置付けを整理すると、次のようになる。

日本人の分類		中国人の分類		
斎賀秀夫	野村雅昭	崔復爰	周薦	朱京偉
修飾関係	修飾関係1（A＋V、V＋V、N＋V、M＋A）	偏正式	状中格	A＋V、V＋V、M＋V、N＋V 連用修飾
	修飾関係2（N＋N、V＋N、A＋N）		定中格	N＋N、V＋N、A＋N 連体修飾関係
並列関係	並列関係（N・N、V・V、A・A）	連合式	並列格	N＋N、V＋V、A＋A 並列関係
	対立関係（N⇔N、V⇔V、A⇔A）			
主述関係	補足関係（N＋A、A＋N、N＋V、V＋N、V＋N）	主謂式	陳述格	N＋V、N＋A 主述関係
客体関係		動賓式	支配格	V＋N 述客関係
補足関係		―	―	N＋V 客述関係
補助関係	補助関係（■←□、■←□、□→■）	綴合式		N＋S、S＋N 補助関係
―	重複関係（□＝□）	重畳式	重迭格	
―	省略（□…□）	簡略式		
―	音借（□：□、□：□）	―	―	
		動補式	補充格	V＋A、V＋V 述補関係
		―	逓続格	
		―	其他格	

語構成パターンの再整理について、以下のポイントにまとめた。

(1) 語構成パターンの大枠は斎賀（1957）の6分類（修飾関係、並列関係、…）に負うところが大きいが、野村（1988）からは、アルファベット表記による前語基と後語基の組み合わせ方（A＋N、V＋V、…）を取り入れた。斎賀（1957）では、語基の性質に殆ど触れていないのに対し、野村（1988）では、語基と接辞の区別、語基の品詞性、および、アルファベット表記の導入によって、語基レベルの機能が明確になり、語構成パターンの細分化が可能となった。

(2) アルファベット記号の使い方は野村（1988）のそれに従う。ただし、野村氏は、N＝体言類語基、A＝相言類語基、V＝用言類語基、M

＝副言類語基、と名付けているが、事実上、語基の品詞性に対応して
　　　いると考えられるので、筆者は、それぞれ、N＝名詞性語基、A＝
　　　形容詞性語基、V＝動詞性語基、M＝副詞性語基、のように言い方
　　　を改めた。
(3)　野村（1988）では、一次分類として、前語基と後語基の文法的関係（修
　　　飾関係、並列関係、…）を配置させ、その下に、語基の品詞性とその
　　　組み合わせ（A＋N、V＋V、…）を二次分類として並べた。これに
　　　対して、筆者は、「A＋N連体修飾関係、V＋V並列関係、…」のよ
　　　うに、語基の品詞性とその組み合わせを冒頭に置き、その後に語基間
　　　の文法的関係を表す言い方を添えるという二段表記の方式を取ってい
　　　る。
(4)　このような形にするメリットは作業の利便性にある。漢語の語構成を
　　　検討する際、まず、語基の品詞性と組み合わせ方に着目し、この両者
　　　を確認してから、さらに、語全体の意味を踏まえて語基間の文法的関
　　　係を決めていくのが普通である。つまり、二段表記は作業の手順と一
　　　致する記述方法と言える。また、漢語の語構成において、「N＋N連
　　　体修飾関係／N＋N並列関係」のように、語基の品詞性と組み合わせ
　　　方が同じでも、語基間の文法的関係が異なることもあれば、「V＋N
　　　連体修飾関係／A＋N連体修飾関係」のように、語基の品詞性と組
　　　み合わせ方が異なっていても、語基間の文法的関係が同じになること
　　　もあるため、二段表記なら、互いに混同せず、両者の相違をちんと区
　　　別できるというメリットもある。
(5)　二段表記による語構成パターンは、中国語の語構成との対応を最大限
　　　に取り入れたので、日本漢語の語構成だけでなく、日中同形語の対照
　　　研究にも適用できる。また、二字漢語のほか、2＋1型三字漢語と2＋
　　　2型四字漢語の語構成も、この二段表記の記述方法で表記できる。
　　2＋1型三字漢語の場合は、前方のアルファベットで前部二字語基の品
詞性を示し、後方のアルファベットで後部一字語基を示すことになる。例
えば、「噴火＋山」という2＋1型三字漢語では、前部二字語基の「噴火」
は動詞性語基（V）で、後部一字語基の「山」は名詞性語基（N）で、語

全体の意味（噴火する山）を踏まえて考えると、「噴火山」はV＋N連体修飾関係の三字漢語になる。

また、2＋2型四字漢語は、前方のアルファベットで前部二字語基の品詞性を示し、後方のアルファベットで後部二字語基を示すことになる。例えば、「脂肪＋過多」という2＋2型四字漢語では、前部二字語基の「脂肪」は名詞性語基（N）で、後部二字語基の「過多」は形容詞性語基（A）であるが、語全体の意味（脂肪が多過ぎる）を考え合わせると、「脂肪過多」はN＋A主述関係の四字漢語になる。

3.2 語構成パターンの実例検証

以下では、筆者が調査した19世紀前半の蘭学資料と19世紀後半の在華宣教師資料に見られる語例を使って、語構成パターンの二段表記法を検証し、その有効性を確認してみる[13]。

3.2.1 連体修飾関係

斎賀（1957）では、修飾関係を一つのパターンとして立て、「その修飾のしかたには様々な種類があって、決して単純ではない」としながらも、下位分類には至らなかった。野村（1988）になると、修飾関係はさらに「修飾(1)＝連用修飾関係」と「修飾(2)＝連体修飾関係」の二つに分けられた。筆者は、野村氏のこの分類法を踏まえた上で、連体修飾関係と連用修飾関係を別々のパターンとして扱っている。連体修飾関係の下で、さらに、前語基の品詞性の違いによって、N＋N、V＋N、A＋Nの3タイプに振り分けられる。2＋1型三字語の殆どは、前部二字語基が後部一字語基を修飾・限定する連体修飾関係に属しているので、この連体修飾関係に限って2＋1型三字語の用例が見られる。

---

[13] 蘭学資料と在華宣教師資料の性格や抽出語の取り扱いについては、参考文献に挙げた筆者の小論を参照。

		日本語（蘭学資料）	中国語（宣教師資料）
N＋N連体修飾関係	二字語	地面、木質、度数、気球、水分	公理、骨格、国境、地軸、電線
	2＋1型三字語	神経＋症、腸間＋膜、磁石＋力	化学＋力、蒸気＋法、植物＋学
	2＋2型四字語	繊維＋組織、地球＋重力	天気＋圧力、脳胞＋炎証
V＋N連体修飾関係	二字語	比例、測器、視差、衛星、落体	印本、活字、教師、食品、属地
	2＋1型三字語	成形＋力、発汗＋期、噴火＋山	死傷＋者、舒縮＋力、巡理＋庁
	2＋2型四字語	証治＋方法、草食＋動物	回血＋合管、光行＋速率
A＋N連体修飾関係	二字語	本質、高度、恒星、実体、遠鏡	外界、原稿、雑誌、重質、熱帯
	2＋1型三字語	強壮＋剤、粘稠＋液、清涼＋品	極楽＋園、最卑＋点、貧苦＋人
	2＋2型四字語	過剰＋運動、同等＋速力	異性＋電気、円軟＋細胞

3.2.2 連用修飾関係

連用修飾の役割を担う前語基には、動詞性（V）、形容詞性（A）、副詞性（M）および名詞性（N）のものが見られるが、前項の連体修飾関係に比べて、連用修飾関係に属するタイプはどれも語数が少ない。2＋1型三字語には、後部一字語基が必ず名詞性語基でなければならないという制約があるため、このパターンでは2＋1型三字語が成り立たない。また、2＋2型四字語にも、日中双方とも、あるいは、どちらか一方に用例のないパターンが見られる。

		日本語（蘭学資料）	中国語（宣教師資料）
A＋V 連用修飾関係	二字語	近視、密封、確定、酸化、実験	確知、強制、近視、常用、同化
	2＋1型三字語	なし	なし
	2＋2型四字語	活発＋迸射、頑硬＋結腫	自然＋生成
V＋V 連用修飾関係	二字語	合成、凝結、収縮、反射、改定	活動、吸引、交感、推定、分化
	2＋1型三字語	なし	なし
	2＋2型四字語	なし	合力＋吸引、制法＋徴税
M＋V 連用修飾関係	二字語	無効、自転、過剰、予防、自動	過食、現存、自主、特派、予定
	2＋1型三字語	なし	なし
	2＋2型四字語	なし	なし
N＋V 連用修飾関係	二字語	内服、外視、胎生、波動、液化	公判、上昇、中和、内容、風化
	2＋1型三字語	なし	なし
	2＋2型四字語	定時＋発欬、腹疾＋喘息	飲食＋養身、電報＋通信

3.2.3 並列関係

並列関係の二字漢語は、品詞性の同じ前語基と後語基（V＋V・N＋N・A＋A）からなり、しかも、語基同士が語義の形成においてほぼ同等の役割を担っているものをさす。2＋1型三字語は、このパターンの下でも成り立たないが、これを除いて、二字語と2＋2型四字語は、日中双方とも3種類のどのタイプにも用例が見られる。

		日本語（蘭学資料）	中国語（宣教師資料）
N+N 並列関係	二字語	情欲、繊維、規則、性能、標本	階級、功用、才能、都会、律法
	2+1型 三字語	なし	なし
	2+2型 四字語	形状+容貌、精神+気血	故土+異邦、四肢+百体
V+V 並列関係	二字語	組織、感触、摩擦、衰弱、吸収	教授、生育、成立、発行、分散
	2+1型 三字語	なし	なし
	2+2型 四字語	栄養+長育、揮発+衝動	管理+保護、招兵+徴税
A+A 並列関係	二字語	単純、単簡、健康、健全	可能、簡明、全能、低下、野蛮
	2+1型 三字語	なし	なし
	2+2型 四字語	柔軟+厚実、柔軟+松疎	胆大+心細、明練+通達

3.2.4 主述関係

　名詞性の前語基（N）と動詞性・形容詞性の後語基（V・A）が主語と述語の関係で結合される語をさす。下位分類として2種類見られるが、2+1型三字語を除いて、二字語と2+2型四字語は、日中双方ともどのタイプにも用例が見られる。

		日本語（蘭学資料）	中国語（宣教師資料）
N＋V 主述関係	二字語	尿崩、機動、他動	血行、地震、主観、便秘、脈動
	2＋1型 三字語	なし	なし
	2＋2型 四字語	液質＋調和、生機＋発動	飲食＋失調、機関＋発動
N＋A 主述関係	二字語	なし	腹痛
	2＋1型 三字語	なし	なし
	2＋2型 四字語	脂肪＋過多、粘力＋微小	飲酒＋過多、体質＋純全

3.2.5 述客関係と客述関係

V＋N述客関係は、他動詞性の前語基とその客語（目的語）になりうる名詞性の後語基でできたものをさす。このパターンは中国語の典型的な統語構造（V＋O構造）を反映したものであるが、日本語には、そのまま移入された中国製の熟語のほか、漢籍漢文の影響で、「述語＋客語」の語順を真似て造られた和製漢語も少なくない。

中国語式の語構成であるV＋N述客関係に対し、日本語の統語構造では述語と客語の順序がN＋Vのように逆順になる。この両パターンについて、斎賀（1957）は、前者を客体関係、後者を補足関係と呼んでおり、野村（1988）は、両者を明白に区分せず、ともに補足関係として扱っている。筆者は、「水防、肉食」のような語順で造られた和製漢語に対して、中国語式のV＋N述客関係と語順が相反するということで、N＋V客述関係と名付けている。ただし、このパターンの語は、中国語の資料には殆ど見られない。

		日本語（蘭学資料）	中国語（宣教師資料）
V＋N 述客関係	二字語	加力、化膿、鍍金、求心、過度	過半、生根、中風、入浴、用兵
	2＋1型 三字語	なし	なし
	2＋2型 四字語	なし	製造＋新血、補養＋人身
N＋V 客述関係	二字語	なし	なし
	2＋1型 三字語	なし	なし
	2＋2型 四字語	引力＋発明、生命＋保続	なし

3.2.6 述補関係と補助関係

述補関係は、動詞性の前語基とその働きを補う動詞性または形容詞性の後語基でできた語をさす。このパターンは、語源的には中国語の造語法を反映したものであろうが、日本語に入ってからは中国語の二字語を真似て造られた和製漢語もあり、後語基の品詞性の相違によって、V＋VとV＋Aの2種類に分けられる。このパターンでは、2＋1型三字語は無論、2＋2型四字語の実例も見当たらない。

補助関係の語はごく稀に見られる。二字語では、名詞性語基（N）に接辞（S）が後接する形になるのが普通である。2＋1型三字語では、もし、「近代＋化、安定＋性」における後部一字語基の「-化、-性」などを、語基ではなく、接辞と考えるなら、N＋S補助関係の用例が出てくるはずである。また、構造上の相違があるため、2＋2型四字語には補助関係のものが存在しない。

		日本語（蘭学資料）	中国語（宣教師資料）
V＋A 述補関係	二字語	縮小、透明、発明	維新、賛美、縮小、証明、放大
	2＋1型 三字語	なし	なし
	2＋2型 四字語	なし	なし
V＋V 述補関係	二字語	附着、固着、透入、排出	吸入、導入、認為、燃着
	2＋1型 三字語	なし	なし
	2＋2型 四字語	なし	なし
N＋S 補助関係	二字語	病的	天然
	2＋1型 三字語	なし	なし
	2＋2型 四字語	なし	なし

4　おわりに

　本稿では、日中両国における語構成パターンの分類と記述をめぐって、その歴史的歩みを振り返り、先学の諸説を整理してみた。記述方法の面だけなら日中間の相違がかなり大きいように思われるが、分類の中身を比較してみると、共通する部分が少なからず存在していることが見えてくる。こうした共通点を捉えた上で、初めて日中対照向けの語構成パターンの分類と記述が可能になる。

　ただし、二段表記の記述方法があったとしても、一語一語に対して、語基ごとの品詞性を確認し、前語基と後語基の組み合わせを決め、語基間の結合関係を特定するという一連の作業はどれも欠かせない。また、語基の品詞性を決める段階において、ある日中同形の語基は、日本語では名詞とされるのに、中国語では動詞となったりするといった問題に直面せざるを得ない。こうした品詞性のずれが折り合うような折衷案を工夫しないと、語構成の日中対照研究が難航する。今後も、二段表記による語構成パターンの記述方法をいかしながら、引き続き日中対照研究の新しい領域と課題に取り組んでいきたい。

参考文献（発表年次順）

◇中国側

黎錦熙（1923）〈汉字革命军前进的一条大路〉《国语月刊》第 1 卷第 7 期（1923 年 8 月 20 日）

呂叔湘・朱徳熙（1952）《汉语语法常识》中国青年出版社

張志公（1953）《汉语语法常识》中国青年出版社

孫常叙（1956）《汉语词汇》吉林人民出版社

崔復爰（1957）《现代汉语构词法例解》山东人民出版社

周祖謨（1959）《汉语词汇讲话》人民教育出版社（初稿连载于《语文学习》1955 年第 4 期至 1957 年第 10 期）

周荐（1991）〈复合词词素间的意义结构关系〉《语言研究论丛》第六辑、天津教育出版社

許威漢（2000）《二十世纪的汉语词汇学》太原：书海出版社

周荐、杨世铁（2006）《汉语词汇研究百年史》北京：外语教学与研究出版社

◇日本側

松下大三郎（1928）『改撰標準日本文法』紀元社（初版）

ワカバヤシ　マサオ（1936）『漢語ノ組立ト云イカエノ研究』東京：カナヤ

山田孝雄（1936）『日本文法学概論』宝文館（初版）

山田孝雄（1940）『国語の中に於ける漢語の研究』宝文館

斎賀秀夫（1957）「語構成の特質」『講座・現代国語学Ⅱ』筑摩書房

野村雅昭（1975）「四字漢語の構造」国立国語研究所報告 54『電子計算機による国語研究Ⅶ』

野村雅昭（1988）「二字漢語の構造」『日本語学』5: 44-55．東京：明治書院

石井正彦（2001）「〈文章における臨時一語化〉の諸形式―新聞の四字漢語の場合―」『現代日本語研究』8，大阪大学大学院文学研究科

朱京偉（2011a）「蘭学資料の三字漢語についての考察―明治期の三字漢語とのつながりを求めて―」国立国語研究所『国語研プロジェクトレビュー』4: 1-25．（冊子体の第 1 巻 117-141 に収録）

朱京偉（2011b）「在華宣教師の洋学資料に見える三字語―蘭学資料との対照を兼ねて―」『国立国語研究所論集』1: 93-112．

朱京偉（2011c）「蘭学資料の四字漢語についての考察―語構成パターンと語基の性質を中心に―」『国立国語研究所論集』2: 165-184．

朱京偉（2011d）「日本の近代漢語の来歴」『日本語学』7: 4-15．

朱京偉（2013）「在華宣教師の洋学資料に見える四字語―蘭学資料の四字漢語と

の対照を兼ねて―」『国立国語研究所論集』6: 245-271.
朱京偉（2015a）「四字漢語の語構成パターンの変遷」『日本語の研究』11(2): 50-66.
朱京偉（2015b）「蘭学資料の二字漢語とその語構成的特徴」斎藤倫明・石井正彦編『日本語語彙論へのアプローチ―形態・統語・計量・歴史・対照―』おうふう、214-233.

日中二字法律用語の
語構成特徴にみえる影響関係

鄭　艶
(天津外国語大学)

要旨：中国製の二字古代法律用語が、和製の二字近代法律用語にどのような語構成上の影響を与えたのか。そして、清末に借用された和製の二字近代法律用語が、中国製の法律用語に与えた語構成上の影響はどのようなものであるのか。この二つの問題を究明するために、中国製の二字古代法律用語と清末に借用された和製の二字近代法律用語を研究対象とする。これらの法律用語はそれぞれ《中国古代法学辞典》(1989)と清末に中国国内で刊行された7種の法律用語辞書に収録されたもので、和製か中国製かについては自ら調査し判断を経たものである。語構成の検討を通して、中国製の古代法律用語と和製の近代法律用語の相違が明らかになれば、清末以後の法律用語がどのように和製法律用語の影響を受けたのかについて、とらえることができると考えたからである。そのため、中国製の二字古代法律用語と和製の二字近代法律用語を結合関係、造語力という二つの視点から、日中双方の法律用語の語構成特徴を対照しながら、互いに与えた影響関係について考察しようとするものである。

キーワード：二字語、法律用語、語構成

はじめに

　日本漢語を字数別に基づいた語構成に関する研究は、山田孝雄（1940）[1]、野村雅昭（1974a）[2]、野村雅昭（1974b）[3]、野村雅昭（1988）[4]、朱京偉（2011a）[5]、朱京偉（2011b）[6]、朱京偉（2013）[7]などが代表として取り上げられる。日本側の研究は、主に現代新聞語彙にある二字語、三字語と四字語を研究対象として、その語構成の関係を明確にさせるところに着目したものである。それに対して、中国側の研究は、時代を清末と江戸後期に遡って、医学、物理学、法学などの分野にわたって、在華宣教師と蘭学資料にある三字語と四字語を研究対象とし、研究の視点は日中現代語にある三字語と四字語の造語機能がどのような時点で整ったのか、そして、在華宣教師の用語がどのように蘭学者の用語に影響を及ぼしたのか、また、蘭学者がどのように新語を創出したのかに集中している。

　本章では、先行研究における研究方法を踏まえながら、先行研究では言及していなかった中国製の二字古代法律用語と和製の二字近代法律用語を研究対象にしている。単語を前部語基・後部語基と二分割し、それらの語基に対して、名詞性語基（N）、動詞性語基（V）、形容詞性語基（A）、副詞性語基（M）、接辞性語基「S」のような品詞性の情報を与えておく。さらに、文法と意味の面から、前部語基・後部語基の結合関係を「連体修飾関係」「連用修飾関係」「述客関係」「並列関係」「客述関係」「述補関係」「主述関係」という7種に分ける。最後に、語基の造語力を考察するために、異なる語基数と各語基の使用頻度を把握し、1語基あたりの平均造語数を算出する。

---

[1] 山田孝雄（1940）『国語の中に於ける漢語の研究』宝文館 217-248 頁
[2] 野村雅昭（1974a）「三字漢語の構造」『国立国語研究所報告 51』37-62 頁
[3] 野村雅昭（1974b）「四字漢語の構造」『国立国語研究所報告 51』37-62 頁
[4] 野村雅昭（1988）「二字漢語の構造」『日本語学』44-55 頁
[5] 朱京偉（2011a）「在華宣教師の洋学資料に見える三字語　蘭学資料との対照を兼ねて」『国立国語研究所論集』93-112 頁
[6] 朱京偉（2011b）「蘭学資料の四字漢語についての考察　語構成パターンと語基の性質を中心に」『国立国語研究所論集』165-184 頁
[7] 朱京偉（2013）「在華宣教師の洋学資料に見える四字語　蘭学資料の四字漢語との対照を兼ねて」『国立国語研究所論集 6』245-271 頁

1 日中二字法律用語の収集と整理

1.1 中国製の古代法律用語の選定

　日中両国語の二字法律用語における語構成上の影響を明確にさせるためには、中国製の古代法律用語の実状を究明して、それと対照しなければ把握できない。本稿では、中国製の古代法律用語の全貌を把握するために、《中国古代法学辞典》（1989）を研究資料とする必要がある。この辞書に収録された見出し語は3734項（語・句両方を含む）に達しており、3668語と句66項からなっている[8]。そのうち、二字語2737語、三字語320語と四字語432語が含まれている。本稿では、研究対象を二字語に絞り込み、さらに、二字語2737語の中で、以下の2種に属するものは対象外とする。

(1) "烹刑、体刑"などの《中国古代法学辞典》（1989）に出典が明記されていないだけではなく、《文淵閣四庫全書》と《中国基本古籍庫》などの古代漢籍データベースで調査しても典拠が見られない10語。

(2) 古代漢籍に典拠があるとはいえ、"韓非、商鞅、竇儀"などの法学者・為政者の氏名を表す56語。

　このような取捨選択を経て、本稿で研究対象とする中国製の二字法律用語は2671語ある。

1.2 和製の近代法律用語の選定

　一方、清末に中国語に借用された和製の二字近代法律用語の状況をできるだけ全体的に把握するために、当時の中国で刊行された法律用語辞書7種を研究資料とする。清末に借用された和製近代法律用語の認定については、小論の『清末の法律用語辞書に見える和製法律用語からの影響』（2015）

---

[8] 本章では、"而、以、於、之"などの連辞、連体詞を含むものを句と取り扱う。そのうち、"戮於宗、知而不挙、以故失論、一断於法、党錮之禍、刑期於無刑、以他法拷問"などは代表的なものとして取り上げられる。

表I　清末に刊行された法律用語辞書（1907-10）

番号	清末に刊行された法律用語辞書	底　本
①	徐用錫訳（1905）《漢訳新法律詞典》京師訳学館	三浦熙他（1901）『新法律辞典』大日本新法典講習会
②	董鴻禕他編（1907）《法規解字》商務印書館	《新訳日本法規大全》（1907）にある難解な訳語
③	張春涛他訳（1907）《漢訳法律経済辞典》奎文館	底本不明　原著者　法学博士清水澄
④	朱樹森他編（1907）《日本法政辞解》並木活版所	底本不明
⑤	陳彦彬他訳（1907）《法律経済辞解》並木活版所	岸本辰雄（1904）『法律経済辞解』明治大学出版部
⑥	何道貞等81人編（1908）《法律名辞通釈》法政学堂紳班	②③④の3書に基づいて編纂されたもの
⑦	王我臧訳（1909）《漢訳日本法律経済辞典》商務印書館	田辺慶弥編（1902）『法律経済辞典』宝文館

ですでに述べたので、本稿では改めて論じないことにする。現段階の調査では、当時、借用された和製の二字近代法律用語は377語に限られている。以下は、清末に刊行された法律用語辞書の著述者、訳者、題名、出版社及び底本に関する情報だけを簡単に表Iのようにまとめておく。

2　結合関係

　日中双方の二字語結合関係を対照するために、同じ基準で、一つの単語を前部語基と後部語基に分けて、名詞性語基（N）、動詞性語基（V）、形容詞性語基（A）、などのそれぞれ品詞性の情報を与える。そして、前部語基と後部語基の結合関係を弁別し、修飾関係、並列関係、述客関係、客

表Ⅱ　日中両国二字法律用語の結合関係の対照

結合関係	品詞性	中国製の二字古代法律用語			和製の二字近代法律用語		
		語数（%）		語例	語数（%）		語例
連体修飾関係	N＋N	967 (36.2)	495（18.5）	戸律　水獄	233 (61.8)	121（32.1）	憲政　株式
	V＋N		266（10.0）	拘票　盗人		64（17.0）	動産　領海
	A＋N		200（7.5）	公罪　大刑		47（12.7）	公権　主刑
	S＋N		6（0.2）	不道　非幸		1（0.3）	無料
連用修飾関係	V＋V	630 (23.6)	383（14.3）	絞斬　謀殺	79 (21.0)	49（13.0）	競売　訴追
	A＋V		90（3.4）	和娶　重科		13（3.5）	公証　黙諾
	N＋V		105（3.9）	械闘　薬殺		9（2.4）	法定　後見
	M＋V		41（1.5）	故殺　更犯		6（1.6）	相殺　予審
	S＋V		10（0.4）	不首　無赦		2（0.5）	無償
	S＋A		1（0）	不直		0	なし
並列関係	V＋V	533 (20.0)	379（14.2）	審訊　誣罔	18 (4.8)	15（4.0）	没収　警察
	N＋N		121（4.5）	法律　牢獄		3（0.8）	法規　指令
	A＋A		33（1.2）	首従　姦邪		0	なし
述客関係	V＋N	456 (17.0)	456（17.1）	炒鉄　断獄	41 (10.9)	41（10.9）	涜職　立憲
述補関係	V＋A	31 (1.2)	15（0.6）	審実　断正	1 (0.3)	1（0.3）	検真
	V＋N		16（0.6）	案法　斃獄		0	なし
主述関係	N＋V	27 (1.0)	16（0.6）	獄成　上裁	1 (0.3)	1（0.3）	人違
	N＋A		11（0.4）	情実　罪白		0	なし
客述関係	N＋V	27 (1.0)	27（1.0）	爵減　族誅	4 (1.1)	4（1.1）	監置　縁組
合計		2671（100）			377（100）		

述関係などに整理する。その調査結果は、対照表の形で表Ⅰのようにまとめられる。

　日中双方に見られる結合関係の相違は何を意味するのか。以下は、上掲の表に基づいて、主に日中双方の相違が大きく、語彙全体の10%を超える結合関係を持つ語について検討する。それに、「日本語に特有の語構成

パターン」と思われがちの客述関係を持つ語も研究対象とする。以下では、日中双方の相違が大きい順にしたがって考察していきたい。

2.1 連体修飾関係の二字語

　連体修飾関係で結合された語彙は名詞であり、前部語基・後部語基が修飾と被修飾の関係で結合されている。前部語基の品詞性の違いによって、N＋N構造、V＋N構造、A＋N構造、S＋N構造の4種に分けられる。そして、各構造に属する語数の順番は、N＋N構造＞V＋N構造＞A＋N構造＞S＋N構造のようになっている。また、連体修飾関係に属する語数は、日中双方のどちらにおいても共に最も多い。この三点においては、日中双方は同様である。

　ところで、語数の面では、中国製の古代二字語967語は和製の近代二字語233語より734語多く見られる。しかし、日中双方の語彙全体に占める比率で比べると、中国製の連体修飾関係を持つ語は、中国製の二字語全体の36.2％を占めるが、和製の連体修飾関係を持つ語は、和製の二字語全体の61.8％を占める。千年以上の長い歴史の中で、大量の中国製の古代法律用語が作られた。したがって、全体の語数からみると、中国側の語数が日本側のそれより多いのは当然である。一方、和製の近代法律用語は、西洋の近代法律上の「-金、-権、-法、-人」などの新しい概念を表すために作られたものである。欧米語では、それらの概念は半分以上が名詞であるため、日本語に翻訳されて、名詞になるのも当然である。

2.1.1　N＋N連体修飾関係

　品詞性が同じである漢字は結合しやすいため、日中双方の連体修飾関係で結合された語彙には、N＋N構造の語が最も多く見られる。中国製の二字古代法律用語495語は和製の二字近代法律用語121語より374語多く現れたが、中国語に占める比率の18.5％は日本語に占める比率の32.1％より13.6ポイント低い。実例を取り上げながらその中身をみると、以下の諸語がある。

＊中国製の二字古代法律用語の語例
　案由　鞭刑　蚕室　茶法　国憲　戸律　家罪　庫律　隷戸　呂刑　命案
　内監　前科　肉雷　事主　水獄　天罰　田律　憲法　刑典　獄吏　罪人
＊和製の二字近代法律用語の語例
　株式　刑事　憲法　国籍　債権　子法　人権　体刑　版権　物権　法人

　上掲した語例にある「憲法」は、和製の近代語と中国製の古代語として、二度、取り上げられている。この語は、中国の古代法律用語では、「国法」の意味で使われていた。後に、日本からの影響で、「constitution」の訳語として用いられるようになった。意味は日本からの影響で近代法律上の新義に転用されたが、前部語基と後部語基の結合関係は変わっていない。

2.1.2　V＋N 連体修飾関係

　V＋N構造の語彙は、日中双方にとってともに二番目に多いものである。中国製の二字古代法律用語266語は和製の二字近代法律用語64語より202語多いとはいえ、中国語に占める比率の10.0％は日本語に占める比率の17.0％より7ポイント低い。その代表例は、以下のようなものである。

＊中国製の二字古代法律用語の語例
　捕限　成法　盗人　焚刑　供状　護牌　教刑　拘票　課戸　苦主　烙鉄
　逆党　判状　窃賊　赦令　死獄　訟費　訴状　窩主　訊諜　逸犯　質券
＊和製の二字近代法律用語の語例
　検事　謝金　制法　訴権　動産　罰則　判事　付則　養親　理事　領海

　上掲した語彙にある「養親」は、中国の古代漢籍で「親を養う」の意味で使われた。のちに、日本からの影響で、「養子に行った先の父母、或いは、養育してくれた義理の父母」の新義に転用された。この語は、意味だけではなく、前部語基と後部語基の結合関係もV＋N述客関係からV＋N連体修飾関係に変わった。

2.1.3 A＋N連体修飾関係

A＋N連体修飾関係の語彙は、事物の性質・状態を表す形容詞の修飾で、上位概念を表す名詞の意味を明確にさせる。これらの語は、日中双方にとってともに三番目に語数が多いものである。中国製の二字古代法律用語200語は和製の二字近代法律用語47語より153語多いとはいえ、中国語に占める比率の7.5％は日本語に占める比率の12.7％より5.2ポイント低い。代表的な語例は、以下のようなものが挙げられる。

＊中国製の二字古代法律用語
　薄罪　常法　従犯　大刑　公罪　姦党　旧獄　苛法　酷吏　寛典　軽典
　深憲　首賊　私罪　威獄　小杖　新訟　凶徒　野刑　雑律　真犯　重刑
＊和製の二字近代法律用語
　大字　公権　細則　私安　従物　主刑　新株　正貨　総則　特許　本訴

上掲の語例では、「主刑」は中国の古代漢籍で「刑を主管する」の意味で使われたが、日本からの影響で、「主な刑罰」の新義に転用された。意味の変化にしたがって、前部語基と後部語基の構成関係もV＋N述客関係からA＋N連体修飾関係になった。

2.2 連用修飾関係の二字語

連用修飾関係の二字語は、日中双方の法律用語にとってともに二番目に語数が多い存在である。動詞性の前部語基は様態、方式、手段、条件などを提示して、後部語基で表す動作を修飾、限定する。前部語基の品詞性の違いによって、主にV＋V構造、A＋N構造、N＋V構造、M＋V構造、S＋V構造の5種に分けられる。語数の面からみると、中国製の古代二字語630語は、和製の近代二字語79語より551語多く見られる。そして、日中双方の語彙全体に占める比率で比べると、日本側の比率は中国側のそれより少し低く、2.6ポイントの差が見られる。和製の二字近代法律用語は、主に連体修飾関係と連用修飾関係に集中しているため、語数が少ないとはいえ、語彙全体に占める比率が高い。

語彙全体の10%を超えたのは、V＋V構造を持つ語彙だけであり、以下はこれに属する語のみについて検討する。品詞性が同じである漢字は結合しやすいので、これらの語は、日中双方の連用関係を持つ語にとってともに語数が最も多く、語彙全体に占める比率もほぼ変わらない。以下の諸語は、この種に属する代表的なものである。

＊中国製の二字古代法律用語（V＋V連用修飾関係）
　裁奪　笞殺　代書　盗葬　反坐　訪拿　集訊　累減　連坐　謀殺　拿究
　籍没　解審　窃取　射殺　審理　誣告　誤犯　議決　冤訴　越訴　幽殺
＊和製の二字近代法律用語（V＋V連用修飾関係）
　言渡　覚書　延納　競売　組合　催告　信用　追認　取調　反訴　漏告

　上掲した「信用」は、中国の古代漢籍では、「信じて用いる」の意味で動詞として用いられた。のちに、日本からの影響で、現代中国語では、名詞として使用されている。語彙全体は動詞から名詞に変わったとはいえ、語基のレベルからみる品詞性と結合関係は変わらず、V＋V連用修飾関係のままである。

2.3　並列関係の二字語

　並列関係で結合された二字法律用語は、前部語基と後部語基が、語彙の形成において、ほぼ同等の役割を担っている。前部語基と後部語基は同じ品詞性、類義及び反義の関係で結合され、V＋V、N＋N、A＋Aという3種が見られる。和製の近代法律用語では、並列関係で結合された語は18語あり、V＋V構造の15語とN＋N構造の3語からなり、語彙全体の4.8％を占める。それに対して、中国製の古代法律用語では、並列関係を持つ語彙は533語あり、語彙全体の20.0％を占める。そのうち、V＋V構造の語は379語、N＋N構造の語は121語、A＋A構造の語は33語ある。語彙全体の10％を超えるV＋V構造の語彙のみを研究対象として考察する。

＊中国製の二字古代法律用語（V＋V並列関係）
　阿付　裁決　懲勧　除免　逮捕　闘殴　記録　拘捕　殺伐　赦宥　審訊
　捜讅　徒流　諑罔　休棄　験勘　冤枉　謫降　甄別　証験　誅伐　縦恣
＊和製の二字近代法律用語（V＋V並列関係）
　押収　拐引　完済　警察　認可　布告　布達　弁償　没収　免許　留保

　現段階の調査に基づいて、中国製の二字古代法律用語と、和製の二字近代法律用語とを比較すると、中国製の二字古代法律用語は語数が遥かに超えるだけではなく、語基の品詞性もより豊かである。このことから、並列関係は典型的な中国語の造語パターンの一つと言って差し支えないだろう。

2.4　述客関係の二字語

　V＋N述客関係は、中国語に特有の構成関係と思われがちであるが、実際に調べたところ、日本語には少ないながら、確実に存在している。この構造で結合された語彙には、中国製の二字古代法律用語は456語あり、中国製の二字語全体の17.0％を占めており、以下にその一部を列挙する。和製の二字近代法律用語は41語あり、和製の二字語全体の10.9％を占めており、その諸語は以下のようなものである。

＊中国製の二字古代法律用語
　熬刑　鞭背　播刑　炒鉄　笞臀　除名　断脊　罰俸　犯法　復讐　伏罪
　錮身　帰獄　緩刑　検案　決獄　科罪　立案　乱倫　免官　納言　匿罪
　平反　棄市　籤爪　請罪　入官　申冤　失刑　受財　守法　慎刑　贖身
　司憲　停刑　聴訟　脱監　問事　誣人　梟首　行窃　行刑　宥罪　執法
＊和製の二字近代法律用語
　違憲　開廷　開票　科料　監事　企業　棄権　起訴　行政　検疫　絞首
　集権　出願　出頭　譲歩　請願　造林　代位　退社　退廷　脱税　脱船
　適法　適齢　転籍　涜職　得票　入社　廃刊　敗訴　犯則　復権　閉会
　要償　預金　離縁　立憲　立証

V + N 述客関係は、典型的な中国語の統語構造（いわゆる V + O 構造）と一致している。そのため、中国側のこの種に属する語彙の数が多いのは当然である。一方、和製の二字近代法律用語には、V + N 述客関係の語が見られることから、日本人が近代語を作成する際に、中国語から受けた影響が大きいことが見られる。西洋の近代法を翻訳する際、中国の古代漢籍に典拠がある語彙に、近代法律上の新義を付与すること以外に、典型的な中国語の統語関係に基づいて、中国の古代漢籍に典拠が見られない新語を作る手段も用いられた。

2.5 客述関係の二字語

N + V 客述関係の二字法律用語は、典型的な日本語の統語構造に基づいて作成されたものであり、日本語の中で特有の語構成パターンだと思われがちである。しかし、この部類に属する二字法律用語の数は中国側のより少ないだけではなく、和製語彙全体に占める比率も中国側のそれより低い。和製の二字近代法律用語には、N + V 客述関係を持つものは 4 語だけあり、語彙全体の 1.1% を占める。それに対して、中国製の二字古代法律用語には、この関係を持つものは 27 語あり、語彙全体の 1.0% を占める。それでは、日中双方のこの構造で結合された諸語は、以下のように挙げられる。

＊和製の二字近代法律用語（N + V 客述関係）
　縁組　学監　監置　質入
＊中国製の二字古代法律用語（N + V 客述関係）
　邦亡[9]　参夷[10]　党禁[11]　盗械[12]　爵減[13]　爵滅[14]　貌閱[15]　門蔭[16]

---

[9] 邦亡：ある国から逃亡する。
[10] 参夷：三族全員を誅殺する。
[11] 党禁：ある党に属するメンバーに対して、官途につくことを禁じる。
[12] 盗械：犯人に刑具をつける。
[13] 爵減：爵位を降格する。
[14] 爵滅：爵位を取り上げる。
[15] 貌閱：戸籍を確認する際、官吏が住民と面接して、容貌（年齢や健康状態）を査閲する。
[16] 門蔭：先祖の勲功は一門を庇護し、子孫や親族がそのお蔭で、官位職階を得られる。

門誅[17]
面夷[18]　賕納[19]　市平[20]　庶戮[21]　死比[22]　它比[23]　体解[24]　屋誅[25]　刑貶[26]
刑錯[27]　刑恤[28]　要斬[29]　札付[30]　肢解[31]　種誅[32]　族夷[33]　族誅[34]　罪施[35]

調べたところ、古代中国語には、N + V 客述関係を持つ語彙は少ないながら、確実に存在していた。上掲した中国製の古代法律用語は、"要斬、支解"以外、ほとんど廃語になったもので、現代中国語には定着していない。このような構造を持つ語彙は、日中両国語の語順の相違が生じる原因を探るにあたって、ある意味で、手掛かりのような存在である。更なる研究は、今後の機会に譲りたい。

3　二字語の語基の造語力
3.1　前部語基の造語力
　二字語の語基の造語力については、前部語基と後部語基との比較によって、日中間の造語力の相違をとらえる必要がある。そこで、日中双方のデータを同じ方法で整理し、前部語基の造語力の調査から着手していきたい。

---

[17] 門誅：一門を誅殺する。
[18] 面夷：顔を傷つける。
[19] 賕納：賄賂を贈る。
[20] 市平：市価を安定させる。
[21] 庶戮：庶民を殺害する。
[22] 死比：死刑に準ずる。
[23] 它比：他の条文に準ずる。
[24] 体解：身体を切断する。
[25] 屋誅：一門を誅殺する。
[26] 刑貶：刑罰を緩和する。
[27] 刑錯：刑罰を用いない。
[28] 刑恤：刑罰を慎んで用いる。
[29] 要斬：腰（要）から斬る。
[30] 札付：札に付する。
[31] 肢解：手足（四肢）を切断する。
[32] 種誅：一門を誅殺する。
[33] 族夷：一族全員を誅殺する。
[34] 族誅：一族全員を誅殺する。
[35] 罪施：刑罰を科す。

詳しい結果は、以下のように対照表の形でまとめてみる。

表Ⅲ　日中両国二字法律用語の前部語基の造語力の対照

中国製の二字古代法律用語			和製の二字近代法律用語		
造語数	語基数	一字前部語基と語例	造語数	語基数	一字前部語基と語例
10以上	50 5.8%	刑（-獄）、法（-部）、罪（-死）、誅（-殺）、獄（-訟）、憲（-法）、私（-罰）、赦（-令）、…	10以上	1 0.4%	公（-安、-権、-告、-債、-証、-訴、-売、-判、-報、-民、-立、-路）
9-5	113 13.2%	盗（-人）、犯（-法）、囚（-律）、姦（-邪）、強（-盗）、捕（-限）、死（-刑）、訟（-費）	9-5	2 0.9%	認（-許、-印、-諾、-証）、法（-貨、-人、-力、-定）
4-2	310 36.1%	従（-犯）、暴（-獄）、処（-罰）、逮（-捕）、国（-憲）、減（-贖）、隷（-人）、連（-坐）…	4-2	85 37.1%	動（-産）、適（-法）、体（-刑）、脱（-税）、国（-籍）、民（-事）、権（-限）、株（-金）…
1	385 44.9%	棒（-殺）、弛（-刑）、寒（-審）、教（-刑）、恐（-喝）、凌（-遅）、謀（-殺）、種（-誅）…偽（-証）、債（-権）、	1	141 61.6%	絞（-首）、物（-権）、科（-料）、没（-収）、敗（-訴）、涜（-職）…
2671	858	（平均造語数約 3.11 語）	377	229	（平均造語数約 1.65 語）

　中国製の古代二字法律用語 2671 語に含む前部語基 858 種には、造語数が 10 語及びそれ以上の語基が 50 種あり、前部語基全体の 5.8％を占める。主に"刑-、法-、罪-、獄-、収-、誅-、奏-、執-、大-、私-、冤-"などの基本概念を表す名詞性語基（N）とその性質・状態を表す動詞性語基（N）と形容詞性語基（A）である。そして、造語数が 9 語から 5 語までの語基が 113 種あり、前部語基全体の 13.2％を占める。また、造語数が 4 語から 2 語までの語基が 310 種あり、前部語基全体の 36.1％を占める。さらに、造語数が 1 語しかない語基が 385 種あり、前部語基全体の 44.9％を占める。全体的に言うと、1 語基あたりの平均造語数は約 3.11 語である。

　一方、和製の二字近代法律用語 377 語に含まれた異なる前部語基 229 種の中で、造語数が 10 語及びそれ以上になる語基は、「公-」という形容詞

性語基（A）が唯一の存在であり、前部語基全体の0.4％を占める。そして、造語数が9語から5語までの語基が2種あり、前部語基全体の0.9％を占める。さらに、造語数が4語から2語までの語基が85種あり、前部語基全体の37.1％を占める。最後に、造語数が1語しかない語基は141種あり、前部語基全体の61.6％を占める。全体的に言うと、和製の二字近代法律用語の前部語基の造語力は高いとは言えず、1語基当たりの平均造語数は1.65語という低い数値にとどまっている。

3.2 後部語基の造語力

つづいて、後部語基についても、同じ方法で語基ごとに造語数を調べ、それぞれの造語力について考察する。詳しい結果は、表Ⅲの通りである。

表Ⅳ　日中両国二字法律用語の後部語基の造語力の対照

中国製の二字古代法律用語			和製の二字近代法律用語		
造語数	語基数	一字後部語基と語例	造語数	語基数	一字後部語基と語例
10以上	51 6.2％	刑（緩-）、法（礼-）、獄（冤-）、罪（公-）、律（戸-）、殺（杖-）、罰（天-）囚（窃-）…	10以上	3 1.6％	金（基-、預-、年-、株-）、権（版-、集-、物-、債-）、法（従-、民-、母-、適-）
9-5	81 9.8％	師（訟-）、免（贖-）、聴（雑-）、章（刑-）、過（宥-）、料（罪-）、流（貶-）、訴（上-）…	9-5	12 6.5％	渡（譲-）、告（催-）、書（但-）、訴（起-）、事（刑-）、税（脱-）、証（仮-）、則（罰-）…
4-2	285 34.5％	鋼（禁-）、裂（車-）、謀（首-）、絶（誅-）、滅（夷-）、恕（宥-）、没（籍-）、傷（殺-）…	4-2	55 29.7％	林（造-）、収（没-）、物（主-）、償（要-）、払（支-）、人（法-）、料（科-）、審（終-）…
1	410 49.6％	綟（縹-）、孝（不-）、税（戸-）、勢（割-）、場（法-）、徳（刑-）、俸（罰-）、曲（枉-）…	1	115 62.2％	株（新-）、組（縁-）、産（動-）、死（変-）、罰（体-）、兵（憲-）、別（罪-）、調（取-）…
2671	827	平均造語数は約3.23語である	377	185	平均造語数は約2.04語である

中国製の古代二字法律用語2671語に含む後部語基827種には、造語数

が10語及びそれ以上の語基が前部語基の状況と同様に51種あり、後部語基全体の6.2％を占める。主に"−刑、−法、−獄、−罪、−訟、−殺、−罰、−断"などのような基本概念を表す名詞性語基（N）と動詞性語基（V）である。そして、造語数が9語から5語までの語基が81種あり、前部語基全体の9.8％を占める。また、造語数が4語から2語までの語基が285種あり、前部語基全体の34.5％を占める。さらに、造語数が1語しかない語基が410種あり、前部語基全体の49.6％を占める。全体的に言うと、後部語基の造語力は前部語基のそれよりやや高くなり、1語基あたりの平均造語数は約3.23語になる。

和製の二字近代法律用語377語に含む後部語基185種には、造語数が10語及びそれ以上の語基は「−法」「−権」「−金」の3種あり、後部語基全体の1.6％を占める。いずれも基本概念を表す名詞性語基（N）である。そして、造語数が9語から5語までの語基が12種あり、前部語基全体の6.5％を占める。また、造語数が4語から2語までの語基が55種あり、前部語基全体の29.7％を占める。さらに、造語数が1語しかない語基が115種あり、後部語基全体の62.2％を占める。全体的に言うと、後部語基の造語力は前部語基のそれより高くなっており、1語基あたりの平均造語数は約2.04語である。

4　おわりに

現段階の調査結果からみると、和製の二字近代法律用語にある結合関係は、ほとんど連体・連用修飾関係に集中しているが、中国語の場合は、連体・連用修飾関係の他には、述客・並列関係も比較的多く見られる。結合関係の全体にわたって見ると、清末に和製の近代法律用語の借用に伴って中国に伝わってきたものではなく、むしろ、古代に中国から日本へ輸出したものと考える。それに、"不直、姦邪、坐贓、情実"などS＋A連用修飾関係、A＋A並列関係、V＋N述補関係とN＋A主述関係を持つ語が、中国のほうだけに見られる。つまり、中国古代の二字法律用語にある結合関係は和製の二字法律用語より多様性がより豊かである。和製の二字近代

法律用語には、日本語式のN＋V客述関係の語彙は4語だけであり、中国語式のV＋N述客関係の語彙は41語に上っている。このことから見ると、近代法律用語の創出に於いて、中国語からの影響が強かったと言える。

一方、中国製の法律用語に及ぼした日本語からの語構成上の影響は、個別の語彙に限られている。たとえば、日本語からの影響で、「特許、慣行、主刑、法定」などのような古代漢籍に典拠がある従来語の語構成関係は、それぞれA＋V 連用修飾関係、V＋V 連用修飾関係、V＋N 述客関係、N＋V 主述関係からA＋N 連体修飾関係、V＋N 連体修飾関係、A＋N 連体修飾関係、N＋V 連用修飾関係に変わった。

そして、日中両国の二字法律用語の語基の造語力を対照してみると、中国側の造語数が10語及びそれ以上の語基は、日本側のそれより多い一方、品詞性の多様性も豊かに見える。そして、造語数が9語から2語までの語基数と比率、また、1語基あたりの平均造語数は、いずれも日本側より中国側のほうが高い。この調査結果に基づいて、和製の二字近代法律用語の語基の造語力はまだ弱い状態に止まっていることが判明した。それに対して、中国製の二字古代法律用語は和製の二字近代法律用語の約7倍であり、二字法律用語では、中国製の古代法律用語が主流である。

日中二字法律用語の語構成における相互影響関係を究明するために、唐代から明治期までの中国製の二字古代法律用語が和製の二字近代法律用語への影響を明らかにしてから、和製の二字近代法律用語が清末から現代までの中国製の二字近代法律用語への影響（後期）も把握しなければならない。本稿では、主に一番目の課題に偏っているため、今後は清末に公布された新法令、民国と中国の現行法律法規における中国製の二字近代法律用語を研究対象にし、二番目の課題の解決に向けて考察していく所存である。

参考文献

三浦熙他 1901『新法律辞典』大日本新法典講習会

田辺慶弥編 1902『法律経済辞典』宝文館

岸本辰雄 1904『法律経済辞解』明治大学出版部

徐用錫訳 1905《漢訳新法律詞典》京師訳学館

董鴻禕他編 1907《法規解字》商務印書館
張春涛他訳 1907《漢訳法律経済辞典》奎文館
陳彦彬他訳 1907《法律経済辞解》並木活版所
朱樹森他編 1907《日本法政辞解》並木活版所
何道貞他編 1908《法律名辞通釈》法政学堂紳班
王我臧訳 1909《漢訳日本法律経済辞典》商務印書館
山田孝雄 1940『国語の中に於ける漢語の研究』宝文館 pp.217-248
野村雅昭 1974a「三字漢語の構造」『国語国語研究所報告 51』pp.37-62
野村雅昭 1974b「四字漢語の構造」『国語国語研究所報告 51』pp.37-62
野村雅昭 1988「二字漢語の構造」『日本語学』pp.44-55
高潮他編 1989《中国古代法学辞典》南開大学出版社
朱京偉 2011a「在華宣教師の洋学資料に見える三字語　蘭学資料との対照を兼ねて」『国立国語研究所論集』pp.93-112
朱京偉 2011b「蘭学資料の四字漢語についての考察　語構成パターンと語基の性質を中心に」『国立国語研究所論集』pp.165-184
朱京偉 2013「在華宣教師の洋学資料に見える四字語　蘭学資料の四字漢語との対照を兼ねて」『国立国語研究所論集 6』pp.245-271

現代中国語にどれくらいの
日本借用語があるのか

陳　力衛

(成城大学)

要旨：現代中国語の中にどれくらいの日本借用語があるのかについて長年議論されてきたが、今まで正確な調査もなく、個人的な判断に基づく語彙表を挙げるだけに止まっていた。そうした理由の一つはそもそも日本借用語の内訳に不明瞭な部分があり、個々の語の素性判断を下すには相当な時間と労力がかかることが挙げられる。そして、具体的な数字を出す場合、語彙調査の一定の範囲を定めていないこともそうした問題を曖昧にし、いろいろと想像の空間を残したと思われる。そこで本稿は『普通話三千常用詞表』(増補版、1987年、3996語を収録) を中心に意味分野別に、その借用語の分布を調べてみた。さらに『現代漢語常用詞表』(2008年、56008語を収録) によって上位頻度順の4000語を対象に、両者を比較しながら、現代中国語における日本借用語の具体的な量的分布と展望を試みた。

キーワード：日中同形語、和製漢語、新漢語、借用語、意味分類

はじめに

日本借用語に関する論文やエッセイは日本でも中国でも枚挙にいとまがない。その多くは日中両国語におけるそれぞれのスタンスを反映していて、いろいろな言説が一人歩きしている観を呈している。また、「日本借用語がなければ中国語として成り立たない」、「人文社会用語の 80％は日本借用語である」等の論調をよく耳にする。それは「文化は高いところから低いところへ流れる」という文化優位論に立つものもあれば、単に自国の文化だけを強調する狭いナショナリズムから出発するものもある。

そういった議論がなぜ起こりうるのかについて言えば、上記の心情的な要素のほかに、基本的に日本借用語の定義と範囲が定まらないことが問題なのである。しかもそうした議論はいつも同じところで繰り返されることが多い。そこで本稿ではいままでの研究成果に基づいて、語彙調査の結果を利用し、意味別、頻度別にこの問題にかかわるポイントを整理し、具体的な数値を出してみたいと思っている。

本稿の構想はかつて東アジア近代語研究会で口頭発表をしたことがある[1]。しかし、当時、データベースの利用環境が整わず、個々の語の素性判断に慎重さを期すために、しばらく作業を停止していた。その後、いくつかのデータベースの利用が可能となり、また新語や和製漢語の研究が積み重ねられたことで、ある程度語史へのアプローチの環境が徐々に整ってきたため、ここで再度この問題に挑戦しようとするものである。

1　研究史の回顧

1.1　語彙表の恣意性

中国で、日本伝来の言葉を意識しはじめたのは梁啓超の『和文漢読法』（1900）と『新爾雅』（1903）あたりであろう。それから新語集にはじめて J をもって日本由来の語を示したのは Hand book of new terms A. H.

---

[1] 2010 年 3 月 19 日に韓国誠信女子大学で行われた国際シンポジウム「漢字文化圏における近代のキーワード」にて

MATEER 1917 であった。しかし、そうした動きに対して早くも自国の本源説を立てて中国の古典との関係を強調しようとする向きが出ている。民国七年（1918）の『新名詞訓纂』（周商夫編、『明清俗語辞書集成』第三輯、汲古書院、昭和49年）に「出張、裁可、商標、目的、時計」が収録されているが、その訓釋はいかにも強引である。たとえば、「出張」を『周礼』「天官掌次。掌凡邦之張事。」と、関連をつけようとする。このやり方は後にほとんどの新漢語に漢籍の出典をあてる『王雲五新詞典』（1943）に継承されている。

　このように見ると、いわゆる日本由来の語のリストアップは最初からその基準をあまり定めずに、編者の恣意的判断によるところが多い。この点は後世いろいろと出てきた日本借用語のリストと共通している。

　たとえば、高名凱・劉正埮の『現代漢語外来詞研究』（1958、文字改革出版社）では459あまりの日本由来語を示してから、王立達や譚汝謙や実藤恵秀などが次々とその借用語のリストを増やしていった。また北京師範学院中文系漢語教研室の『五四以来漢語書面語言的変遷和発展』（1959、商務印書館）では日本からの借用語を二節設けて説明するほか、とくに「反〜、非〜、超〜」の接頭辞や「〜者、〜化、〜性、〜主義」のような接尾辞による造語の影響が大きいと指摘している。結果的に今日では劉正埮・高名凱などの『漢語外来詞詞典』（1984、上海辞書出版社）の約892語（沈国威の『近代日中語彙交流史―新漢語の生成と受容』にその語彙一覧を収録）に集約されるようになるが[2]、しかし、問題は日本人も中国人もお互いに相手がそう言っているから間違いないという軽信の上で論を展開させ、そして語数を累積させていくことである。さねとうけいしゅうの著書（1973）にわざわざ「中国人のみとめる日本語彙」という一節を設けて、1950年代の上記中国人による研究を全面的に肯定したことで、輪をかけてこのような議論が増幅するようになった。

　なぜそうなったかについて、二つの要因が指摘できるかと思う。一つは日本語と中国語における新語の取り扱いに不均衡が存することにある[3]。

---

[2] 沈国威「回顧与前瞻 日语借词的研究」『日語学習与研究』160号、2012年第3期
[3] 陳力衛「囲繞近代「新漢語」的一些問題」『日語学習与研究』160号、2012年第3期

	日本語	中国語
a	中国語からの直接借用　≠	本族詞・本族新詞
b	中国の古典語を用いて外来概念を訳すための転用	
	≒	日本回帰借詞
c	外来概念にあてるため、日本人独自の創出　=	日本原語借詞

　これを見てわかるように、日本語のcに対してだけ、中国語の「日本原語借詞」は対応しているが、その他の部分について、中国側の受けいれの態度が異なっていた。日本語のaに対する中国独自の造語「本族新詞」は「火輪車、公司、鉄路」などごくわずかな語数（王力（1993）では7語しか挙げられない）に留まっている。そこで、どうしても「日本回帰借詞」で日本語のab両方を巻き込んで拡大解釈してしまう。代表的な言語学者王力はこうした借用語について明治以降の中国人留学生は日本語をそのまま利用する事実を認めつつ、これでも「中国語は日本語からことばを借りたのではないと考えるべきだ」と主張している。理由はこれらの語彙は日本語固有のものではなく、ただ西洋の概念を吸収したものであり、しかもその新概念は日本の固有語で表せないから、漢字によって新しい語を創出してこそ、中国語もそれをじかに利用でき、無駄が省かれるだけであるという。さらにbについて「もし中国人がさきに訳すとしたら、同じ結果になるかもしれない。実際に日本人が先に訳したから、中国人はそのまま利用するまでだ[4]。」と述べている。つまりこの「日本回帰借詞」という用語の背後に「実は中国語本来の語源があるぞ」という尊大な中華思想が読み取れる。こうした考えが中国で支配的であったために、この用語の使用によっては日本由来の語を曖昧にさせるだけでなく、近代化に遅れる文化的な劣勢と、中国の漢字による造語という屈折した心情を反映しているとも見受けられる。

　もう一つは、これらの研究においていわゆる借用語の認定過程に関する資料がほとんど提示されていないことにある。中国におけるこれらの研究

---

[4] 王力『漢語詞彙史』商務印書館、1993　153頁

成果は基本的に漢訳洋書や英華字典などの資料を使わずに完成されたものであり、恣意的な判断によるところが少なくないため、近年の研究によってその間違いを指摘された語が数多く出てきている[5]。また、最近ネット上でもこの問題への対応が成熟していてより客観的に取り組んでいる研究も見られるようになった[6]。

にもかかわらず、国内外においてこれらの「成果」をもとに論を展開する研究が多いため、同じような間違った認識がますます広がりを見せている。1990年代に入ってアメリカでは、中国語の新語として研究する馬西尼（1993）と劉禾（1995）が相次いでそれぞれ著書を出版した。両者とも新語表とともに日本由来の語をとりわけ表出しているところが特徴である。両書の扱っている新語は時代的にはちょうど繋がっていて、いずれも『漢語外来詞詞典』をベースに語の出自を判断している。馬西尼氏は従来の研究に対して、訂正などを加えている部分はあるが、劉禾氏のものはむしろ全面踏襲している感をぬぐいきれない。

日本の中国思想史研究でもこういった新概念の導入に伴う近代中国の受容を問題にする動きが見られる。2001年に入って日本では山室信一『思想課題としてのアジア』が出版され、日本語学で使用される資料を利用して語の出自を丁寧に跡付けるところは評価すべきであるが、最後の日本由来であるかどうかの判断を結局上記のリストにどれくらい認められるかに委ねているところがせっかくの資料による検証を台無しにしている感がある。また石塚正英・柴田隆行監修の『哲学・思想翻訳語事典』（論創社、2003）では原語の意味と訳語の意味とを比較させながら日本での定着を見ているやり方は思想史からの要請として着眼点はいいが、ところどころで日本語学の研究成果を盛り込んでいないのが残念である。

---

[5] 陳力衛「近代日本語における中国出自のことばについて」『アジアにおける異文化交流』明治書院、2004.3
[6] 「汉语中究竟有多少日语外来词？——再驳所谓"离开了日本外来词、中国人无法说话"之谬论」http://bbs.tianya.cn/post-no01-488080-1.shtml

1.2　日本借用語の定義と範囲

　日本からの借用語を分析するには最大公約数として現代中国語における日中同形語数を挙げることができよう。今日の時点において、その同形語が大量に存在することが知られている。なぜ、どのようにしてこのような状態になってきたかを見ること自体、重要な意義を持っている。下記の図のように、日本語内部での分類からみれば、和語、外来語、漢語という異なった語種にわたっており、さらに漢語を新旧に分けることができるが、東アジアにおける同形語の広がりという広い視野から見て、中国語や朝鮮語は漢字表記にだけ頼っているため、おそらく次のような①から⑩までの語をすべて同形語の対象とすべきであろう。①の和語の漢字表記でも、②の熟字訓でも一応同じ漢字語というレベルで受け入れられる。また、外来語の③は中国語由来であるのに対して、④は逆に日本語から中国語へ渡ったものであるため、中国語と韓国語の視点からみれば、どちらも同形語であることに間違いない。漢語の新旧にしても、さらに新漢語の内訳をみても現在、日中韓ではともに使われているのが事実である。

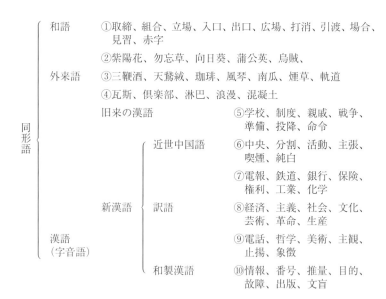

ただ、歴史的に考えれば、漢語は日本の上代に伝わっており、次第に日本語に溶け込み、現代に至ってはすでに日本語の一部分になっている。いわゆる中国語から日本語へ入ったのは②③⑤⑥⑦であり、日本語から中国語へ入ったのは①④⑨⑩であることはおそらく異存はなかろう。そのため、狭い意味で考えればそれだけを問題にすればよいのであるが、いわゆる旧来の漢語に近代欧米概念を付与した⑧の扱い（借用語とみなされるかどうか）が焦点となってくる。

その⑧について、形態的には中国語由来でありながら、意味的には旧来の漢語との隔たりがあるため、その新義の付与は日本で行われたとしたら、一種の日本借用語と見做してもよいと思われる。とくにその近代的意味は西洋概念という第三者による確認ができるところが決め手になりやすい。

しかし同じ漢語出自で、近代以降のある時点から日本語の環境下での使用が急速に重要度を増してきて「新漢語」の仲間入りを果たすものも多い。たとえば、「実現」「表現」「出現」のような近代日本語において基本語の座を確立された語について、語源的には中国語由来だが、使用量の上昇とともに「基本語化」への道のりも日本で達成されてから、中国語へ伝わり、再度使用され出したのも事実である[7]。それらを中国語の視点からみて沈国威（2014）では「日本語刺激語」と呼んでいる。今回の調査ではこちらの語をいわゆる漢語の日本語における変化として、やはり⑤⑥のいずれかに位置づけている。言い換えれば、日本語からの借用語として扱っていない。

それだけでなく、新しい概念への対応として作り出された国字も近代化をめざす中国にも必要なものとなるため、近代訳語の中国流入と同時期に、日本から意味と形態とともに伝わったものも多い。ただ、その中で現在の中国語では訳し直されたものも多く、わずかに「糎（センチメートル）、腺」などしか残っていない。ゆえに、本調査ではこの一字語の国字または国訓をもつ漢字などを対象外としている。

---

[7] 田中牧郎「新漢語定着の語彙的基盤―『太陽コーパス』の「実現」「表現」「出現」と「あらわす」「あらわれる」など―」『日語学習与研究』160号、2012年第3期、2012.6

2 調査対象の数量値

2.1 語数とカバー率

カバー率とは、使用頻度の順位、上位 n 番目までの語彙で、その言語をどの程度理解できるかを示す割合である。つまり、どれぐらいの単語を覚えれば、言語をコミュニケーションの手段として支障なく使えるかということが、語数とそれによるカバー率との関係である。中国語と日本語を含めたいくつかの言語の結果は下記のとおりである。

表1　出現頻度とカバー率[8]

言語別％ 出現頻度	英語％	仏語％	スペイン語％	中国語％	朝鮮語％	日本語％
上位 2000 語	86.6	89.4	86.6	82.2	81.2	70.0
上位 3000 語	90.0	92.8	89.5	86.8	89.3	75.3
上位 4000 語	92.2	94.7	91.3	89.6	—	—
上位 5000 語	93.5	96.0	92.5	91.6	89.3	81.7

この表1を見ると、欧米語のカバー率は 2000 語で 86.6％あまりに上り、3000 語で 90％前後というように、ほぼ同じ程度で推移している。これに対して、中国語は 86.8％となり、朝鮮語は 89.3％、日本語はもっともカバー率が低い 75.3％となっている。欧米語では 5000 語で、92％以上のカバー率を達成できるのに対して、日本語はその時点ではまだ 81％にしか届かない。逆に言えば、日本語で欧米語と同じレベルの 91.7％に達するには、倍の 10000 語が必要とされるのである。

2.2 調査対象

現代中国語とはいえ、どの範囲まで調査すればよいかが問題である。今回は鄭林曦『普通話三千常用詞表』（語文出版社、初版 1959 年、3624 語

---

[8] 国立国語研究所『語彙の研究と教育』（上）101 頁、大蔵省印刷局）により作成。中国語と朝鮮語はそれぞれの調査報告書によって追加。

を収録、増訂1987年、3996語を収録）を調査対象とする[9]。『普通話三千常用詞表』（増訂本）は実際に3996語を収録し、語数では4000語に近いから、ほぼ89.6％のカバー率を有している。著者自身もその3996語を13万字の各種類の文章に掛けた結果、平均87％のカバー率を得ていると報告していることから[10]、おおむね現代中国語の実態を反映しうる資料と見られる。

その『普通話三千常用詞表』（増訂本）は品詞（名、動、形、数、量、代、副、介、連、助、嘆、擬音）による分類のほかに、下記のように、意味による分類をも行っているので、どの分野に日本借用語が集中しているかが分かる。たとえば、

名詞の下に、1 天象　2 地理　3 時間　4 理化現象　5 鉱物、無生物　6 動物　7 植物　8 糧菜、果品　9 食品　10 服装　11 房屋、公共場所　12 家具、生活用品　13 生産工具、材料　14 人的身体、生理　15 体育、衛生、医薬　16 人的長幼、家族関係　17 社会関係、称謂　18 職業、行業　19 工農商業　20 社会団体、宗教　21 政治、法律、経済　22 軍事、公安　23 行政区域、城市、郷村　24 交通、郵電、播放　25 社会交際　26 文化、体育、学術　27 芸術、娯楽　28 思想、感情　29 抽象名詞及其它　30 方向、位置（方位詞）という30項目に分けられている。

むろん、それより大規模な中国語の語彙調査はほかには北京語言学院編纂の『現代漢語頻率詞典』（北京語言学院出版社1986年、8000語を収録）と、国家語言文字工作委員会が頒布した『現代漢語常用詞表』（商務印書館2008年、56008語を収録）とがあるが、いずれも意味分野別の分類がなされていないため、今回は後者の頻度別を4000語まで参考にして『普通話三千常用詞表』との比較に使うことにする。

2.3 調査方法

手順としてはまず、総語彙数の3996語のうち、一音節語を取り除き、二音節以上の復音節語を2847語得る。それは総語彙数の71.2％を占めている。そしてその中からさらに日中同形語を確定する。

---

[9] 「診療所」を「医務所」に直した例がある。
[10] 『普通話三千常用詞表』（増訂本）12頁、19頁

表2 『普通話三千常用詞表』（増訂本、1987）の日中同形語の分布

品詞＼語数	総語彙数	復音節語	日中同形語	
名詞	1825	1552	639	（41.2%）
動詞	1028	603	319	（52.9%）
形容詞	480	333	173	（51.9%）
副詞	228	185	54	（27.5%）
その他[11]	425	174	29	（16.6%）
計	3986[12]	2847　（71.2%）	1214	（42.7%）

　日中同形語の範囲を1.2で示されたように、広くとらえている。形態上の一致だけをもって決めたため、「大家、大方、公安」など意味の不一致や偶然な「暗合」も含まれている。むろん「芸術・艺术」などの字体による相違をも無視している。さらに、「達到、結氷、介紹」などの逆順語も一応同形語として扱う。それについて異論の出てきそうなところだが、日中間において相互に影響関係が認められる場合に限って選び出している。同じように、「電視[13]、排球[14]」のように日本語においてかつて存在した漢字表記語をも例外の対象としている。つまり、歴史的に日本語由来の可能性をもみ消したくないからである。なお、日本語においてその語の有無を確認するために下記の三辞書を用いた。

　『岩波漢語辞典』1987年
　『三省堂国語辞典』（第四版）1992年

---

[11] その他は、品詞別に見ると、復音節語と日中同形語との比は下記の通りである。
　数詞38/18、量詞4/1、代詞47/4、介詞17/1、連詞50/5、助詞5/0、嘆詞4/0、擬音詞7/0
[12] ここでの総語数3986が著者のいう総語数3996とは10のずれがあるのは、両品詞にまたがる語を一回としか数えないからである。
[13] 宮島達夫（2008）「テレビと電視—「電視」は和製漢語か」『漢字文化圏諸言語の近代語彙の形成—創出と共有』関西大学出版部
[14] 陳力衛「英華辞典と英和辞典との相互影響—20世紀以降の英和辞書による中国語への語彙浸透を中心に—」『JunCture』03号、名古屋大学大学院文学研究科付属日本近現代文化研究センター、2012年3月、78-98頁

『新選国語辞典』(第九版) 2011 年

　最初の一冊は漢語辞書であると同時に、出版の時代年もちょうど中国語の資料と同じである。二冊目は現代国語の反映として、三冊目はより広めの語彙量で検証可能なものとしてそれぞれ選んだわけである。

　結果、表2のように、名詞は語彙量が一番多いにもかかわらず、同形語率はさほど高くなく、41.2％に止まっている。動詞はそれに次ぐ語彙量だが、驚いたことに同形語率が一番高く52.9％に達している。しかも形容詞もそれに次いで二位の51.9％であり、両者ともに名詞より高い。残りの副詞とその他の品詞は同形語率が低いことは想定内であろう。それでも平均として42.7％の同形語率が得られることになる。

　日中同形語からさらに日本由来の語を抽出することは容易い作業ではない。拙稿（2011.7、2012）では方法論的な提示と問題点を指摘してきた。また、従来では日本近代語の新漢語を取り扱う際、いわゆる中国語から日本語への影響を⑦だけに限って見てきたが、本稿ではそれを前の近世や古代から日本語に伝わったものと同一視することにした。それで、下記のように調査語彙を三分類する。それぞれの出自を、従来の研究成果を参照しつつ、辞書やデータベースによって確認する。いわゆる日本からの借用語をbとcにする。

　　a　中国語由来　　　　　　　　　　　　　　　　例⑤⑥⑦
　　b　中国の古典語を用いて外来概念を訳すための転用　例⑧
　　c　日本語由来　　　　　　　　　　　　　　　　例①④⑨⑩

　最後に、それぞれの結果を意味分野別に示す。

3　分野別調査結果

3.1　名詞

　名詞の全体のイメージは次の表3で確認できよう。日中同形語率の低い

のは7の「植物」と10の「服装」に対して、日中同形語率の高いのは21の「政治、法律、経済」が目立っている。

表3 名詞

名詞の内訳 \ 語数	総語彙数	復音節語	日中同形語	b 転用語	c 日本借用語
1 天象	38	22	11	1	1
2 地理	25	14	6	2	0
3 時間	117	102	46	0	2
4 理化現象	24	20	14	0	5
5 鉱物、無生物	34	18	7	0	2
6 動物	74	49	10	1	0
7 植物	41	38	9	0	0
8 糧菜、果品	71	63	13	0	1
9 食品	67	50	11	0	0
10 服装	56	52	4	0	0
11 房屋、公共場所	61	54	16	2	8
12 家具、生活用品	144	122	16	1	1
13 生産工具、材料	86	75	13	1	1
14 人的身体、生理	79	56	13	0	1
15 体育、衛生、医薬	42	37	13	2	4
16 人的長幼、家族関係	83	78	22	2	0
17 社会関係、称謂	60	59	41	1	13
18 職業、行業	41	41	18	1	11
19 工農商業	22	22	14	0	8
20 社会団体、宗教	43	36	26	2	16
21 政治、法律、経済	115	110	91	14	30
22 軍事、公安	70	54	28	2	19
23 行政区域、城市、郷村	38	26	14	2	3
24 交通、郵電、播放	57	51	12	3	5
25 社会交際	46	43	25	2	1
26 文化、体育、学術	53	50	35	3	7
27 芸術、娯楽	67	58	15	2	2
28 思想、感情	51	50	36	2	11
29 抽象名詞及其它	44	43	36	2	6
30 方向、位置（方位詞）	76	59	24	0	0
計	1825	1552 (84%)	639 (41.2%)	48	158

そこで、21 の「政治、法律、経済」（115/110/91）を例としてみよう。

まず、総語彙数の 115 語から五つの単音節語「事、帳、銭、貨、罪」を除いて、残りの復音節語は次の 110 語となる。

政治　政策　革命　解放　和平　戦争　形勢　局勢　前途　運動　游行　罷工　紅旗　標語　口号　制度　政府　中央　地方　機関　部門　単位　会議　大会　委員会　大使館　民主　自由　平等　法律　憲法　紀律　権力　任務　義務　責任　名義　名誉　地位　秩序　利益　立場　態度　路線　主張　布告　教条　規矩　標準　命令　主義　馬克思列寧主義　馬克思主義　唯物主義　唯心主義　弁証法　愛国主義　国際主義　集体主義　個人主義　教条主義　主観主義　官僚主義　共産主義　社会主義　資本主義　帝国主義　封建主義　経済　生産　技術　産量　貨物　価銭　人民幣　支票　収據　広告　労働　工作　収入　待遇　工資　報酬　生活　計画　業務　合同　事業　公事　事情　事児　成績　成果　功労　弁法　歩驟　錯誤　優点　缺点　収穫　経験　教訓　成功　勝利　失敗　事故　損失　災荒　福利

そこでさらに同形語でない網かけの語を除けば、91 語の日中同形語を調査対象とする。その 91 語を a の中国語由来語を除いて、

b　政治　革命　平和　運動　機関　民主　自由　平等　主義　経済　技術　福利、失敗　憲法　　　　　　　　　　　　　　　14 語
c　政策　解放　標語　部門　委員会　義務　権力　大使館　秩序　立場　路線　弁証法　愛国主義　国際主義　個人主義　教条主義　主観主義　官僚主義　共産主義　社会主義　資本主義　帝国主義　封建主義　広告　労働　収入　計画　業務　成績　缺点　30 語

というような結果となる。残りは全部中国語由来の語となるわけだが、近代中国語の出自を強調したければ、確かに次の 6 語を挙げることもできる。

政府　中央　地方　単位　法律　責任　　　　　　　　　　　6 語
そこで、日本借用語の比率を算出すると、

　　　日本借用語（b14 + c30）÷総語彙数 115 ＝約 38%

とあるように、この「政治、法律、経済」分野において日本借用語の占める比率は最高の 38% となる。

　たしかに名詞全体からみると、a の中国語由来の語を特別に列挙する必要がないが、しかし、従来の研究で近代中国語の多くを日本借用語とされてきた経緯を考えると、重要な語を下記のように並べてみても一種の参考となるわけである。たとえば、上記表 3 の名詞に、

　　　地球、空気、物質、分子、電気、蒸気、電池、電灯、鉛筆、機器、滑
　　　車、材料、筋肉、医院、教師、公司、工業、銀行、教会、政府、中央、
　　　地方、単位、法律、責任、民族、祖国、汽車、電報、鉄路、（火）輪船、
　　　知識、化学、数学、新聞、文学、小説、記録、風琴、幻想、大砲、委
　　　員、圧力

のように、中国語由来の近代語が存することが英華字典や漢訳洋書の研究によって明らかになってきた。また、下記の b のように、日本語において新しい意味の付与があったと見られる語が多い。

　　　b　宇宙、森林、大陸、時代、最近、最初、最後、浴室、会場、公園、
　　　　　機械、運動、衛生、青年、愛人、教授、宗教、職員、政治、革命、
　　　　　平和、機関、民主、自由、平等、主義、経済、技術、福利、失敗、
　　　　　憲法、警察、交通、関係、伝統、文化、文明、物理、歴史、芸術、
　　　　　文芸、印象、思想、典型、程度、雑誌、問題、記者、社会

　ただし、前述のようにこの部分に日本で使用し始めてから中国語に入ったものを含むほうに視点を移すと、量的に増えてくる可能性が大である。

最後にいわゆる日本語独自の造語であるが、それも資料の開示によってさらに認識を一新させる可能性を含めている。現時点では、下記のような和製漢語を挙げることができよう。

  c 衛星、時間、時期、原子、原子能、温度、電流、鉱物、瓦斯、馬鈴薯、地点、教室、倶楽部、図書館、博物館、展覧会、広場、運動場、排球、工具、電線、噴霧器、原料、肥料、神経、体育、健康、体操、神経病、校長、院長、専（門）家、主任、部長、局長、科長、組長、幹部、上級、下級、成分、工人、社員、店員、技師、技工、木工、作家、芸術家、画家、手工業、商業、運輸業、企業、会社、農場、市場、商店、国民、公民、無産階級、資本階級、団体、政党、党派、共産党、党員、共産主義、青年団、団員、隊員、個人、私人、政策　解放　標語　部門　委員会　義務　権力　大使館　秩序　立場　路線　弁証法　愛国主義　国際主義　個人主義　教条主義　主観主義　官僚主義　共産主義　社会主義　資本主義　帝国主義　封建主義　広告　労働　収入　計画　業務　成績　欠点　軍隊、陸軍、海軍、空軍、民兵、兵士、団長、班長、武器、高射砲、砲弾、手榴弾、軍艦、原子（爆）弾、公安、公安局、派出所、特務、国際、農村、電車、三輪車、電話局、電話、電視、符号、託児所、常識、科学、哲学、生物学、刊（行）物、出版、出版社、玩具、幻灯、感覚、理想、理由、主観、客観、能力、品質、目的、目標、対象、原則、方式、現象

ここで、表3の名詞全体の最後の統計をしてみると、

 日本借用語（b48 ＋ c158）÷総語彙数 1825 ＝約 11.39％

となり、名詞全体の一割強が日本借用語という結果となる。

3.2 動詞

前の2.3で見たとおり、動詞における日中同形語率が一番高いが、細かくその内訳を確認すると、表4のように、4の「全身動作、生理、医療」と12の「文芸、体育、娯楽活動」と15の「願望、趨向、判断」では目立って低い数字を呈している。

表4 動詞

動詞の内訳 \ 語数	総語彙数	復音節語	日中同形語	b 転用語	c 日本借用語
1 五官和頭部動作	35	13	4	1	0
2 胳膊、手動作	113	19	5	0	0
3 腿、脚動作	43	12	3	0	0
4 全身動作、生理、医療	35	10	1	0	0
5 日常生活活動	72	28	11	0	1
6 講説、往来、弁事	140	86	37	1	2
7 生産、経営	77	38	20	0	3
8 政治、法律活動	151	142	121	4	14
9 軍事、公安動作	56	43	31	3	1
10 旅行、運輸、通訊	19	12	6	1	1
11 教育、研究、出版	59	48	29	3	3
12 文芸、体育、娯楽活動	18	14	3	0	0
13 心理活動	84	67	29	2	2
14 自然運動変化	76	45	27	1	3
15 願望、趨向、判断	50	26	0	0	0
計	1028	603 (58.2%)	320 (52.9%)	17	30

そこで先の名詞と同じように、同形語率の高い分野をさがすと、くしくも同じ分野（8 政治、法律活動）になっていることがわかる。それを例として分析すると、同じくその「政治、法律活動」にある単音節語「選、評、受、着、挨、罰、改、使、逼」を除いた下記の142語の復音節語を掲げることができる。

擁護、支持、保衛、保持、堅持、保護、愛国、**号召**、**響応**、動員、**推動**、推広、**開動**、開展、発揚、拡充、宣伝、鼓動、声明、説明、解釈、補充、**彙報**[15]、報告、反映、発表、開会、開幕、閉幕、**籌備**、挙行、参加、成立、討論、弁論、争論、提議、表決、決議、決定、通過、賛成、総結、選挙、投票、組織、**醞醸**、商量、協商、団結、聯合、結合、領導、吸収、批准、組成、登記、**簽訂**、建立、建設、**争取**、集中、集合、散布、脱離、啓発、影響、**表揚**、**説服**、批評、批判、検討、反省、**隠瞞**、承認、暴露、**坦白**、**講理**、提出、**指出**、**受到**、打撃、報復、限制、禁止、改造、改革、改変、改進、改善、改良、修改、発揮、改正、創造、表示、表現、**請示**、利用、使用、応用、予備、準備、布置、防止、**捜集**、整理、整頓、処理、実行、実践、行動、停頓、保証、完成、実現、失敗、代理、代表、尊敬、尊重、服従、負担、担任、貢献、照顧、優待、請求、申請、調査、活動、**負責**、確定、検査、督促、監督、安排、操縦、**控制**、掌握、把握、**応付**

さらに、網掛けの21語の非同形語を除けば、121語の日中同形語を得る。その中に、名詞のやり方に準じて調べてみれば、

b 反映[16]、成立、表現[17]、実現
c 動員、提議、表決、決議、投票、協商、吸収、集中、集合、反省、利用、保証、代表、申請、改良

のように、日本借用語を得ることができる。これは、

日本借用語（b4 + c15）÷総語彙数 151 ＝約 12.58%

---

[15] 日本語の「彙報」は名詞の類に属する。
[16] 宋の『楽府詩集』に「桑楡日反映、物色盈高岡」というのがあるが、「反映」を日の反射することの意味で、今日の用法とは距離がある。
[17] 「表現」はロプシャイドの英華字典に見られるが、同時代の中国語での使用が少なく、逆に日本での使用を経て現代中国語に入ってきた。「実現」も同類。

となり、名詞のそれ（約38%）より大分低いことが見て取れる。言い換えれば、日中同形語の動詞には中国語由来の語が圧倒的に多いと言えるだろう。

　動詞の中で一番同形語率の高い8に次いで、7、9の同形語率も高いが、しかし日本借用語となると、あまり多く得られなかった。次に表4の順番にしたがって、8を除いたすべての日本借用語を並べておく。

　　　1　　b 接吻
　　　5　　c 化装
　　　6　　b 恋愛　　c 録音、取消
　　　7　　b 統計　　c 工業化、服務、互助
　　　9　　b 出発、処罰、復員　　c 奮闘
　　　10　 b 聯絡　　c 報導
　　　11　 b 教育、発現、発明　　c 印刷、出版、発行
　　　13　 b 認識、迷信　　c 刺激、紀念
　　　14　 b 存在[18]　 c 爆発、発展、拡大

しかし、このもっとも同形語率の高い動詞において、結局、全部を合わせても、

　　　日本借用語（b17 ＋ c30）÷総語彙数 1028 ＝約 4.57%

のように、日本借用語の占める割合が低いことがわかる。

3.3　形容詞

　表5で示されたように、形容詞の復音節語率は動詞よりも高く、名詞に次いで二番目である。同形語率も動詞に次いで二番目である。意味分別をみていくと、3と4の類には日中同形語が少なく、日本借用語もないこと

---

[18] 哲学的な意味においての「存在」はbの類に入れられるが、それは名詞的用法であるため、ここの動詞としての使い方は中国語古来のものである。

から、やはりもっとも民族的な色彩の強い部分なので、外来的なものが入りにくいだろう。

表5　形容詞

形容詞の内訳 \ 語数	総語彙数	復音節語	日中同形語	b転用語	c日本借用語
1 形容事物的可見的形状、情況	112	41	20	0	2
2 形容事物的不可見的性質	128	107	81	7	10
3 由人的感官感覚到的温、味、香等	53	24	5	1	0
4 形容人的相貌的	22	7	1	0	0
5 形容人的品性、行為的	106	99	40	3	3
6 形容人的感情、思想的	37	34	15	1	1
7 形容社会情況	22	21	19	4	5
計	480	333 (69.2%)	173 (51.9%)	16	21

前の名詞、動詞の分析方法と同じように、まず量的に一番多い2「形容事物性質」の類を例としてみよう。一字語を除いた復音節語は下記の107語である。

糟糕、悪劣、不錯、正確、錯誤、真正、当真、新鮮、美好、精彩、重要、主要、了不起、普通、特別、一般、起碼、普遍、合適、適当、妥当、合理、恰好、湊巧、必要、要緊、平常、正常、経常、基本、奇怪、稀奇、稀罕、現成的、常見的、眼前的、了不得、不得了、宝貴、貴重、便宜、有用、無用、累贅、方便、順利、不得已、不利、不幸、無限、完全、全部、所有、一切、全面、片面、其他、其余、別的、任何、一部分、徹底、共同、相同、一様、同様、相似、相反、不同、絶対、差

不多、確実、所謂、実際、具体、密切[19]、厳密、厳重、緊急、尖鋭[20]、危険、安全、平安、安穏、可靠、統一、簡単、複雑、堅固、永久、正式、公平、公開、困難、為難、艱難、麻煩、容易、明白、明確、清楚、詳細、深刻、仔細、明顕、模糊、秘密

そこでさらに網掛けの非同形語を除いて日中同形語の 81 語を得る。それからさらに日本借用語を抽出すると、次の結果となる。

b 重要、特別[21]、全面、具体、簡単、複雑、困難[22]
c 正確、主要、普通、正常、片面、一部分、絶対、正式、公開、明確

このように、日本借用語を得ることができる。これで、

日本借用語（b7 + c10）÷総語彙数 128 ＝約 13.2%

となり、形容詞の中で日本借用語の占める最高値の 13.2% を得るが、いままで見てきた名詞と動詞のそれと比べると、やはり三番目に位置している。

形容詞の日中同形語を全部調べてみた結果、先の 2「形容事物性質」以外に、上の表の数字に合わせて具体的な語例を以下に並べておく。

1　c 稀薄、健康
3　b 恐慌[23]
5　b 文明、偉大、自動

---

[19]「密接」は漢字の書き換えによって同形語ではなくなったものの、中国語の語形は戦前の文献に見られる。
[20]「先鋭」同上
[21] 漢籍にある次の例は熟語レベルに達していないと見られる。「既以親旧厚意、常使之外、今特別遣大臣虞慶則往彼看女」『魏晋六朝北史』
[22] 漢籍にある次の例は熟語レベルに達していないと見られる。「鍾傳檄青州諸郡曰：隆替有時、義列昔經；困難啓聖、事彰中籙。」『晋書・巻一百二十七』
[23]「弟兄情、講甚君王禮？下金階再觀天日、惶恐慌張為甚的？又怕是南柯夢裡。」『元刊雜劇三十種、楚昭王疏者下船雜劇、第四折』

c 熱情、強烈、主動
6　b 苦悶
　　　c 熱愛
7　b 自由、平等、保守、反動
　　　c 富裕、幸福、積極、消極、楽観、悲観

となると、結果的に、形容詞全般にわたって、次のような日本借用語の割合を得る。

　　日本借用語（b16 + c21）÷総語彙数 480 ＝約 7.7％

3.4　副詞

　日本語の中で漢語副詞について長年研究されてきた歴史があるように、この品詞での日中同形語も無視できない存在だが、表6で示されたように、四品詞の中で、同形語率が一番低く、わずか25.5％しかない。動詞のそれの半分にあたる。しかも 4「重複、連続を表す」類には同形語すら存在しない。

表6　副詞

副詞の内訳 \ 語数	総語彙数	復音節語	日中同形語	b 転用語	c 日本借用語
1 表示時間、頻率	71	61	17		
2 表示程度	45	33	10	1	
3 表示範囲	34	28	10		
4 表示重複、連続	13	7	0		
5 表示強調転折	43	37	11		
6 表示肯定否定	22	18	7		
計	228	185 (81％)	55 (27.5％)		

　程度を表す 2 の類を例として挙げると、

極其、非常、十分、特別、過於、過分、尤其、格外、甚至、尽量、簡直、至少、至多、越発、更加、稍微、有点児、差点児、大致、差不多、彷彿、幾乎、似乎、似的、実在、的確、恰巧、相互、親自、直接、好好児地、最好、偸偸地

などがあるが、網掛けの非同形語を除くと、日中同形語はわずか 10 語しかない。

各意味別の日中同形語数はさほど多くないので、下記に全部羅列しておく。

1 当時、臨時、暫時、従来、一向、忽然、突然、偶然、一時、不断、反復、往々、時々刻々、随時、始終、永遠、最後
2 非常、十分、特別、過分、格外[24]、彷彿、実在、的確、相互、直接
3 一斉、一概、一律、一致、一同、処処、専門、万一、一面、一方面
5 到底、果然、自然、当然、原来、本来、根本、千万、大概、大約、可能
6 不用、不可、不能、不要、一定、必然、必須

結局のところ、先の形容詞の部と重なる「特別」の一語が日本借用語の可能性が高い。

3.5 結論

したがって、品詞別で見ると、やはり名詞、動詞、形容詞、副詞の順に日本借用語の占める割合が減ってくることが明らかである。

---

[24] 『大辞泉』に「格外」の解釈に副詞的用法を省いていながら、挙げた逍遥の例はまぎれもなく副詞としての使い方である。【格外】［名・形動］標準や規格に外れていること。また、そのさま。規格外。「ある一種の能力のみは、一発達せし事と見えて」〈逍遥・当世書生気質〉

表7 『普通話三千常用詞表』(増訂本、3996語)の日本借用語の分布

品詞	b 転用語	c 日本借用語	計
名　詞	48	158	206
動　詞	17	30	47
形容詞	16	21	37
副　詞	0	1	1
合　計	69	198	291

そして品詞ごとの日本借用語の数を足してみると、次の結果となる。

bの転用語の判断にはいろいろな意見もあろうが、純粋の日本借用語に限定すると、198語が得られる。いわゆる日本語が現代中国語(『普通話三千常用詞表』増訂本、3996語)に入った数字と見ても構わない。bの転用語を入れても日本語借用語の数は291語となるであろう。

この数字はこの語彙表全体の7.2％を占めている。日中同形語に限ると、1214語の23.86％を占めることになる。

さらに意味分野別では、最大の「政治、法律、経済」分野において日本借用語の占める比率は最高の38％となる。動詞の「政治、法律活動」の分野でも日本借用語の占める比率は12.58％となる。そういう数字から見てもわかるように、いわゆる「人文社会」の分野に70％～80％の日本借用語があるというのは根も葉もない話であろう。

4　頻度別の『現代漢語常用詞表』との比較

上記の調査に使う『普通話三千常用詞表』は日常用語を中心に編集されたが故に、日本借用語がそれほど拾えなかったかもしれない。いわゆる専門用語の分野において日本借用語が増えてくることも想定できるが、調査総数の増加によって、もっと多くの語をカバーできると思うが、その範囲を定める必要もあろう。そういう意味で最新の『現代漢語常用詞表』(商務印書館2008年、56008語を収録)がその目標を達成させるには都合がよいものだと思う。まずは上記の調査と同じ語数の3996語まで頻度順に

表8『現代漢語常用詞表』(草案、2008)

出現頻度	復音節語	日中同形語%
上位1000語	583	416 (71.3%)
上位2000語	679	487 (71.7%)
上位3000語	730	469 (64.2%)
上位4000語	747	402 (54. %)
合　計	2739	1781 (65%)

区切ると、以下のようになる。

　上記の表8のように、復音節語は1000語単位に対する割合が増えてきている。それは基本語の多くが単音節語であるように、頻度数が落ちるとともに、単音節の占める割合が減ってくる。事実、この『現代漢語常用詞表』の頻度一万台の最初の千語（10000〜11000）を調べると、復音節語は918語に達し、9割以上を占めるようになっていた。ただし、それは日中同形語率の増加とは直接結びつかず、後者がむしろ徐々に減っていることがわかる。

　ただ、合計総数の復音節語2739は『普通話三千常用詞表』（増訂本）の2847より108語少ないものの、日中同形語率は逆にそれより断然に高く、前者の1214語（42.7%）に比べて、1781語（65%）の高い数字を得ている。とくに上位2000語までは同形語の割合が高く、71.3%台になっており、頻度順位の下がるにしたがって、その後徐々に落ちてくる。

　この違いは両者の資料の性格に由来するところが多く、口語的資料を中心に編集した『普通話三千常用詞表』に対して、主に新聞雑誌を資料とした『現代漢語常用詞表』は文章語的な性格を帯びてくる。そして時代差も無視できないものとなっている。後者は2008年の発行で、前者の初版1959年から50年、増訂本の1987年より20年も遅れたおかげで、いわゆる改革開放後の中国が世界経済との一体感を深め、より多くの用語を必要としてきた現れであろう。たとえば、上位3000語から3300までの300語のうち、日中同形語を抽出してみると、下記のように、『普通話三千常用詞表』に収録されたのは35語である。

賠償、娯楽、記録、英語、化学、中文、開幕、待遇、美術、爆発、商量、委託、品質、愉快、秘書、奨励、海軍、白色、消滅、栄誉、原料、批判、光明、書籍、前途、近来、派出所、図書、大人、画家、呼吸、老婆、資産階級、侵略、富裕 （35語）

一方、次のような75語は逆に収録されていなかった。

出生、傾向、着眼、中東、扶持、認定、筆者、主権、分類、成分、財務、江南、累計、総額、日常、期待、題材、加速、情景、使命、事跡、東京、調節、夜間、南部、境界、人力、降水、変革、軍区、混乱、個性、電信、主導、配置、崇高、古老、振興、縦横、養殖、南北、保存、選抜、激励、検察、地質、定期、総数、比重、宣言、誕生、象徴、海上、論文、激情、理念、灯光、描写、行使、国情、法治、不時、信仰、更新、顧客、占有、原理、神秘、原始、刑事、占領、差異、概括、日報、薬物 （75語）

後者の未収録の語の量と内容を見ていくと、同じように現代生活に不可欠なものばかりでなく、中には日本由来の語を下記のように並べることもできる。

b．行使、顧客、傾向、中東
c．成分、題材、加速、降水、軍区、主導、配置、養殖、比重、象徴、理念、占有、原理、占領

となると、この未収録語における日本借用語の比率は、

（b4 + c14）÷ 75 ＝ 24％

となり、随分高い割合を占めていることが見えてくる。つまり、『普通話三千常用詞表』だけでは不完全で、この『現代漢語常用詞表』の補完によ

ってはじめて中国語における日本語借用語実態を明らかにさせることができよう。

5 今後の課題

まずはこうした調査に誤差が出てくるのは免れない。今後はその精度を高めていく努力をしなければならない。そして『現代漢語常用詞表』にある復音節語をまず 4000 から 5000 までの 1000 語を調査し、その日中同形語の比率を確定し、日本由来語の内訳を弁別する。それによって 91.6% のカバー率で現代中国語の実態をよりよく把握することができよう。それから、9000 から 10000、19000 から 20000、29000 から 30000、39000 から 40000、49000 から 50000 の五段階のそれぞれの 1000 語を調査して初めて、日本借用語の中国語における全体像が見えてくるのではないかと思う。

そして、いくつかの基本作業も補ってやらなければならない。まず『漢語外来詞詞典』(1984、上海辞書出版社)にある日本借用語の 892 語はこの『普通話三千常用詞表』との照合によってどのくらいのパーセンテージを占めているかを見、その範囲外(『普通話三千常用詞表』にカバーされていない)の語をさらに『現代漢語常用詞表』と照合し、どの頻度に位置するかを確認することにしたい。つまり日本借用語の中国語における重要の度合いを測ろうとするものである。

さらに、できるならば、意味別分類の調査規模を『現代漢語詞典』レベルの語彙量へ拡大して調査すべきであろう。どの意味分野に日本借用語の進出が著しいかを見るには、今度の『普通話三千常用詞表』ではやや物足りないような気がする。

最後に、野村雅昭(1999)の「基本 3000 漢語」との比較も行いたいと思う。それは日中同形語の研究に寄与するだけでなく、より確実な調査に基づいて、確かなる日本借用語の一覧を完成させるためにも必要なステップであろう。

参考文献

さねとうけいしゅう 1973.7『近代日中交渉史話』春秋社
沈国威 1995『『新爾雅』とその語彙』白帝社
　1998「新漢語研究に関する思考」『文林』32 号
　2000『植学啓原と植物学の語彙—近代日中植物学用語の形成と交流』関西大学出版部
　2008『改定新版近代日中語彙交流史』笠間書院
　「回顧与前瞻 日语借词的研究」『日语学习与研究』160 号、2012 年第 3 期
　「新漢語の二字語化について：中国語への影響も射程に」第 106 回国語語彙史研究会原稿集（2014）
馬西尼（Federico Masini）1997.9『現代漢語詞彙的形成—十九世紀漢語外来詞研究』漢語大詞典出版社
劉 禾（Lydia H. Liu）1995 " TRANSLINGUAL PRACTICE Literature, National Culture, and Translated Modernity -China, 1900-1938 " Stanford University Press
山室信一 2001.12『思想課題としてのアジア』岩波書店
朱京偉 2003『近代日中新語の創出と交流』白帝社
野村雅昭 1998.6「結合専用形態の複合字音語基」『早稲田大学日本語研究教育センター紀要』11
　1999.5「語彙調査データによる基本漢語の抽出」『早稲田大学日本語研究教育センター紀要』12
　2010.7「現代漢語データベースからみえてくるもの」『国際学術研究集会 漢字漢語研究の新次元 予稿集』国立国語研究所
陳力衛 2001.2『和製漢語の形成とその展開』汲古書院
　2004.10「『漢語大詞典』在処理日語借詞上的幾個問題」『日語研究』第 2 輯、商務印書館
　「国際シンポジウム「近代語の語源研究とその周辺」についての報告—『近現代辞源』の評を兼ねて」『東方』364 号、東方書店、2011 年 6 月
　2011.7「近代日本の漢語とその出自」『日本語学』、明治書院
　「日中の比較語史研究」『近代語コーパス設計のための文献言語研究 成果報告書（国立国語研究所共同研究報告 12-03）』2012 年 10 月
石塚正英・柴田隆行 2003.1『哲学・思想翻訳語事典』論創社
香港中国語文学会 2001.2『近現代漢語新詞詞源詞典』漢語大詞典出版社
黄河清 2010.6『近現代辞源』上海辞書出版社

あとがき

　異なるコミュニティの人々が交われば、必然的に言語の接触が発生する。東アジアでは、言語接触は、古くから口頭による直接交流のほかに、文字・書物による間接交流がより重要な役割を果たしていた。それにより漢字圏とも称される文化の共同体が形成された。漢代からの仏教の東伝や 16 世紀以降の西学東漸が知識・情報の大移動を引き起こした。東西の言語の邂逅により、東アジアの言語は大きく変わった。特に 19 世紀末から 20 世紀初頭にかけて、日本語を皮切りに近代国家意識の確立とともに東アジアにこれまでの方言・通語、雅言・俗語を超えたところに「国語」が成立した。言語の近代化とも喧騒された出来事である。

　言語の近代的特徴は、他の言語と関連づけられているか否かにある。語彙体系の構成素は訳語という資格を得なければならない。訳語が如何に創られたのか、その過程に何が起き、われわれの伝統社会に何をもたらしてきたのか。近代に関する諸研究にとって、避けて通れない探究テーマである。

　関西大学東西学術研究所は、発足した当初から東西の文化、思想、言語の交流を重要課題に据え、研究を積み重ねてきた。近年、所内に言語接触、語彙交流をもっぱら研究する言語班が設けられ、鋭意、文献資料の発掘、事象の考究に努めている。

　言語接触研究班は、2014 年から、「近代官話教科書研究」「日中語彙交流史研究」「唐話・琉球官話研究」「鄺其照研究」「漢訳聖書研究」「言語接触研究」「古今語彙研究」「近代語彙・概念史研究」「周縁資料による近代漢語研究」「漢語・漢字文献と言語接触研究」などをテーマに〈研究最前線シリーズ〉の研究例会を開催している。この論文集は、これまでの研究例会で発表された論考に加筆したものである。短期間ではあるが、多数の

論考が寄せられ、立派な一冊となり、学界に問うことができた。これ以上の喜びはない

　一部の論文のネーティブチェックを、紅粉芳恵、近本信代、小林和代、栩野雅子諸氏にお願いした。感謝申し上げる。

　東西学術研究所の中谷伸生所長は、研究会の時はもちろんのこと、論文集の編集、出版でも温かく指導くださり、過分な序文を賜った。事務職員の奈須智子さんにも大変お世話になった。感謝のことばをさし上げたい。

沈　　国威
2015 年 12 月

山田俊雄「いはゆる国字の一つについての疑ひ」『成城文芸』一二〇　一九八七

劉　璟「日本で訓読みとされる漢字の中国における変容」早大修士論文　二〇一四

劉　瑞明『性文化詞語彙釈』百花洲文芸出版社　二〇一三

謝辞　小林龍生氏の「うしのあつもの」という字が気になっているとの一言が、自身も気に掛かりながらも検討を進めていなかったこの字について改めて調べてまとめる契機となった。また、氏の御厚意で、この字の処理に関する記述を含む「字体と字形の狭間で文字情報基盤整備事業を例として」（『情報管理』五八-三　二〇一五）を再校の段階で拝見する機会を得た（氏には、本稿の元になったシンポジウムの予稿を文字情報基盤 文字情報検討SWGでの配布資料として御覧いただ）。シンポジウムで御教示下さった方々とともに、ここに記して御礼申し上げる。なお、本稿には、科学研究費基盤研究（S）「木簡など出土文字資料の資源化のための機能的情報集約と知の結集」による部分がある。

国字（日本製漢字）と誤認されてきた唐代の漢字

東アジア言語接触の研究

国立歴史民俗博物館・平川南編『古代日本と古代朝鮮の文字文化交流』大修館書店　二〇一四
笹原宏之「漢和辞典の国字に関する諸問題」語彙・辞書研究会　一九九三
笹原宏之『日本の漢字』岩波新書　二〇〇六
笹原宏之『国字の位相と展開』三省堂　二〇〇七a
笹原宏之「日本製漢字「蛯」の出現とその背景」『訓点語と訓点資料』一一八　二〇〇七b
笹原宏之「汉字圏里的造字与传播——以〝鮑・蚫〟为中心——」『漢字研究』七　二〇一二
笹原宏之「クシを意味する「串」の来歴」『太田斎・古屋昭弘両教授還暦記念中国語学論集』二〇一三a
笹原宏之『方言漢字』二〇一三b　角川学芸出版
笹原宏之「日本における漢字に対する加工とその背景」『HUMAN』七号　二〇一四　平凡社
笹原宏之「会意によらない一つの国字の消長——「魵」を中心に——」『国語文字史の研究』一五　二〇一五（印刷中）
貞苅伊徳『新撰字鏡の研究』汲古書院　一九九八
沈　国威『近代日中語彙交流史』改訂新版　二〇〇八
杉本つとむ編『異体字研究資料集成』雄山閣
張　磊『《新撰字鏡》研究』中国社会科学出版社　二〇一二
土屋文明「中国の性愛文献（166）」『東方』三六〇　二〇一一
西井辰夫『酒を搾り袖を絞る』新風舎　二〇〇七
似鳥雄一「天下「天狗流星」に「閃」る——中世の隕石落下とそのインパクト」『多元文化』三　二〇一四
平川南「正倉院佐波理加盤付属文書の再検討——韓国木簡調査から——」『日本歴史』七五〇　二〇一〇
飛田良文監修・菅原義三編『国字の字典』東京堂　一九九〇
深澤一幸「葉徳輝の「双梅景闇叢書」をめぐって」『言語文化研究』三八　二〇一二
方　国花「門構えの略体の用例からみた古代東アジアにおける漢字文化の受容と定着」『国語と国文学』九〇-一一　二〇一三

(3) 男女の陰部を表す漢字としては、古代においては「也」や近代において「且」にその象形文字とみる説が現れた。隠語性もあったために、正統な文献には黙殺され、時代差、地域差、部位による使い分けが必ずしも明確ではない。「尸」の系譜があった。漢字や国字には、このように遡れる「尸」の系譜があった。「毛」系など後出の字を含めて別稿をなす。「日本霊異記」などに用いられている「凪」は、道教経典でも使用されたことがあったようである。柀斎は、「箋注」で、「屎」（麻良）は「疑」「从裸省声」、音は裸、麻良（マラ）の省、「閊」を含む）「皇国譜声字」と説く。この字について、『玉篇』に同形の字があるが、別に日本で形声文字として造られたと判断している。確かに『玉篇』では尻の骨の義を載せるのみだが、『集韻』は部首順に組み替えられて『類篇』を生んだが、『集韻』での追加字種の典拠は未詳であるものが多い）これも「屎」からの日本での応用でないとすれば、佚存音義であったことになる。

和辞典である新撰字鏡に載っている字で、国字とされている。この字書以外でこの字を見たことがないが、音読みがあるため国字とみる説が現れたようだ（文字辞典では齢の字形、国字とされている）。/音義と字形からして腳の異体字と思われる。」とある。

文献

阿辻哲次『タブーの漢字学』講談社現代新書 二〇〇四

飯田吉郎『白行簡大楽賦』汲古書院 一九九五

市 大樹『飛鳥の木簡』中公新書 二〇一二

犬飼 隆『木簡による日本語書記史』増訂版 二〇一一

井上 幸「漢字の部分の位置・配分の交替に関する異体字点描」『水門』二二 二〇一〇

エツコ・オバタ・ライマン『日本人の作った漢字 国字の諸問題』南雲堂 一九九〇

大槻 信「古辞書を使うということ」『国語国文』八四-四 二〇一五

幸田露伴「遊仙窟」（『露伴全集』一九 一九七九 二刷）

国立歴史民俗博物館『文字がつなぐ』二〇一四

国字（日本製漢字）と誤認されてきた唐代の漢字

注

(1) 漢字は、新しく造られたものほど、古い出自を持つように語られることがあり、創世神話や建国に関わる伝説などと共通性を持つ。たとえば、後代の仮託には、八卦は伏羲が作った、という文字に関係しうるものがある。漢字に関しては、次のようなものが挙げられる。

「厶」「公」などの漢字を黄帝の史官である蒼頡が造ったという戦国時代以降の伝説がある。「囍」は、北宋代に王安石が造ったという中華人民共和国成立後の伝承があるが、実際には明清代に出現した。ビアンビアン麺の「ビアン」という六十画前後の漢字には、秦の始皇帝の作という話も現れたが、実際には清代や中華人民共和国成立後の方言漢字に基づく。国字で、「(あまの)はしだて」を表す字は、天照大神が造ったものとする記述が江戸時代に現れるが(笹原二〇一四)、実際には早くても鎌倉時代、確かなところでは室町時代から見られるものである。「杣」は平安時代の山田福吉の作という説も生じたが、資料の誤読か伝承による過誤で、奈良時代から見られる国字である。

(2) 菅原『国字手帳』(一九八九)には、「圎」で「かわや」という字が、『五本対照改編節用集』から引かれていた。その実物は孔版(ガリ版)印刷で、そこには「囿」という漢字があるだけであった。これに対する誤認、再構成を経た会意化が起きたものであろう。こうした幽霊文字(笹原二〇〇六、同二〇〇七a)は、草書の楷書化すなわち翻字においても発生する。例えば近代文献の翻刻に現れ、「蔄」と釈読された字も、写真を見る限り「蘭」に草冠が付いた字は、崩し字の構成を見誤った結果であった。長屋王木簡に現れ、「蠻」と釈読された字も、写真を見る限り「圕」であった可能性が疑われる。

インターネット上に公開されている大原望「和製漢字の辞典」にも、古辞書に収められたこの種の単なる漢字の異体字を国字と認定してしまっているケースが数多く見られる(すでに編者には複数の例の指摘と簡便な調査法を伝えた)。また、「敨」(ヤスム)は、「敜」の異体字ではなかろうか。こうした文字情報は厳密なコントロールが難しく、国立国語研究所『辞書非掲載字』資料』(二〇〇九)においても、天治本『新撰字鏡』の「うしのあつもの」の該当箇所の貼り誤りが起きていた。

インターネット上の「漢字部屋4」(http://www.geocities.jp/i9305710/henkanji14.html 二〇一五年五月二三日閲覧)には、「肉糸助ク儿力」を組み合わせた形を掲げ、「肉部19画」(25) 音:キョウ 意味:うしのあつもの 現存最古の漢

五　おわりに

従来、漢字か国字かという認定は、十分な検証を伴わずに行われてきた面があった。江戸時代の考証学者らは、和漢の文献をかなり調べていたが、時代的な制約もあってそれも十全ではなかった。現在、新たに文字資料が出土し、文献資料も電子化が急速に進められてきた。『四庫全書』などの全文も一通り入力されて検索なども可能となっている。無論、誤ったデータもあるのだが、その他の文献も電子化されつつある。そうしたツールも活用しながら、一例ごとに丁寧に確認する作業を加え、漢字の出自をこの時代においてできるところまで明らかにした上で、その変化の過程と原因を社会、文化的な背景と絡めながら明らかにしていくために、困難ではあるが字誌の記述とその蓄積が必要である。それを元に新たな考察や実務的な施策への展開が行われることになり、また学術的な成果に基づいて修正、更新されていくことになる。

ペリオやスタインほかが将来するなどした敦煌遺書の資料群の中からは、ほかにも『俗務要名林』や『字寶碎金』などと日常的な生活語彙、俗語とそれを表記するための俗字（字種・字体）を含めた漢字を収めた辞書も出現している。そして、漢字は、紙の文献に書かれただけではなかった。金石文のみに素材を限ってはならない。「尸」類を初めとする暗渠に流れる地下水脈のような文字の系譜は、口語、隠語、卑語的な意味の字に限らず、道教的な呪符等にも存在していたことが想定される（笹原二〇一五）。漢字や国字の創造、伝承、伝播、変化と変異について科学的に検討するためには、使用例、収録例、言及例を虚心坦懐に採取し、その字や語、文献の流通する社会の情勢、文化交流の実際も視野に入れなくてはならない。そのためには、雅俗、硬軟両極の文献や言動などを挿し挟むことは阻害要因にしかならない。文学、語学、史学などの領域の垣根を越えて一層の国際的な調査活動が求められる。それは、現在の辞書に記述された情報を刷新し一般に広めるためだけではなく、次の世代が真実に迫るべくさらに追究を進めていくという学術研究の発展のための礎を築くためでもある。

国字（日本製漢字）と誤認されてきた唐代の漢字

詞典』も用いたが、「役立たなかった」と記されており（二四六ページ）、この著者も文脈と字体から、解読に成功したのかもしれない。

王益鳴・佟君「中国古人の性愛『天地陰陽交歓大楽の賦』を読む」（『アジア遊学』八 一九九九）は、日本の雑誌に掲載された、中国人による、この文献を資料として読みこんだ論考だが、この字は全く訳されていない。

このように、「屄」は、国字ではなく、中国から伝来した漢字であり、その後使用の痕跡を失い、佚存文字となっていたのだが、その指摘はこれまでなされてこなかった。同書での他の字の併用、「屄」の不使用の状況などから、この文献が日本に渡来して、辞書に記載されたということではなく、この種の通俗性の高い語や漢字を使用した文献が渡来人によってもたらされ、それが辞書への記載につながったと考えるべきであろう。

日本に伝来して残存している古漢字には、中国での形音義を事実上失ったのであろうが、古い使用の痕跡は残っておらず、古辞書に拠れば前者と位置づけうる。これは、日本では字音を維持する継承型と、それらに何らかの変化を日本で起こした変化型とがある。以上の経過を、簡略化して図にまとめると、次のようになる。

「屄」の日・中間の伝播と記録

中国

唐　位相俗字として一部で使用。→伝播
　　使用文献が散佚。

清　ペリオが敦煌から発見。
　　漢字ということの再認識。

日本

奈良　その使用文献が直接・他の資料を通して間接的に辞書『楊氏漢語抄』『和名抄』『新撰字鏡』に掲載された。

江戸　国字と認定。
　　使用はされず、辞書上の佚存文字となる。

現在　佚存文字と指摘（当稿）。

高羅佩（R. H. van Gulik　オランダ人）による『秘戯図考』（一九五一）二九四ページでは、「屎」と翻刻された。宋書功『中国古代房室養生集要』（一九九一）二六七ページでは、この字に「音義不詳」と注するが、前後の文意から、女陰の異名と推測し、この箇所を「遮蔽陰部」と現代中国語に訳している。

確かに、この字を見れば、また文脈を押さえれば、この字の字義の推測はある程度可能である。内部構造からは、「尸」と「朱」という構成要素からの類推、考察ができよう。少なくとも字義や訓の推測はある程度可能である。すでに存した「朱門」のほか、「尸」「尻」「屁」（さらに尾、尿）など、後代に至るまで類推の素材となるものもある。この文章の前後にも「尸」を含む字など、字義も理解しうるものがある。会意的な構成についての解釈、そして外部的にはこの前後からの解読が可能なものであった。

中国では、この書に関する論文も複数公開されているが、この字に関しては、出自に対する発言も含めて言及は見られなかった。『敦煌文献言語詞典』には、zhu・shu・chu の項に収められていない。

日本でも、この字の字義や訓は、近年の辞書にも載ってはおり、またこれよりも知られた漢字からの類推もある程度は可能であったために適正な邦訳が当てられてきたが、やはり国字か否かという出自に関する問題意識は提起されてこなかった。

福田和彦『中国の春宮画』（芳賀書店　一九八一）一七五、一七六ページに「屄（を）」と記し（つび）と傍訓、「秘所」と訳した。注でも同様に記した。影印も付され、この字が写っている。

葉徳輝編序・伊吹浄訳『雙梅景闇叢書』（公論社　一九八二）二〇九ページでも「秘所」と訳している。影印でもこの字が写っている。

飯田吉郎『白行簡大楽賦』（一九九五）では、『唐白行簡残巻（敦煌石室遺書）』の影印（一六ページ）に、この字を示し、「つび」とルビを付した（五〇ページ）。五二ページではこの字を示し、「女陰」と注す。八三ページでも「女陰」と訳している。なお、飯田氏は、『漢語大字典』や『漢語大

一九一三年　羅振玉が端方の写真を整理し、コロタイプ版にして、北京で『敦煌石室遺宝』に含めて出版した。そこに騎鶴散人による跋文が付され、『玉篇』『広韻』に載っていないものがあるとの指摘もなされているが、彼は日本人であり、日本で刊行された可能性がある（飯田一九九五）。

一九一四年　葉徳輝が『双梅景闇叢書』を再版するに当たって、「天地陰陽交歓大楽賦」を追加し、広く世に公開した（早大図書館も所蔵）。そこでは、原文の誤字を訂正し、注釈が付けられた。原文に誤字、脱字があり、俗語の解釈が難解であると記されている。

なお、この叢書が一九一四年に刊行されると、儒教道徳の面から厳しい批判が巻き起こった（深澤二〇一二）。また、この文書に対しては、偽作説も唱えられたが、偽作、後代の仮託であるとの証明は全く見当たらない。このようにして、この字は、典型的な佚存文字つまり、中国で生まれたものであったが、資料の散佚などによって日本にのみ記録が残った漢字（笹原二〇〇七）であったことが明らかとなった。ここでは、字の構成要素や構造だけでなく、外的な徴証すなわち時代的な一致や文献上の各種の記載からも、彼我の字体及び字義などの「暗合」を想定する必要はなかろう。また、この時代においては、日本で造られた漢字が圧倒的な文化を誇る中国に伝わって、それが漢文の中で使用されるという明治期のような文化の逆流、逆輸入の現象は考えがたい。

ここに、「屄」に対して、辞書と文献などを根拠として江戸時代以来貼られてきた「国字」というラベルは、剝がす段階に来たといえよう。「屄」は、中国で造られた漢字である。そして、その経緯を含めるならば、中国に生まれながらも日本に伝存した「佚存文字」であったということもできる。「四庫全書」の経典などや仏典を集大成した「大蔵経」にも見られない字である。漢字には、儒教の経典にも道教の経典にも仏典の経典などにも登場しないが、もっと通俗的な世界で、地下水脈のように使われているものがあったのである。

念のため、この字に対するこれまでの扱いと判断について確認しておく。

国字（日本製漢字）と誤認されてきた唐代の漢字

にその字が刻まれていたのだが、この石碑の文字には、則天文字の「囝」なども用いられており（より古い文献にも見られるが、唐代の写本を経たものと考えられている）、老子のイメージをかもし出すために後代に高翻によって選ばれた書体であった。かえって、宋・金代の頃からこの類の字が各種出現し始めたことがうかがえよう。これらの根源的な出自については今後さらに究明していきたい。

それが、種々の文献や人を通して、日本にも奈良時代には渡来していたと考えられる。そして、当時の日本の漢字辞書には登録された。日本でも、その種の文献を密かに読み、あるいは自らも使用する者があったのだろう。そして中国側では、この隠然と存在していた文献は、その後、早い時期に、人々の記憶から忘れ去られ、伝記や書目に登録される機会を得ることもなく消えていくこととなった。写本のうちの一冊だけがたまたま西域の洞窟の中に奇跡的にしまい込まれて密閉され、死蔵されてきた。中国では、「朱」という発音の単音節の漢語とともに、この字も廃れたのであろう。

この字は、新たに文献で使用されることもなくなっていき、この一書が一〇〇〇年以上の時を隔てて発見されるまで、この字は彼の地において忘れ去られていた。それが、二〇世紀になろうという時に文書が発見されて、一九〇八年に、たまたまフランス人のペリオが敦煌の石室から見出した賦の中に、再び姿を現したといえるものであった。

ここで、『天地陰陽交歓大楽賦』の発見と公開の経緯と歴史について、まとめておく。

一九〇〇年　道士の王円籙が敦煌石室遺書の一巻として発見した。
一九〇八年　フランス人の中央アジア調査隊長ポール・ペリオの手に渡った。
一九〇九年　ペリオが北京で公表し、話題になった。

その後、高官の端方（一九一一年没）がパリでペリオに多額の金を支払って写真を撮影した。

ものであろう。

「屖」は、『広韻』『集韻』などに見え（祖回切、臧戈切）、古く『説文』では「胺」に作り、『老子』には「峻」もあった。周末の郭店老子竹簡や漢代の馬王堆竹簡では、系統を異にする字などが用いられており、「屖」系統の字は敦煌本にも見えないようである（《老子校釈》ほか）。唐代の景龍二年（七〇八）に、易州（今の河北省保定）に道観に立てられた「龍興観碑」では、少なくとも京都大学所蔵の拓本では不謹慎などと考えられたのか、この字が削られている。なお、老子が仮に実在したとしても、自ら筆を執ったものではないと『史記』には記録されている。『古老子文字編』一二七ページには「屖」が元代の古文碑から引かれている。その碑には確か

「川篇」すなわち四川版『玉篇』から）のほか「屖」と「屒」であり、そこでは前者（《篇海》にはない）にはやはり「川篇」、後者には「俗字背篇」との記号がある。「扁」「屡」は、字音しか示されていない。なお、「尿」に「㞙」という異体字が挙げられているが、この「朱」は「水」などの字形の崩れによる

る側面もあった。それらの通俗性の高い書物に受け継がれた描写やそのための漢字は、後代の『肉蒲団』『紅楼夢』『金瓶梅』といった著名な小説にも見受けられる。そうした奇書もまた禁書とされることがあった。中国の俗書で使われたそうした漢字は、中国で主流となる『玉篇』『切韻』などの正統的な小学の系譜上に位置する辞書に載ることはほとんどなかった。中国でも古く通俗的な辞書類に登録された可能性はあるが、使用された文献とともに散佚してしまったためか佚文も残っていないようである。

なお、『漢語大字典』第二版のような網羅性、記述性の高さを目指した辞書にも、当作品に出現している「屎」、そして「扁」（現代の「尻」(b ì)と関連するか）、「䯒」（陰茎の意かとされる。「蓋」は「閉」(丬・閑)とイメージが重なりうる）などは、収められていない。

この賦には「屆袋」という語も用いられており、陰嚢の義かと解されている。『漢語大字典』第二版には、一字目について『字彙』と『篇海類編』が引かれ、「袋」の義とされ、使用法については直接的な関連が想起される。

『漢語大字典』第二版では、「屎」は、『広韻』を引くが（同腔）、「屁」（近年、流行語の中に多用されるに至った）、「屝」（以上は形声）、「屁」（会意）などが、金・明代以降の文献や『篇海類編』『字彙』から引用されるだけである。『近代漢語大詞典』は、「屁」を元代の『西廂記』から引いている。

「屡」などは、この賦を記した文書により一気に古例が唐代まで遡れるわけであり、こうした字が地下水脈のようにある筆録や筆写の場面においては隠然と使用されてきたことを窺わせる。

これらは、『龍龕手鏡』尸部にはまだ見えないが、金代以降の版本をもつ『篇海』には「屡」（赤子陰「併了部頭」の記号を有する）、「屁」（同「男陰「俗字背篇」の記号を有する）「屁」（「川篇」の記号）が陰部の意としてすでに収められている。

そのもととなったことが知られる金代の『新修絫音引証群籍玉篇』巻一一の尸部まで遡れるのは、「屁」（「（会玉）

…膝藏核袋而羞為、夏姫掩屎而耻作…

この作者は、白行簡（はくこうかん）という唐代の作家・官僚である。字は知退、華州下邽（陝西省渭南県）の人。詩人として知られるかの白楽天（居易）の弟であった。

この『天地陰陽交歓大楽賦』という、白楽天の弟が性愛に関して記した奇書に、その字が用いられていたのである。彼は、辞賦に優れたことで知られ（『旧唐書』『新唐書』ほか）、伝奇作家としても名を残す。七七六年に生まれ、八二六年に亡くなっている。まさに、日本でこの漢字が辞書に次々と登録された時代と相前後しており、この点からも彼我での別個の造字が暗合したとは考えがたい。その頃、日本でも、白行簡の賦は複数知られており、賦は白楽天にまさると評価されていたことが『江談抄』巻五に記されている（『新日本古典文学大系』、『校本江談抄とその研究』ほか参照）。

中国では、唐代には一部の社会的集団の間で、この字が共有されていたのであろう。すなわち位相文字として位置づけうる。古来の分類によればこれも俗字であり、使用する場面にも制約をもつという意味でも位相文字であった。この賦には、「恚恁」のような敦煌出土辞書（後述）から現代へとつながる口語性を帯びた語に対する俗字も使用されている。

直接的で生々しい描写を含み、儒教道徳からは認められがたいこうした文献は、古代の中国や日本において一部で享受されたのであろうが、淫書として社会から一旦排斥された。しかし、道教においては房中術などとして重視され

中日それぞれで別個に生み出された字体・用法の確かな類例が当時見当たらない国字の点から、前出の日本の「開」の用法を示唆する。また「栲」には「朽」と右に記されている点も、『万葉集』にタへ・タクとして出る字であり（栲）にも作る）、注目される。

「唇開」には「女陰」と注が付されており、極めて低いものと言える。なお、「栲」という可能性は、「尸」を陰部を表すために用いた国

そして、大東急記念文庫蔵十巻本『伊呂波字類抄』巻四—一二一オ（「大東急記念文庫善本叢刊」、「古辞書叢刊」）にも、「屎」として載る（開、玉門、朱門也なども列挙する。なお、クにおいては「朱門」が訓を付さずに示されるのみである）。その「米」を「朱」に見紛う契機を示唆する続け字による字形である。伴信友校本も「屎」に作る。

また、『字鏡集』にも載せられているが、やはり出典や音読みを示すことはなくなる。

中世期にも『運歩色葉集』には載り、江戸時代には、随筆『松屋筆記』に触れられ、辞書では『倭訓栞』（版本クボに「屎」。『俚言集覧』（自筆稿本 ツビに「屎」、クボに「屎」）に収められた。

『国字考』『倭字攷』などの国字に関する研究書に収められなかったのは、類例は多い点などから見て、単に編纂目的や資料の範囲、調査対象字が限定的であり、調査が行き届かなかったためであろう（笹原二〇〇六）。

四・三　佚存文字

「屄」という字は、ここまで述べてきたとおり国内では、漢字圏において日本にしかないものと考えられていた。

しかし、女陰を意味する「朱門」という漢語は、前述のとおり古くから中国にあった。字音を持つ点、さらに漢字「尻」「眉」（『説文』）に尻の意とし、『新方言』などに男陰を指す方言として出現していた）「尾」（お、つるむなどの）「尸」（しかばね）を部首に選ぶところも、日本にはあまり例のないものであり、やや不自然な印象は残る。

そこに、ある資料が出現した。フランス人のペリオが、中国の敦煌で発見し、入手してパリへと持ち帰った『天地陰陽交歓大楽賦』である。偽作説も出たが、現在ではほぼ否定されており、ペリオ将来敦煌文書2539として整理、公開されている。

その敦煌文書において、その字が当該字義によって使用されているのを発見した。「核袋」で始まる行に用いられている。

国字（日本製漢字）と誤認されてきた唐代の漢字

前田本十巻本巻二　―三二ウ

元和古活字版巻三　―一六オ

この字は、『新撰字鏡』や『和名類聚抄』を受けて、院政期、鎌倉期の辞書にも載ることとなる。例えば、『色葉字類抄』にも、出典も字音反切もない形で、「屄」として収められた（黒川本）。江戸時代に字体を修正したものであろう。なお、そこには、「屄」で「ツルム」もある（漢字では、もどる、むさぼる、つみ、といった意味しかない）。『色葉字類抄』前田二巻本上三六ウは、「屎」と誤写しており、『和名類聚抄』の影響がうかがえる。

同じく平安時代、それよりやや後れて九三四年頃に源順が編纂した国語辞書である『和名類聚抄』にも、そこでは「ツビ」（通鼻）という訓読みとともに収められている。僧侶の世界だけではなく、貴族社会においても、これを目にする機会があったことがうかがえよう。

ただ、そこでは各写本、版本ともに諸本いずれも「屄」に作る。ただし、その数行左に「屎」（久曾　くそ）という項目が立てられており（『諸本集成倭名類聚抄』『和名類聚抄古写本声点本本文及索引』「貴重典籍叢書」「古辞書叢刊」ほか）、その点からも誤字であることがうかがえる。両者の崩し字が似ているために、この僻字が書写者の間で造字の意図が認識されず、とくに崩し字やぞんざいな筆跡を介した場合、一般的な字に誤認され、誤写されてしまったものと考えられる。江戸時代には、狩谷棭斎も、そのように誤写が生じたと判断していた。狩谷棭斎自筆の内閣文庫蔵『和名類聚抄訂本』（『古辞書叢刊』）も、「屄」を掲げている。楊守敬本は、「屎」のまま印行されている。

静嘉堂文庫蔵十巻本（『古辞書叢刊』）が「屎」に作るのも誤写であるが、字義、語義は、「くぼ」と同じとなっている。中国側の辞書などに見つからないことも、これらのような字形の似た字と誤写される一因であった。

これは、『楊氏漢語抄』を出典とすると明記されたものである。この「漢語」という、当時も音読みされたとすれば恐らく日本製漢語を書名にもつ、いかにも日本で編纂された書物であった佚書は、先述のように『和名類聚抄』にしばしば引かれ、そこには明らかな漢字と明らかな国字とが交ざっている。その奈良時代に編纂された佚書が、どの程度まで日本的な漢字を除外していたのかはっきりしないものではあるが、音注もあり中国で生まれた漢字であることを匂わせてはいる。このように、中国側の漢字辞書には収められた形跡のないこの字は、日本においては現存する最古の漢和辞書と国語辞書とに収められたのであり、日本の人々のこうした記録への欲求の強さを感じさせる。

国字（日本製漢字）と誤認されてきた唐代の漢字

群書類従本巻四九七上二三オ

東アジア言語接触の研究

屄　朱音反保開也

この「反」は、享和本・群書類従本により「久」の誤写とされ、万葉仮名として訓はクボと解されている。大東急記念文庫蔵本（『古辞書叢刊』影印）では、「屄　朱音開也久保」とある。なお、「屄」は先述のとおり国字だけでなく純粋な漢字も混入している一方で、『新撰字鏡』の本文にも国字が混在している。

「くぼ」すなわち古く女陰を指す語を表す漢字である。この字は、『新撰字鏡』に収められはいるが、国字だけでも数百種を収めた奈良時代の辞書と推測される「小学篇」から引かれたものではなかった。反切こそないが、直音による音注も示されている。『新撰字鏡』の解剖」（貞苅一九八八）によれば、「一切経音義を含む」、出所不詳の多いとされている箇所に出る字であった。なお、国字であっても、慣用音的な読みを伴うものはありえた（「田畠」）の音読みはやや遅れてのことか）。

屄　朱音開也久保
享和本一二四オ

(三)反ー保ー久保
(四)ーー丁

二四

戦後の『広辞苑』初版（一九五五）、第二版（一九六九）、第三版（一九八三）では、本文（「つび」の項目）にこの字が他の字のばあいと同じく国字という注記を持たずに引用されたり、見出し表記としても掲げられるようになったりしたが、末尾の難読漢字の一覧には掲載されていない。『広辞苑』の第四版（一九九一）から、巻末の「漢字・難読語一覧」にもこの字が「つび」という読みが付されて載った。この時点で、ここで字体に基づいて読みは調べられるようになっていた。

菅原義三の『小学国字考』補完版（一九八七）には、まだこの字は載っていなかった。『国字手帳』（一九八九）に『新撰字鏡』から初めて掲載され、『国字の字典』（一九九〇）にそのまま受け継がれた。ライマン一九九〇は、『皇朝造字考』と『新撰字鏡国語索引』（一九七五）を引き「クボ」と傍訓を付すが、「屄」と字形を誤っている（四四ページ）。さらに二二五ページ「国字一覧」では、さらにその「未」の「ー」は「亅」とはね、上部を貫かなくなってしまっている。

『新潮日本語漢字辞典』（二〇〇七）や『新漢語辞典』第三版（岩波書店　二〇一四）なども、JIS漢字採用を受けてこの字を採録し、「国字」と注記を加える。先述の通り筆者が国字などの情報の見直し、加除を担当した『漢辞海』第三版でも、国字のままとしていた。このようにこの字は、その出自について言及される時には、日本製漢字つまり国字と断定されてきた。いかにも国字と感じられそうな会意文字ではある。「珠」との関連を説くものさえ見られた。

四・二　国字説の根拠

平安時代の昌泰年間（八九八〜九〇一）頃に、僧昌住によって編纂された漢和辞書である『新撰字鏡』では、天治本三―一七オ「戸部」に現れる。

されるほど和漢の古文献に通じた考証学者の狩谷棭斎は、実際に『箋注』自筆三稿本二などで、この字を「皇国会意字」と判断している。「各本作屎」、「按新撰字鏡」「屎字之譌」、「今改」。「朱門之朱」とし、「朱門」が『広弘明集』などにあったことを踏まえ、「皇国会意字、恐非漢語也」との判断を述べる。

龍門文庫蔵、狩谷棭斎手写書入れ『新撰字鏡』は、考証の前段階となる根拠を示している。(下図参照)

棭斎に強い影響を受けた木村正辞もまた、『皇朝造字攷』などにおいて、「皇国会意字」とみる説を継承していたのである。「尸」を含む「屁」（しり）など既存の漢字を応用したと考えられたのであろう。なお、「尸」は、「尸解（仙）」「三尸（虫）」など、この字を多用する道教の符にも用いられる。屍の象形文字であったこの字の形態や意味も関わってのことであろう。

そして戦前には、『播磨国風土記新考』に引かれたほか、『大言海』では「くぼ」「つび」の項で『字鏡』を引き、「屎」は「尸」と「朱門」の「合字」と解されている（屎とあるのは誤ともいう。「罔」についても「朱門」と「也」との合字という。本文中なので、「和の通用字」を示すマークはない）。戦前の『大辞典』においては、「くぼ」「つび」の両項目に掲げられた。

この「屎」という字は、戦後も『日本漢字史論考』『読む日本漢字百科』『卑語考』『卑語の起源』『好色艶語辞典』など、数多の書籍で触れられてきた。

http://mahoroba.lib.nara-wu.ac.jp/y05/html/675/1/p033.html

四・一 国字説の発生

「屄」という字がある。二〇〇四年に、JIS漢字に第4水準として採用された。それは、国語辞典に「つび」を表す字として収められていたことによる。

『漢辞海』第三版（三省堂 二〇一〇）は、稿者も日本語用法を中心とした修訂に関わった漢和辞典である。「国字」情報についても、当時までの最新の研究状況を基に、追加や削除を行った。しかし、そこでは、まだそのマークに手を加えられなかったケースであった。

幕末から明治初めにかけて木村正辞が編んだ稿本『皇朝造字攷』は、これを載せる。そこでは狩谷棭斎の「皇国会意字非漢語也」という説を引いている。

先述のように「腳」では卓見を示した丘岬俊平『新撰字鏡考異』（享和三年版）も、この字については、「未詳」とするばかりであった（次頁図）。

木村が引いた、江戸時代随一とも評

国字（日本製漢字）と誤認されてきた唐代の漢字

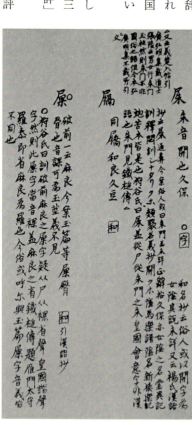

認できた場合」として「牛の羮（うしのあつもの）」と置き換えることになっていた（小林二〇一五ほか）。法務省はこの字を「国字」とみなして、もし戸籍上に用いられていたならばそのまま使用することが可能な正字として扱っていたが、実際にはもとは中国製か日本製かは判然としないが、誤字に起因する異体字にほかならなかった。字誌を厳密に記述していくことによって、辞書記述に改定を促していくことは、ひいては広い意味での漢字政策にも寄与することになる。今後、この字がこの字体で仮にユニコードに採用されたとして、いかなる用途でその使用を生み出すのかが注目される。

四　漢字を国字と認定し誤ったケース「屎」

人間は、複雑で多岐に亘る生活をする中で、さまざまな物事について語ろうとする。そして字を識る人は、語ったことばを、語られたことばのうちにあって紙面に残したい語に、次々と文字をあてがっていった。漢字圏においては、それが造字という形をとることがあった。

本稿では、漢字圏における金石文（木簡・竹簡などを含む）や文書を含めた各種の文献を資料にすえて、縦断的かつ横断的に調査していくことにより、個々の字の出自に関する従来の説を見直す必要があることを実例をもって示す。これは、漢字の通史、漢字圏の人々の交流史の真の理解のためにも、漢字（中国製漢字）と国字（日本製漢字の類）のそれぞれの性質の違い、日中における言語に関わる発想や思考、嗜好性の相違点の正確な理解のためにも不可欠な作業といえる。そして、そうした文字の位置付けや意義について考えたい。

東アジアにおける漢字の出自と伝播を辿るためには、広く金石文・文書・書籍を資料として利用しておらかであり、ときに好奇や淫情、また神秘、畏敬の念を抱いていた。古人は、本能や出産に関しても概して土偶に象り、絵画に描き、そして言語化し、文字化も行うことがあった。その際には、性に関する器官も行為も

なお、『龍龕手鑑』（高麗本）に比して、宋版の『龍龕手鑑』では、「幺」のような部分に崩れが起きている。歴代に辞書でも、「郷」の中央の部分は揺れ続けた。また『新撰字鏡』の群書類従本には、旁を「郷」のように直したものの、下部に重複して崩れた部分がさらに変形して残っていることがうかがえた。「あつもの」には「臙」など、繁雑な字形をもつ漢字もあり、そうしたことが字形認識に影響を与えた可能性もなくはない。

つまり、この『国字の字典』などで国字とされた字は、構成要素のうち、旁の部分に恐らく転記の際に乱れが生じ、バラバラに認識されて写されて原形を想起させないほどの崩れが生じたものが、享和本に記録されたと考えられる。張磊二〇一二が、『新撰字鏡』における漢字からの変形をいくつも指摘するが、その類といえる。

図

郷 → 䐂

肉 肉䏮

以上の諸点をふまえると、「䐂」は、もとは漢字であり、字音を失い、字体の訛変を経た日本製の異体字と位置づけることが妥当であると考えられる。ただし、「㑌」の類と異なる点として、辞書の上には収められているが、実際に使用された例を見出しがたいことが挙げられる。

独立行政法人 情報処理推進機構（IPA）による 文字情報基盤整備事業の成果の一つである「縮退マップ」では、MJ058405 は、『大字源』「国字一覧」2112頁2段目9個目に相当し、「縮退できない文字であることを辞書で確

国字（日本製漢字）と誤認されてきた唐代の漢字

二七一、四六一、五四二ページ

この一見複雑な構成要素をもつ旁を「郷（郷）」と比較するならば、比較的、合理的に対応関係を見出すことができよう。狭い旁の空間で「郷」の本字を書こうとした際に字形に不鮮明な部分が生じたのであろう。それを書き写す際に、先にすでに「脚」が掲出されていたこともあって、それと認識することをせずに、引用した原資料においてすでにそのような字体認識によって解体して再構成してしまった、と考えられる。あるいは、パーツを不確かな字なことが起きていた可能性がある。

実は、享和本に付された丘岬俊平『新撰字鏡考異』（享和三年　一八〇三）には、すでに、その指摘がなされていたのだが（ここでは上部の「力」は「巳」に変わっており、字形のコントロールの難しさを物語っている）、その所説が後代に受け継がれたり、気づかれたりしなかったのであった。

参考までに触れておくと、原本系『玉篇』の残巻や『篆隷万象名義』には「脚」は見られないが、『切韻』には見ることができる。『唐五代韻書集存』から、『王仁昫刊謬補欠切韻』（ペリオ 2011、北京故宮博物院旧蔵）、『裴務斉正字本刊謬補欠切韻』（北京故宮博物院旧蔵）を示しておく。これは、『儀礼』の写本から拾い上げた字だった可能性がある。隋唐の頃、「郷」の字形はとくに構成要素となると不安定さが益したようで、「礼記音」には、「嚮」の「郷」の中央が言のようになったものも見られた（『敦煌音義彙考』二二五ページ）。

群書類従本巻四九七上六ウでは、もとの「郷」とそこから分解された構成要素とが形を崩しながら混淆して一体化したかのように同居している。二つのテキストの字や二つの字体をより合わせたかのようである。

『新撰字鏡国語索引』では、下図のように、二か所の字が並べられ、享和本の字形が括弧書きされて示されていた。ここで、「九」が現れていたのであった。この索引に示された翻字が、国字を扱った書籍を経て、国字として漢和辞典に収められ、そして戸籍統一文字などで電子化が可能となったのであった。

木村正辞『皇朝造字攷』でも、細部を異にしているようである。下図のように「人几」に作るようである。

『新撰字鏡』のこの部分は、「新撰字鏡の解剖【要旨】付表」（上）（貞苅一九九八 五三三ページ）によれば出所不詳のものである。その直前二二ウ、『玉篇』からの引用部分には、「脝」という字が引かれており、その反切が共通する上に、字義にも「牛羹」とある。

『大漢和辞典』によると、この「脝（郷の部分は篆書に従う本字で、中央の部分が皀）」（古文では「香」）は、『広韻』に「許良切」（キャウ・カウ）、『集韻』に「虚良切」「膯（キャウ）也」、『儀礼』注に「牛曰脝」とあり、まさに牛の羹（あつもの）の意である（『儀禮古今文異同』（二）参照）。

国字（日本製漢字）と誤認されてきた唐代の漢字

一七

東アジア言語接触の研究

笹原一九九三で指摘した)。

天治本巻一ー一三オでは、これに対応する「䐗」に「牛乃阿豆母乃」と訓がある。頭注において「校異」(臨川書店影印)の示す字形も、また細部が怪しげとなっている。

← 天治本巻一ー一三オ

その十行前には、肉を肉月に作り、「歹」を「幺」に作る字も掲出されていた。反切下字も異なっており、別の出典から収録したものであろう。

← 天治本巻一ー一二ウ

天治本におけるこの重出は、この字がさほどなじみを感じるものではなかったこと、字体が変化を受けやすいものだったことをうかがわせる。

一六

にそれらの属性情報とともに収められていたためというケースの方が多い。もし、この字が紙などの戸籍にあったとしても、それは使い続けられるという仮定を含む情報に過ぎない。

「戸籍統一文字」に収められた字は、ISOに提案されてコード化がなされ、それに連動してUNICODEにも採用され、全世界のパソコンで使用が可能となる。

この字がここに採用された経緯を遡ると、その文字採集に使用されたとされている一つの漢和辞典に行き着く。

漢和辞典『大字源』（角川書店　一九九二）の「国字一覧」がそのように作っている。これは、「最近の菅原義三氏、エツコ＝オバタ＝ライマン氏の調査の恩恵を受けた」ものというが、この字については、「允」ないし「允」の字形が明らかに異なっており、別の出所があったことが想起される。

菅原氏の先の字典が引用したのは、『新撰字鏡』の享和本とある。享和本には、確かにそれに該当する字があるが、字形は、「且」ではなく「目」か、そしてその下は「人儿」と作る。

享和本三ウ

『大字源』は、それらの二書を踏まえつつそこに示された出典を遡って、『新撰字鏡国語索引』（一九五八）三四ページの字形に拠ったものであろうか（ただし、「且」は「目」のように記している）。その肉部に掲出された字の、「幺」の下の「八」が失われ、その代わりに「几」の部分の「ノ」が加わってしまっていたことが判明した。これは、細部を写し間違えて誤植してしまったものであろう（この類の漢和辞典における国字の字形の転記ミスについては、

国字（日本製漢字）と誤認されてきた唐代の漢字

一五

いくつものパーツをやや雑然と並べたような字であり、牛肉などが混在するスープを想起させるかのようである。

『今昔文字鏡』にも、この「爴」という形で国字として収められた。

とが三つ重なり、国字の関する次の専門的な書籍が刊行され、先の辞書も刊行され、なお一九九〇年は、国字に関して初めてのこの論文が掲載された。エッコ・オバタ・ライマン『日本人の作った漢字』（一九九〇）には、木村正辞『皇朝造字攷』

『新撰字鏡』は享和本を使用）と『新撰字鏡国語索引』（一九七五）を合わせて引き、後者を括弧内に示したとあり、後者を「現在の学問の段階では正しい字体」の国字とみるとの原則を述べる。

ただし、後者は、後述の通り、享和本の字体を括弧書きしたものではない。また、この括弧内の字についての説明もなく、「（）」内の文字が漢字と同字形になる場合は、正辞の字形（つまり、享和本の字体）をそのまま生かす」との提案が適用されることになる。菅原氏も『新撰字鏡国語索引』は用いたが、影印によって直接確認していたようである。

四六ページ・二一九ページ「国字一覧」

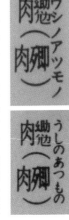

法務省による「戸籍統一文字」には、戸籍統一文字番号 335220 に、やはり「うしのあつもの」として次の字が収録されている。

http://kosekimoji.moj.go.jp/kosekimojidb/png?kosekiMjBng=335220&pngSizeKbn=2

この文字集合に入っているということは、戸籍行政において、そのままコンピューターに使用し続けられる「正字・俗字・国字」の類であることを意味している。この字がこうしてそこに収められたのは、戸籍上にこの字の用例があったため、というわけでは必ずしもなく、むしろそれに先立つ「住民基本台帳統一文字」や数点の漢和辞書

三　異体字を国字と認定し誤ったケース

可能性があって典雅とはいえまいが、多くの歴史的な事実を語ってくれる字として取りあげるものである。

本稿においては、以下、こうして解明されてきた日中の漢字をめぐる交流と伝播の状況を踏まえつつ、国字と誤認された漢字の異体字と、同じく侠存文字の典型的なケースについて記述する。後者の字義は隠語性を帯びていた字義も忘れられた。近年、牛丼店の中国進出に伴い、再度この字が日本化した字義と字音を随えて各地で復活した。

国字「鱈」も、日本では商品のチーズ鱈などによりかろうじて理解文字として残っているが、近代に伝播した後、多用されるに至った中国にだけ使用習慣が残るという「鳕」と同様の経過を辿る可能性がある。「丼」は、中国で生まれ、井戸に物を落としたときの音も表し、日本にも伝播したが、中国では後に各地で使用されなくなり、その

用レベルの転移であるので、必要に応じて細かくは中製日存文字、中廃日存文字、廃用文字などと呼んで区別するのがよかろう。

飛田良文監修・菅原義三編『国字の字典』（東京堂　一九九〇）に、次の「国字」が掲出されている（初版も七版も字形は同じだが、初版では注記が途中までで切れていた）。

菅原義三『小学国字考』（一九八五）においては、この字は『皇朝造字攷』から転記されている（肉幺ノ几助力からなる字形が記されていた）。氏の『国字手帳』（一九八九）に至ってその引用元に当たって、『新撰字鏡』（「新撰字鏡・和字」とする）から転記され、字体をこのように改めたものである。

【うしのあつもの】※【新撰字鏡・享和】
［解説］「牛の羹（あつもの）」と同じ。牛の肉

国字（日本製漢字）と誤認されてきた唐代の漢字

二・二 使用レベルでの佚存文字的な文字

文献上では、出自の上では中国で作られて使われたことが字書などに容易に確かめられるが、その後日本でしか用いられなくなった字は、出自の上では漢字であるが、現代の一般の中国の人々にとっては、佚存文字と類似する性質をもつ。

漢籍に出た「扱」は、現代の一般の中国の人々にとっては、日本製の漢字かと見紛われることがある。「龍」の異体字「竜」も中国産であり、歴代の字書にも収められたが（下部の中央の縦線が上に出ることが多かった）、日本で常用漢字として採用され、とくにサブカルチャー作品で西洋風のドラゴンとしてしばしば使われていることもあって、日本の字だと認識されることがしばしばある。「圓」が日本で略字化した「円」とは、史的変遷の過程に差がある。漢字の伝播は近代にも起きている。

桜（櫻） ユスラウメという漢字義に対する、「さくら」という国訓（音読みでも、「観桜」の語、固有名詞などで用いられる）としての字義は、近代に中国に伝播した。

蜢 敦煌文書に現れたが、日本ではエビとして国字が芸能人の名字の一部として使われたために、近年、中国に伝播し、「老(ラオ)」「蝦(シァ)」などさまざまな読みがなされている（劉璟二〇一四ほか）。

漢字「蜢」が変形し、字義も変化した「蟎」（ダニの意）は、すでにゼイという音読みも失っており、新たな字として国字と見なしうる（笹原二〇〇七a。中国では、少なくとも明代以降に字義等を異にする衝突用例が現れ、『康熙字典』の注文中にも誤刻として出現していた）。この字は、ダニの意として近代に中国に伝播し、形声文字としてすっかり定着をした（簡体字にもなっている）。一方、本家の日本ではカタカナ表記が定着したが、一般にはこの字は忘れられた存在となっている。JIS漢字第4水準への採用もあって辞書には採録されたものの、使用レベルでは逆佚存文字ともいうべき消長を中日で起こしている。両国に書証は豊富に見られ、使

生じた逆行同化といえる。『万葉集』に収める人麻呂作歌や『人麻呂歌集』において恐らく意図的に用いられている雨冠の熟語風の文字列「霏霺」（漢語の「霏微」から字義もやや変えられている）との関わりが想起されよう。『本草』類には「螯」や「鯰」など、字体が一致したり字義、音義、生物までが合致、類似する例（厳密には名物考証を要する）が中国側のそれに見つかっており、慎重な比較検討を要する。通俗書はことに中国や朝鮮では後代まで長くは継承されない傾向にあった。まして決定版のような良書が出ればそれまでの同類の書物は価値を失い、廃棄されることが先述のように日本でも古くは起きた。

「欅」は、もとは「櫸」であり、それが字音を失うとともに会意化による変形を経たものであったことは、『和名類聚抄』の引用する梁の呉均の編んだ志怪小説集『続斉諧記』と、その該当箇所を含む、中国に現存する百科事典『永楽大典』にまとめて転載され、それが奇跡的に残存した部分とに見出せ（原本の流れを汲むその部分を含む古い写本は、その編纂の際かその後に散逸したか）、この比較から、この変化はほぼ確実といえる。『日本国見在書目録』（『日本国見在書目録 集証と研究』）により、『続斉諧記』も日本に出来していたことが知られる。『雑集時要用字』（『敦煌音義彙考』影印）七四八・七五一ページには「櫸」の「与」に当たる部分を欠く字体が「音慢」と注して記されており、「爻」の部分にさしたる意識が向かないことがあった可能性を示唆する。「畠」は、陶淵明の著といわれる六朝時代の志怪小説集『捜神後記』から引くが、「白田」の異文を持つ。現存する『捜神後記』にも、『倭訓栞』も指摘するとおり「白田」に作る。源順が当時の類書に拠るなどして得た孫引きであった可能性があるが、現存するものからは追究しえない。

『日本国見在書目録』は、唐の釈遠年撰とされる語彙集『兼名苑』一〇巻（二〇巻とも）から「いるか」として引く。『日本国見在書目録』に「十五 今案卅巻」と著録されている。これは佚存文字であった（この類については別稿をなす）。なお、「俣」（奈良時代から）、「塀」「畑」（平安ないし鎌倉時代から）、「笹」（室町時代から）など、字体だけが日中でたまたま一致した可能性の高いものもある。先に触れた「鮑」（あはび）は、早くに日本から伝わった可能性が説かれるが、本格的な伝播は清朝に至ってからのことである。

国字（日本製漢字）と誤認されてきた唐代の漢字

四年に撰上した『功程式』から用例を引く。上代の東大寺文書などにも見える。また、「鎧」（あげかすがひ、かすがい）も、見出しに用いられ、『功程式』を引く。『延喜式』にも受け継がれている。上代の木簡、正倉院文書（鍵とする誤写、異系統の造字もあり、位相があった）に用いられていた。なお、『弁色立成』『楊氏漢語抄』『日本紀私記』などが、深江輔仁『倭名本草（本草和名）』とともに、当時世俗の疑問を解決するために用いられていたとある。この楊氏も渡来系か否かは別として日本の人だったと考えられており（犬飼二〇一一ほか）、そこにも国字も示されていた。

序文に、楊家の説と異名同物として扱われている十八章からなるという『弁色立成』は、隋末唐初の杜正蔵の書簡文例集『杜家立成雑書要略』をふまえた書名であろう。そこからは、「鯹」（音宣 はらか）という字が引かれている。この書籍は『日本国見在書目録』にも収められているものだが（『日本国見在書目録 集証と研究』）、国書と認定されている（小長谷恵吉『日本国見在書目録解説稿』補遺「弁色立成に就いて」）（一九五六「蛤」（おふ）が『新撰字鏡』と『弁色立成』とで重なる点も指摘する。『箋注』参照）。一見すると当然のことだが漢字しか書かれておらず、また漢籍と見紛う内容を持っていたのであろう。

『漢語抄』と『新撰字鏡』所引「小学篇」との内容上の重なりは指摘されてきたとおり同類と考えられる。天治本『新撰字鏡』巻七―一五オの「榊」「杜」（さかき・もり）などは、やはり上代よりあった可能性が考えられる。天治本・抄本に収められた、上述の「鎧」「錏」や「鋨」（この旁は兜からか。かぶと）も、上代の文書に「鎧」の使用がある（負肩錏）ことと重ねて考えることができる。

一方、漢籍に用いられていた佚存文字が記録されたと考えられるケースも見出せる。

『新撰字鏡』には「本草木異名」「臨時雑要字」「田畠作章」なども収められている。そこにも、現存する中国字書や漢籍に見えない字もあるが、もとになった資料ないしそれに近いものはいくつか見つかっている。「雑集時要用字」（『敦煌音義彙考』影印七五四・七五九ページ）には「霶霂」が収められている。「当作霈」とあり、字体に

「俥」の古例（《令集解》、木簡：奈良文化財研究所『飛鳥・藤原宮発掘調査出土木簡概報』一七（二〇〇三）掲載写真（俥の右上部分が欠落している）及び翻刻、『木簡研究』二六（二〇〇四）二一ページ翻刻、中国将棋の駒など）は近代に現れた人力車としての用法とは衝突したものであろうが、「癥」は日・中（広東語圏）のいずれが先であるか。台湾製の国字と『大漢和辞典』にされる「馹」、中国人が日本で作ったことが明らかとなった「圕」などの帰属の認定法も明確化する必要がある。「跍」「囍」などは、中国製の符号が漢字化し、日韓にも広まって意味・用法を変えた中国製の漢字が韓国語に残ったケース、後者は、韓国の国字と誤認されることがある。前者は、ケースである。

七一七－七二四年（養老年間）から伝わるとある辞書『楊氏漢語抄（鈔）』は『和名類聚抄』に引かれている。その和訓を示す万葉仮名に上代特殊仮名遣がなければ、後代のものとも考えられるが、字母に統一がなされたとされている。それは十部に過ぎないものだったが、そこには、「鞆」がすでに収められていた。『古事記』、『日本書紀』（いわゆるβ群）、『万葉集』、古『風土記』（序文）の使用字と一致する。

単に『漢語抄』と称する辞書は、序文に言う撰者の知れない『其余漢語抄（甲書・業書）』で、養老以降の編であろう。それらの内容は「音義不見、浮偽相交」であり、「蚝」（たこ）は国訓。会意、あるいは旁が二次的な象形を兼ねるか）「鱸」（形声で、旁が訓を示唆するか）「榊」「椋」などが収められていたという。本文には「鰯」「鮨」などが引かれている。実際に、上代木簡、正倉院文書には、「鰯」「椋」（訓読みとなった半挿は漢語）などが用いられている。

『漢語抄』之文や流俗人之説を用いて、「先挙本文正説各附出於其注、若本文未詳則直挙『弁色立成』（後略）」と述べる。本文すなわち中国の典拠・漢字表記が未詳の際には、『弁色立成』『楊氏漢語抄』『類聚国史』『万葉集』『三代式』などから「仮字」（葦鹿　稲負　女郎花　於期菜などの仮借）を挙げるとも述べるが、『類聚国史』『万葉集』『三代式』などから「仮字」（葦鹿　稲負　女郎花　於期菜などの仮借）を挙げるとも述べるが、見出しに国字も掲げられることがある。「杣」は、『和名類聚抄』は、所出未詳とするが、山田福吉らが弘仁

国字（日本製漢字）と誤認されてきた唐代の漢字

垯　宋代の中国南方などで生じた字。『集韻』にあるが、『康煕字典』などが落としてしまうという辞書の継承の不完全性により、国字と認識されてきた。福島の小地名で「ぬかり」に当てる国訓、地域訓（方言漢字）としての使用例は衝突か。こうした衝突は、漢字圏内の個々の文字使用の歴史を仔細に観察すれば稀ではなく、「垰」では、中日韓越の四か国に起きていた。

搾　中日で木偏の「榨」という字からそれぞれに派生した暗合か　山田一九八七が漢字であったことを証明した。明清代に『籌海図編』『武編』、地方誌、奏議などで、軍事用語として「発煩」などとして用いられる位相文字であった。

跨　中日の仏典に出現。

僵　佛の異体字。宋代に「儜」、明代に「僵」の古形が出現していた。日本で青森県の地名などに「僵」（ほとり）として現在も使用されている（笹原二〇一三b）。

汽　「汽船」などの用法で、自作と称した福沢諭吉より前に清朝で使われていたことが知られている。あるいは別個の作の暗合もあったか。

　西洋由来の単位に関する訳字として、「碼」「磅」をヤード、ポンドに当てたのは一九世紀初めのモリソンなどの字書に見られ、清代の漢訳洋書に始まるものである（『近現代辞源』ほか）。「噸」（沈二〇〇八にロブシャイド『英華字典』にあることなどが示されている。より古い例も存在している。ここでは重量・容量の ton, トンの意）「哩」（マイルの意で）「呎」「吋」（ガロン）「啊」（オンス）「吋」（ダースの意は近代以降）「浬」（海里の意は近代以降）などは、近代の日中のいずれで造字をしたのか検討を要する。一九世紀のうちに日本で先に現れたものが複数見つかっており、詳細については別稿をなす。

踉　高麗本『龍龕手鏡』と『万葉集』に見えるが、衝突か。

苅（メは叉）　敦煌文書と藤原宮木簡・『万葉集』など。

蛯　敦煌文書「海老」（えび）に基づく江戸時代の国字（笹原二〇〇七b）に先立つが衝突にすぎない。

秄耕　敦煌文書と正倉院文書など。

黍黍　敦煌文書と木簡など。

懇　唐代（九世紀中頃）の水注に焼き付けられた例が知られる。点画の合体形は平城京出土土器・江戸時代の呪術書（衝突例か）にある。器に記す漢字を組み合わせた呪符という点で、「魃」（笹原二〇一五）と合わせて考える必要がある。

匂　漢字「匂・匃」の字音を失い、異体字の一つが次第に固定化し、用法も特定化した。

筓　筓筴の異体字として、仏典などと『和名抄』に。

冴迈　日本製異体字とされるが、仏典に現れていた。「䎡」（ソゾロなど）や、『日本霊異記』に用いられた「跦」（トナカル）も同様である。

閖　『龍龕手鏡』門部去声「俗音潦」。潦は大水、水が壊すの意をもち、日本の地名で閖上（ゆりあげ）（笹原二〇一三b）という字の選択時の意識の検証が必要である。

癌　宋代の医書『仁斎直指』などに良性腫瘍として出現し、元、明と継承されていた位相文字であったことが知られる（『本草綱目』にも用いられていた）。日本で近世に悪性腫瘍を指して復活させ、中国に伝播し、yan2では炎と同形衝突を起こしたために上海語などをもとに、ai2を訓として借用したとされる。

匁　日本製漢字で炎と同形衝突を起こしたために上海語などをもとに、「もんめ」を訓とし、文メ合字説を生んだ。

賑　銭・泉から。音読みを失うとともに、宋代の中国で生じた字。

国字（日本製漢字）と誤認されてきた唐代の漢字

東アジア言語接触の研究

ることが明示化され、また音義などが特定される効果を持つことがある。時には、構成要素が入れ替わる（その一方的な移動は、０との交替とも解しうる）ケースがあり、それは転倒というパターンとして分類できる。

この熟語は後に、「かれいひ」にも当てられる。書字環境から見ると、同じ行の下部に「婀娜」という畳韻で部首や構成要素をある程度揃えた熟語も記されており、これが近隣の熟語の一体化を促進した可能性がある。「鞾」を「鞾」（真福寺本）のように異体字で記す点は、敦煌文書や正倉院文書と共通している。中国では、宋代以降、漢字の構成要素に「花」を用いることは衰微する一方、日本では「椛」（もみぢ、樺の異体字など）「咾」（畔）「䩺」（しつけ）など、異体字や国字の作成に利用され続けた。「卡」（弄の六朝俗字）についても、日中で同様の現象を指摘できる。漢字「惬」の異体字などと合わせて、後代の日本製異体字との関連を解明する必要がある。

燸　真福寺本（下）／煙　金剛寺本・醍醐寺本・陽明文庫本『今昔物語集』に先立ちうる用例だが、日本で崩し字が会意化されたものか否か、検討を要する。

以下は、より明確に佚存文字とみなしうるものであったが、次に、おおむね中国側にも使用の記録や痕跡が見出せた漢字の例を簡潔に記す。歴代の辞書の収録や記述の不完全性をも示すこととなる。中国側で完全に散佚してしまった場合には、日本側に残った文献による検証が必要となるが、次に、おおむね中国側にも使用の記録や痕跡が見出せた漢字の例を簡潔に記す。歴代の辞書の収録や記述の不完全性をも示すこととなる。

芥　「菩薩」の合字。中日の仏典。
鑁　仏典と『日本書紀』。
蜊　仏典ほかと『万葉集』。

二・一 文献レベルでの佚存文字

唐代の張鷟（ちょうさく、六五八か－七三〇年）の作と伝えられる『遊仙窟』にのみ使用されている、通俗性の高い字種である俗字（字体は写本や版本により異なり、書写者の影響を受けやすいので、ここでは、字種レベルのものを指す）がその書物にのみあったとすれば、諸本の異文などの状況によってはそれを佚存文字とみなすことができ、漢字といえる。この書が日本にあり、それがかつて中国で撰述されたものだということは、彼の地でも清代の途中まで知られていなかった。

呵怜 陽明文庫本（『中世国語資料 陽明叢書』影印 左下図参照）・江戸初期無刊記版／可怜 金剛寺本（塙書房影印）・醍醐寺本（『醍醐寺本遊仙窟総索引』影印）・真福寺本（貴重古典籍刊行会影印）、岩波文庫一九四九、同一九九〇ほか参照）この二字は『万葉集』などに影響したようであるが、中国では他文献にも見られ、唐代にどの程度広まっていた字体上の定着的な同化現象だったのか、さらに検討を要する。この字体上の同化現象には、意図的に偏などを揃えるものから、意図せずに偏や旁などが揃ってしまうものまであり、様々なレベルの構成要素が付加あるいは代入される。これは、熟語に起きることが多く、その場合には、意図するか否かに拘らず塊として認知されやすくなり、「凡」と「鳥」で「鳳」と、「皇」とによる「鳳皇」→「凡」が揃うようにされた「鳳凰」のように）、熟語である

国字（日本製漢字）と誤認されてきた唐代の漢字

査していくと、いずれの国の人がアワビの意として最初に使ったのか、「鮑」をアワビとして転用したことと絡めて、数多くの資料が散佚（逸）した歴史の闇の中にあるといわざるをえない状況が浮き彫りとなり、より慎重な検討が求められる（笹原二〇一二）。

日本では辞書は、朝鮮、ベトナムより古くから盛んに編まれ、中国のそれに比べて概して記述性が高かった。内容面でも未整理だということは、必ずしも情報量を減らすことにはならない。写本段階のものも多く伝わるという点も同様であると言える。ただし、辞書には全ての文字に関する事象が反映しているわけでないことはいうまでもない。例えば、貫く意をもつ「串」をクシとして使用するのは、日本の国訓である、という説も近世以降根強く、漢和辞書に継承されている。これも、同様に書証を辿っていたところ、クシの中国製の象形文字「丳」を古くに「串」と略した中国の仏典を見出すことができた（笹原二〇一三a）。

古代中国の文字資料の中に存在していた漢字が、日本に伝播して使われるようになる、これは数千種の漢字に起こった現象である。しかし後に中国でだけ何らかの事情によってその使用が停止して死字となり、彼の地では使用の痕跡を見出しにくくなったという現象も少なからず見出された。そうした実際に中国産だが日本産と見紛うような一群の漢字を、日本人が作った字である「国字」と誤認することに相当する。中国では、社会的な価値観の変化や度重なる災禍や戦乱もあって失われた書籍が、日本に伝わって奇跡的に残るというケースが起きていた。そこに日本人のことばや文字に対する意識、発想や思考、漢字運用力の如何を見出すためには、漢字との峻別が求められることは当然である。

七世紀の金石文に出現する「鴒」は、江戸時代から『和名類聚抄』の引用書である崔禹（錫）『食経』と、その記述内容をもとに、実は国字ではなく漢字であったとの説が現れていた。この典拠については、さらにその写本の内実に関して検討を要するのだが、同様の例については字だけでなく、出自や作者、そして日中の文字資料、造字

平安時代の『新撰字鏡』の「小学篇」所収の字には、明らかな漢字も混入しているが、上代の正倉院文書などの肉筆、金石文として鋳込まれ刻された銘文や後代の写本・版本など各種の文字資料に一致、類似する使用例のある字も含まれている。ことに、「鋋」(「大安寺伽藍縁起并流記資材帳」天平一九年（七四七））は、「小学篇」に収められたそれ（漢字義は食器）や造字の由来がより明示的な「鋞」という、カブトと読ませる国字と符合している。国字の出現時期を、辞書だけでなくそれが用いられた具体的な文字資料をも利用して解明していくことが必要である。地名学、日本語学などの分野で研究がなされてきた「栃」も、明治初期に作られたとする説が繰り返し唱えられてきたが、実際には中世、近世期から使用例が散見される。

国字という概念は、少なくとも中古の時代より萌芽していたことも文献上に確かめられる。そして、それを疑う言説も「畠」などに関して中世以降唱えられてきた。「畠」は仏典にも現れるのだが、いずれも日本で編まれたものであった。日本製説に関しては、木簡が新たな資料として利用されるようになった。中には、「畠」が七世紀初頭の百済の木簡に見つかったという報告もあるが（平川二〇一〇、市二〇一二、国立歴史民俗博物館二〇一四、国立歴史民俗博物館・平川二〇一四ほか）、写真を見ると「白」と「田」との間の間隔が大きく、他の字と比べても二字ではないかとの疑念は払拭されず、より多くの資料の出土が待たれる。「丑」がモミを指す省文という説も呈されるが、朝鮮半島では米偏のある「籾」（粗）の例はまだ見つかっていない。

稿者は、そうした史的実態を使用史、意識史、研究史の各面から実証的に捕捉しようと努めてきた。従来、『康熙字典』など大型の字書に無いことを根拠として、「国字」と認定されてきた字は一五〇〇種を超えている。そこには、歴史上膨大な漢字籍、仏典を精査することなく安易に国字というラベルが貼られたものが少なくない。それらを整理しつつ、稿者も採集を続けている。そうした調査研究を通して、近年次のことを述べた。「蚫」に関しては、朝鮮半島発生説が同様に唱えられているが（同）、日中韓の現存する書籍や文書、金石文、木簡などを総合的に精

国字（日本製漢字）と誤認されてきた唐代の漢字

一　はじめに

漢語の交流については、近代を中心に日中韓での歴史的な事実が次々と解明され、個々の漢語の出自についても、日本製か中国製かといった詳細が年単位ときには月日という単位で明らかにされつつある。

一方、漢字に関しては、個々の字が出自をどこにもつのかという問題については、「国字」という用語が「日本（和）製漢語」という用語よりも早く、江戸時代から現れたにも関わらず、なおも明確化されていない点が多い。しかし、一般に漢和辞典では、「国字」をマーク化して見出し字に付す一方で、個々の熟語に対しては、日本製漢語か否かの注記は、近年に至るまで、ほとんどなされてこなかった。むしろ『節用集』や『言海』などの国語辞書が、文字や表記の出自を注記しようとしてきた。

本稿では、ある漢字（漢字系の派生文字を含む広義の漢字）が、中国製か日本製すなわち国字かという問題に関して、いくつかの実例を挙げて検証を行う。

二　出自の認定に関して

日本では、遅くとも七世紀には、既存の漢字の意味を変える国訓（日本製字義）を「椿」（つばき）のように生み出し始めていた。そこには、朝鮮半島における先例、たとえば「椋」に倉の字義を追加させたこと（これは、略合字のほか、偏の付加による字義の特定ともいえ、「瓠」に草冠を加えたものような朝鮮製異体字の一種とも位置づける。方法としては中国に生じたものだが、個々の字に関しては出所が重要な意義を持つ）などが渡来人や文献を通して大きな動機付けとなったと考えられる。さらに、半島での「畓」などの造字の先例を踏まえて、字義レベルを超えて字種レベルでの創造、すなわち漢字の構成法と要素とを模倣、応用を行って「鞆」などの日本製漢

国字（日本製漢字）と誤認されてきた唐代の漢字
――佚存文字に関する考察――

笹原　宏之
（早稲田大学）

要旨：ある字が中国で作られた漢字なのか日本で作られた国字なのかという問題に対する検証は、字誌の通時的な記述を通して行う必要がある。過去の諸文献におけるその字の残存状況や現実の使用状況を可能な限り捕捉することで、中国で作られた字が日本にだけ残ったという佚存文字があることも確かめられる。本稿では、「うしのあつもの」と読まれる字は、中国古典における漢字が変形し、国字と認識されるに至ったものである一方、「つび」と読まれる字は、唐代の俗書に使用されていた漢字が日本にだけ記録が残ったために国字と誤認されるに至ったもの

であることを明らかにする。今後、漢字圏における人的、物的交流の歴史を広く踏まえつつ、言語のみならず漢字の出自に関しても、分野を限らず調査していく必要がある。

キーワード：和製漢字、俗字、佚存書、敦煌文書、字書

国字（日本製漢字）と誤認されてきた唐代の漢字

執筆者一覧 （掲載順）

内田　慶市	関西大学	教授
沈　国威	関西大学	教授
荒川　清秀	愛知大学	教授
田野村忠温	大阪大学	教授
清地ゆき子	筑波大学	博士
徐　克偉	関西大学	後期課程学生
張　厚泉	東華大学	教授
李　漢燮	高麗大学	名誉教授
潘　光哲	台湾中央研究院　研究員・胡適記念館　主任	
朱　鳳	京都ノートルダム女子大学	教授
塩山　正純	愛知大学	教授
奥村佳代子	関西大学	教授
朱　京偉	北京外国語大学	教授
鄭　艶	天津外国語大学	講師
陳　力衛	成城大学	教授
笹原　宏之	早稲田大学	教授

編著者略歴

沈　国威（シン　コクイ）

　関西大学外国語学部、外国語教育研究科教授、東西学術研究所研究員。博士（文学）、博士（文化交渉学）。専攻は外国語教育学、日中語彙対照研究。主著に『近代日中語彙交流史』（笠間書院 1994）、『遐邇貫珍の研究』（松浦章、内田慶市氏との共編著、関西大学出版部 2004）、『近代中日語彙交流研究』（中華書局 2010）などがある。

内田　慶市（うちだ　けいいち）

　関西大学外国語学部、東アジア文化研究科教授、東西学術研究所研究員。博士（文学）、博士（文化交渉学）。専攻は中国語学、文化交渉学。主著に『近代における東西言語文化接触の研究』（関西大学出版部 2001）、『遐邇貫珍の研究』（松浦章、沈国威氏との共編著、関西大学出版部 2004）、『19世紀中国語の諸相―周縁資料（欧米・日本・琉球・朝鮮）からのアプローチ』（沈国威氏との共編、雄松堂出版 2007）、『文化交渉学と言語接触―中国言語学における周縁からのアプローチ』（関西大学出版部 2010）、『漢訳イソップ集』（編著、ユニウス 2014）などがある。

関西大学東西学術研究所研究叢刊 51
（文化交渉と言語接触研究・資料叢刊 6）

東アジア言語接触の研究

平成 28（2016）年 2 月 29 日　発行

編著者　沈　国威・内田慶市

発行者　関西大学東西学術研究所
　　　　〒564-8680　大阪府吹田市山手町 3-3-35

発行所　関西大学出版部
　　　　〒564-8680　大阪府吹田市山手町 3-3-35

印刷所　株式会社　遊　文　舎
　　　　〒532-0012　大阪府大阪市淀川区木川東 4-17-31

©2016 Gouwei SHEN, Keiichi UCHIDA　　Printed in Japan

ISBN978-4-87354-622-3 C3087　　落丁・乱丁はお取替えいたします。